职业教育轨道交通工程技术系列教材

高速铁路工程精测与精调

主　编⊙贺丽娟
副主编⊙冯黎刚　陈友文　韩朝辉　赵　伟
主　审⊙金立新

西南交通大学出版社
·成　都·

内容简介

高速铁路是我国交通网络的重要组成部分，提供着舒适、便捷的服务。在高速铁路的建设中，精密测量技术是保证高速铁路顺利、成功竣工的关键技术之一。本书立足我国高速铁路建设实际情况，在传承铁路工程测量的基础上，重点阐述了高速铁路工程精测与精调中的新技术、新工艺、新设备、新材料。

本书可作为高等职业院校土木交通类专业的教学用书，也可供铁路工程技术人员及管理人员参考。

图书在版编目（CIP）数据

高速铁路工程精测与精调 / 贺丽娟主编. -- 成都：西南交通大学出版社，2024.10. -- ISBN 978-7-5774-0134-8

Ⅰ. U238

中国国家版本馆 CIP 数据核字第 20249AK040 号

Gaosu Tielu Gongcheng Jingce yu Jingtiao
高速铁路工程精测与精调
主编　贺丽娟

策划编辑	黄庆斌　李芳芳
责任编辑	姜锡伟
封面设计	GT 工作室
出版发行	西南交通大学出版社 （四川省成都市金牛区二环路北一段 111 号 西南交通大学创新大厦 21 楼）
邮政编码	610031
营销部电话	028-87600564　028-87600533
网址	http://www.xnjdcbs.com
印刷	四川森林印务有限责任公司
成品尺寸	185 mm×260 mm
印张	19.5
字数	452 千
版次	2024 年 10 月第 1 版
印次	2024 年 10 月第 1 次
定价	58.00 元
书号	ISBN 978-7-5774-0134-8

课件咨询电话：028-81435775
图书如有印装质量问题　本社负责退换
版权所有　盗版必究　举报电话：028-87600562

前言

快速、舒适和安全是高速铁路的三大要素。中国高铁经历了从无到有、从探索到突破、从制造到创造、从追赶到引领的发展阶段，拥有极其辉煌的跨越式发展历程。根据《中长期铁路网规划》（2016年），我国将在2016年至2025年（远期至2030年）期间规划建设"八纵八横"的主通道。截至2023年年底，中国高铁运营里程达4.5万公里，位居世界第一。经过几代铁路人的奋斗，中国高铁跑出了中国速度，更创造了中国奇迹。在广袤的祖国大地上，中国高铁正织出一张流动的巨网，改写着整个中国社会的时空格局，也提供着助力世界发展的中国智慧。

高速铁路线路的核心是高平顺性，而精密测量是实现高平顺性的重要技术措施。精密测量控制网不仅贯穿高速铁路勘察设计、工程施工及运营维护的全过程，而且是各阶段（设计、施工、运营维护等）管理工作的标准和基础之一，对高速铁路的重要性不言而喻。

本书以职业岗位群对高职高专人才知识、能力与素质结构的要求为依据，旨在培养专业的技术技能型人才；以"适应需要、注重实践、强化技能、综合提高"为指导思想，构建职业核心能力型的课程体系；以真实的工程案例为载体，提高学生的专业技术技能。

本书从理论联系实际出发，对高速铁路工程的精测与精调技术由浅入深地进行了系统阐述。全书共有7个项目：项目1为高速铁路工程精密测量认知（内含2个任务），项目2为高速铁路工程控制测量（内含5个任务），项目3为高速铁路线下工程测量（内含3个任务），项目4为高速铁路线下工程变形监测（内含5个任务），项目5为高速铁路无砟轨道精调（内含5个任务），项目6为高速铁路工程竣工测量（内含3个任务），项目7为高速铁路工程线路维护（内含2个任务）。

本书由陕西交通职业技术学院贺丽娟担任主编，由陕西交通职业技术学院冯黎刚、浙江省交通投资集团有限公司陈友文、中国石油集团川庆钻探工程有限公司韩朝辉和中铁十八局集团有限公司赵伟担任副主编。其中：项目1、项目2和项目7由贺丽娟编写，项目3由韩朝辉编写，项目4由陈友文和赵伟编写，项目5和项目6由冯黎刚编写，全书由贺丽娟副教授负责统稿。中铁第一勘察设计院集团有限公司正高级工程师金立新负责审稿。

在本书编写过程中，中铁第一勘察设计院集团有限公司正高级工程师、甘肃省工程勘察设计大师、中国测绘学会工程测量工匠、甘肃大禹九州院士专家工作站学术委员金立新给予了指导并提出了建设性意见，西南交通大学出版社给予了真诚的帮助，同时参考和借鉴了相关资料成果，在此一并向大家表示衷心感谢！

由于高速铁路工程精密测量涉及较多的专业知识和技术领域，而近年来各项创新技术和方法也不断被应用到高速铁路的建设之中，限于编者能力，书中内容未能涵盖所有的专业和技术领域，疏漏之处在所难免，恳请读者提出批评和宝贵意见。

编者
2024年4月

目 录

项目 1　高速铁路工程精密测量认知 ·········· 001
　　任务 1.1　国外高速铁路工程精密测量技术认知 ·········· 002
　　任务 1.2　我国高速铁路工程精密测量体系认知 ·········· 007

项目 2　高速铁路工程控制测量 ·········· 015
　　任务 2.1　框架控制网（CP0）测量 ·········· 016
　　任务 2.2　基础平面控制网（CPⅠ）测量 ·········· 031
　　任务 2.3　线路平面控制网（CPⅡ）测量 ·········· 052
　　任务 2.4　轨道平面控制网（CPⅢ）测量 ·········· 068
　　任务 2.5　高程控制网测量 ·········· 081

项目 3　高速铁路线下工程测量 ·········· 098
　　任务 3.1　路基工程测量 ·········· 098
　　任务 3.2　桥梁工程测量 ·········· 104
　　任务 3.3　隧道施工测量 ·········· 113

项目 4　高速铁路线下工程变形监测 ·········· 121
　　任务 4.1　变形监测的技术要求 ·········· 122
　　任务 4.2　路基变形监测 ·········· 127
　　任务 4.3　桥梁变形监测 ·········· 138
　　任务 4.4　隧道变形监测 ·········· 148
　　任务 4.5　过渡段工程沉降变形监测 ·········· 152

项目 5　高速铁路无砟轨道精调 ········· 155
任务 5.1　轨道精调设备及软件认知 ········· 156
任务 5.2　板式无砟轨道精调 ········· 180
任务 5.3　双块式无砟轨道精调 ········· 205
任务 5.4　道岔区无砟轨道精调 ········· 214
任务 5.5　高速铁路长钢轨精调 ········· 219

项目 6　高速铁路工程竣工测量 ········· 245
任务 6.1　控制网竣工复测 ········· 245
任务 6.2　线下工程及线路设备竣工测量 ········· 248
任务 6.3　线路轨道工程竣工测量 ········· 253

项目 7　高速铁路工程线路维护 ········· 257
任务 7.1　高速铁路线路检查 ········· 258
任务 7.2　高速铁路线路联调联试与维护作业 ········· 280

参考文献 ········· 305

项目 1
高速铁路工程精密测量认知

🔍 学习目标

1. 知识目标

（1）了解日本的高速铁路工程精密测量技术体系。
（2）了解德国的高速铁路工程精密测量技术体系。
（3）掌握我国高速铁路工程精密测量体系的内容及特点。

2. 能力目标

（1）能分析德国高速铁路工程测量的特点。
（2）能分析对比德国与我国高速铁路工程测量方法的区别。

3. 素养目标

（1）点亮民族文化自信之灯，培养学生的爱国主义情操和民族自豪感。
（2）培养学生的詹天佑精神，树立其自强不息的民族气节。
（3）培养学生追求卓越、精益求精的工匠意识。

🏠 知识链接

中国高速铁路（China Railway High-speed），简称中国高铁，是指在中国境内建成使用的高速铁路，为当代中国重要的一类交通基础设施。高速铁路的关键特征包括高设计标准、高速运行的列车以及相应的轨道和运营条件。在不同的国家或地区，高速铁路的定义有所不同。例如，在国际铁路联盟（UIC）的定义中，高速铁路既包括新建线路，也包括通过改造既有线路以达到高速运行标准的线路。在中国，根据《高速铁路设计规范》（TB 10621—2014），高速铁路指的是新建设计速度达到 250 km/h 及以上，且初期运营速度不小于 200 km/h 的客运专线铁路。根据《中长期铁路网规划》（2016 年），中国高速铁路网由所有设计速度为 250 km/h 及以上的新线和部分经改造后设计速度达到 200 km/h 及以上的既有线铁路共同组成。

随着中国铁路框架网"八纵八横"基本建设完成，我国的高速铁路发展已经稳健地迈入了成熟期。我国用 5 年时间走完了国际上 40 年的发展历程，在铁路设计、建设、运营等方面，已经实现了"引进技术—中国制造—中国创造"的跨越，形成了一系列的自主知识产权，创造了独一无二的中国高铁品牌。2016

年 7 月，国家发展和改革委员会、交通运输部、中国铁路总公司（现中国国家铁路集团有限公司）联合发布了《中长期铁路网规划》（2016 年），展望到 2030 年，基本实现内外互联互通、区际多路畅通、省会高速连通、地市快速通达、县域基本覆盖。截至 2023 年底，全国铁路营业里程达到 15.9 万公里，其中高铁 4.5 万公里。

任务 1.1　国外高速铁路工程精密测量技术认知

【任务描述】

20 世纪 60 年代以来，高速铁路在日本、德国、法国、意大利、西班牙、韩国等发达国家蓬勃发展。在高速铁路建设中，这些国家都有各自的适合自身情况的的铁路工程测量成套技术体系。请查阅文献，用思维导图的形式绘制日本和德国的高速铁路工程精密测量体系。

【引入案例】

1. 世界最早的高速铁路——日本新干线的发展历程

2. 历史上的巨型铁路——德国的"超级高铁"计划

日本新干线的发展历程

德国的高铁科技

【案例解读】

高速铁路凭借自己独特的优势，在交通运输业中占据着重要位置。其运行速度可高达 350 km/h，具有运行安全可靠、舒适快捷等特点。列车在行驶过程中要求轨道结构完全平稳，以保证旅客的人身安全。要想实现高速铁路大运输力、高速、安全可靠、舒适快捷的优势，就要在轨道的施工工艺、材质、结构尺寸精准上严格把关，保证列车在行驶过程中无颠荡、无摇晃，安全平稳行驶。而这些相关标准只有通过精密工程测量技术才能实现。

【知识储备】

知识点 1　日本的高速铁路工程精密测量技术

1964 年，日本建成东海道高速铁路新干线，当时运营速度就达到 210 km/h，一举解决了包括东京等大城市在内的经济最发达地区的陆上运输问题，经济和社会效益举世瞩目。当时，日本在无砟轨道施工技术和轨道结构的研究方面均处于世界领先水平,相应的轨道精调量测定位技术也有着较为广泛的应用。日本新干线铁路所应用的轨道板三脚规精调技术是传统轨道精调方法的代表。轨道板三脚规精调技术主要是针对板式无砟轨道结构研发的一套轨道精调方案,它的工作原理就是利用高低量具、轨距卡尺、超高水准器、调整三脚规和正矢测量仪器等非标准化测量工具分步采集轨道参数信息。三脚规设备如图1-1所示,三脚规架设如图1-2所示。

图1-1 三脚规设备

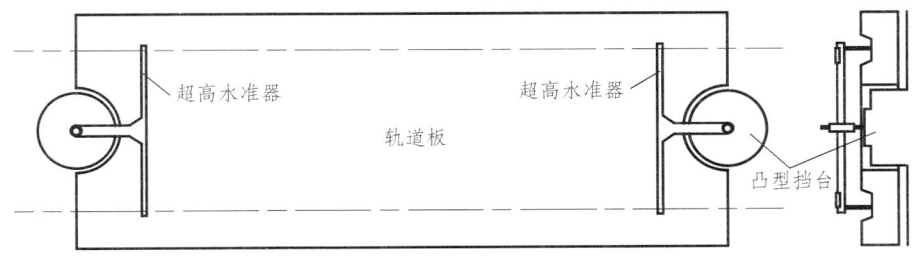

图1-2 三脚规架设

1. 精调流程

(1)标注凸型挡台中心线和测点位置。

(2)安放基准器。

(3)测量基准点之间的距离并作调整。

(4)进行基准点的纵断面测量并作调整,使用设定高低的量具和超高水准器。

(5)进行基准点的平顺测量并作调整:直线部分主要使用经纬仪和拉线测量;曲线部分主要使用正矢测量仪器、量尺、经纬仪和拉线测量。

(6)填充防护砂浆固定基准器。

(7)将获取的数据整编后进行内业整理。

(8)根据每个凸型挡台的基准器三维坐标计算出对应三脚规的调整参数并打印临时参数标识卡片。

(9)将参数标识卡片粘贴在对应凸台上。

（10）根据参数标识通过调整游标设定调整三脚规。

（11）按照要求安放轨道板、调整三脚规，根据调校气泡指示刻度进行轨道板调整。

（12）轨道板调整完成后利用相应测量仪器进行轨道平面坐标与高程的采集。

（13）通过轨距卡尺量测轨距。

2. 方法缺陷

（1）工序繁杂，尤其是按平顺要求精确设定预埋基准器，费力费工费时。

（2）测量基准多次传递，增大了传递误差。

（3）测量工具杂乱，使用过多非标准测量工具（设定高低量具、超高水准器、调整三脚规和正矢测量仪器等）。

（4）较多测量工具对环境因素敏感，所使用水泡测量工具（设定高低量具、超高水准器、调整三脚规和正矢测量仪器）对温度敏感，拉线测量受风力影响严重。

（5）人为误差环节众多，手工调节游标、人眼观测调校气泡和游标刻度精确度因人而异。

（6）人工参与环节太多，大部分为手工操作，极易出现错误。

（7）无法对实际施行的调整量和剩余偏差作出真实记录，无法实施信息化管理和评价。

知识点 2 德国的高速铁路工程精密测量技术

20世纪90年代，德国开始修建高速铁路，创建了控制网系统，研制了旭普林（Zublin）和博格等无砟轨道结构。德国根据不同的无砟轨道结构形式有一套完整的轨道施工测量、轨道静态检测和运营维护测量技术标准。德国的铁路部门专门在德国境内建立了一套独立的坐标系统用于高速铁路施工，它的内符合精度优于一般国家基础控制网，GEODO、HERGIE、TARGET SINGNAL 等空间基础坐标系统的三维坐标通过自动目标识别并在线传输给轨道工作人员的计算机，有关位置的理论数据与实测数据的差别实时显示在计算机上，以此来控制施工的精度。这都充分显示出德国在建设高速铁路测量体系方面所下的功夫。在施工测量控制方面，德国已有雷达（Rheda）系、旭普林系等5种无砟轨道得到批准并在新建的高速线上全面推广，已经制定了有关无砟轨道设计、施工、精密测量等规范，并且进行了相关规模的铺设。尽管如此，目前他们对新结构的开发和既有结构的改进仍在继续。

德国铁路针对所有铁路线路技术而采用的大地测量基准系统数据是以德国土地测量管理部门的 ETRF89（欧洲地球参考框架）为基础的 DB_REF（参考数据库）。借助于7种参数转换，该数据系统可以实现由 ETRF89 过渡到局部椭圆体贝塞尔（Bessel），而借助于3°带的高斯-克吕格投影原理可以实现曲线坐标的平展化。DB_REF 的数据相当于一个平均的 DHDN（三角测量坐标）。在 DHHN92（德国高度参考框架）系统中，椭圆高度和正常高度之间的过渡通过 Denker 大地模型和水准节点高度进行。德国土地测量管理部门规定，以逐步过渡的方式对其他现有的基准系统进行管理。

1. 控制基准点场

局部永久设立标志的控制基准点通过大地测量学的测量及评价方法加以确定并以固定的标志导入德国铁路的信息系统中。根据其测定精度、可靠性和稳定性，这些控制基准点构成了德国铁路的控制基准点场。德国高速铁路采用米-千克-秒制（MKS）定义的特殊技术坐标网。该坐标系统可根据需要把地球表面投影到设计和计算平面上，发生的（不可避免的）长度变形限定在 1 mm/100 m 数量级上。

2. 作用与扩展

对于所有以坐标为基础的铁路线路的测量、评价和分析方法，控制基准点场建立了与坐标框架的关系。与此相应，所有以坐标为基础的测量、评价和分析方法也必须以 DB_REF 的控制基准点场为基础。新的控制基准点只能在 DB_REF 系统中加以测定；对于特殊的测量网，可以另外在与 DB_REF 不一致的系统中测定坐标。既有控制基准点场的扩展和补充，只允许在所计划的施工措施范围内（新建、扩建、改建和维修作业）进行。在建立和计算新的控制基准点时，必须重视普遍得到认可的工程测量规则。

3. 测量网体系和维数、密度

控制基准点分为完全三维的控制基准点、水平位置基准点和高程基准点。对于非三维的控制基准点，需要以分米的精度针对新基准点给出所缺少的维数。所有新的控制基准点必须以三维方式设置和测定。控制点的状态可以表明控制基准点的质量，见表 1-1。相邻控制基准点的距离要求，见表 1-2。

表 1-1 控制基准点的质量

控制点状态	标志	含义
PS0	参考点	坐标框架的形成，全球定位系统（GPS）及大地测量方法的初始点
PS1	加密点	大地测量方法（全站仪、水准测量）的初始点
PS2	平面控制基准点	大地测量方法（全站仪）的初始点
PS3	高程控制基准点	大地测量方法（水准测量）的初始点
PS4	其他控制基准点	其他测量网的控制点、线路标志测设控制点

表 1-2　相邻控制点的距离

控制点状态	距离	设立的规定
PS0	约 4 km	在线路交汇范围内，一个点必须覆盖多条线路
PS1	800～1 000 m	—
PS2	约 150 m	可作为永久的控制基准点设立
PS3	700～1 000 m	只设立在适宜的大楼和建筑物处
PS4	—	根据要求设立

4. 测量网精度

根据其使用目的、构成和密度，对控制基准点提出了特定的精度要求。这些精度要求分为绝对精度（控制点位置的可复制性）和相对精度（通过测量可导出的相邻点之间的精度）要求。控制基准点的精度见表 1-3。

表 1-3　控制基准点的精度

控制点状态	绝对精度/mm	相对精度/mm	备注
PS0	10	5	三维
PS1	15	10	三维
PS2	15	10	水平位置精度
PS3	5	$D_{\Delta H} \leqslant 5\sqrt{R}$（$R$ 单位：km）	相邻点间高差的最大允许误差
PS4	—	—	根据对其他控制基准点的要求确定

控制点的坐标必须满足精度要求。

控制网可靠性的最低要求为：

单位权标准误差：$0.7 < \delta < 1.3$；

规范化的改进：$NV_{max} \leqslant 3.6$，$NV_{mean} \leqslant 2.5$；

可靠性/平均多余观测量分量：$r_{min} \geqslant 0.15$，$r_{mean} \geqslant 0.25$。

5. 德国控制网的特点

德国高速铁路工程测量体系和标准有一个发展和完善的过程。根据测量误差和工程测量建网理论，平面控制网的高程数据，主要是用于投影面的计算，若要同时满足平面和高程的高精度要求，在实践中很难选择合适的控制点，也没有必要；单点的平面和高程精度，德铁 DS833 标准比德铁 RIL883 规程要求高，说明德国对高速铁路工程测量非常重视，在实践经验不足和认知不充分时，制定的标准略高，避免在工程施工中因发现测量精度不够而必须采取补救措施，给工程建设造成更大的损失；无砟轨道的形式、施工工法和测量方法不同，测量精度指标也会有差异,因此,新规范要求 PS4 根据需要确定必要精度。他们在实践中还发现,仅有 PS1 不足以达到线路控制的目的,因此,在新规范中增加了框架控制点 PS0。

【能力训练】

一、填空题

1. 日本新干线铁路所应用的_____精调技术是传统轨道精调方法的代表。
2. 轨道板三脚规精调技术主要是针对_____研发的一套轨道精调方案。
3. 20 世纪 90 年代,德国开始修建高速铁路,创建了_____,研制了_____和_____等无砟轨道结构。

二、简答题

1. 简述日本轨道板三脚规精调技术的工作原理。
2. 简述日本轨道板三脚规精调技术的缺点。
3. 简述德国高速铁路控制网的优缺点。

任务 1.2　我国高速铁路工程精密测量体系认知

【任务描述】

我国高速铁路精密工程测量技术正快速发展,控制网的高精度,内外业测量的自动化和一体化,三维测量技术与方法、多源定位技术、全站仪自由测站方法的融合应用与拓展,发展自动化变形监测、移动测量技术,将成为我国高速铁路精密工程测量的发展方向。高速铁路工程精密测量是相对于传统的铁路工程测量而言的。为了达到在高速行驶条件下,旅客列车的安全性和舒适性目的,高速铁路必须具有非常高的平顺性和精确的几何参数,轨道测量精度要达到毫米级,其测量方法、测量精度与传统的铁路工程测量完全不同。请查阅资料,用表格的形式总结我国高速铁路工程精密测量的内容、测量控制体系和特点。

【引入案例】

昌赣高铁采用无砟轨道,高铁轨距、水平和方向误差必须在 1 mm 之内,否则高速运行的列车会出现摇晃和颠簸。为防止高温季节发生线路胀轨,精测组每晚推着轨检小车采集数据,1 km 高铁共有 1 600 多对轨枕,1 根轨枕需要书写 4 个数据,按照每人每天作业 1 km 来计算,精测精调人员需

《中国高铁》(创新之路)

要弯腰6 400多次、书写19 200多个数据。黑夜里所有作业人员戴着小头灯,在线路上做着比"绣花针"还细的精调精测工作。

【案例解读】

"高铁精神"是继新中国"两弹一星"精神、"抗洪精神""抗击非典精神"和"载人航天精神"之后,中华民族伟大精神的又一次升华,集中体现了以爱国主义为核心的民族精神和以改革创新为核心的时代精神。

【知识储备】

知识点1 高速铁路精密工程测量体系

精密工程测量技术是决定高速铁路建设成败的核心技术之一,直接影响轨道几何平顺性与列车的运营安全。我国的高速铁路精密工程测量技术体系是伴随着我国铁路客运专线无砟轨道工程的建设而逐步建立和完善的。在高速铁路建设初期,我国缺乏针对高速铁路的系统性测量理论和实践技术经验,以至于高速铁路工程测量面临以下技术难题:

(1) 缺乏适用于高速铁路勘测、施工、运营维护的完整性测量技术体系和标准规范。

(2) 缺乏高速铁路工程控制网建网理论和数据处理技术,尤其是轨道控制网(CPⅢ)的建网和数据处理方法。

(3) 缺乏适用于轨道板精调和轨道平顺性检测的精密测量装备。

(4) 缺乏对线路几何稳定性长期监测与安全运营检测的技术方法。

为解决高速铁路建设面临的这些技术难题,我国各大院校、研究机构和铁路设计院等围绕"高速铁路精密工程测量成套技术"进行了长期的研究。在原铁道部的大力支持下,我国于2004年建立了遂渝线无砟轨道综合试验段精密工程测量控制网,开展无砟轨道铁路工程测量技术的研究。2006年,随着京津城际、武广、郑西客运专线无砟轨道铁路等的全面开工建设,原有的铁路测量体系和技术标准已不能适应客运专线无砟轨道建设的要求。为适应客运专线无砟轨道建设的要求,我国根据《关于编制 2006 年铁路工程建设标准计划的通知》(铁建设函〔2005〕1026号)的要求,在原铁道部建设管理司和原铁道部经济规划院的主持下,完成了《客运专线无砟轨道铁路工程测量暂行规定》的编制工作,并于2006年10月16日正式颁布实施,从而初步形成了我国高速铁路精密工程测量的技术标准体系。

2008年,根据原铁道部经济规划院《关于委托编制2008年铁路工程建设标准及标准设计的函》(经规计财函〔2008〕8号)的要求,铁路设计院和西南交通大学等单位在《客运专线无砟轨道铁路工程测量暂行规定》的基础上,以积累的高速铁路工程测量科研成果为支撑,并认真总结了京津城际、武广、郑西、哈大、京沪、广深等高速铁路工程测量的实践经验，于 2009 年 8 月完成了《高速铁路工程测量规范》（TB 10601—2009）的编制工作，并于 2009 年 12 月 1 日正式颁布实施，从而形成了一套具有我国自主知识产权的高速铁路工程测量技术标准。

知识点 2　高速铁路工程精密测量体系的内容和目的

1. 高速铁路工程精密测量的内容

高速铁路建设离不开精密工程测量。高速铁路精密工程测量贯穿于高速铁路工程勘测、设计、施工、竣工验收和运营维护的全过程，主要包括以下内容：

（1）高速铁路平面和高程控制测量。
（2）线下工程施工测量。
（3）轨道施工测量。
（4）运营维护测量。

2. 高速铁路工程精密测量的目的

高速铁路工程精密测量的目的是通过建立各级平面和高程控制网，为高速铁路建设和运营维护提供测量保障，即在各级精密测量控制网的控制下，使线下工程能够按照设计线形准确施工，并保证铺设的轨道具有足够高的平顺性，以满足旅客列车的高速、安全、平稳运行要求。

高速铁路旅客列车行驶速度高（250～350 km/h），为了达到在高速行驶下，旅客列车的安全性和舒适性，高速铁路必须满足以下要求：

（1）线路严格按照设计的线形施工，即保持精确的几何线形参数。
（2）轨道必须具有非常高的平顺性，精度要保持在毫米级范围以内。

为了满足上述要求，应根据线下工程和轨道铺设的精度要求设计高速铁路的各级平面和高程控制网的测量精度。

知识点 3　高速铁路工程精密测量的特点

随着高速铁路技术的不断发展，我国逐渐打破了国外在高速铁路精密工程测量领域的技术垄断，形成了我国高速铁路精密工程测量的成套理论和技术体系，填补了国内高速铁路精密工程测量领域的技术空白，为我国的高速铁路建设提供了可靠的测量保证。

我国高速铁路精密测量技术体系主要具有以下特点：

1. "三网合一"的测量体系

高速铁路工程测量的平面、高程控制网根据施测阶段、施测目的及功能的不同可分为：勘测控制网、施工控制网、运营维护控制网。我们把高速铁路工程测量这三个阶段的测量控制网简称为"三网"。

勘测控制网包括：CPⅠ控制网、CPⅡ控制网、二等水准基点控制网。

施工控制网包括：CPⅠ控制网、CPⅡ控制网、水准基点控制网和CPⅢ控制网。

运营维护控制网包括：CPⅡ控制网、水准基点控制网、CPⅢ控制网、加密维护基标。

在高速铁路的勘测、施工、竣工和运营管理各个环节，需要建立统一的空间数据基础，这样才能使各阶段轨道变形监测的测量数据基准统一，才有利于第三方的检测验收和测量数据的标准化和规范化。因此，高速铁路的勘测控制网、施工控制网和运营维护控制网必须统一坐标系统和起算基准，即"三网合一"。

"三网合一"包括以下三方面的内容：

（1）勘测控制网、施工控制网、运营维护控制网坐标和高程系统的统一。

我国高速铁路的勘测设计、线下施工、轨道施工及运营维护各阶段均采用坐标测量定位。因此，必须保证三网的坐标和高程系统的统一，以使无砟轨道的勘测设计、线下施工、轨道施工及运营维护工作顺利进行。高速铁路的平面坐标系应采用工程独立坐标系，在对应的线路轨面设计高程面上，坐标系统的投影长度变形值不宜大于10 mm/km。高程测量系统应采用1985国家高程基准。

（2）勘测控制网、施工控制网、运营维护控制网起算基准的统一。

高速铁路勘测控制网、施工控制网、运营维护控制网平面测量应以基础平面控制网（CPⅠ）为控制基准，高程测量应以二等水准基点为测量基准。

（3）线下工程施工控制网与施工控制网、运营维护控制网的坐标高程系统和起算基准的统一。

（4）勘测控制网、施工控制网、运营维护控制网测量精度的协调统一。

下面以武广客运专线、郑西客运专线、京津城际铁路和遂渝客运专线无砟轨道试验段工程施工为例来说明"三网合一"的重要性和意义。

（1）勘测控制网和施工控制网起算基准不统一的后果。

勘测控制网和施工控制网不统一会造成平面尺度和高程基准的不衔接，具体表现为：

平面尺度：纵向里程、横向偏移的不衔接；

高程基准：线路纵断面穿跨越限界。

在武广客运专线、郑西客运专线建设中，由于原勘测控制网的精度和边长投影变形值不能满足无砟轨道施工测量的要求，后来按《高速铁路工程测量规范》（TB 10601—2009）的要求建立了CPⅠ、CPⅡ平面控制网和二等水准高程应急网，采用了新旧网相结合使用的方法，即：对满足精度的旧控制网，仍用其施工；对不满足精度要求的旧控制网，则采用CPⅠ、CPⅡ平面施工控制网与施工切线联测，分别更改每条曲线的设计施工，待线下工程竣工后再统一贯通测量进行铺轨设计。由于工程已开工，新旧两套坐标在精度和尺度上都存在较大的差异，只能通过单条曲线的坐标转换来启用新网，给设计、施工都造成了极大的困难。

在京津城际铁路建设中，线下工程施工高程精度与轨道施工高程控制网精度不一，造成了部分墩台顶部报废重新施工的情况。

（2）线下工程施工控制网和轨道施工控制网的坐标系统和测量精度不统一的

后果。

如果线下工程施工控制网与轨道施工控制网的坐标系统和测量精度不统一，会造成线下工程与轨道工程错开和净空限界不足。

遂渝线无砟轨道试验段线路长 12.5 km，最小曲线半径为 1 600 m，勘测设计阶段采用《新建铁路工程测量规范》（TB 10101—99）要求的测量精度施测，即平面坐标系采用 1954 北京坐标系 3°带投影，边长投影变形值小于 210 mm/km，导线测量按《新建铁路工程测量规范》（TB 10101—99）初测导线要求 1/6 000 的测量精度施测。施工时，除全长 5 km 的龙凤隧道按三等 GPS 测量建立施工控制网外，其余地段均采用勘测阶段施测的导线及水准点进行施工测量。原铁道部决定在该段进行铺设无砟轨道试验时，线下工程已基本完成，为了保证无砟轨道的铺设安装，在该段线路上采用二等 GPS 和二等水准进行平面高程控制测量，平面坐标采用工程独立坐标，边长投影变形值满足不大于 3 mm/km 的要求。

① 采用 GPS 基线的双差固定解进行 GPS 基线网平差。

② 坐标转换采用挂靠在遂渝线试验段线路既有坐标系下的高斯投影工程独立坐标系，参考椭球体参数采用 1954 北京坐标系椭球体参数；中央子午线采用联测既有初测导线点 C_{47}（=BM_{19}）的经度 106°27′12.8″，抵偿高程面采用试验段线路平均高程 250 m，测区内投影长度的变形值不大于 3 mm/km。

③ 通过联测的初测导线点 C_{47}（=BM_{19}）和线路控制桩 JD_{3-10}，把 GPS 网的 1984 世界大地测量系统（WGS-84）坐标转换为挂靠在遂渝线试验段线路既有坐标系下，投影于测区抵偿高程面为 250 m、中央子午线经度为 106°27′12.8″的 3°带高斯投影平面直角坐标系中。

④ 基线解算采用天宝 Trimble Geomatics Office 软件包进行，解算中对外业采集数据的质量进行了检核。

⑤ 网差及坐标转换采用路伯祥教授编制的《GPS 数据处理软件》进行，坐标转换时对坐标起算点的可靠性进行了检核。

⑥ 为保证 GPS 控制网的高精度性，二维约束平差时采用"一个已知点和一个已知方向的约束方式"进行平差。以初测导线点 C_{47}（=BM_{19}）为坐标起算点，以初测导线点 C_{47}（=BM_{19}）—线路控制桩 JD_{3-10} 点的方向为起算方向。

施工单位在施工无砟轨道时，采用新建的二等 GPS 和二等水准点。由于勘测阶段平面控制网精度与无砟轨道平面控制网精度和投影尺度不一致，致使按无砟轨道高精度平面控制网测量的线路中线与线下工程中线横向平面位置相差 50 cm。为了不废弃既有工程，施工单位不得不反复调整线路平面设计，最终将曲线偏角变更了 17″，将线路横向平面位置误差调到路基段进行消化，使路基段的线路横向平面位置误差消化量最大达到 70~80 cm，这样才满足了无砟轨道试验段的铺设条件。由此可见，如果线下工程施工平面控制网精度与无砟轨道施工平面控制网精度相差太大，会给无砟轨道施工增加很多困难，遂渝线无砟轨道试验段的速度目标值为 200 km/h，而且线路长度只有 12.5 km，有大量的路基段可以消化误差，调整起来比较容易。当速度目标值为 250~350 km/h，且线路均为桥隧相连时，就没有路基段消化误差，误差调整工作将更加困难。当误差调整消化不了时，就会造成局部工程报废。

2. 建立框架控制网 CP0

高速铁路建立框架控制网 CP0 是在总结京津城际铁路和郑西、武广、哈大、京沪、石武高速铁路平面控制测量实践经验的基础上提出的。由于高速铁路线路长、地区跨越幅度大且平面控制网沿高速铁路呈带状布设，为了控制带状控制网的横向摆动，沿线必须每隔一定间距联测高等级的平面控制点；但是由于沿线路国家高级控制点之间的兼容性差，基础平面控制网 CPⅠ 经国家点约束后使高精度的 CPⅠ 控制网发生扭曲，大大降低了 CPⅠ 控制点间的相对精度，个别地段经国家点约束后的 CPⅠ 控制点间甚至不能满足《高速铁路工程测量规范》（TB 10601—2009）的要求。这导致在 CPⅠ 测量数据处理时，不得不采用一点一方向的无约束平差方法，但这种平差方法给 CPⅠ 控制网复测带来不便。为此，我国在京津城际铁路、哈大、京沪、石武高速铁路平面控制测量中首先采用 GPS 精密定位测量方法建立高精度的框架控制网 CP0，作为平面控制测量的起算基准。CP0 不仅能提高 CPⅠ 控制网的精度，也为平面控制网复测提供了可靠的基准。

3. 高速铁路平面控制网的分级布设

高速铁路工程测量平面控制网应在框架控制网（CP0）的基础上分三级布设：第一级为基础平面控制网（CPⅠ），主要为勘测、施工、运营维护提供坐标基准；第二级为线路平面控制网（CPⅡ），主要为勘测和施工提供控制基准；第三级为轨道控制网（CPⅢ），主要为轨道铺设和运营维护提供控制基准。

高速铁路工程测量平面控制网之所以要在 CP0 的基础上分三级布设，是因为测量控制网的精度在满足线下工程施工控制测量要求的同时，还必须满足轨道铺设的精度要求，使轨道与设计的目标值之差保持最小。轨道的铺设施工和线下工程（包括路基、桥梁、隧道、站台等）的施工放样，是通过各级测量控制网组成的测量系统来实现的。因此，为了保证轨道的空间位置（平面和高程）与线下工程相匹配、协调，必须按分级控制的原则建立测量控制网。

4. 高斯投影变形小于 1/100 000

高速铁路采用的平面坐标系统应采用边长投影变形值不大于 10 mm/km 的工程独立坐标系。高速铁路工程测量精度要求高，施工中要求由坐标反算的边长值与现场实测值应保持一致，即尺度统一。然而，由于地球表面是凹凸不平的曲面，地面上的测量数据需要投影到施工平面上，而曲面上的几何图形投影到平面上时，不可避免地会产生变形。采用国家 3°带投影的坐标系统，投影带边缘的边长投影变形值达 340 mm/km，这无疑会给无砟轨道的施工带来非常大的困难。高斯投影变形对工程施工的影响是系统性的，因此投影变形越小对工程施工越有利。为此，我国高速铁路通常采用任意中央子午线和任意投影面大地高的高斯投影方法来建立工程独立坐标系。

5. 高速铁路高程控制网的分级布设

高速铁路工程测量高程控制网分两级布设：第一级为线路水准基点控制网，为高速铁路工程勘测设计、施工提供高程基准；第二级为轨道控制网（CPⅢ），为高速铁路轨道施工、维护提供高程基准。

6. CPⅢ自由测站边角交会网

CPⅢ控制网是铺轨加密基标和轨道精调的基准。为保证铺轨加密基标和轨道精调测量的精度，《高速铁路工程测量规范》（TB 10601—2009）规定其点间距为 50~70 m，网形采用自由测站边角交会网，每个 CPⅢ控制点有不少于 3 个自由测站点的距离、方向交会。自由测站边角交会网与常规导线网测量相比具有以下优势：

（1）点位分布均匀，有利于铺轨加密基标和轨道精调作业的精度控制。

（2）控制网多余观测量多，网形强度高且均匀对称，具有较高的可靠性和精度。

（3）相邻点间相对精度高，有利于控制轨道的平顺性。

（4）控制点采用强制对中标志，自由测站也不含对中误差，消除了点位对中误差对控制网精度的影响。

【能力训练】

一、填空题

1. 高速铁路工程精密测量的内容包括：_____、_____、_____、_____和_____。

2. 高速铁路工程精密测量的目的是_____。

3. 高速铁路工程测量平面控制网应在框架控制网（CP0）的基础上分____级布设。请完成表 1-4。

表 1-4 高速铁路工程测量平面控制网

等级	名称	作用

4. 高速铁路工程测量高程控制网分_____级布设。请完成表 1-5。

表 1-5　高速铁路工程测量高程控制网

等级	名称	作用

5. 请完成图 1-3。

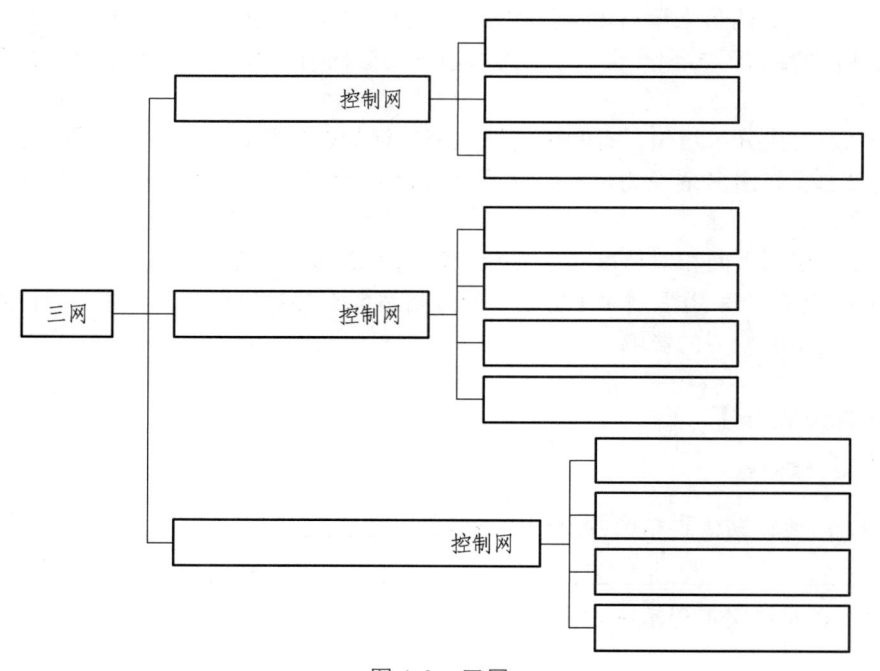

图 1-3　三网

6. "三网合一"的内容包括：

（1）勘测控制网、施工控制网、运营维护控制网_____的统一。

（2）勘测控制网、施工控制网、运营维护控制网_____的统一。

（3）勘测控制网、施工控制网、运营维护控制网_____的协调统一。

项目 2 高速铁路工程控制测量

🔍 学习目标

1. 知识目标

（1）掌握建立框架控制网 CP0 的技术方法。
（2）掌握基础平面控制网（CPI）测量的布设等级、技术要求和布设方法。
（3）掌握线路平面控制网（CPII）测量的布设等级、技术要求和布设方法。
（4）掌握轨道平面控制网（CPIII）测量的布设等级、技术要求和布设方法。
（5）掌握线路水准基点控制网测量的布设等级、技术要求和布设方法。
（6）掌握轨道高程控制网（CPIII）测量的布设等级、技术要求和布设方法。

2. 能力目标

（1）能根据实际的工程背景，设计出最佳的控制网网形。
（2）能根据对控制网实际的质量要求，设计出最佳的观测方案。
（3）能指导测量技术人员选择适当的测绘仪器，制订合理的工作方案。

3. 素养目标

（1）培养学生正确使用技术规程、规范的好习惯。
（2）培养学生不怕苦、勤思考、精施工的职业精神。
（3）培养学生追求卓越、精益求精的工匠意识。

🏠 知识链接

高速铁路的行车速度比较高，满足了人们的出行需求，是人们出行的重要交通方式。为了达到列车高速行驶过程中的安全性和舒适性，高速铁路轨道需要具有较高的行车平顺性，这就要求高速铁路工程建设保持毫米级的精度，使用标准的几何线性测量参数。传统工程测量技术和方法已经满足不了高速铁路的建设需求，高速铁路的测量精度有待全面提高。

我国高速铁路精密工程测量技术体系是伴随着无砟轨道工程的发展而逐步建立起来的。随着我国铁路技术不断发展，铁路建设过程中的高精度施工越来越受到重视，精密工程测量技术应用也越来越广泛。

2004 年，铁道第二勘察设计院（2007 年更名为中铁二院工程集团有限责任公司）和西南交通大学就无砟轨道铁路工程中的测量技术方面展开研究，建立起无砟轨道综合试验段的精密工程测量控制网。到 2006 年，随着各大无砟轨道铁路的开工建设，我国初步建设起适应无砟轨道建设新形势的铁路精密工程测量技术体系。

2008 年，由中铁二院工程集团有限责任公司主编的《高速铁路工程测量规范》（TB 10601—2009）发布实施，标志着我国开始形成具有自主知识产权的高速铁路工程测量技术标准。交通运输关系到我国国民经济的发展，高速铁路精密工程测量技术体系的发展极大提升了传统测量方法的精度，能够满足高速铁路对于测量工程的精密度需求。

任务 2.1　框架控制网（CP0）测量

【任务描述】

新建某高速铁路工程线路全长 600 km，采用 CRTS Ⅲ 型板式无砟轨道，最高设计速度为 350 km/h，按照《高速铁路工程测量规范》（TB 10601—2009）的要求，设计出最优的框架控制网（CP0）布设方案，并用相关软件进行框架控制网（CP0）的数据平差处理。

【引入案例】

大连至哈尔滨铁路客运专线（以下简称哈大客专），线路全长 905.802 km。其中：大连至沈阳段由铁道第三勘察设计院集团有限公司（现中国铁路设计集团有限公司）设计，范围为 K0+681.9 ~ DK439+424.802，正线长度为 425.530 km；沈阳至哈尔滨段由中铁第一勘察设计院集团有限公司设计，范围为 DK447+000 ~ DK933+200，正线长度为 480.272 km。哈大客专在勘测设计阶段采用 GPS 精密定位测量方法建立了高精度的框架控制网（CP0），作为高速铁路平面控制测量的起算基准。其中：中铁第一勘察设计院集团有限公司设计范围沈阳至哈尔滨段共设置 6 座 CP0 控制点，分别为 KY01（开原八宝屯）、SP02（四平十家堡）、CC03（长春）、DH04（德惠）、LL05（兰棱镇）、HEB06（哈尔滨），点位位置分布如图 2-1 所示。哈大客专 CP0 框架控制网的布设原则为每 80 km 左右设置一个控制点，沈哈段 6 座 CP0 控制点的间距为 67 ~ 99 km，选在距离线路较近，具有长期保存条件并满足 GPS 观测条件的房顶，标志类型为具有强制对中标志的三脚架。哈大客专沈哈段 GPS 框架网采用徕卡（Leica）1230、SR530 接收机于 2007 年 2 月 8 日（DOY039）和 10 日（DOY041）进行外业观测，每个点观测 2 个时段，每时段观测 24 h。

1. 计算软件

基线计算：采用美国麻省理工学院的 GAMIT 软件。

网平差计算：采用美国麻省理工学院的GLOBK软件。

2. 数据预处理

（1）数据整理。

以年积日（GPS Day）为单位整理观测数据，并将原始观测数据转换为RINEX格式数据；统一点位编号；根据外业观测手簿，编制观测仪器、天线、天线高与天线高量取位置等对照表；检查点名一致性与正确性、接收机与天线型号的正确性、天线高的正确性及年积日的一致性等。

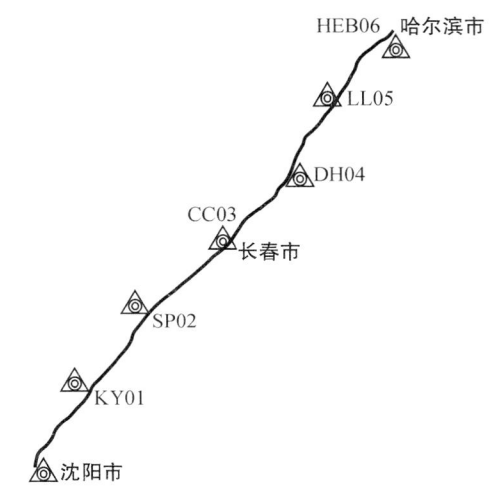

图2-1　哈大客专（沈阳至哈尔滨段）CP0点位分布

（2）收集GPS连续运行站的数据。

本次数据处理收集了我国北京房山BJFS和韩国SUWN两个GPS连续运行站的数据。

（3）天线高的归算。

按照天线结构，天线高统一采用观测值归算。在基线解算时由GAMIT软件自动计算天线相位中心位置，归算至标石标志面。

（4）采用的数据见表2-1。

表2-1　GPS框架网同步观测点统计

序号	年积日	GPS同步观测点									
1	039	AS02	CC03	DH04	DL05	DSQ0	HEB0	KY01	LL05	SP02	SY01	WFD0
2	041	AS02	CC03	DH04	DL05	DSQ0	HEB0	KY01	LL05	SP02	SY01	WFD0

3. GPS 基线解算

基线解算采用基准站技术，导入 GPS 连续运行站＋测区观测数据，周边地区的 GPS 跟踪站主要为我国北京房山 BJFS 和韩国 SUWN 等。同时，采用 Auto Clean 周跳自动修复技术，进行周跳剔除与修复，以获取精确的基线解算结果。

（1）先验坐标的获取。

先验坐标采用差分的办法获得，即以 GPS 连续运行站为基准站进行差分，求得 GPS 观测站的先验坐标，其坐标可以达到 0.1 m 以内的精度。

（2）主要参数设置。

· 卫星轨道：采用国际导航卫星系统服务（IGS）精密星历，轨道固定；

· 解算模式：采用 LC-HELP 观测值，用 Baseline 解法求解作为基线结果；

· 卫星截止高度角：15°；

· 天顶方向对流层延迟参数估计：对流层延迟作为待定参数解算，每 4 h 估计一个参数；

· 周跳剔除：采用 Auto Clean 自动修复周跳；

· 坐标约束：固定 BJFS 站；

· 数据采样间隔：30 s。

（3）参考基准。

· 参考框架：国际地球参考架（ITRF）2000；

· 参考历元：2007.0。

（4）GPS 基线解算。

以年积日为单位，进行基线解算。

由表 2-2 可知，同步环的 N_{rms} 值均小于 0.2 周，说明基线解算时周跳剔除比较干净。

表 2-2　GPS 框架网同步环 N_{rms} 统计

序号	年积日	N_{rms}/周	序号	年积日	N_{rms}/周
1	039	0.195 37	2	041	0.194 26

4. GPS 网平差

采用与 GAMIT 配套的综合平差软件 GLOBK，在 WGS-84 椭球上进行三维整体平差处理。GLOBK 软件的核心——卡尔曼滤波技术，不仅估计了测站观测信息，也估计了卫星轨道信息，从而可以获得精确的三维地心坐标。

根据 GAMIT 基线解算结果，组织平差文件，首先对基线结果数据进行 χ^2 检验，检验通过后即进行网平差处理。GPS 网平差在 ITRF2000 框架下进行，参考历元为 2007.0，以我国北京房山 BJFS 和韩国 SUWN 点为框架点，并给予强约束，进行整体平差。

（1）数据检验。

对整网的全部基线结果进行了 χ^2 检验（表 2-3），χ^2 检验值均小于 10。数据全部通过检验，参与平差。

表 2-3 GPS 框架网 χ^2 检验结果统计

序号	年积日	χ^2	序号	年积日	χ^2
1	039	5.232	2	041	7.696

（2）坐标精度统计（表 2-4）。

表 2-4 GPS 框架网坐标精度统计

统计项	X_{rms}	Y_{rms}	Z_{rms}	N_{rms}	E_{rms}	U_{rms}
最小值/mm	1.2	1.9	1.9	0.5	0.5	2.8
最大值/mm	2.2	3.2	3.7	0.8	0.9	5.3
平均值/mm	1.6	2.4	2.6	0.6	0.6	3.8

GPS 框架网点水平方向的精度平均值为 ±0.6 mm，高程方向的精度平均值为 ±3.8 mm。

（3）基线精度统计（表 2-5）。

表 2-5 GPS 框架网基线精度统计

名称	δ_{dN}/mm	δ_{dE}/mm	δ_{dU}/mm	δ_{dS}/mm	基线相对中误差
最小值	0.4	0.4	2.7	0.4	9.86×10^{-9}
最大值	0.9	0.9	5.8	0.9	1.19×10^{-7}
平均值	0.7	0.6	4.1	0.7	2.98×10^{-8}

注：N 为南北方向，E 为东西方向，U 为高程方向，S 为相邻基线点水平分量。

由表 2-5 可知，相邻基线点水平分量测定精度平均值为 ±0.7 mm，垂直分量测定精度平均值为 ±4.1 mm，基线相对中误差平均值为 2.98×10^{-8}。

【案例解读】

高速铁路线路长、地区跨越幅度大且平面控制网沿线路呈带状布设，为了控制带状控制网的横向摆动，并为平面控制测量提供统一的起算基准，实现勘察设计、施工建设和运营维护各阶段控制网的"三网合一"，高速铁路采用 GPS 精密定位测量技术，按一定间距（50~100 km）布设建立了框架控制网（CP0）。CP0 控制点布设间距为 50~100 km，与国际 IGS 参考站或 2000 国家大地坐标系（CGCS2000）中的 A、B 级 GPS 点进行联测，采用国外专业的长基线计算软件（如 GAMIT/GLOBK、BERNESE 等）进行基线解算和网平差计算，数据处理精度要求较高。影响 CP0 最终定位精度的因素较多，主要有卫星星历误差、对流层折射误差、基准点初始误差、采用的解算软件、采用的解算方案、框架基准的统一与转换方法、基线网平差方法等。在 CP0 数据处理中如不能正确考虑并处理这些因素，将造成最终定位结果出现偏差而无法满足精度要求的后果。

【知识储备】

在勘测设计、施工建设和运营维护过程中，必须考虑控制网的复测及恢复问题，以保证等级控制网的稳定性、一致性、可恢复性。特别是到了运营维护阶段，CPⅢ轨道控制网的复测和维护，还要用到 CPⅠ基础平面控制网和 CPⅡ线路控制网，如其破坏严重，将使 CPⅢ轨道控制网的复测和养护失去基础，故有必要设立在勘测设计控制网、施工建设控制网及运营维护控制网"三网"之上的更高等级的少量的框架基准控制点，并与长期稳定的国家基准建立联系，作为复测与恢复及养护的最高等级基准。因此，高速铁路采用卫星定位测量方法建立 CP0 框架控制网，作为全线（段）勘测设计、施工、运营维护各阶段的坐标基准。

知识点 1　建立 CP0 框架控制网的目的和作用

高速铁路线路长、地区跨越幅度大且平面控制网沿高速铁路呈带状布设。为了控制带状控制网的横向摆动，沿线必须每隔一定间距联测高等级的平面控制点。由于沿线国家高级控制点之间的兼容性差，基础平面控制网 CPⅠ经国家三角点约束后使高精度的 CPⅠ控制网发生扭曲，降低了 CPⅠ控制点间的相对精度，个别地段经国家点约束后的 CPⅠ控制点间甚至不能满足规范要求的 CPⅠ控制点相对中误差≤1/180 000 的精度指标，无法满足勘察设计、施工和运营维护各阶段的精度要求。这使得在测量中不得不采用一个点和一个方向的约束方式进行 CPⅠ控制网平差，但这种平差方式给 CPⅠ控制网复测带来不便。因此，为了提高 CPⅠ控制网的精度，并为平面控制网复测提供坐标基准，需建立适合我国高速铁路的坐标框架基准。

CPⅠ控制网长度与线路的长度成正比，上千千米带状控制网的布设、施测、数据处理以及施工和运营期间的复测任务艰巨。通过沿线建立少量的框架控制点，把全线分成若干个控制网，不仅使全线控制点的维护工作简化为重点维护少量的几个框架控制点，而且基础控制网可根据勘测的需要布设，不会因为线路走向改变或更改设计使原建的控制网报废。控制网复测时也不必等到全线控制网测量结束后才能进行整体平差。部分 CPⅠ控制点的损坏、丢失或位移，也可以通过框架控制点恢复至原来的基准。为此，我国在京津城际铁路、哈大、京沪、石武高速铁路平面控制测量中首先采用 GPS 精密定位测量方法建立高精度的 CP0 框架控制网，作为高速铁路平面控制测量的起算基准。这不仅可以克服国家高等级平面控制点稀少和分布不均等的问题，还有效提高了 CPⅠ控制网的精度，也为平面控制网复测提供了一套稳固的、高精度的起算基准，同时将勘察设计、施工建设及运营维护各阶段的平面控制基准进行了统一，实现了勘察设计、施工及运营维护的"三网合一"。

知识点2　建立CP0框架控制网的技术方法

1. "三网合一"

高速铁路轨道的高速度、高舒适性、高安全性建设目标，使其必须具备高平顺性和高精度的几何线形参数，轨道工程施工工艺和精度要求高，精度要求保持在毫米级范围内。由于过去普速铁路建设的速度目标值较低，对轨道的线形和平顺性要求不高，传统的铁路工程测量在勘测、施工中没有要求建立一套适合于勘测、施工、运营维护的完整控制测量系统。控制网测量的精度指标主要是根据满足线下土建工程的施工控制要求而制定的。轨道不是以控制网为基准按照设计的坐标定位，而是按照线下工程的施工现状采用相对定位进行铺设，这种铺轨方法由于测量误差的积累，往往造成轨道的几何参数与设计参数相差较大的后果。高速铁路轨道线形和平顺性要求较高，轨道工程施工应按照设计的线形，采用绝对坐标进行线下工程施工和轨道工程的施工放样；运营维护应按竣工交付的线形进行维护管理。

因此，要求各级平面高程控制网精度必须同时满足线下工程施工、轨道施工定位和运营养护的要求，在设计、施工和运营阶段构建和保持高速铁路轨道空间几何形位的一致性，满足高速铁路工程建设和运营管理的需要，三个阶段的平面、高程控制测量必须采用统一的坐标高程系统和起算基准。即勘测控制网、施工控制网、运营维护控制网均采用CP0为全线坐标框架基准、CPⅠ为基础平面控制网，以二等水准基点网为基础高程控制网，从而实现勘测控制网、施工控制网、运营维护网的坐标和高程系统统一、起算基准统一、测量精度协调统一，达到无砟轨道控制网"三网合一"的目标。

2. 控制网基准

GPS测量获得的是GPS基线向量，是WGS-84坐标系中的三维坐标差，而实际工程建设需要的是国家坐标系或工程独立坐标系的坐标。所以在GPS网技术设计时，必须明确GPS成果所采用的坐标系统和起算数据，即明确GPS网的基准。GPS网的基准包括位置基准、方位基准和尺度基准。CP0控制网采用GPS测量方式，其方位基准由GPS基线向量的方位作为方位基准；尺度基准由2个以上的起算点间的距离确定；位置基准由给定的起算点坐标确定。因此，CP0网的基准设计，实质上是确定网的位置基准问题。

（1）CP0控制网通过与沿线国家GPS的A、B级点进行联测统一纳入CGCS2000国家大地坐标系统，或与全球IGS参考站点联测统一纳入ITRF大地测量框架，建立基于CGCS2000或ITRF坐标系统基本椭球参数、满足边长投影变形值≤10 mm/km的任意中央子午线和抵偿高程面的工程独立坐标系。另外，为了便于铁路沿线征地使用以及地方规划使用，应联测若干个原有国家1980西安坐标系或1954北京坐标系或地方控制点，用以进行坐标转换。

(2) 为保证 CP0 网进行约束平差后坐标精度的均匀性以及减少尺度比误差影响,对 GPS 网内重合的高等级国家 GPS 控制点,也应构成长边图形进行联测。

(3) 无约束平差时作为起算点的 IGS 参考站的框架基准在 CP0 框架控制网初次建网时应采用目前发布的最新 ITRF 参考框架及其参考历元下的测站坐标,后续复测维护时还需将 IGS 参考点的框架基准转换到初次建网时所在的 ITRF 框架基准下。作为起算点的 IGS 参考站应优先选择数据质量较好的测站。根据计算经验,中国境内的 IGS 站 SHAO、BJFS、WUHN、URUM 站的数据质量较好一些,LHAS 和 KUNM 站的数据观测质量相对较差。

整体约束平差所采用的约束点应为 IGS 参考站或国家 A、B 级 GPS 点的 CGCS2000 国家大地坐标系的成果。

3. 网形布设

(1) 布设间距。

CP0 框架控制网是高速铁路工程测量的平面基准。经过近年来京津、哈大、京沪、石武客专 CP0 测量的实践总结,确定 CP0 点按平均 50 km 的间距进行布设。表 2-6 对京津、哈大、京沪、石武客专 CP0 控制网的点位布设间距进行了统计。

表 2-6 我国高速铁路 CP0 控制网点位平均布设间距

线路名称	京津高铁	哈大高铁	京沪高铁	石武高铁
CP0 点位间距/km	30	80	80	50

另外,CP0 作为 CPⅠ 控制网施工建设和运营维护期间复测的起算基准,还应满足 CPⅠ 复测时的点位精度需要,复测成果与原测成果的坐标较差也与 CP0 控制网的点间距有关。经统计分析,在 CPⅠ 控制网复测自身测量满足 GPS 二等网精度要求时,哈大线复测成果 92% 满足 <±20 mm 要求,京沪线 98% 满足 <±20 mm 要求,京津、石武客专复测成果均能满足 <±20 mm 的要求。因此,根据以上各线的情况,综合考虑 CP0 控制网的选点、布网、野外测量调度协调等各方面因素,CP0 点按平均 50 km 的间距进行布设是合适的。

(2) 图形设计。

CP0 作为高速铁路工程测量的平面基准,在初测前采用 GPS 测量方法建立,全线一次性布网,统一测量,整体平差。由于 CP0 控制测量精度要求高,CP0 控制网网形一般采用网连接式,以提高网的几何强度和可靠性。相邻同步图形之间至少有 3 个公共点相连接,每个 CP0 控制点与相邻 CP0 连接数不得小于 3;IGS 参考站或国家 A、B 级 GPS 点与其相邻的 CP0 连接数不得小于 2。在接收机数量满足条件的情况下,全线可采用多台 GPS 接收机一次性同时段测量,当线路较长、点数较多时,也可以按照网连接式分区测量,分区解算,统一平差。

4. 测量方法

CP0 控制网采用 GPS 静态相对定位测量的原理建立。

GPS 静态相对定位是通过用两台（或多台）接收机分别安置在一条（或多条）基线的两端，同步观测相同的 GPS 卫星，以确定基线端点的相对位置或基线向量。GPS 相对定位原理如图 2-2 所示。GPS 观测组成的网形如图 2-3 所示。

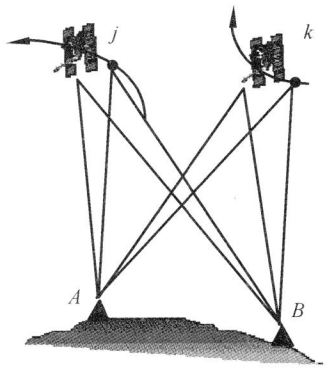 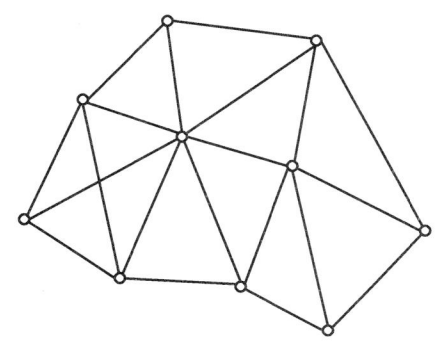

图 2-2　GPS 相对定位原理　　　　图 2-3　GPS 观测网形

GPS 基线解算时，一般通过卫星间和测站间对载波相位观测值进行两次差分组成双差观测值，这样做一方面消去了卫星钟、接收机钟的系统误差，另一方面削弱了卫星轨道误差和大气折射对观测值的影响，未消去的残余误差通过基线向量解算时建立数学模型在进行最小二乘求解时一并求解，从而提高测量精度。基线解算完成后，即确定了本级网相邻控制点间的相对关系。通过联测上一级控制点，可建立本级控制网与上一级控制网的相对关系。基线网平差时将上一级控制网的绝对坐标作为固定数据进行约束平差，即确定了本级网在基准空间中的绝对坐标。CP0 控制网以 IGS 参考站或国家 GPS 的 A、B 级控制点作为约束点，进行控制网整体三维约束平差。经上级控制点约束平差后，即确定了 CP0 在工程独立坐标系中的绝对坐标，并评定其测量质量、精度和可靠性。

CP0 控制点沿线路走向每 50 km 左右布设一个，在线路起点、终点或与其他线路衔接地段，至少有 1 个 CP0 控制点。当国家既有 GPS 控制点的精度和位置满足 CP0 控制网要求时，应将其作为高速铁路 CP0 控制点。CP0 控制点宜埋设在适合于 GPS 观测作业的地点，周围 200 m 范围内不得有强电磁干扰源或强电磁反射源，点位距离线路中线不宜大于 10 km。CP0 控制网应与 IGS 参考站或国家 A、B 级 GPS 点进行联测。全线联测的已知站点数不应少于 2 个，且在网中均匀分布。每个 CP0 控制点与相邻 CP0 连接数不得小于 3；IGS 参考站或国家 A、B 级 GPS 点与其相邻的 CP0 连接数不得小于 2。

5. 测量精度

精度是衡量网的坐标参数估值受观测偶然误差影响程度的指标。网的精度设计是根据偶然误差传播规律，按照一定的精度设计方法，分析网中各未知点平差后预期能达到的精度。网的精度一般常用坐标的方差-协方差阵来分析，也常用误差椭圆（球）和相对误差椭圆（球）来描述坐标点的精度情况，或用点之间方位、距离和角度的标准差来定义。在 CP0 测量中，相邻点间基线长度的精度用式（2-1）来表示，CP0 网约束平差后的精度指标具体数值见表 2-7。

$$\delta = \sqrt{a^2 + (b \times d)^2} \qquad (2-1)$$

式中：δ——标准差（mm）；
　　　a——固定误差（mm）；
　　　b——比例误差系数（mm/km）；
　　　d——相邻点间的距离（km）。

表 2-7　CP0 控制网测量主要技术指标

等级	固定误差 a/mm	比例误差系数 b/（mm/km）	约束平差后最弱边边长相对中误差	相邻点的相对中误差/mm
CP0	≤5	≤1	1/2 000 000	20

观测前，进行时段设计，避开少于 4 颗卫星的时间窗口，选择最佳时段。CP0 施测基本技术要求见表 2-8。

表 2-8　CP0 施测基本技术要求

	项　目	CP0
静态测量	卫星截止高度角/（°）	≥15
	同时观测有效卫星数	≥4
	有效时段长度/min	≥300
	观测时段数	4
	数据采样间隔/s	30
	接收机类型	双频
	几何精度衰减因子（GDOP）	≤6

6. 基线解算

CP0 框架控制网基线解算属于中长基线解算，解算时应采用高精度解算软件，国内一般采用 GAMIT 和 BERNESE。虽然这两款软件均以双差相位观测值作为基本解算数据，但其采用的模型及数据处理方式等因素的不同，将造成基线解算结果的系统性差异。因此，施工建设和运营期间 CP0 控制网复测维护应采用与勘测设计期间相同的基线解算软件（最好是同一版本）进行处理。

基线解算的基本流程分为三个部分：数据准备、基线处理和结果分析。下面分别对数据准备和基线处理进行介绍。

（1）数据准备。

数据准备过程比较复杂，需要从 GPS 观测文件及星历文件、共用表文件、测站相关文件、数据处理过程控制文件等方面准备。

① 观测文件及星历文件准备。

观测文件包含 RINEX 格式观测 O 文件及导航 N 文件，星历文件通常指 IGS 精密星历。为了便于数据组织，将观测文件及星历文件按年积日存放于指定目录中。

② 共用表文件准备。

共用表文件是指在多天多网数据处理中的共用文件，主要包含日月星历、章动、极移、地球自转等及其他一些参数设置文件。其中，日月星历、章动、极移、地球自转、跳秒需要依据处理日期随时更新。

③ 测站相关文件准备。

测站相关文件通常存放于共用文件目录中，包含测站概略坐标文件（lfile）、测站信息文件 station.info 及测站约束文件（sittbl）。

测站概略坐标文件存放起算参考站及待估测站先验坐标及精度，通常参考站先验坐标可下载 ITRF 框架坐标，待估测站先验坐标可由单点定位或导航解得到。

测站信息文件存放测站天线高、接收机代码、天线代码、天线高量测方式及观测时间范围等。

测站约束文件（sittbl）包含测站先验约束、对流层模型、对流层解算时段、计算截止高度角及拟合钟差多项式阶数等 10 多项参数设置。

④ 数据处理过程控制文件（sestbl）准备。

数据处理过程控制文件即 TABLE 目录下的 sestbl 文件。

（2）基线处理。

以 GAMIT 软件为例，基线处理步骤如下。

第一步：建立数据处理目录，目录结构按 hada（项目名称）/doy（年积日）的形式建立；

第二步：将观测文件及星历文件、共用表文件、测站相关文件及过程控制文件复制到数据目录中；

第三步：运行 makexp 程序，生成输入文件；

第四步：运行 sh_sp3fit 脚本，生成轨道初始根数；

第五步：运行 sh_check_sess 脚本，检查卫星一致性；

第六步：运行 makej 程序，生成卫星钟差文件；

第七步：运行 sh_check_sess，检查卫星一致性；

第八步：运行 makex 程序，生成 X 文件；

第九步：运行 fixdrv 程序，生成批处理文件；

第十步：运行 fixdrv 生成的批处理文件，以 bhada7.bat 为例，运行 csh bhada7.bat。

知识点 3　CP0 框架控制网的外业实施

1. 点位选择

（1）CP0 框架基站点一般设置于稳定性较好的建筑物的屋顶（图 2-4），也可采用国家 GPS 的 A、B 级控制点的点位（图 2-5），采用强制对中观测墩的形式。有委托保管条件的地点，可以永久保存使用，以便后续施工建设和运营维护期间能有效恢复工程控制网。

图 2-4　强制对中三脚架　　　　图 2-5　采用国家 GPS 控制点

（2）根据在哈大客专的测量实践，CP0 点位选在距离线路 10 km 范围内，具有长期保存条件并满足 GPS 高精度观测条件的房顶，标志类型为具有强制对中标志的三脚架。三脚架顶面为直径 20 cm 的不锈钢圆托盘，三脚架底面一般为边长 45 cm 的等边三角形，高度视具体安装位置确定，标志规格如图 2-4 所示。

（3）点位周围视野开阔，便于 GPS 卫星信号的接收，在地面高度角 15°内不应有成片的障碍物。

（4）点位离大功率无线电发射源（电视台、电台、微波站等）的距离不小于 200 m，离高压输电线距离不得小于 50 m（10 kV 的高压线可放宽到 10 m）。

（5）点位附近不应有强烈干扰卫星信号接收的物体，尽量避开大面积水域或其他可能对卫星信号接收存在强烈干扰的物体或环境。必要时对所选点位进行卫星可见数、GDOP 值星历预报，并进行预观测计算分析多路径效应以及卫星信号接收噪声的量值大小，且以此作为 CP0 点位选择的依据。

（6）点位应选择在交通方便、利于安全作业的地方。

2. 点位埋设

（1）控制点标志。

控制点标志采用直径为 12～20 mm、长度为 20～30 mm 的不锈钢材料，下部采用普通倒 T 字形钢筋焊接而成，其顶部刻有 0.5 mm 深的十字分划丝，如图 2-6 所示。

（2）建筑物顶部。

建筑物顶上设置标石，标石应和建筑物顶面牢固连接。建筑物上 CP0 控制点埋石方法与规格如图 2-7 所示。

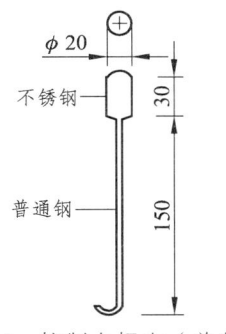

图 2-6　控制点标志（单位：mm）

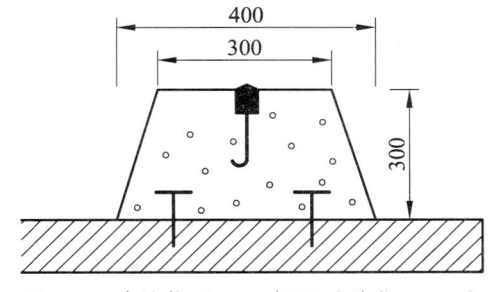

图 2-7　建筑物顶 CP0 标石（单位：mm）

（3）一般情况下埋桩。

CP0 控制点标石采用混凝土预制桩。控制点采用预制桩的埋石方法与规格如图 2-8 所示，并需要做护井和盖板。

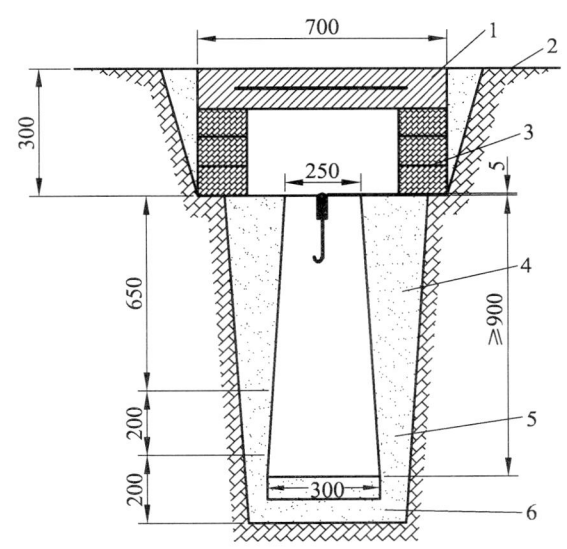

1—盖；2—土面；3—砖；4—素土；5—冻土；6—贫混凝土。

图 2-8　CP0 控制点标石预制桩（单位：mm）

选点与埋石质量是保证测量精度的基础，必须对选点及埋石的质量进行严格控制，埋石的点位环境及埋石过程要求采用数码相机进行拍照，埋石完成后用手持 GPS 接收机施测概略经纬度并记录到点之记中。点之记主要包括点号、线路里程、所在 1∶1 万图的图号、概略经纬度、所在地、交通情况、交通略图、点位略图，其中点位略图、交通略图用 CAD 绘制。CAD 格式的点之记和埋桩过程照片作为正式成果上交，埋石过程的照片作为埋石质量控制的过程措施必须严格执行。

3. 外业施测

（1）在哈大客专 CP0 测量实践中，由于当时无具体规范可循，国内 CP0 测量经验较少，点位布设间距介于国家 A、B 级 GPS 点之间，参照《全球定位系统（GPS）测量规范》（GB/T 18314—2009）和京沪高速铁路 CP0 基站点的观测经验，确定哈大线 CP0 基站点观测时段长度为 24 h，观测 2 个时段。

因此，在参考国家标准《全球定位系统（GPS）测量规范》（GB/T 18314—2009）B 级 GPS 网规定的基础上，根据 CP0 测量精度的要求和总结近年来多条铁路 CP0 测量的作业实践，确定 CP0 观测的技术要求如下：观测时段数≥4，有效观测时段长度≥300 min，有效卫星的最短连续观测时间≥15 min，数据采样间隔为 30 s，卫星截止高度角为 15°。

（2）CP0 控制网应与国际 IGS 参考站或国家 CGCS2000 的 A、B 级 GPS 点进行联测；全线联测的高级站点数不应少于 2 个，且在网中均匀分布，从而将 CP0 控制网坐标基准归化到 ITRF 参考框架或 CGCS2000 国家大地坐标系中。

（3）每个 CP0 控制点与相邻的 CP0 连接数不得小于 3，IGS 参考站或国家 A、B 级 GPS 点与其相邻的 CP0 连接数不得小于 2，从而确保 CP0 控制网实现边连接，使每个控制点都有闭合环检核条件。

（4）观测时段分布宜昼夜均匀，夜间观测时段数不少于 1 个，夜间时段的观测适宜选在午夜到日出期间，此时电离层延迟的影响最小。每个观测时段不宜跨越北京时间早 8 点（即世界协调时 0 点）。

知识点 4　CP0 框架控制网的数据处理

CP0 应以 2000 国家大地坐标系作为坐标基准，以 IGS 参考站或国家 A、B 级 GPS 控制点作为约束点，进行控制网整体三维约束平差。

1. 基线向量解算

（1）应使用适合长基线的高精度 GPS 解算软件，采用精密星历进行基线解算；同一时段观测值的数据剔除率宜小于 10%；应采用多基线解算模式进行基线解算，计算结果应包括基线向量的各坐标分类及其协方差阵等平差所需的元素；基线向量解算引入的起算点坐标位置基准应为国际地球参考框架（ITRF）中的坐标成果，该坐标框架应与采用的精密星历坐标框架保持一致。起算点选用联测的 IGS 参考站或国家 A、B 级 GPS 控制点的点位坐标精度应高于 0.1 m。

（2）基线解算完成后同一基线不同时段的基线向量各分量及边长较差应满足式（2-2）要求。

$$\left.\begin{array}{l}d_{\Delta X} \leqslant 3\sqrt{2}R_{\Delta X}\\ d_{\Delta Y} \leqslant 3\sqrt{2}R_{\Delta Y}\\ d_{\Delta Z} \leqslant 3\sqrt{2}R_{\Delta Z}\\ d_{S} \leqslant 3\sqrt{2}R_{S}\end{array}\right\} \qquad (2\text{-}2)$$

式中 R 按下式计算：

$$R_C = \left(\frac{\dfrac{n}{n+1} \cdot \sum\limits_{i=1}^{n}\dfrac{(C_i - C_m)^2}{\sigma_{C_i}^2}}{\sum\limits_{i=1}^{n} 1/\sigma_{C_i}^2}\right)^{1/2}$$

式中：n——同一基线重复观测的总时段数；

i——时段号；

C_i——i 时段基线的某一坐标分量或边长；

C_m——各时段基线的某一坐标分量或边长加权平均值；

$\sigma_{C_i}^2$——相应于 i 时段基线的某一坐标分量或边长的方差。

（3）基线向量的独立（异步）闭合环或附合线路的各坐标分量闭合差应满足式（2-3）的要求。

$$\left.\begin{array}{l}W_x = 2\sigma_{W_x}\\ W_y = 2\sigma_{W_y}\\ W_z = 2\sigma_{W_z}\end{array}\right\} \qquad (2\text{-}3)$$

$$\sigma_{W_x} = \left(\sum_{j=1}^{r}\sigma_{\Delta X(j)}^2\right)^{1/2}$$

$$\sigma_{W_y} = \left(\sum_{j=1}^{r}\sigma_{\Delta Y(j)}^2\right)^{1/2}$$

$$\sigma_{W_z} = \left(\sum_{j=1}^{r}\sigma_{\Delta Z(j)}^2\right)^{1/2}$$

式中：j——闭合环（线）中第 j 条基线；

r——闭合环（线）基线数；

$\sigma_{C(j)}^2$——第 j 条基线 C（$C=\Delta X, \Delta Y, \Delta Z$）分量的方差。

（4）环线全长闭合差（W）应满足式（2-4）的要求。

$$W \leqslant 3\sigma_W \qquad (2\text{-}4)$$

$$\sigma_W = \left(\sum_{j=1}^{r}\boldsymbol{W}\boldsymbol{D}_j\boldsymbol{W}^\mathrm{T}\right)^{1/2}$$

式中：$W = \begin{bmatrix} \dfrac{W_x}{W_s} & \dfrac{W_y}{W_s} & \dfrac{W_z}{W_s} \end{bmatrix}$

$W = \sqrt{W_x^2 + W_y^2 + W_z^2}$

D_j——闭合环（线）中第 j 条基线的方差-协方差阵。

2. CP0 网平差

（1）无约束平差中基线向量的改正数绝对值应满足式（2-5）的要求。

$$\left. \begin{array}{l} V_{\Delta X} \leqslant 3\sigma \\ V_{\Delta Y} \leqslant 3\sigma \\ V_{\Delta Z} \leqslant 3\sigma \\ \sigma = \sqrt{a^2 + (b \cdot d)^2}, a = 5\text{mm}, b = 0.2\text{mm/km} \end{array} \right\} \quad (2\text{-}5)$$

（2）约束平差前，应进行外部数据处理质量检核。联测站点的已知坐标成果与无约束平差成果间差值的绝对值应小于 0.2 mm，且由此计算的基线长度相对误差应小于 $0.3 \times D \times 10^{-6}$。

（3）整体约束平差所采用的约束点应为 IGS 参考站或国家 A、B 级 GPS 点的 2000 国家大地坐标成果。整体约束平差中基线的向量各分量改正数与无约束平差同一基线改正数较差的绝对值应满足式（2-6）的要求。

$$\left. \begin{array}{l} \mathrm{d}V_{\Delta X} \leqslant 2\sigma \\ \mathrm{d}V_{\Delta Y} \leqslant 2\sigma \\ \mathrm{d}V_{\Delta Z} \leqslant 2\sigma \end{array} \right\} \quad (2\text{-}6)$$

（4）无约束平差应输出 ITRF 或 IGS 国际地球参考框架下各点的三维坐标、各基线向量平差值、各基线的坐标分量、改正数及其精度；整体约束平差应输出 2000 国家大地坐标系中各点的地心坐标和大地坐标、各基线向量平差值、各基线的坐标分量、改正数及其精度。

【能力训练】

一、填空题

1. CP0 点按平均_____km 的间距进行布设。

2. CP0 作为高速铁路工程测量的_____基准，在初测前采用_____测量方法建立，全线一次性布网，统一测量，整体平差。

3. CP0 控制网采用_____的原理建立。

4. CP0 应以_____坐标系作为坐标基准，以_____作为约束点，进行控制网整体三维约束平差。

5. 高速铁路采用_____方法建立 CP0 框架控制网，作为全线（段）勘测设计、施工、运营维护各阶段的坐标基准。

二、简答题

简述建立 CP0 框架控制网的目的和作用。

三、工程应用

新建铁路贵阳至广州线工程措施加强后全线调整为 300 km/h 速度级无砟轨道，按照《高速铁路工程测量规范》（TB 10601—2009）的要求，按分级布网、逐级控制的原则，编制框架平面控制网（CP0）布设及测量技术方案。

任务 2.2　基础平面控制网（CPⅠ）测量

【任务描述】

新建某高速铁路工程线路全长 600 km，采用 CRTSⅢ型板式无砟轨道，最高设计速度为 350 km/h，按照《高速铁路工程测量规范》（TB 10601—2009）的要求，设计出最优的框架控制网（CPⅠ）的布设方案，并用相关软件进行框架控制网（CPⅠ）的数据平差处理。

【引入案例】

以某新建高速铁路精密工程控制测量建网为例，着重对基础平面控制网（CPⅠ）的内业数据处理进行介绍。

该新建高速铁路线路全长约 400 km，按照《高速铁路工程测量规范》（TB 10601—2009）中关于 CPⅠ平面控制网的有关要求，CPⅠ控制点沿线路走向布设，按不大于 4 km 布设一对，选在距离中线 50~300 m 且不易被破坏的范围内，对点间距离一般大于 800 m，困难时不小于 600 m。因此，本项目合计布设了 246 个 CPⅠ控制点。该项目外业观测采用徕卡 GX1230 型双频全球导航卫星系统（GNSS）接收机、天宝（Trimble）R8 GNSS 接收机进行，所有设备都经检定合格，并在有效期内。基线解算使用徕卡公司的 LGO V8.4 软件，网平差使用武汉大学研制的 COSAGPS V5.2 数据处理系统。

1. 数据传输

通过接收机随机配套的数据传输软件，将当天外业观测数据下载到计算机中，并进行备份。

2. 格式转换

该项目中 CPⅠ平面控制网外业观测采用了天宝、徕卡两个厂家的接收机，采用徕卡公司的 LGO V8.4 软件进行基线解算。解算时需将天宝接收机采集的原始观测数据通过天宝公司的"Convert to RINEX"软件转换为 RINEX 格式的数据。

3. 基线解算

（1）新建项目（图2-9）。

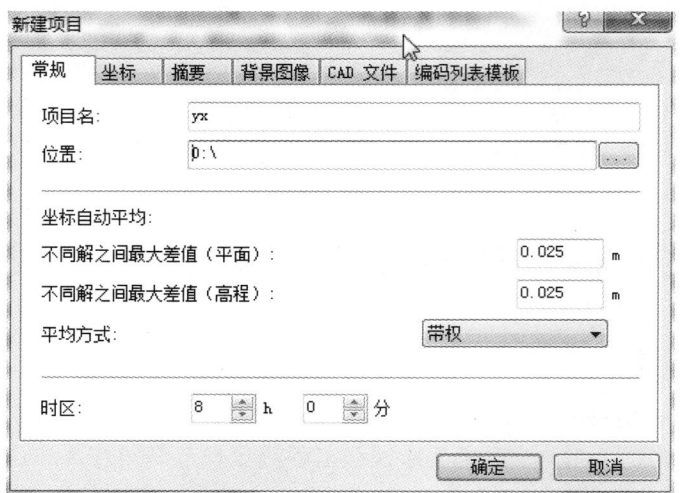

图2-9　新建项目

CPⅠ按铁路二等GNSS测量技术要求施测，不同解之间最大差值（平面）、不同解之间最大差值（高程）一般设置为0.020~0.025 m，平均方式为带权，时区为8区（国内测量时）。其他可采用缺省设置。

（2）数据输入（图2-10）。

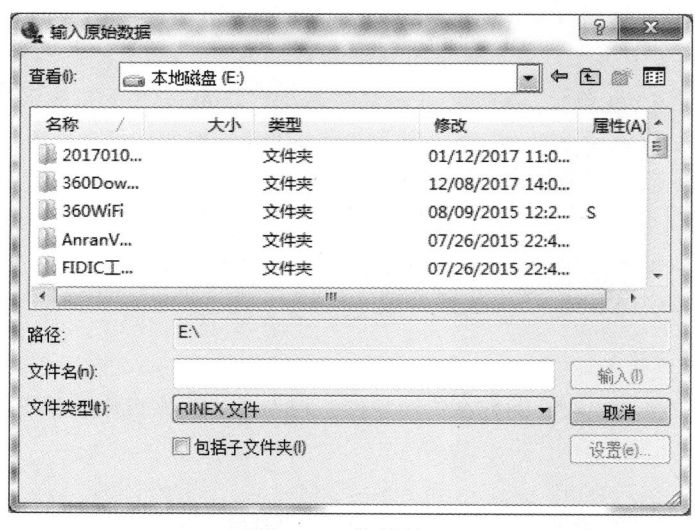

图2-10　数据输入

本项目要同时解算徕卡和天宝GNSS接收机测量的数据。输入徕卡接收机数据时，选择与接收机对应的文件类型；输入天宝接收机数据时，选择文件类型为RINEX。如果包括子文件夹，则在选项前打钩。

数据输入后对照外业测量记录手簿对点名、天线量高等信息进行核对、修改。

(3) 处理参数设置（图2-11）。

图2-11　处理参数设置

可设置高度截止角、星历类型、GNSS类型、频率、采样率等参数，一般采用缺省参数设置。

(4) 基线处理。

基线处理有手工和自动两种模式，对于CPⅠ控制网等带状控制网类型的基线解算，建议采用人工模式，并按一定的方向进行基线处理，如图2-12所示。

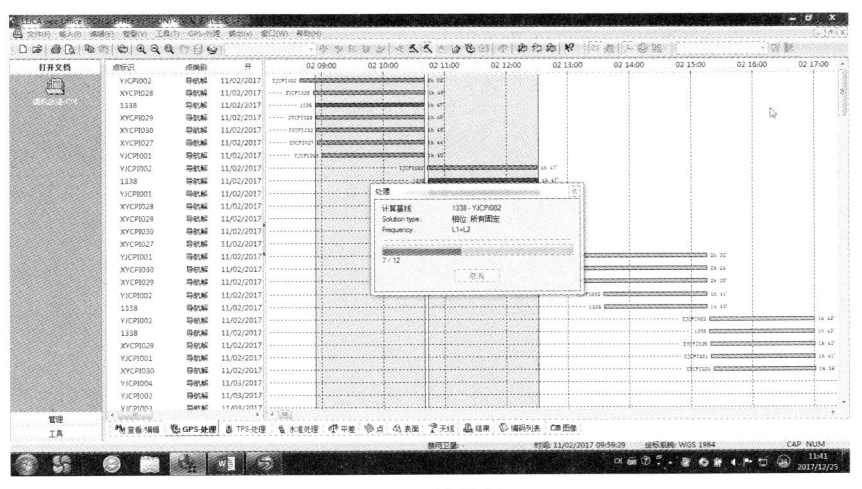

图2-12　基线处理

(5) 基线结果存储。

查看基线处理结果，将解算出静态模糊度的基线选择存储，如图2-13所示。

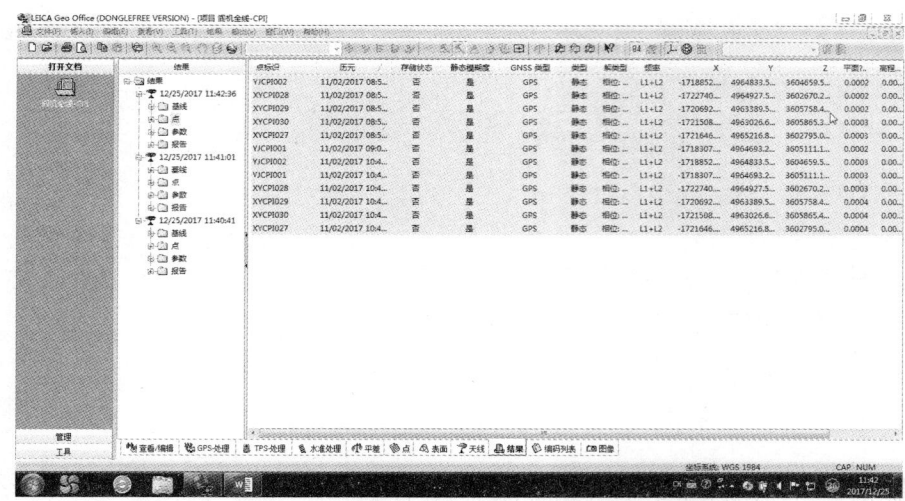

图 2-13 存储基线处理结果

（6）基线解算结果检验。

测量基线处理完毕，进行重复基线和异步环闭合差检验。该项目 CPⅠ控制网重复基线最大较差统计见表 2-9，异步环闭合差最大统计见表 2-10，经检验，基线质量合格。

表 2-9　CPⅠ控制网重复基线最大较差

序号	D_X/m	D_Y/m	D_Z/m	S/m	S限差/mm	差值/mm	备注
923	3 254.818 4	−4 869.865 3	8 018.918 0	9 930.381 5	31.442 1		
916	3 254.812 5	−4 869.864 8	8 018.926 5	9 930.386 2		4.684 9	合格
937	3 254.818 9	−4 869.862 8	8 018.953 0	9 930.408 7		27.200 9	合格
939	3 254.808 5	−4 869.856 2	8 018.948 8	9 930.398 7		17.164 0	合格

表 2-10　CPⅠ控制网异步环最大较差

项目	X坐标分量	Y坐标分量	Z坐标分量	全长闭合差	备注
闭合差/mm	−2.6	−22.7	−5.2	23.43	合格
限　差/mm	27.48	27.48	27.48	47.59	

项目基线质量检验合格后，将基线处理结果输出进行网平差。

4．网平差

网平差分为三维无约束平差和约束平差。

（1）三维无约束平差。

三维无约束平差时一般引入一个起算点的三维坐标，起算点一般采用一个 CP0 点或国家高等级 GNSS 的 A、B 级点，无约束平差的基线向量各分量的改正数作为衡量 CPⅠ网内符合精度的指标。

该项目 CPⅠ控制网无约束平差基线向量各分量改正数最大值统计见表2-11。

表2-11 无约束平差基线向量各分量改正数最大值

基线名	$V_{\Delta X}$/cm	$V_{\Delta Y}$/cm	$V_{\Delta Z}$/cm	限差/cm	备注
CPⅠ074~CPⅠ078	-0.68	0.40		2.34	合格

（2）三维约束平差。

该项目 CPⅠ控制网三维约束平差基线向量各分量改正数与无约束平差同一基线改正数较差的绝对值最大值及精度指标统计分别见表2-12、表2-13。

表2-12 三维约束平差基线向量各分量改正数与无约束平差
同一基线改正数较差的绝对值最大值

基线名	$dV_{\Delta X}$/cm	$dV_{\Delta Y}$/cm	$dV_{\Delta Z}$/cm	限差/cm	备注
CPⅠ037~G036	0.51	3.90	1.74	4.85	合格

表2-13 三维约束平差精度

基线边方向中误差/(″)	限差/(″)	最弱边长相对中误差	限差	相邻点的相对中误差/mm	限差/mm	备注
0.66	1.3	1/198 000	1/180 000	6.4	10	合格

5. 坐标投影变换

根据该项目工程独立坐标系分带表，采用专业软件进行坐标投影变换，提供工程独立坐标系分带坐标。

【案例解读】

CPⅠ平面控制网附合到国家 GNSS 的 A、B 级点或 CP0 点上，依据铁路速度按 GNSS 相应需求等级方法施测，采用边连接方式构网，形成由三角形或大地四边形组成的带状网；在线路勘测设计起点、终点或与其他铁路平面控制网衔接地段，必须联测至少2个共用点，并在测量成果中反映出相互关系。

【知识储备】

知识点1 建立基础平面控制网（CPⅠ）的目的和作用

高速铁路工程测量平面控制网在框架控制网（CP0）基础上分三级布设，其中第一级就是基础平面控制网（CPⅠ）。其建立的目的主要是为勘察设计、建设施工、运营维护提供平面坐标基准，这些阶段的各种设计资料和测量作业均是以此作为平面坐标的起算基准的，对它的点位分布、成果精度和稳定性都有很高的要求,在高速铁路建设和存续阶段均发挥着不可替代的重大作用。CPⅠ控制网采用 GNSS 测量,边连接方式构网,形成三角形或大地四边形组成的带状网,以 CP0 或国家高等级 A、B 级 GNSS 点 CGCS2000 三维成果作为基准进行固定数据约束平差。CPⅠ控制网与其余各级平面控制网的相互关系,如图 2-14 所示。

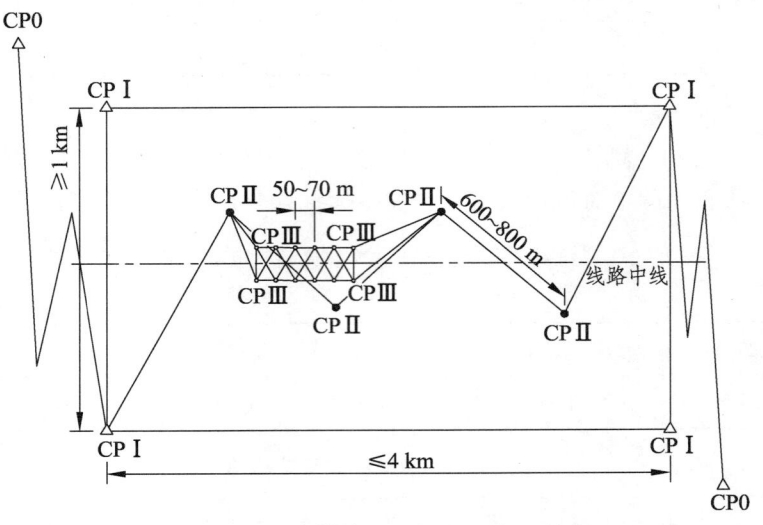

图 2-14 高速铁路平面控制网相互关系

在高速铁路勘察设计初测工作开始前,收集沿线国家高等级 A、B 级 GNSS 点,如密度不够则应首先采用 GNSS 测量方法建立框架控制网(CP0)。如果初测方案相对稳定,则可在初测阶段建立 CPⅠ控制网;如果初测方案不稳定,则可在定测工作开展之前建立 CPⅠ控制网,以其为基准开展定测放线及专业调查测绘工作。也可在定测完毕方案完全稳定之后再建立 CPⅠ控制网,此时应按间距 10~20 km 的密度联测初测平面控制网点,在计算 CPⅠ控制网成果的同时,计算出联测的初测平面控制点成果,将其与初测平面控制网成果差值进行分析、评估,必要时修正线路平面参数。

在施工建设阶段,CPⅠ控制网是线下 CPⅡ、线上 CPⅡ的起算基准;在运营维护阶段,CPⅠ控制网是线上 CPⅡ的复测维护基准。

知识点 2 基础平面控制网(CPⅠ)的测量方法和设计

CPⅠ控制网采用 GNSS 测量方法建立,全线应一次布网、统一测量、统一平差。

1. 测量方法

CPⅠ控制网采用 GNSS 方法进行测量。GNSS 的全称是全球导航卫星系统(Global Navigation Satellite System),泛指所有的导航卫星系统,包括全球的、区域的和增强的,如美国的 GPS、俄罗斯的 Glonass、欧洲的 Galileo、中国的北斗导航卫星系统,以及相关的增强系统等。

（1）GNSS定位测量的特点。

相对于经典的测量技术来说，GNSS定位测量技术主要有以下特点：

① 观测站之间无须通视。

既要保持良好的通视条件，又要保障测量控制网的良好结构，一直是经典测量技术在实践方面的问题之一。而GNSS测量不需观测站之间互相通视，因而不再需要建造觇标，这一优点大大减少了测量工作的费用和时间，也使得点位的选择变得更加灵活方便。

不过，GNSS测量必须保持观测站的上空开阔，以便接收GNSS卫星的信号时不受干扰。

② 定位精度高。

在工程测量中，根据基线长度的不同，GNSS定位测量可达$10^{-6} \sim 10^{-8}$的相对定位精度。

③ 提供三维坐标。

GNSS测量中，在精确确定观测站平面位置的同时，可以精确确定观测站的大地高程。GNSS的这一特点，为研究大地水准面形状和确定地面点的高程开辟了新途径。

④ 全天候作业。

GNSS工作时，可以在任何地点、任何时间连续地运行，一般不受天气状况的影响。因此，GNSS定位技术的发展是对经典测量技术的一次重大突破。

除上述特点外，GNSS测量还具有测量时间短、测量操作简便等特点。因此，GNSS定位测量技术已在各行各业得到了广泛的应用。

（2）GNSS静态相对定位。

目前，国内高速铁路的基础平面控制网（CPⅠ）、路基和桥梁段的线路平面控制网（CPⅡ）均采用GNSS静态相对定位原理建立。

静态相对定位采用载波相位观测量作为基本观测量，由于载波波长较短，其测量精度远高于码相关伪距测量，并且不同载波相位观测量的线性组合可以有效削弱卫星星历误差、信号传播误差以及接收机钟不同步误差对定位的影响，提高GNSS定位的精度。实践表明：以载波相位观测量为基础，采用广播星历，精度可达$10^{-6} \sim 10^{-7}$；如果采用精密星历和轨道改进技术，那么定位精度可提高到$10^{-8} \sim 10^{-9}$。

用两台接收机分别安置在基线的两个端点，其位置静止不动，同步观测相同类型的4颗以上卫星，确定基线两个端点的相对位置或基线向量，这种定位模式称为相对定位测量，如图2-15所示。在实际工作中，常常将接收机数目扩展到3台以上，同时测定若干条基线向量，这样既可以提高工作效率，也可以增加观测量，提高成果的可靠性。

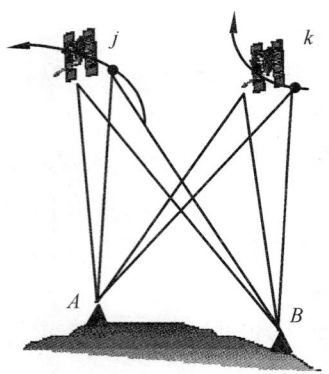

图 2-15 GNSS 相对定位原理

利用载波相位进行测量其精度可达 0.5～2.0 mm。但是，GNSS 测量受多种误差的影响，如卫星轨道误差、卫星钟差、接收机钟差以及电离层和对流层的折射误差的影响。由于 GNSS 观测误差对两个观测站或多个观测站同步观测相同卫星具有较强的相关性，因此，一种简单有效消除或减弱误差影响的方法是将这些观测量进行不同的线性组合。在 GNSS 相对定位中，通常采用的组合方式有三种，即单差法、双差法和三差法。

① 单差法。

单差是指不同测站、同步观测相同卫星所得的观测量之差，也就是在两台接收机之间求一次差，是 GNSS 相对定位观测量组合的最基本形式。

单差法并不能提高 GNSS 绝对定位的精度。但由于基线长度与卫星高度相比，是一个微小量，而两测站的大气折光影响和卫星星历误差的影响，具有良好的相关性；因此，当求一次差时，必然削弱卫星星历误差、对流层折射和电离层折射的影响，同时消除了卫星钟的误差。由此可见，单差法只能有效地提高相对定位的精度，其求算结果应为两测站点间的坐标差。

② 双差法。

双差是在不同测站上同步观测一组卫星所得到的单差之差，即在接收机和卫星间求二次差。

在单差模型中仍包含接收机时钟误差，其钟差改正数仍是一个未知量。但是由于进行连续的相关观测，求二次差后，便可有效地消除两测站接收机的相对钟差改正数，这是双差模型的主要优点，同时也可以大大减小其他误差的影响。因此，在 GNSS 相对定位中，广泛采用双差法进行平差计算和数据处理。

③ 三差法。

三差法就是于不同历元同步观测同一组卫星所得观测量的双差之差，即在接收机、卫星和历元间求三次差。

引入三差法的目的就在于解决前两种方法中存在的整周未知数和整周跳变待定的问题，这是三差法的主要优点。但由于三差模型中未知参数的数目较少，独立的观测量方程的数目也明显减少，这对未知数的解算将会产生不良的影响，使精度降低。正是出于这个原因，通常将消除了整周未知数的三差法结果，用作前两种方法的近似值。

在基础平面控制网（CPⅠ）、路基和桥梁段的线路平面控制网（CPⅡ）GNSS测量中，基线解算一般采用双差相位观测值。

目前，CPⅠ控制网的测量大多采用 GPS 进行。经试验验证，我国北斗系统也可满足 CPⅠ控制网的测量精度要求。

2. 基准设计

GNSS 网的基准包括位置基准、尺度基准和方位基准。

GNSS 网的位置基准取决于网中起算点的坐标和平差方法。确定网的位置基准一般可以采用下列方法：

① 选取网中一个点的坐标并加以固定或给以适当的权。

② 网中各点坐标均不固定，通过自由网伪逆平差或拟稳平差来确定网的位置基准。

③ 在网中选取若干已知点的坐标并加以固定或给以适当的权。

采用前两种方法进行 GNSS 网平差时，对网的定向和尺度都没有影响，在网平差中没有多余的约束条件，这种网称为独立网。采用第三种方法进行网平差时，在确定网的位置基准的同时也会对网的方向和尺度产生影响，这种网称为附合网。

尺度基准是由 GNSS 网的基线来提供的，这些基线可以是地面电磁波测距边或已知点间的固定边，也可以是 GNSS 网中的基线向量。早期当人们对 GNSS 的定位成果尚心存疑虑时，常在 GNSS 网中加测若干条电磁波测距边并将其作为长度基准。随着 GNSS 定位技术的发展，大量的资料表明，GNSS 测量的结果没有明显的系统误差，丝毫不逊于电磁波测距边；因此，没有必要再采用电磁波测距边作为尺度基准，可以直接采用 GNSS 测得的基线作为尺度基准。

方位基准一般是由网中的起始方位角来提供的，也可由 GNSS 网中的各基线共同来提供。利用网中的若干控制点作为 GNSS 网中的已知点进行附合网平差时，方位基准由这些控制点间的方位角提供。

在高铁精密测量控制网建立初期，部分高铁 CPⅠ基础平面控制网采用一点一方向的方法进行约束平差，位置基准由联测的国家三角点的平面坐标确定，方位基准由联测的国家三角点间的已知方向确定，尺度基准则由 GNSS 网的基线提供。这种方法保证了 CPⅠ自身的高内符合精度，但不便于 CPⅠ控制网的复测数据处理。

3. 精度设计

精度是衡量 GNSS 网的坐标参数估值受观测偶然误差影响程度的指标。一般常用坐标的方差-协方差阵来分析，也常用误差椭圆（球）和相对误差椭圆（球）来描述坐标点的精度情况，或用点之间方位、距离和角度的标准差来定义。在 CPⅠ测量中，相邻点间基线长度的精度用式（2-1）来表示。

CPⅠ平面控制网设计的主要技术要求，见表 2-14。

表 2-14　CP Ⅰ 平面控制网设计的主要技术要求

控制网	测量方法	测量等级	点间距	相邻点的相对中误差/mm	备注
CP Ⅰ	GNSS	二等	≤4 km 一对点或 2 km 一个点	10	点间距≥800 m

注：相邻点的相对点位中误差为平面 x、y 坐标分量中误差。

CP Ⅰ 网约束平差后的主要精度指标，见表 2-15。

表 2-15　CP Ⅰ GNSS 控制网测量的主要技术要求

等级	固定误差 a/mm	比例误差系数 b/(mm/km)	基线方位角中误差/(″)	约束点间的边长相对中误差	约束平差后最弱边边长相对中误差
二等	≤5	≤1	1.3	1/250 000	1/180 000

注：当基线长度短于 500 m 时，二等边长中误差应小于 5 mm。

目前 CP Ⅰ 基本都采用 GNSS 技术施测，规范要求的 CP Ⅰ 布点方案是 4 km 布设一个点。考虑到 CP Ⅰ 点基本都布设在铁路征地范围外，点位容易被破坏，为满足 CP Ⅰ 点破坏后点位恢复的需要，所以建议 CP Ⅰ 点布设时采用按 4 km 布设一对点或者是 2 km 布设一个点的方案。

CP Ⅰ 按 2 km 一个点布设、4 km 一对点布设且对点满足≥800 m 间距时，约束平差后基线方位角中误差 1.3″和最弱边边长相对中误差 1/180 000 的指标要求相对是比较容易满足的。在隧道口一般 CP Ⅰ 点按点对布设，在隧道口选点时要特别注意对点间要通视且尽量满足边长大于 500 m 的要求，但山区通视困难且往往 GNSS 测量信号不好，此时 CP Ⅰ 对点间相对精度不太容易达到规范要求，在对点基线边长短于 500 m 时，边长中误差应小于 5 mm。

4. 布网原则与测量网形设计

（1）CP Ⅰ 控制网应一次布网、统一测量、整体平差。

（2）CP Ⅰ 控制网沿线路走向布设，采用边连接方式构网，形成由三角形或大地四边形组成的带状网。除了要求独立观测的基线边形成三角形或大地四边形进行构网计算外，还要求 4 台及以上 GNSS 同步观测的基线组成三角形或大地四边形网进行构网平差。从理论上讲，4 台 GNSS 同步观测只有 3 条基线是严格意义上的独立观测边，这在采用多基线方法解算的精密 GNSS 基线解算软件（如 GAMIT、BERNESE 软件）中，解算的基线保证了同步环的闭合差为零。但目前的商用软件采用的是单基线方法解算，其同步环基线解算闭合差不等于零，因此建议构成同步观测环的合格基线边参加 CP Ⅰ 控制网构网平差，形成由三角形或大地四边形组成的带状网，如图 2-16 所示，增强 CP Ⅰ 控制网的图形强度。

(3) CPⅠ控制网应与CP0框架控制网点或者国家A、B级GNSS点进行联测，一般每50 km宜联测一个平面控制点，全线（段）联测平面控制点的总数不宜少于3个，特殊情况下不得少于2个。当联测点数为2个时，应尽量分布在网的两端；当联测点数为3个及以上时，宜在网中均匀分布。

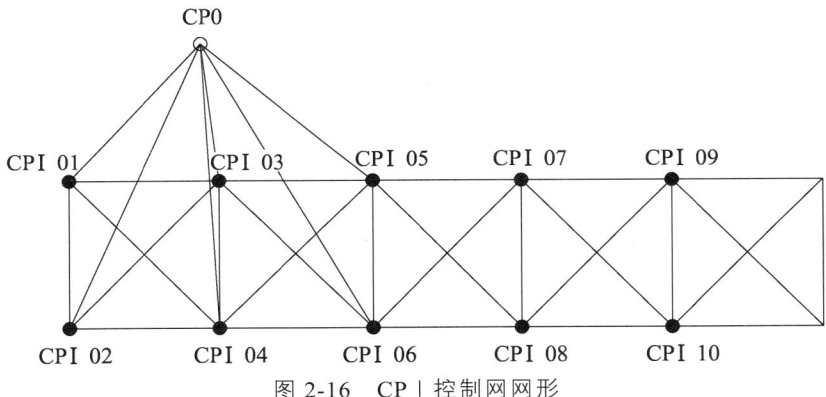

图2-16　CPⅠ控制网网形

(4) 在CPⅠ初始布网时，点位应布设在距离设计中线50~300 m的范围内且不易破坏、稳定可靠、便于测量的地方，路基和桥梁段落沿线路间隔4 km一对或者2 km一个进行布设，隧道两端隧道口成对布设，对点间距均宜在800 m以上；如果后续线路改线再进行补充布网时，距离改线中线1 km范围内的点应尽量利用，不再重新布设。

(5) 条件具备时，长大隧道进出口CPⅠ点和横洞、平行导坑、斜井、竖井等辅助坑道口平面控制网点可统一布网，纳入CPⅠ网的整体测量中。

(6) 在线路勘测设计起点、终点或与其他铁路平面控制网衔接地段，重合2个或2对（CPⅠ按4 km一对布设时）及以上的CPⅠ控制点，并在测量成果中反映出相互关系，以便求得高速铁路平面坐标系统与相衔接铁路平面坐标系统的关系。同时，为了求得CPⅠ控制网的正常高，CPⅠ控制网宜与附近的已知水准点联测。

(7) 应尽量利用沿线符合构网、选点、标石稳定性条件的既有国家、城市高等级控制网点。既有控制点网点标石埋设时间长，相对稳定，应充分利用，这不但节省了埋石工作，还可以同步获取与国家或城市坐标系间的转换关系，在征地或与地方资料发生关系时使用。

(8) 网形设计时应保证CPⅠ网的可靠性和精度，可采取的措施和方法包括：

① 增加观测期数（增加独立基线数）。在施测GNSS网时，适当增加观测期数（时段数）对于提高CPⅠ网的可靠性非常有效。因为，随着观测期数的增加，所测得的独立基线数就会增加，而独立基线数的增加，对网的可靠性的提高是非常有益的。

② 保证一定的重复设站次数。保证一定的重复设站次数可确保CPⅠ网的可靠性。一方面，通过在同一测站上的多次观测，可有效地发现设站、对中、整平、

量测天线高等人为错误；另一方面，重复设站次数的增加，也意味着观测期数的增加。不过，需要注意的是，当同一台接收机在同一测站上连续进行多个时段的观测时，各个时段间必须重新安置仪器，以更好地消除各种人为操作误差和错误。

③ 保证每个测站至少与3条独立基线相连，这样可以使得测站具有较高的可靠性。在布设CPⅠ网时，各个点的可靠性与点位无直接关系，而与该点上所连接的基线数有关，点上所连接的基线数越多，则点的可靠性越高。

④ 在布网时要使网中所有最小异步环的边数不大于6条。在布设CPⅠ网时，检查CPⅠ观测值（基线向量）质量的最佳方法是检查异步环闭合差，而随着组成异步环的基线向量数的增加，其检验质量的能力将逐渐下降。

⑤ 为保证CPⅠ网中各相邻点具有较高的相对精度，对网中距离较近的点一定要进行同步观测，以获得它们间的直接观测基线。

⑥ 网中所有最小异步环的边数不大于6条。

⑦ 为提高CPⅠ网的尺度精度，可采用增设长时间、多时段的基线向量等方法。

5. 基线解算

GNSS网的数据处理分为数据传输、格式转换、基线解算和网平差四部分，其中基线解算与网平差是最重要的部分。

在基线解算过程中，由多台GNSS接收机在野外通过同步观测所采集得到的观测数据，被用来确定接收机间的基线向量及其协方差阵。对于一般工程应用，基线解算通常在外业观测期间进行；而对于高精度长距离的应用，在外业观测期间进行基线解算，通常是为了对观测数据质量进行初步评估，正式的基线解算过程往往在整个外业观测完成后进行。基线解算结果除了用于后续的网平差外，还用于检验和评估外业观测成果的质量。基线向量提供了点与点之间的相对位置关系，并且与解算时所采用的卫星星历同属一个参照系。通过这些基线向量，可确定GNSS网的几何形状和定向，但是，由于基线向量无法提供确定点的绝对坐标所必需的绝对位置基准，因此，还须从外部引入位置基准。该外部位置基准通常由一个以上的起算点提供。

CPⅠ控制网基线解算一般使用随机配套商用软件采用广播星历进行，基线解算完毕要进行重复观测基线较差、独立环闭合差等的检验。

6. CPⅠ网平差

新建CPⅠ控制网通常采用三维平差，三维平差分为三维无约束平差和三维约束平差两种类型。

（1）三维无约束平差。

三维无约束平差流程如下：

① 选取作为网平差时的观测值的基线向量。

② 利用所选取的基线向量的估值，形成平差的函数模型，其中，观测值为基线向量，待定参数主要为GNSS网中点的坐标；同时，利用基线解算时随基线向量估值一同输出的基线向量的方差-协方差阵，形成平差的随机模型。最终形

成完整的平差数学模型。

③ 对所形成的数学模型进行求解，得出待定参数的估值和观测值等的平差值、观测值的改正数以及相应的精度统计信息。

④ 根据平差结果来确定观测值中是否含有粗差，数学模型是否有需要调整的部分，若存在问题，则采用相应的方法进行处理（如对于粗差基线，既可以将其剔除，也可以通过调整观测值权阵的方式来处理），并重新进行求解。

⑤ 若在观测值和平差结果中未发现问题，则输出最终结果。

通过三维无约束平差主要达到以下两个目的：

① 根据无约束平差的结果，判别在所构成的 GNSS 网中是否有粗差基线。如发现含有粗差的基线，则需要进行相应的处理，最后用于构网的所有基线向量均要满足质量要求。

② 调整各基线向量观测值的权，使得它们相互匹配。

CPⅠ控制网 GNSS 基线网三维无约束平差后，检查测量的内符合精度是否满足要求，各项指标合格后，才能进行约束平差。

（2）三维约束平差。

三维约束平差的流程如下：

① 利用最终参与无约束平差的基线向量形成观测方程，观测值的权阵采用在无约束平差中经过调整（如果调整过）后最终所确定的观测值权阵。

② 利用已知点、已知边长和已知方位等信息，形成限制条件方程。

③ 对所形成的数学模型进行求解，得出待定参数的估值和观测值等的平差值、观测值的改正数以及相应的精度统计信息。

网平差是 CPⅠ控制网数据处理的重要阶段。在这一阶段，基线解算时所确定出的基线向量被当作观测值，基线向量的验后方差-协方差阵则被用来确定观测值的权阵，并引入 CP0 控制网或国家 GNSS 的 A、B 级点的成果作为起算数据，通过参数估计的方法确定出网中各点的坐标。通过网平差还可以发现观测值中的粗差，并采用相应的方法进行处理。另外，网平差还可以消除由于基线向量误差而引起的几何矛盾，并评定观测成果的精度。

CPⅠ网平差时要进行无约束平差中基线向量各分量的改正数检验、约束平差中基线向量各分量改正数与无约束平差同一基线改正数较差等的检验。满足检验要求后，提供三维约束平差后的成果，然后再通过投影换带提供基于工程独立坐标系的分带成果。

CPⅠ控制网建网测量由铁路设计单位完成，一般均采用三维约束平差的方法；设计单位全线复测或者施工单位分段复测时，网平差也可以采用二维约束平差的方法。

7. 控制网复测与维护

（1）控制网复测与维护频次。

一般情况下，定期复测维护是对高速铁路平面控制网进行全面复测。复测频次分别为：

① 施工单位接桩后。
② CPⅢ建网前。
③ 工程静态验收前。
④ 特殊地区、地面沉降地区或施工期间出现的异常地段,适当增加复测次数。

定期复测频次也可根据建设单位要求确定。

不定期复测维护由施工单位根据施工需要开展,复测周期不宜大于6个月,内容是检查控制点间的绝对坐标和相对位置是否发生变化,点位的绝对坐标和相对精度是否满足要求。当复测较差超限时,应查明原因,由监理单位确认。

(2)控制网复测原则。
① 编写复测技术方案。
② 复测采用的方法和精度应与原测相同。
③ 复测前应检查标石的完好性,对丢失和破坏的控制点应按同精度扩展方法布设。

知识点3 基础平面控制网(CPⅠ)的外业实施

1. 布点、选点

(1)点位基本要求。

① 应便于安置接收设备和操作,视野开阔,视场内障碍物的高度角不宜超过15°。
② 远离大功率无线电发射源(如电视台、电台、微波站等),其距离不小于200 m;远离高压输电线和微波无线电信号传送通道,其距离不应小于50 m。
③ 为避免或减弱多路径效应,测站应远离对电磁波信号反射强烈的地形、地物,如高层建筑、成片水域等。
④ 交通方便,并有利于其他测量手段扩展和与之联测。
⑤ 地面基础稳定,易于标石的长期保存。
⑥ 充分利用符合要求的已有控制点。
⑦ 选站时应尽可能使测站附近的局部环境(地形、地貌、植被等)与周围的大环境保持一致,以减少气象元素的代表性误差。
⑧ 在距线路中心50~300 m范围内不易被施工破坏、稳定可靠、便于测量的地方进行现场选点,点位布设宜兼顾桥梁、隧道及其他大型构(建)筑物布设施工控制网的要求。

(2)选点作业。
① 选点人员依据布点图或布点文件,在实地按要求选定点位,并在实地加以标定。
② 当利用旧点时,应检查旧点的稳定性、可靠性和完好性,符合要求方可利用。
③ 需要水准联测的GNSS点,应实地踏勘水准路线情况,选择联测水准点

并绘出联测路线图。

④ 不论是新选定的点或利用旧点，均应实地按要求绘制点之记，其内容要求在现场详细记录，不得追记。

⑤ 点位周围有高于10°的障碍物时，应绘制点的环视图。

⑥ 一个网区选点完成后，应绘制 GNSS 网选点图。

2. 点位埋设

（1）控制点标志。

① 金属标志制作材料为铸铁或其他金属。规格应符合图 2-17 的规定，图中"×××××"处为测量单位名称。

② 不锈钢标志可采用直径为 12～20 mm、长度为 20～30 mm 不锈钢材料，下部采用普通钢筋焊接而成。规格应符合图 2-18 的规定。

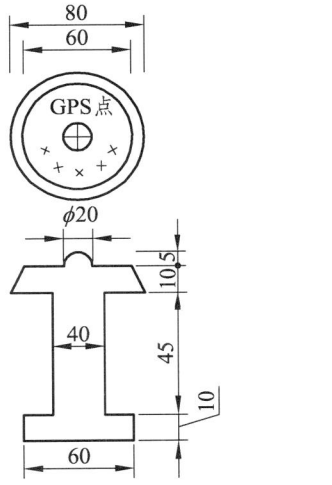

图 2-17 金属标志（单位：mm）

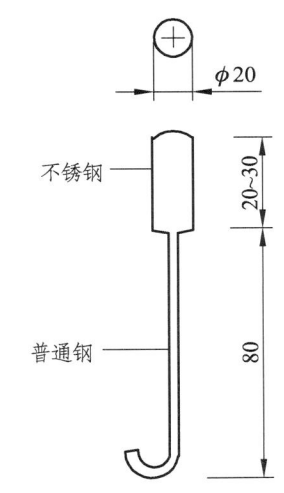

图 2-18 不锈钢标志（单位：mm）

（2）平面控制点的埋设。

① 建筑物顶上设置标石，标石应和建筑物顶面牢固连接。建筑物上 CPⅠ平面控制点标石设置规格应符合图 2-19 的规定。

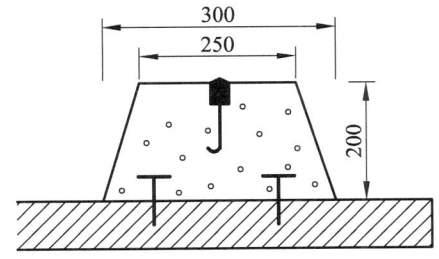

图 2-19 建筑物上 CPⅠ平面控制点标石（单位：mm）

② CPⅠ及二等平面控制点标石埋设规格应符合图 2-20 的规定。

上述控制点的埋设规格均为一般地区普通标石的埋设（标石可采用混凝土预

制桩或现场浇筑），对于特殊地区的标石埋设，应根据线路所在地区的土质、地质构造及区域沉降等因素，进行特殊地区的控制点埋设。冻土地区标石底部应位于最大冻土深度线以下 0.3 m。

利用旧点时，应确认该标石完好，并符合 CPⅠ的 GNSS 点埋石的要求，且能长期保存。必要时需挖开标石侧面查看标石情况。

标石埋设完成后，应现场填写点位说明，丈量标石至明显地物的距离，绘制点位示意图，按表 2-16 所示格式做好点之记。

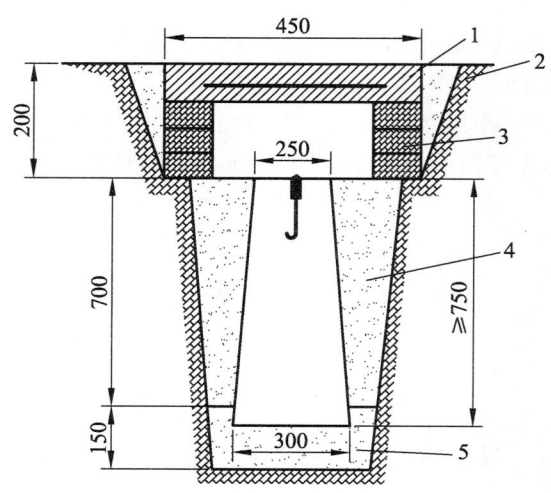

1—盖板；2—地面；3—保护井；4—素土；5—混凝土。

图 2-20　CPⅠ及二等平面控制点标石埋设（单位：mm）

表 2-16　控制点点之记

×××点之记

工程名称：　　　　　　　　　　　　　　　　　　　　　　第　　页共　　页

点　名			等　级	
详细位置图：			标石断面图： 单位：mm	
点位详细说明				
交通路线				
概略坐标	$B=$			
	$L=$			
所在地				
标石类型				
标石质料				
选点单位			埋石单位	
选点者			埋石者	
选点日期			埋石日期	
备注				

3. 外业施测

（1）一般规定。

CPⅠ平面控制网 GNSS 测量作业的基本技术要求应符合表 2-17 的规定。

表 2-17　CPⅠ平面控制网 GNSS 测量作业的基本技术要求

等　级		二等
静态测量项目	卫星截止高度角/（°）	≥15
	同时观测有效卫星数	≥4
	有效时段长度/min	≥90
	观测时段数	≥2
	数据采样间隔/s	10～60
	接收机类型	双频
	位置精度衰减因子（PDOP）或 GDOP	≤6

（2）观测作业。

GNSS 网的观测作业应按如下要求进行：

① 各作业组必须严格遵守调度命令，按规定的时间作业。

② 检查接收机电源电缆和天线等连接无误后方可开机。

③ 只有在有关指示灯和仪表显示正常后方可进行接收机的自我测试，输入测站、观测单元和时段等控制信息。

④ 在作业前和作业过程中，作业员应随时填写测量手簿中的记录项目。

⑤ 按要求进行相关观测记录。

⑥ 除特殊情况外，一般不得进行偏心观测。迫不得已进行时，应精确测定归心元素。

⑦ 观测时，在接收天线 50 m 以内不得使用电台，10 m 以内不得使用对讲机。

⑧ 天气太冷时，可对接收机适当进行保温和加热；天热时，应避免阳光直射接收机；以确保接收机能正常工作。

⑨ 在一个时段的观测过程中，不允许进行下列操作：关机后重新启动接收机；进行仪器自检；改变截止高度角或采样间隔；改变天线位置；按键关闭文件或删除文件。

⑩ 观测期间防止接收设备震动，更不得移动天线，要防止人员和其他物体碰动天线或阻挡信号。

⑪ 经认真检查，所有预定的作业项目均已全面完成且符合要求，记录和资料完整无误后，方可迁站。

（3）记录。

对于 GNSS 测量时的记录有如下要求：

① 及时填写各项内容，书写要认真细致，字迹清晰、工整、美观。

② 一律用铅笔进行记录，不得开刀和涂改，不得转抄和追记。读写有误时，可用铅笔整齐画掉，将正确数据写在上面并注记原因。其中，天线高、气象读数等原始记录不准连环涂改。

③ 手簿整饰、存储介质上的注记和各种计算一律用蓝（黑）墨水书写。

④ 接收机内存中的数据文件应及时拷贝成一式两份，并在存储介质外面适当处贴上标签，注明网区名、点名、点号、观测单元号、时段号、文件名、采集日期、测量手簿编号等。两份存储介质应由两人保管，存放在防水防电的资料箱内。观测数据下载至存储单元上时，不得进行任何剔除、删改和编辑。

⑤ 测量手簿事先应连续编页，装订成册，不得有缺损。其他记录也应分别装订成册。

观测记录的主要内容有：

① C/A 码及 P 码伪距，载波相位观测值。

② 观测时刻 t_i。

③ 卫星星历（历书）。

④ 测站及接收机的初始信息：测站名、观测单元号、时段号、测站的近似坐标、接收机编号和天线编号、天线高、观测日期、采样间隔、截止高度角等。

现就 GNSS 测量手簿（表 2-18）中的部分内容说明如下：

① 图幅编号填写点位所在的 1∶50 000 地形图编号。

② 时段号按调度指令安排的编号填写；观测时间填写年、月、日，并打一斜线填写年积日。

③ 接收机型号及编号、天线类型及编号均填写全名，如 "Trimble R7 GNSS" "Trimble Zephyr Geodetic 2"，主机及天线编号（S/N、P/N）从主机及天线的标牌上查取，填写完整。

④ 近似纬度填至 1′，近似高程填至 100 m。

⑤ 采样间隔填写接收机实际设置的数据采样率。

⑥ 点位略图按点附近地形地物绘制，应有 3 个标定点位的地物点，比例尺大小视点位的具体情况确定，点位环境发生变化后，应注明新增障碍物的性质，如树林、建筑物等。

⑦ 记事中记载天气情况，填写开机时的天气状况，按晴、多云、阴、小雨、中雨、大雨、小雪、中雪、风力、风向逐一填写，同时记录云量及分布；记载是否进行偏心观测，记录在哪册手簿中，以及整个观测过程中出现的重要问题、出现时间及其处理情况。

表 2-18 GNSS 测量手簿记录格式

点　　号			点　　名			图幅编号	
观测记录员			观测日期			时段号	
接收机型号及编号			天线类型及其编号			存储介质类型及编号	
原始观测数据文件名			RINEX 格式数据文件名			备份存储介质类型及编号	
近似纬度	° ′ N		近似经度	° ′ E		近似高程	m
采样间隔			开始记录时间	h min		结束记录时间	h min
天线高测定			天线高测定方法及略图			点位略图	
测前：		测后：					
测定值：	m	m					
修正值：	m	m					
天线高：	m	m					
平均值：	m	m					
时间（UTC）			跟踪卫星数			PDOP	
记事							

知识点 4　基础平面控制网（CP I）的数据处理

1. 基线解算

对 GNSS 观测数据进行质量检查，剔除载波相位观测值中存在的粗差和周跳，以获取精确的基线解算结果。基线解算采用广播星历，一般利用随机商用软件进行，如徕卡 LGO 或天宝 TBC，为保证数据的一致性，应采用统一的软件进行基线解算。

基线解算完毕后，基线结果并不能马上用于后续的处理，还必须对其质量进行评估,只有质量合格的基线才能用于后续的处理。若基线解算结果质量不合格,则需要对基线进行重新解算或重新测量。基线的质量评估的指标包括方差比(Ratio)、位置精度衰减因子(PDOP)、均方根误差(RMS)、同步环闭合差、异步环闭合差和重复基线较差以及 GNSS 网无约束平差基线向量改正数等。

基线解算质量应满足如下要求:

(1)计算同一时段观测值的数据剔除率应小于 10%。

在基线解算时,如果观测值的改正数大于某一个阈值,则认为该观测值含有粗差,需要将其删除。被删除观测值的数量与观测值的总数的比值,就是所谓的数据剔除率。数据剔除率从某一方面反映出了 GNSS 原始观测值的质量。数据剔除率越高,往往说明观测值的质量越差。

(2)同一基线不同时段重复观测基线较差应满足式(2-7)的规定:

$$d_s \leqslant 2\sqrt{2}\sigma \tag{2-7}$$

不同观测时段对同一条基线的观测结果就是所谓的重复基线,这些观测结果之间的差异就是重复基线较差。重复基线较差是评价基线结果质量非常有效的指标,当其超限时,就表明重复基线中一定存在质量不满足要求的基线。

(3)由若干条独立基线边组成的独立环或附合路线各坐标分量(W_x、W_y、W_z)及全长 W_s 闭合差应满足式(2-8)的规定:

$$W_x \leqslant 3\sqrt{n}\sigma,\ W_y \leqslant 3\sqrt{n}\sigma,\ W_z \leqslant 3\sqrt{n}\sigma,\ W_s \leqslant 3\sqrt{3n}\sigma \tag{2-8}$$

式中:n——闭合环的边数;

$\sigma = \pm\sqrt{a^2 + (b \cdot d)^2}$,其中 $a = 5$ mm,$b = 1$ mm/km。

不是完全由同步观测基线所组成的闭合环称为独立环,独立环的闭合差称为异步环闭合差。当异步环闭合差满足限差要求时,表明组成异步环的基线向量的质量是合格的;当异步环闭合差不满足限差要求时,则表明组成异步环的基线向量中至少有一条基线向量的质量不合格,可以通过综合分析多个相邻的异步环或重复基线来确定出哪些基线向量的质量不合格。

对不满足各检验指标的时段应进行数据分析,必要时进行返工测量。

2. 精度评定

CPⅠ网三维平差应符合下列规定:

(1)无约束平差中基线向量各分量的改正数绝对值应满足式(2-9)的要求,并提供无约束平差 WGS-84 坐标系中的空间直角坐标、基线向量及其改正数和精度信息。

$$\left.\begin{array}{l}V_{\Delta x} \leqslant 3\sigma \\ V_{\Delta y} \leqslant 3\sigma \\ V_{\Delta z} \leqslant 3\sigma\end{array}\right\} \tag{2-9}$$

（2）用作CPⅠ控制网约束平差的约束点间边长相对中误差应满足表2-15的规定。

（3）约束平差中基线向量各分量改正数与无约束平差同一基线改正数较差的绝对值应满足式(2-10)的要求，并提供约束平差后相应坐标系的空间直角坐标、基线向量及其改正数和精度信息。

$$\left.\begin{array}{l} dV_{\Delta x} \leqslant 2\sigma \\ dV_{\Delta y} \leqslant 2\sigma \\ dV_{\Delta z} \leqslant 2\sigma \end{array}\right\} \qquad (2\text{-}10)$$

当需要提供CPⅠ控制网的1954北京坐标系、1980西安坐标系、相关城市坐标系成果时，需要与沿线的国家或城市平面控制点进行联测，建立高速铁路工程独立坐标系与1954北京坐标系、1980西安坐标系或城市坐标的转换关系。由于收集的已知点成果往往没有高程信息，因此也采用二维约束平差的方法提供上述坐标系的成果。

铁路施工往往由多个施工单位承担，因此施工单位对施工段落内的CPⅠ控制网进行复测时，平差基本采用二维约束平差的方法。

三维无约束平差后，再对控制网三维约束平差或二维约束平差进行精度评定，平差后的基线边方向中误差、最弱边相对中误差、相邻点的相对中误差等精度指标应满足表2-15的要求。

【能力训练】

一、填空题

1. CPⅠ控制网采用_____测量方法建立，全线应一次布网、统一测量、统一平差。

2. GNSS网的基准包括_____基准、_____基准和_____基准。

3. CPⅠ基本都采用_____技术进行施测，CPⅠ点布设时采用按___km布设一对点或者是___km布设一个点的方案。

二、工程应用

新建高速铁路线路全长约400 km，按照《高速铁路工程测量规范》(TB 10601—2009)中关于CPⅠ平面控制网的有关要求，CPⅠ控制点沿线路走向布设，按不大于4 km布设一对，选在距离中线50~300 m且不易被破坏的范围内，对点间距离一般大于800 m，困难时不小于600 m。因此，本项目合计布设了246个CPⅠ控制点。该项目外业观测采用Leica GX1230型双频GNSS接收机、Trimble R8 GNSS接收机进行，所有设备都经检定合格，并在有效期内。基线解算使用徕卡公司的LGO V8.4软件，网平差使用武汉大学研制的COSAGPS V5.2数据处理系统。请完成表2-19~表2-23中的数据。

表 2-19　CPⅠ控制网重复基线最大较差

序号	D_X/m	D_Y/m	D_Z/m	S/m	S 限差/mm	差值/mm	备注
923	3 254.818 4	−4 869.865 3	8 018.918 0				
916	3 254.812 5	−4 869.864 8	8 018.926 5				
937	3 254.818 9	−4 869.862 8	8 018.953 0				
939	3 254.808 5	−4 869.856 2	8 018.948 8				

表 2-20　CPⅠ控制网异步环最大较差

项目	X 坐标分量	Y 坐标分量	Z 坐标分量	全长闭合差	备注
闭合差/mm	−2.6	−22.7	−5.2		
限　差/mm	27.48	27.48	27.48		

表 2-21　无约束平差基线向量各分量改正数最大值

基线名	$V_{\Delta X}$/cm	$V_{\Delta Y}$/cm	$V_{\Delta Z}$/cm	限差/cm	备注
CPⅠ074~CPⅠ078	−0.68	0.40			

表 2-22　三维约束平差基线向量各分量改正数与无约束平差同一基线改正数较差的绝对值最大值

基线名	$dV_{\Delta X}$/cm	$dV_{\Delta Y}$/cm	$dV_{\Delta Z}$/cm	限差/cm	备注
CPⅠ037~G036	0.51	3.90	1.74		

表 2-23　三维约束平差精度统计

基线边方向中误差/(")	限差/(")	最弱边长相对中误差	限差	相邻点的相对中误差/mm	限差/mm	备注
	1.3		1/180 000		10	

任务 2.3　线路平面控制网（CPⅡ）测量

【任务描述】

东伍领隧道是京沈客专河北段重点控制工程之一，隧道全长 11 033 m，单洞双线，线间距为 5 m，最大埋深为 491 m。隧道位于承德市安匠乡境内，隧道最大曲线半径为 9 000 m，最小为 8 000 m。从进口向出口为下坡趋势，隧址围岩相对稳定，沉降较小。请依据相关规范和文件要求，编制隧道洞内（CPⅡ）平面控制网测量方案。

【引入案例】

铁路隧道洞内平面控制（CPⅡ）测量

【案例解读】

线路平面控制网 CPⅡ是在基础平面控制网 CPⅠ上沿线路附近布设，为勘测、施工阶段的线路平面测量和轨道控制网 CPⅢ测量提供平面起闭基准，而 CPⅢ控制网的精度将直接影响轨道的平顺性，从而影响列车运行的舒适度及安全性。因此，CPⅡ控制网的测量精度非常重要。

【知识储备】

知识点1　建立线路平面控制网（CPⅡ）的目的和作用

高速铁路线路平面控制网（CPⅡ）是在 CPⅠ控制网的基础上，采用 GPS 静态相对定位测量或全站仪边角测量方法建立的一级平面控制网，是高速铁路精密测量控制网体系的一个重要组成部分，主要作用是为勘测、施工阶段的线路测量和轨道控制网测量提供平面起闭的基准。同时 CPⅡ控制网也为 CPⅢ控制网的建立及线下施工测量等提供控制基准。CPⅡ控制网为 CPⅢ控制网提供基准的方式是将 CPⅢ控制网中联测的 CPⅡ点的坐标作为固定数据进行约束平差，从而将 CPⅢ控制网纳入 CPⅡ点所在的参考系中。

如图 2-21 所示，CPⅡ控制网是沿高速铁路线路走向布设的平面控制网，其网形一般为三角形或大地四边形，如图 2-22、图 2-23 所示。

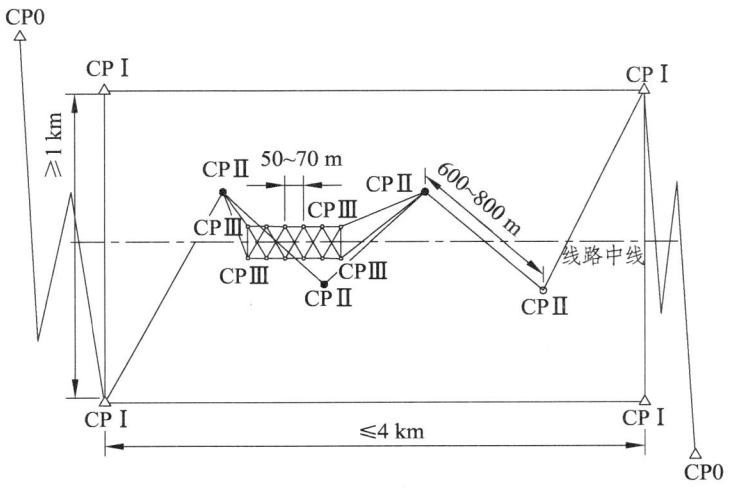

图 2-21　高速铁路三级控制网

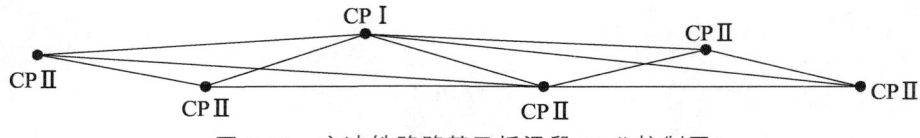

图 2-22　高速铁路路基及桥梁段 CPⅡ控制网

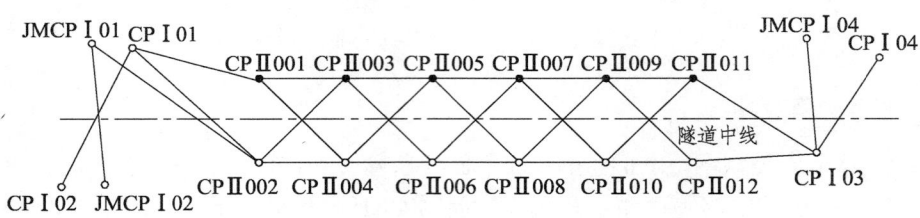

图 2-23　隧道洞内 CPⅡ交叉导线网

CPⅡ控制网具有以下特征：

（1）路基和桥梁段的 CPⅡ控制点沿线路每 600~800 m 布设一个，采用边连接方式构网，形成由三角形或大地四边形组成的带状网，并附合于 CPⅠ控制网上。

（2）隧道内的 CPⅡ控制网一般是待隧道贯通后采用导线测量方法施测，洞内 CPⅡ点通常沿线路走向成对布设，洞内导线点间距为 300~600 m，以导线网形式布网，导线边数以 4~6 条为宜，成对点布设，线路两侧点位之间的里程差尽量小，并在进洞口和出洞口处与洞外 CPⅠ进行联测，如图 2-24 所示。

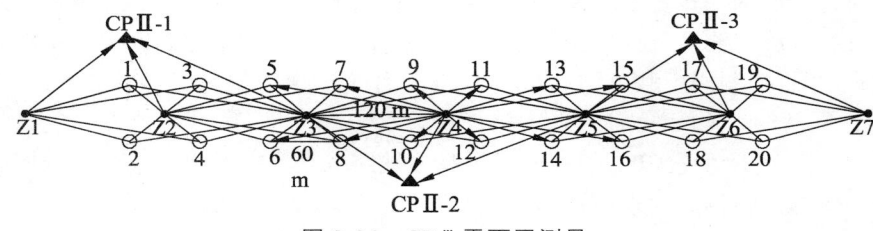

图 2-24　CPⅢ平面网测量

CPⅡ控制网为线下施工测量等提供控制基准是通过全站仪极坐标测量或 GPS RTK（实时动态定位）测量等方法实现的。图 2-25 为全站仪极坐标测量示意图。

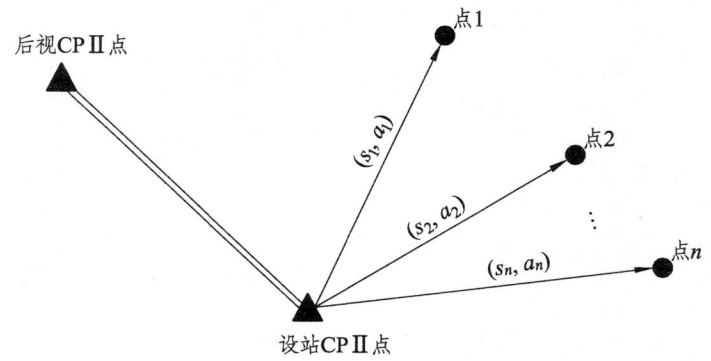

图 2-25　全站仪极坐标测量示意图

图 2-26 为 GPS RTK 放样测量示意图。

线路平面控制网 CPⅡ是高速铁路精密测量控制网的一个重要组成部分。它是线路定测放线和线下工程施工测量的基础，一般在线路方案稳定后的定测阶段施测，且 CPⅡ点应在整个铁路建设期内保持足够的点位稳定性。在重要工序开展前，需要对线路控制网 CPⅡ进行复测和成果更新。

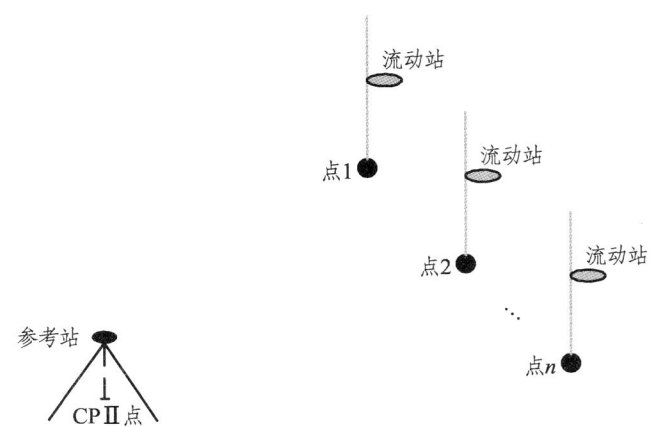

图 2-26　GPS RTK 放样测量示意图

知识点 2　建立线路平面控制网（CPⅡ）的技术方法

1. 控制网的基准

《高速铁路工程测量规范》（TB 10601—2009）规定，线路平面控制网 CPⅡ应附合于基础平面控制网 CPⅠ上，以传递坐标、方位和控制误差的积累，平差计算时将 CPⅠ控制点作为固定数据进行约束平差。约束平差方法是一种保持已知数据不变的平差方法，该方法能够保证 CPⅡ控制网中已知控制点的坐标在平差前后保持不变。由此可知，线路平面控制网 CPⅡ的基准数据其实就是网中联测的部分基础平面控制网 CPⅠ点的已知坐标。

2. 网形布设

控制网的网形对控制网的精度、可靠性和灵敏度等具有非常重要的影响。良好的控制网网形是建立高精度、高可靠性控制网的一个重要条件。高速铁路线路平面控制网 CPⅡ具有高精度和高可靠性的特点，其网形主要有三种。

（1）CPⅡGPS 网。

路基和桥梁段的线路平面控制网 CPⅡ（包括加密 CPⅡ控制网）一般采用 GPS 静态相对定位测量方法施测，如图 2-22 所示。路基及桥梁段的 CPⅡ控制点宜选在距线路中线 50～200 m 范围内、稳定可靠、便于测量的地方。标石埋设完成后，应按要求做好点之记等。

（2）CPⅡ导线网。

隧道内的 CPⅡ网一般是待隧道贯通后采用导线测量方法施测的。洞内 CPⅡ

点通常沿线路走向成对布设，前后相邻点间距为 300～600 m，以交叉导线网形式布网，导线边数以 4～6 条为宜，成对点布设，线路两侧点位之间的里程差尽量小，并在进洞口和出洞口处与洞外 CPⅠ进行联测。比较常用的隧道洞内 CPⅡ控制网如图 2-23 所示。

（3）CPⅡ自由测站边角交会网。

传统的隧道洞内 CPⅡ平面网建网方法存在控制点标志易被破坏、观测时受隧道侧壁旁折光影响严重和点位精度不均匀等缺点。为克服上述缺点，隧道洞内可采用自由测站边角交会网的新方式来布设 CPⅡ平面网。自由测站法是一种在任意位置设站的控制网测量方法。该观测方法能够消除对中误差的影响；通过设站位置的合理选择，能够优化控制网的网形。此外，隧道内采用自由测站方法施测来建立 CPⅡ平面网还能够削弱旁折光的影响。

隧道洞内 CPⅡ自由测站边角交会测量应符合下列规定：

① CPⅡ控制点沿隧道宜按 200～300 m 间隔成点对布设，对于小半径的单线隧道，点间距可以适当缩短。CPⅡ控制点应采用强制对中标志，布设在隧道电缆槽顶面以上 30～50 cm 的二衬边墙上。

② 洞内 CPⅡ控制网应与洞口控制点进行联测，常用的隧道洞内 CPⅡ自由测站边角交会网如图 2-27 所示。

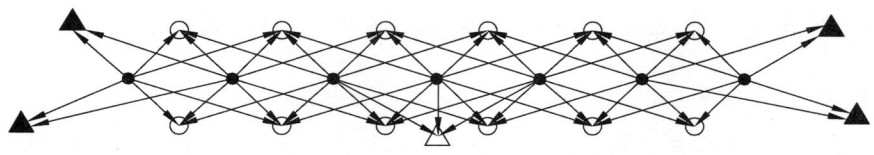

● 自由设站点　　←—— 观测方向　　○ 洞内 CPⅡ控制点
▲ 洞外 CPⅠ/CPⅡ控制点　　△ 洞内施工控制点

图 2-27　隧道洞内 CPⅡ自由测站边角交会网

③ 当隧道洞内（含斜井附近）施工控制点保存完好时，洞内 CPⅡ自由测站边角交会网应与其联测。对于满足洞内 CPⅡ自由测站边角交会网约束点精度要求的隧道洞内施工控制点，应作为约束点参与洞内 CPⅡ自由测站边角交会网约束平差。

3. 测量方法

（1）GPS 测量方法。

路基和桥梁段的 CPⅡ控制网一般采用 GPS 静态相对定位测量方法施测，采用边连接方式构网，形成由三角形或大地四边形组成的带状网，并与 CPⅠ点联测构成附合网。路基和桥梁段的 CPⅡ控制网采用 GPS 静态相对定位测量时，其观测要求如下：

① 采用双频 GPS 接收机（Trimble、Leica 等）观测，线路平面控制网 CPⅡ测量应满足《高速铁路工程测量规范》（TB 10601—2009）中第 3.1.5 条三等 GPS 测量的要求。

② 全部仪器、光学对中基座生产作业前都必须按要求进行检校，检校合格且在有效检定期内的仪器才能投入使用。所有 GPS 接收机在观测前需统一进行设置：数据采样间隔设置为 15 s，高度角设置为 15°。

③ 观测前，应做好星历预报，选择有利的观测时间段，避开不利于观测的时间段。

④ 观测时，天线整平对中误差应大于 1 mm，每时段观测前后各量取天线高一次，两次量测值互差应小于 3 mm，并取其平均值作为最终结果。双时段观测时第二时段必须重新整置对中仪器，重新量取天线高度。

⑤ 观测过程中按规定填写观测手簿。对观测点名、仪器高、仪器号、时间、日期以及观测者均应详细记录。

（2）导线测量方法。

隧道洞内的 CPⅡ控制网一般采用导线测量（或自由测站测量）方法。洞内 CPⅡ控制网进行导线测量时应满足以下要求：

① 应采用标称精度不低于 1″、$2\ \text{mm}+2\times 10^{-6}\cdot D$ 的全站仪施测。水平角观测的测回数及限差按表 2-24 中的要求执行，边长测量按表 2-25 中的要求执行。

表 2-24 水平方向观测法的主要技术要求

等级	仪器等级	半测回归零差/(″)	一测回内 2C 互差/(″)	同一方向值各测回互差/(″)
四等及以上	0.5″级仪器	4	8	4
	1″级仪器	6	9	6

表 2-25 边长测量技术要求

等级	使用测距仪精度等级	每边测回数		一测回读数较差限值/mm	测回间较差限值/mm	往返观测平距较差限值
		往测	返测			
二等	Ⅰ	4	4	2	3	$2\ m_D$
	Ⅱ			5	7	
三等	Ⅰ	2	2	2	3	$2\ m_D$
	Ⅱ	4	4	5	7	
四等	Ⅰ	2	2	2	3	$2\ m_D$
	Ⅱ			5	7	
	Ⅲ	4	4	10	15	
一级及以下	Ⅰ	2	2	2	3	$2\ m_D$
	Ⅱ			5	7	
	Ⅲ			10	15	
	Ⅳ	4	4	20	30	

注：a. 一测回是全站仪盘左、盘右各测量一次的过程。

b. 测距仪精度等级划分如下：

Ⅰ级　　$|m_D| \leq 2$ mm

Ⅱ级　　2 mm$< |m_D| \leq 5$ mm

Ⅲ级　　5 mm$< |m_D| \leq 10$ mm

Ⅳ级　　10 mm$< |m_D| \leq 20$ mm

m_D 为每千米测距标准偏差，即按测距仪出厂标称精度的绝对值，归算到 1 km 的测距标准偏差。

c. $m_D = a + b \times D$

式中：m_D——仪器测距中误差（mm）；

a——标称精度中的固定误差（mm）；

b——标称精度中的比例系数（mm/km）；

D——测距长度（km）。

② 边长往返观测平距较差应小于测距中误差的 2 倍。

③ 测距边的斜距应进行气象改正和仪器加、乘常数改正。气压、气温读数精度应符合表 2-26 的规定。三等及以上等级测量应在测站和反射镜站分别测记；四等及以下等级可在测站进行测记，当测边两端气象条件差异较大时，应在测站和反射镜站分别测记。当测区平坦、气象条件差异不大时，四等及以下等级可记录上午和下午的平均气压、气温。

表 2-26　气压、气温读数精度要求

测量等级	干湿温度表/°C	气压表/hPa
二等	0.2	0.5
三等	0.2	0.5
四等	0.5	1
一级及以下	1	2

④ 洞内 CPⅡ控制网导线测量时每个洞口联测 2 个 CPⅠ控制点，附合在洞外 CPⅠ控制点上。

⑤ 观测前应先将仪器开箱放置 20 min 左右，让仪器温度与洞内温度基本一致。

⑥ 洞口测站观测宜在夜晚或阴天进行；隧道洞内观测应充分通风，无施工干扰，避免尘雾、水雾、震动。

⑦ 目标棱镜人工观测时应有足够的照明度，受光均匀柔和、目标清晰，避免光线从旁侧照射目标；采用自动观测时应尽量减少光源干扰。

⑧ 测距边的斜距应进行气象改正和仪器加、乘常数改正，温度和气压读数及改正应符合相关要求。

（3）CPⅡ自由测站边角交会测量方法。

隧道洞内 CPⅡ自由测站边角交会测量应采用全站仪按全圆方向观测法自动观测方向和距离，并满足下列要求：

① 隧道洞内 CPⅡ自由测站边角交会网水平方向观测，应满足表 2-27 的规定。

表 2-27 洞内 CPⅡ自由测站边角交会网水平方向观测技术要求

仪器等级	测回数	半测回归零差/(″)	一测回内各方向2C互差/(″)	测回间同一方向归零后方向值较差/(″)
0.5″	3	4	8	4
1.0″	4	6	9	6

② 隧道洞内 CPⅡ自由测站边角交会网距离测量，应满足表 2-28 的规定。

表 2-28 洞内 CPⅡ自由测站边角交会网距离观测技术要求

测回数	半测回间距离较差/mm	测回间距离较差/mm
≥3	≤1.5	≤1.5

注：距离测量一测回是全站仪盘左、盘右各测量一次的过程。

③ 隧道洞内 CPⅡ自由测站边角交会网应附合在隧道进、出口 CPⅠ或 CPⅠ加密控制点上，方位角闭合差应满足要求。

4. 测量精度

（1）GPS 测量精度。

一般情况下，控制网的测量精度应根据其网形、目的和作用来确定。线路平面控制网 CPⅡ应按三等 GPS 测量的要求施测，其精度应满足表 2-29 的要求。

表 2-29 线路平面控制网 CPⅡ的主要技术要求

等级	固定误差 a /mm	比例误差系数 b /(mm/km)	基线方位角中误差/(″)	约束点间的边长相对中误差	约束平差后最弱边边长相对中误差
三等	≤5	≤1	1.7	1/180 000	1/100 000

另外，相邻 CPⅡ点的相对中误差应不超过 8 mm。

（2）导线测量精度。

隧道洞内 CPⅡ控制网应在隧道贯通后，采用导线测量方法施测。洞内 CPⅡ导线测量应满足表 2-30 的要求。

表 2-30 洞内 CPⅡ导线测量主要技术要求

控制网级别	附合长度 L/km	边长/m	测距中误差/mm	测角中误差/(″)	相邻点位坐标中误差/mm	导线全长相对闭合差限差	方位角闭合差限差/(″)	对应导线等级	备注
CPⅡ	$L≤2$	300~600	3	1.8	7.5	1/55 000	$±3.6\sqrt{n}$	三等	单导线
CPⅡ	$2<L≤7$	300~600	3	1.8	7.5	1/55 000	$±3.6\sqrt{n}$	三等	导线网
CPⅡ	$L>7$	300~600	3	1.3	5	1/100 000	$±2.6\sqrt{n}$	隧道二等	导线网

注：导线网独立闭合环的边数以 4~6 条边为宜。

（3）隧道洞内 CPⅡ 自由测站边角交会网平差应满足的要求：
① 自由网平差及约束平差后的方向改正数及距离改正数应满足相关要求。
② 平差后，测距中误差、方向观测中误差和相邻点相对点位中误差应满足相关要求。

5. 数据处理

（1）GPS 基线解算与平差。

路基及桥梁段 CPⅡ 控制网的原始观测数据是 GPS 静态相对定位测量数据，其数据处理由基线解算和控制网平差两部分组成。CPⅡ 控制网基线解算一般采用 LGO 软件进行处理，解算的重复基线较差及异步环闭合差应满足规范要求。当求解的基线合格后，方可进行平差处理。CPⅡ 控制网的平差处理及坐标转换应满足以下要求：

① CPⅡ 控制网平差应在 GPS 基线网三维无约束平差的基础上，以联测 CPⅠ 控制点作为约束点进行平差，计算 CPⅡ 控制点在工程独立坐标系中的坐标。

② 无约束平差中基线向量各分量的改正数绝对值和约束平差中基线向量各分量改正数与无约束平差同一基线改正数较差的绝对值应满足相关规定，并提供无约束平差 WGS-84 坐标系中的空间直角坐标、基线矢量及其改正数和其精度信息；提供约束平差后相应坐标系的空间直角坐标、基线矢量及其改正数和精度信息。约束平差完毕，精度指标应满足相关要求。

③ 需要提供 1954 北京坐标系或 1980 西安坐标系成果时，应以 CPⅠ 控制点在 1954 北京坐标系或 1980 西安坐标系中的坐标成果为固定数据，计算 CPⅡ 控制网的 1954 北京坐标系或 1980 西安坐标系 3°带成果。

（2）全站仪测量数据处理。

无论是导线测量还是自由测站边角交会测量，隧道洞内 CPⅡ 控制网的原始观测数据都是全站仪测量数据（包括斜距、水平方向值和天顶距）。当项目速度目标值 ≤200 km/h 时，洞内 CPⅡ 导线测量根据隧道长度及轨道类型确定施测等级。当项目速度目标值 ≥250 km/h 或隧道内铺设无砟轨道时，应满足下列要求：

① 洞内 CPⅡ 导线测量的主要技术要求应符合表 2-30 的规定。

② 导线点宜充分利用洞内施工平面控制桩，单独布点时应布设在施工干扰小、安全稳固、方便设站、便于保存的地方，点间视线应距洞内设施 0.2 m 以上。

③ 隧道洞内的 CPⅡ 导线测量数据处理可采用经原铁道部相关部门审核通过的《通用地面网数据处理软件 FSDI-GDPAS》或其他符合要求的软件进行，测距边长应进行归化投影计算，在导线方位角闭合差及导线全长相对闭合差满足要求后，采用严密平差法平差，并应提供单位权中误差、测角中误差、点位中误差、边长相对中误差、点位误差椭圆参数和相对点位误差椭圆参数等精度评定数据。

知识点3 建立线路平面控制网（CPⅡ）的技术设计

1. 控制网基准设计

控制网的基准是由控制网平差的已知数据和平差方法提供的。由于《高速铁路工程测量规范》（TB 10601—2009）规定CPⅡ控制网应采用约束平差方法，因此CPⅡ控制网的基准设计就简化成了CPⅡ控制网联测CPⅠ点的选取。控制网的精度与基准有关，CPⅡ控制网的精度与联测CPⅠ点的位置、精度和分布有关。因此，在CPⅡ控制网施测时，应尽量选择稳定且兼容性好的CPⅠ点作为联测点，同时应使CPⅠ点在网中尽可能地均匀分布。

2. 控制网精度、密度设计

根据《高速铁路工程测量规范》（TB 10601—2009），桥梁及路基段的CPⅡ控制网按每600～800 m布设一个，隧道洞内的CPⅡ控制网按每400～800 m布设一对，并附合于CPⅠ控制点上。控制点宜设在距线路中心50～200 m范围内不易被施工破坏、稳定可靠、便于测量的地方。点位布设宜兼顾桥梁、隧道及其他大型构（建）筑物布设施工控制网的要求。路基及桥梁地段CPⅡ控制网应按三等GPS测量要求施测。

（1）路基及桥梁的CPⅡ控制网主要技术指标见表2-29。

（2）隧道洞内CPⅡ控制网为导线网，其主要技术要求见表2-30。

3. 控制网网形设计

高速铁路桥梁及路基段的CPⅡ控制网的网形受地形、地质等条件的影响较大，其点间距应满足400～800 m的要求。高速铁路隧道内的CPⅡ控制网的点间距一般在300～600 m，相邻点间的边长比例应适中。CPⅡ控制网的网形设计应满足施工测量和CPⅢ控制网联测的要求。

4. 控制网布网原则

控制网的布设应综合考虑精度、可靠性和费用等因素。无论是路基和桥梁上的CPⅡ控制网，还是隧道洞内的CPⅡ控制网，均应在保证质量（精度和可靠性）的前提下，尽可能地提高效率，降低布网费用。

5. 控制网复测与维护

测量控制网布设在地球表面，可能会受到外部环境和地壳变形的影响。线路平面控制网CPⅡ的复测精度要求与建网时的精度要求相同，其复测频次等要求与基础控制网CPⅠ类似，此处不再赘述。

知识点4 线路平面控制网（CPⅡ）的外业实施

1. 点位选择

点位的基本要求如下：

（1）应便于安置接收设备和操作，视野开阔，视场内障碍物的高度角不宜超过15°。

(2)远离大功率无线电发射源(如电视台、电台、微波站等),其距离不小于 200 m;远离高压输电线和微波无线电信号传送通道,其距离不应小于 50 m。

(3)附近不应有强烈反射卫星信号的物件(如大型建筑物等)。

(4)交通方便,并有利于其他测量手段扩展和联测。

(5)地面基础稳定,易于标石的长期保存。

(6)充分利用符合要求的已有控制点。

(7)选站时应尽可能使测站附近的局部环境(地形、地貌、植被等)与周围的大环境保持一致,以减少气象元素的代表性误差。

(8)CPⅡ控制点宜设在距线路中心 50~200 m 范围内不易被施工破坏、稳定可靠、便于测量的地方。点位布设宜兼顾桥梁、隧道及其他大型构(建)筑物布设施工控制网的要求。

2. 点位埋设

(1)选点人员应按照技术设计书经过踏勘,按相关要求在实地选定点位,并在实地加以标定。

(2)当利用旧点时,应检查旧点的稳定性、可靠性和完好性,符合要求方可利用。

(3)需要水准联测的 GPS 点,应实地踏勘水准路线情况,选择联测水准点并绘出联测路线图。

(4)不论新选定的点或利用旧点,均应实地按要求绘制点之记,其内容要求在现场详细记录,不得追记。

(5)当点位周围有高于 10°的障碍物时,应绘制点的环视图。

(6)一个网区选点完成后,应绘制 GPS 网选点图。

(7)隧道内 CPⅡ点一般埋设在隧道内壁上。

(8)点位埋设后应在点附近喷涂点号。

3. 外业实测

(1)一般规定。

桥梁及路基段的 CPⅡ控制网 GPS 测量作业的基本技术要求,应符合表 2-31 的规定。

表 2-31 CPⅡ GPS 测量作业的基本技术要求

等 级		二 等
静态测量项目	卫星截止高度角/(°)	≥15
	同时观测有效卫星数	≥4
	有效时段长度/min	≥60
	观测时段数	1~2
	数据采样间隔/s	10~60
	接收机类型	双频
	PDOP 或 GDOP	≤8

隧道洞内 CPⅡ 导线测量的主要技术要求见表 2-32。

表 2-32 洞内 CPⅡ 导线测量主要技术要求

旅客列车设计行车速度/(km/h)	控制网级别	附合长度 L/km	边长/m	测距中误差/mm	测角中误差/(″)	相邻点位坐标中误差/mm	导线全长相对闭合差限差	方位角闭合差限差/(″)	对应导线等级	备注
≥250 或无砟轨道段	CPⅡ	$L≤2$	300~600	3	1.8	7.5	1/55 000	$±3.6\sqrt{n}$	三等	单导线
	CPⅡ	$2<L≤7$	300~600	3	1.8	7.5	1/55 000	$±3.6\sqrt{n}$	三等	导线网
	CPⅡ	$L>7$	300~600	3	1.3	5	1/100 000	$±2.6\sqrt{n}$	隧道二等	导线网

注：导线网独立闭合环的边数以 4~6 条边为宜。

导线点宜充分利用洞内施工平面控制桩，单独布点时应布设在施工干扰小、安全稳固、方便设站、便于保存的地方，点间视线应距洞内设施 0.2 m 以上。

隧道洞内 CPⅡ 导线观测还应满足下列要求：

① 应采用标称精度不低于 1″、$2\ \text{mm}+2×10^{-6}·D$ 的全站仪施测，水平角观测及边长测量的外业观测质量按《高速铁路工程测量规范》（TB 10601—2009）中的相关要求执行。

② 观测前应先将仪器开箱放置 20 min 左右，让仪器温度与洞内温度基本一致。

③ 洞口测站观测宜在夜晚或阴天进行；隧道洞内观测应充分通风，无施工干扰，避免尘雾。

④ 目标棱镜人工观测时应有足够的照明度，受光均匀柔和、目标清晰，避免光线从旁侧照射目标；采用自动观测时应尽量减少光源干涉。

⑤ 隧道洞内 CPⅡ 测量应尽量在短时间内完成。

（2）观测计划。

针对桥梁及路基段的 CPⅡ 控制网，作业调度者根据测区地形和交通状况、采用的 GPS 作业方法设计的基线的最短观测时间等因素综合考虑，编制观测计划表，按该表对作业组下达相应阶段的作业调度命令。同时依照实际作业的进展情况，及时做出必要的调整。

针对隧道洞内的 CPⅡ 控制网，作业调度者应根据仪器设备情况，分多个组在夜间或阴天等条件下施测，尽量缩短观测时间。

（3）准备工作。

在开始观测前，按要求进行如下准备工作：

① GPS 接收机在正式观测前应进行预热和静置，具体要求按所采用接收机的操作手册进行。

② 按观测设计要求进行对中、整平、量仪器高以及天线定向。
③ 全站仪开箱放置 20 min 左右，检校仪器并设置相应参数。

（4）观测作业。

GPS 网的观测作业应按如下要求进行：

① 各作业组必须严格遵守调度命令，按规定的时间进行作业。
② 检查接收机电源电缆和天线等连接无误后方可开机。
③ 只有在有关指示灯和仪表显示正常后方可进行接收机的自我测试，输入测站、观测单元和时段等控制信息。
④ 在作业前和作业过程中，作业员应随时填写测量手簿中的记录项目。
⑤ 按要求进行相关观测记录。
⑥ 除特殊情况外，一般不得进行偏心观测。迫不得已进行时，应精确测定归心元素。
⑦ 观测时，在接收天线 50 m 以内不得使用电台，10 m 以内不得使用对讲机。
⑧ 天气太冷时，可对接收机适当进行保温和加热；天热时，应避免阳光直射接收机；以确保接收机能正常工作。
⑨ 在一个时段的观测过程中，不允许进行下列操作：关机后重新启动接收机；进行仪器自检；改变截止高度角或采样间隔；改变天线位置；按键关闭文件或删除文件。
⑩ 观测期间防止接收设备震动，更不得移动天线，要防止人员和其他物体碰动天线或阻挡信号。
⑪ 经认真检查，所有预定的作业项目均已全面完成且符合要求，记录和资料完整无误后，方可迁站。

全站仪观测应注意以下事项：

① 全站仪架设高度应适中，既要满足全站仪稳定性的要求，也要满足观测方便的原则。
② 全站仪观测首方向应选择距离适中、视线清晰、视线方向干扰小的方向。

（5）记录数据。

GPS 测量记录手簿格式见表 2-33。

表 2-33　GPS 测量手簿记录格式

点号		点名		图幅编号	
观测记录员		观测日期		时段号	
接收机型号及编号		天线类型及其编号		存储介质类型及编号	
原始观测数据文件名		RINEX 格式数据文件名		备份存储介质类型及编号	
近似纬度	°　′　N	近似经度	°　′　E	近似高程	m
采样间隔		开始记录时间	h　min	结束记录时间	h　min
天线高测定		天线高测定方法及略图		点位略图	
测前：	测后：				
测定值：　m	m				
修正值：　m	m				
天线高：　m	m				
平均值：　m	m				
时间（UTC）		跟踪卫星数		PDOP	
记事					

知识点5 线路平面控制网（CPⅡ）的数据处理

1. 数据预处理

（1）观测工作结束后，应及时整理和检查外业观测手簿或外业电子记录数据，确认观测成果全部符合规定后，才能进行计算。

（2）一级及以上导线计算，应在方位角闭合差及导线全长相对闭合差满足要求后，采用严密平差法平差，并应提供单位权中误差、测角中误差、点位中误差、边长相对中误差、点位误差椭圆参数和相对点位误差椭圆参数等精度评定数据。二级导线可用近似平差法平差。

（3）测距边长的归化投影计算应符合下列规定：

① 归算到测区投影高程面上的测距边长度，应按式（2-11）计算。

$$D = D_0 \left(1 + \frac{H_0 - H_m}{R_A}\right) \tag{2-11}$$

式中：D——归算到投影高程面上的测距边长度（m）；

　　　D_0——测距边两端平均高程面上的平距（m）；

　　　H_0——投影面高程（m）；

　　　H_m——测距边两端的平均高程（m）；

　　　R_A——参考椭球体在测距边方向的法截弧曲率半径（m）。

② 归算到参考椭球面上的测距边长度，应按式（2-12）计算。

$$D_1 = D_0 \left(1 - \frac{H_m + h_m}{R_A + H_m + h_m}\right) \tag{2-12}$$

式中：D_1——归算到参考椭球面上的测距边长度（m）；

　　　h_m——测区大地水准面高出参考椭球面的高差（m）。

③ 测距边在高斯投影面上的长度，应按式（2-13）计算。

$$D_2 = D_1 \left(1 + \frac{Y_m^2}{2R_m^2} + \frac{\Delta y^2}{24R_m^2}\right) \tag{2-13}$$

式中：D_2——测距边在高斯投影面上的长度（m）；

　　　Y_m——测距边中点横坐标（m）；

　　　Δy——测距边两端点横坐标增量（m）；

　　　R_m——测距边中点处在参考椭球面上的平均曲率半径（m）。

（4）内业计算中数字取位应符合表2-34的规定。

表2-34　内业计算中数字取位要求

等级	观测方向值及各项改正数/(")	边长观测值及各项改正数/m	边长与坐标/m	方位角/(")
二等	0.01	0.0001	0.0001	0.01
三、四等，一级	0.1	0.001	0.001	0.1
二级	1	0.001	0.001	1

2. 导线平差

导线测量观测工作结束后，及时整理和检查外业电子记录数据，并计算导线测量中测站方向和边长观测值的各项限差、测角中误差、测距中误差、对向观测边较差，然后以 CPⅠ控制点、CPⅡ控制点以及相邻段落线上 CPⅡ加密点为起算数据，计算导线全长相对闭合差、方位角闭合差、导线环闭合差和坐标闭合差。确认上述指标全部符合规定后，采用严密平差方法计算。导线平差应采用通过相关部门鉴定的平差软件进行点位坐标计算，并提供验后单位权中误差、方向和边长改正数及其中误差、点位中误差、边长相对中误差、点位误差椭圆和相对点位误差椭圆等精度评定数据。上述指标必须满足相应的精度要求。导线数据平差前，测量距离须经过两化改正（包括高程改化和高斯投影改化）。

3. 精度评定

路基及桥梁段的 CPⅡ控制网一般采用 GPS 静态测量方法施测，其精度评价及控制指标与 CPⅠ控制网基本一致，主要包括：

（1）基线解算质量的控制指标。具体包括：数据剔除率、独立环闭合差、重复基线长度较差等。

（2）三维无约束平差基线向量残差。

（3）三维约束平差中基线向量各分量改正数与无约束平差同一基线的改正数之差。

（4）三维约束平差后的基线边方向中误差，最弱边相对中误差，相邻点的相对中误差等精度指标。

洞内 CPⅡ一般采用导线测量或自由测站边角交会测量方法，其精度评价及控制主要指标包括：

① 测距中误差，要求不超过 5 mm。

② 测角中误差，要求不超过 1.8″。

③ 方位角闭合差限差，要求不超过 $3.6\sqrt{n}$，n 为测角个数。

④ 导线全长相对闭合差限差，要求优于 1/55 000。

【能力训练】

一、填空题

1. 高速铁路线路平面控制网（CPⅡ）是在_____的基础上，采用_____测量或_____测量方法建立的一级平面控制网。

2. 桥梁及路基段的 CPⅡ控制网按_____m 布设一个，隧道洞内的 CPⅡ控制网按_____m 布设一对，并附合于 CPⅠ控制点上。

二、简答题

简述建立线路平面控制网（CPⅡ）的目的和作用。

三、工程应用

某客运专线的 CPⅡ 控制网投入 Leica 1230、GS15 型双频 GPS 接收机和 Trimble 5800、Trimble R8 双频 GPS 接收机进行平面控制网的测量工作，共计 32 台，设备都经检定合格，并在有效期内。CPⅡ网基线处理采用 LGO8.4 随机解算软件，网平差采用武汉大学 COSAGPS 软件进行。请完成表 2-35 ~ 表 2-37 中的数据。

表 2-35 CPⅡ控制网重复基线最大较差

起点	终点	D_X/m	D_Y/m	D_Z/m	S/m	S限差（差值）/mm	备注
CPⅡ057	CPⅠ069	−7 204.563 1	1 801.796 0	−6 966.063 7			
CPⅡ057	CPⅠ069	−7 204.572 5	1 801.797 9	−6 966.083 2			

表 2-36 CPⅡ控制网最大闭合环

线路各点名	S闭合差限差/mm	S闭合差/mm	线路总长度/m	b/（mm/km）	备注
CPⅠ222 CPⅡ188 GPS1906		52.49	9 006.038		

表 2-37 CPⅡ控制网精度

指标	方位角中误差精度指标	最弱方位误差	边长中误差精度指标	最弱边相对误差
CPⅡ	<1.7″		1/100 000	

任务 2.4　轨道平面控制网（CPⅢ）测量

【任务描述】

石（家庄）武（汉）客运专线设计速度为 350 km/h，是国家南北纵向的重要客运干线。石（家庄）郑（州）段（河北省范围）SZ-3 标段，起止里程为 DK400+000 ~ DK470+248，正线全长 70.248 km，无砟轨道长 70.248 km。请依据相关规范和文件要求，编制轨道平面控制网（CPⅢ）测量技术方案。

【引入案例】

轨道控制网 CPⅢ 测量技术方案

【案例解读】

轨道平面控制网（CPⅢ）是沿线路布设的平面控制网，平面起闭于基础平面控制网（CPⅠ）或线路平面控制网（CPⅡ），一般在线下工程施工完成并通过沉降变形评估后施测，为轨道施工和运营维护的基准。CPⅢ网按自由设站边角交会方法测量，点间距纵向为 50～70 m，横向为线路结构物宽度，测量精度为相邻点位的相对中误差小于 1.0 mm。

【知识储备】

知识点1 建立轨道平面控制网（CPⅢ）的目的和作用

高速铁路旅客列车行驶速度高（250～350 km/h），为了达到在高速行驶条件下保证旅客列车的安全性和舒适性目的，要求高速铁路必须具有非常高的平顺性和精确的几何线形参数，误差必须保持在毫米级范围内。

在高速条件下，轨道的长波不平顺可使固有频率较低的车体发生激振，严重影响舒适性和安全性；而短波不平顺可使高速列车产生较高频率激振与轨道形成共振，对轨道产生很大的破坏并发出剧烈噪声。因此，高速铁路对轨道的平顺性，尤其是短波平顺性提出了很高的要求。而线路平顺性与控制测量精度有一定的关系。CPⅢ轨道控制网是轨道铺设和运营维护的控制基准，CPⅢ网在线上工程轨道施工之前建立，在工程施工中为道床板铺设施工和轨道精调提供测量依据，确保轨道的平顺性满足客运专线的标准，在工程竣工后移交给运营单位作为运营期间轨道维护测量的控制基准。

高速铁路施工的定位精度决定着高速铁路的平顺性，高速铁路轨道铺设应满足轨道内部几何尺寸（轨道自身的几何尺寸）和外部几何尺寸（轨道与周围建筑物的相对尺寸）的精度要求。轨道控制网（CPⅢ）作为高速铁路轨道铺设和运营维护的控制基准，其精度高低将直接影响到轨道定位与轨道精调几何线形的平顺性。高速铁路多采用无砟轨道，与有砟轨道相比，无砟轨道要求线路必须具备非常准确的几何线形参数，且由于无砟轨道铺设工艺复杂、精度要求高，误差必须保持在毫米级范围内，这对 CPⅢ控制网提出了较高的精度要求。

1. 满足轨道的外部尺寸精度要求

轨道外部几何尺寸的测量也称为轨道的绝对定位。轨道的绝对定位必须与路基、桥梁、隧道、站台等线下工程的空间位置坐标和高程相匹配、协调。高速铁路轨道绝对定位允许偏差见表 2-38。为了保证轨道铺设绝对定位精度符合限差的要求，无砟轨道施工测量中的底座板/支撑层定位测量、双块式轨排粗调和精调/轨道板安装测量以及轨道安装和精调测量等环节必须要达到较高的精度要求。因此，作为轨道定位与安装的基础，为了确保施工测量过程中轨道与设计线路的偏差满足一定的要求，我国规范对轨道控制网（CPⅢ）的绝对定位精度作了较高的要求，如要求平面定位精度优于 ±2 mm，同精度复测较差优于 ±3 mm，高程定位同精度复测较差优于 ±3 mm 等。

表 2-38 高速铁路轨道绝对定位允许偏差

序号	项目		允许偏差
1	轨面高程和设计比较	一般路基	+4 mm
		在建筑物上	-6 mm
		紧靠站台	+4 mm
			0
2	轨道中线与设计中线偏差		±10 mm
3	线间距		+10 mm
			0

2. 满足轨道的内部几何尺寸精度要求

内部几何尺寸的测量也称为轨道的相对定位，主要通过轨距、轨向、高低、水平和扭曲等参数来保证，利用这些参数检查轨道的实际形状是否与设计形状相符。内部几何尺寸精度直接决定了列车运行速度、旅客乘坐的舒适度。高速铁路轨道相对定位允许偏差见表 2-39。因此，作为轨道平面和高程精调的基础，为了确保施工测量和运营维护过程中轨道的平顺性，我国规范对轨道控制网（CPⅢ）的相对定位精度作了较高的要求，如要求相邻点平面相对精度优于 ±1 mm，相邻点高程相对精度优于 ±0.5 mm 等。

表 2-39 高速铁路轨道相对定位允许偏差

序号	项目	无砟轨道		有砟轨道	
		允许偏差	备注	允许偏差	备注
1	轨距	±1 mm	相对于标准规矩 1 435 mm	±1 mm	相对于标准规矩 1 435 mm
		1/1 500	变化率	1/1 500	变化率
2	轨向	2 mm	弦长 10 m	2 mm	弦长 10 m
		2 mm/8a（m）	基线长 48a（m）	2 mm/5 m	基线长 30 m
		10 mm/240a（m）	基线长 480a（m）	10 mm/150 m	基线长 300 m
3	高低	2 mm	弦长 10 m	2 mm	弦长 10 m
		2 mm/8a（m）	基线长 48a（m）	2 mm/5 m	基线长 30 m
		10 mm/240a（m）	基线长 480a（m）	10 mm/150 m	基线长 300 m
4	水平	2 mm	不包含曲线、缓和曲线上的超高值	2 mm	不包含曲线、缓和曲线上的超高值
5	扭曲（基长 3 m）	2 mm	基长 3 m 包含缓和曲线上由于超高顺坡所造成的扭曲量	2 mm	基长 3 m 包含缓和曲线上由于超高顺坡所造成的扭曲量
6	与设计高程偏差	10 mm	站台处的规定点高程不应低于设计值	10 mm	站台处的规定点高程不应低于设计值
7	与设计中线偏差	10 mm		10 mm	

注：表中 a 为扣件扣件节点间距（m）；8a、240a 为矢距法检测测点间距。

设计高速铁路无砟轨道CPⅢ控制网时，在轨道线路两侧（接触网杆、防撞墙、隧道壁）每隔50~60 m布设一对CPⅢ点，平面和高程控制点为同一标志。平面控制网采用自由设站边角后方交会方法建立，即在两对点间相隔100~120 m处布设自由测站点，对前后各3对点（共12个CPⅢ点）进行边角后方交会测量。CPⅢ平面控制网附合在CPⅠ、CPⅡ或加密的高级控制点上，约相隔600 m（400~800 m），在自由设站点与附近的高级控制点进行方向、边长联测，以传递坐标和控制误差的积累。这种控制网施测方法之前在国内未曾见到，在我国经专家论证后称为自由测站边角交会法。CPⅢ高程控制网采用精密水准测量方法建立，相邻两对点构成闭合环，相隔2~3 km附合到线路的二等水准点上。

在CPⅢ控制网建立后，可利用CPⅢ控制网进行无砟轨道的调整。用高精度全站仪和轨道测量小车测量轨道中线位置以及相关轨道参数，并进行轨道精确调整。全站仪靠近中线架设，后视前、后8个CPⅢ点（图2-28），按自由设站边角后方交会方法观测距离、水平方向和高度角，计算全站仪中心的坐标和高程；然后按极坐标测量方法观测轨道测量小车上的棱镜，由全站仪中心的坐标、高程和观测值及轨道测量小车的几何参数，推算出轨道中线位置及轨道参数；最后与轨道点的设计坐标进行比较，计算该轨道点测量坐标和设计坐标的差值，进行轨道的调整。

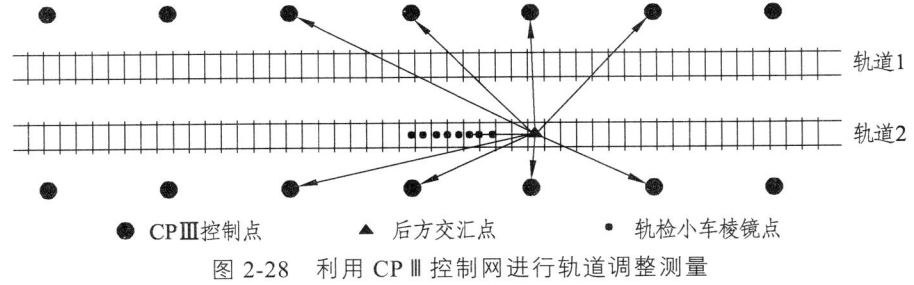

图2-28 利用CPⅢ控制网进行轨道调整测量

知识点2 建立轨道平面控制网（CPⅢ）的技术方法

1. 网形布设

CPⅢ网在线上工程无砟轨道施工之前建立，在工程施工中为道床板铺设施工和轨道精调提供测量依据，确保轨道的平顺性满足客运专线的标准，在工程竣工后移交给运营单位用于运营期间轨道维护测量。为了保证轨道铺设和长钢轨精调测量的精度，CPⅢ控制网沿线路两侧成对点形式布设，点对间距为60~70 m，两点横向距离为10~20 m。

CPⅢ平面控制网采用自由测站边角交会网进行构网测量，以CPⅠ、CPⅡ或加密高级控制点作为基准进行固定数据约束平差。CPⅢ自由测站边角交会网自由测站间间距为120 m左右，每个CPⅢ控制点至少有3个自由测站点进行距离、方向交会。这种控制网施测方法如图2-29所示。

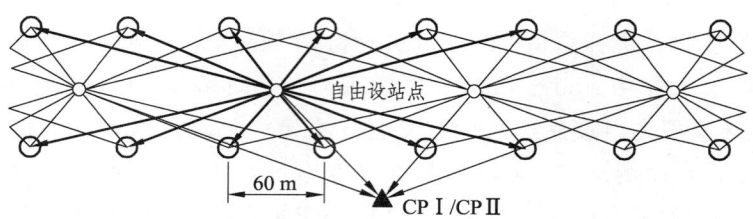

图 2-29　CPⅢ平面控制网测量

CPⅢ自由测站边角交会网测量与常规导线网测量比较具有以下优点：

（1）点位分布均匀，有利于铺轨加密基标和轨道精调作业精度的控制。

（2）网形均匀对称，图形强度高，每个CPⅢ控制点有3个方向交会，多余观测量多，有利于提高网的可靠性和测量精度。

（3）相邻点间相对精度高、兼容性好，能有效控制轨道的平顺性。

（4）控制点采用强制对中标志，自由测站没有对中误差，消除了点位对中点误差对控制网精度的影响。

2. 施测方法

CPⅢ平面网的施测方法是将CPⅢ平面控制点纳入全线设计的工程独立坐标系中，确定CPⅢ平面控制点在工程独立坐标系中的绝对坐标，并评定其测量质量、精度和可靠性。

CPⅢ平面控制网的布设方法主要有两种：一种是导线法，一种是自由测站边角交会法。CPⅢ平面控制网按导线法施测时，精度等级为五等导线，宜设于线路外侧，距线路中线的距离一般为3～4 m，控制点的间距以150～200 m为宜。对线路特殊地段、曲线控制点、线路变坡点、竖曲线起终点及道岔区均应增设加密控制点，曲线地段加密控制点间距以50～60 m为宜，它们相对于两端CPⅢ控制点的纵、横向中误差应小于1.5 mm。

CPⅢ平面控制网按自由测站边角交会法施测时，轨道控制网沿线路两侧成对设置，要求相邻点平面相对精度优于1 mm，同精度复测较差优于3 mm。自由测站边角交会法的施测方法采用全站仪自由测站的测量模式对测站前后各3对CPⅢ控制点进行2～3测回测量，获取CPⅢ点的方向和边长信息，同时每隔400～800 m联测一次CPⅠ/CPⅡ高级控制点以控制误差累积并将CPⅢ纳入线路坐标系中，如图2-30所示。对于相邻测站，将重复观测4对CPⅢ点，以保证每个CPⅢ点都能被至少3组不相关的观测量所确定，从而可使相邻CPⅢ控制点之间达到极高的相对精度，满足无砟轨道铺设高平顺性的要求。

导线法与自由测站边角交会法的优缺点分析：

（1）导线法测量的缺点主要有：

① 点位稳定性差。如果不建立导线点强制对中墩，则存在点位对中误差；如果建立导线点强制对中墩，则可能会给施工和以后的运营维护带来麻烦，且不易保存。

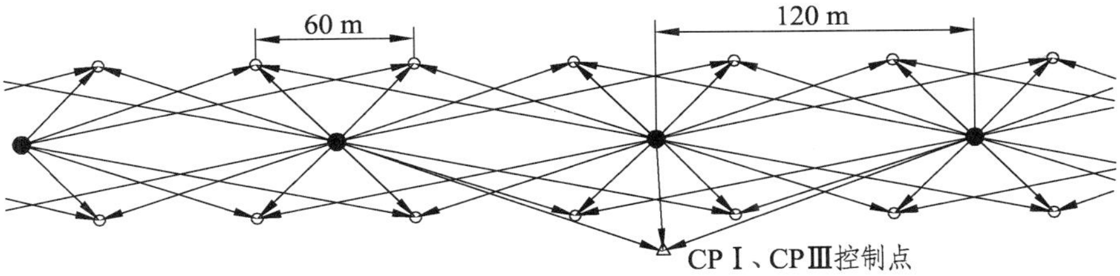

```
        60 m              120 m
```

○ CPⅢ控制点   ● 自由测站点   ← 观测方向

图 2-30　CPⅢ控制网的观测

② 多余观测量少、图形强度低、点位精度不均匀。

③ 不利于轨道精调时使用轨检小车检测。

（2）自由测站边角交会法的优点主要有：

① 点位分布均匀，有利于铺轨加密基标和轨道精调作业精度的控制。

② 网形均匀对称，图形强度高，每个 CPⅢ 控制点有 3 个方向交会，多余观测量多，有利于提高网的可靠性和测量精度。

③ 相邻点间相对精度高、兼容性好，能有效控制轨道的平顺性。

④ 控制点采用强制对中标志，自由测站没有对中误差，消除了点位对中点误差对控制网精度的影响。

基于上述原因，在我国目前的高速铁路建设中，CPⅢ控制网大多采用自由测站边角交会法施测，《高速铁路工程测量规范》（TB 10601—2009）也取消了CPⅢ控制网导线测量的相关规定。

知识点 3　轨道平面控制网（CPⅢ）的外业施测

1. 点位选择

CPⅢ控制网是轨道铺设、精调以及运营维护的基准。CPⅢ测量基于合格的CPⅠ、CPⅡ成果进行，CPⅢ点布设间距应为 60 m 左右。CPⅢ点沿线路走向成对布设，每对点之间里程差要求小于 1 m。CPⅢ点设置在稳固、可靠、不易破坏和便于测量的地方，并应防沉降和抗移动。控制点标识要清晰、齐全、便于准确识别。相邻 CPⅢ控制点应大致等高，其位置应高于设计轨道高程面 0.3 m。

（1）路基段 CPⅢ布设。

根据现场情况选择 CPⅢ安装位置。一是直接在接触网立柱上安装 CPⅢ，但不应破坏立柱结构，应优先采用此种方法；若第一种方法无法实施，或 CPⅢ点位稳定性无法保证时，需在线上路基地段单独埋设专门的 CPⅢ辅助立柱。CPⅢ选点前需收集并分析电化支柱坠陀位置资料，防止影响坠陀运动。

路基地段 CPⅢ点横向布设于接触网立柱内侧或单独布设于 CPⅢ辅助立柱内侧，如图 2-31 所示。

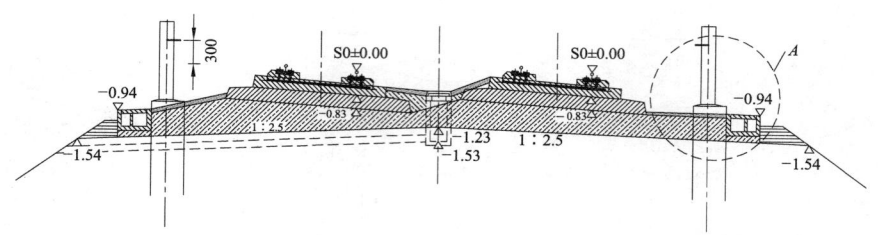

图 2-31　CPⅢ控制点路基地段埋设（尺寸单位：mm；高程单位：m）

（2）桥梁段 CPⅢ布设。

桥梁段 CPⅢ点竖向布设于挡砟墙顶面上，如图 2-32 所示。

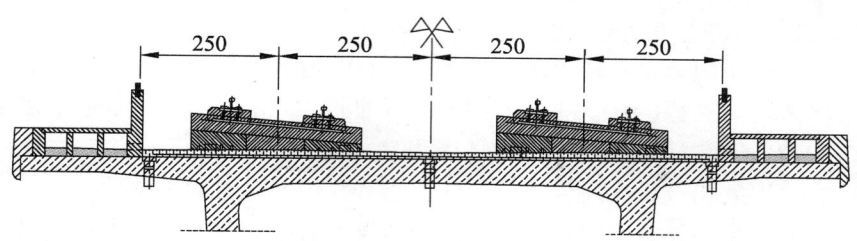

图 2-32　CPⅢ控制点桥梁段埋设（单位：cm）

简支梁段，CPⅢ点应根据桥梁结构布设于固定支座端；连续梁段，CPⅢ点应布设于固定支座端，若跨度大于 80 m，应在跨中部增设。

（3）隧道段 CPⅢ点布设。

隧道段 CPⅢ点横向布设于电缆槽顶面以上 30～50 cm 的边墙内衬上，如图 2-33 所示。

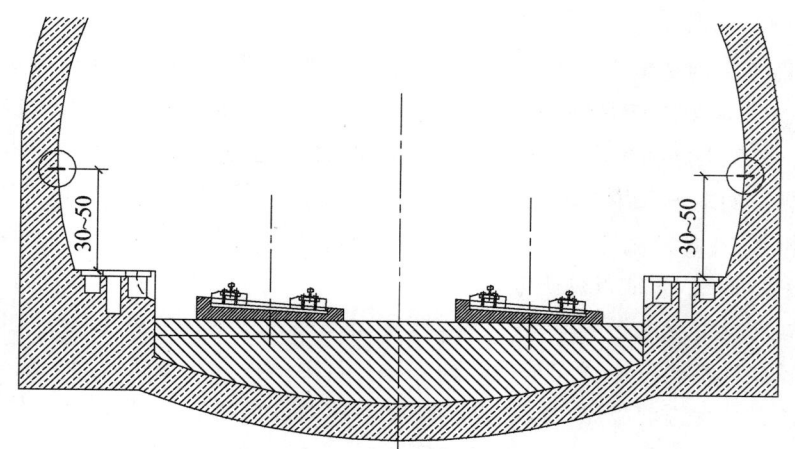

图 2-33　无砟轨道 CPⅢ控制点隧道段埋设（单位：cm）

（4）车站范围 CPⅢ点的布设。

车站范围内因为股道较多、同期施工的其他工程较多，应该根据施工进度将 CPⅢ点设在雨棚柱基础上、站台边墙上或单独埋设 CPⅢ标志桩。在同一个车站形式应统一，要保证标志点的稳定性。

2. 点位埋设

CPⅢ点标志埋设采用钻孔埋标法,埋设之前逐个检查平面(高程)测量连接杆和预埋件之间的间隙,平面(水准)测量杆全部插入预埋件后预埋件沿口应和平面(水准)测量杆突出横截面密接,有异常情况的预埋件不能使用。

需要特别强调的是,预埋件锚固要求使用合格的植筋胶或速凝水泥,不得使用劣质植筋胶或速凝水泥,锚固措施必须使得预埋件牢固、长期使用不松动。

(1)路基段CPⅢ点标志埋设。

① 在辅助立柱上距扩大基础顶面90 cm(此处需高于轨顶30 cm)处横向钻孔,孔深为预埋件长度,然后略微扩大孔径口,孔径由内向外略向上倾斜。

② 用塑料盖封闭预埋件插口端管口,防止异物进入预埋件。

③ 将钻孔内碎石渣清理干净,浇水润湿洞孔,将植筋胶或速凝水泥等塞入洞孔。

④ 植入预埋件,预埋件插口表面与辅助立柱表面齐平。

(2)桥梁段CPⅢ点标志埋设。

① 先在桥梁防撞墙顶面上竖直钻孔,孔深为预埋件长度,然后略微扩大孔径口,孔径基本竖直。

② 用塑料盖封闭预埋件插口端管口,防止异物进入预埋件。

③ 将钻孔内碎石渣清理干净,浇水润湿洞孔,将植筋胶或速凝水泥等塞入洞孔。

④ 植入预埋件,预埋件插口顶面与防撞墙顶面齐平。

(3)隧道段CPⅢ点标志埋设。

① 在隧道边墙上,高出电缆槽顶面30 cm的地方横向钻孔,孔深为预埋件长度,然后略微扩大孔径口,孔径由内向外略向上倾斜。

② 用塑料盖封闭预埋件插口端管口,防止异物进入预埋件。

③ 将钻孔内碎石渣清理干净,浇水润湿洞孔,将植筋胶或速凝水泥等塞入洞孔。

④ 植入预埋件,预埋件插口表面与墙壁表面齐平。

3. 外业施测

CPⅢ平面测量采用标称精度不低于$1''$、$1\text{ mm}+2\times10^{-6}\cdot D$的测量机器人型全站仪,通过内置的机载自动化数据采集程序伺服电机自动测量并记录。

(1)仪器检验和校正。

平面观测前,应对全站仪进行检验和校正,主要包括以下内容:

① 望远镜光学性能的检验。

② 调焦镜运行正确性的检验。

③ 照准部旋转是否正确的检验。照准部旋转轴正确，各位置气泡读数较差不应超过一格。

④ 垂直微动螺旋使用正确性的检验。

⑤ 照准部旋转时仪器底座稳定性的检验。

⑥ 水平轴倾斜误差（水平轴不垂直于垂直轴之差）的检验，DJ_1型仪器不应超过10″。

⑦ 视准轴误差（$2C$，视准轴不与水平轴正交所产生的误差）的检验，DJ_1型仪器不应超20″。

⑧ 竖盘指标差的检验，DJ_1型仪器不应超8″。

⑨ 对中器的检验和校正。对中误差不应大于1 mm。

⑩ 测距加常数及棱镜常数的检验。

（2）水平方向采用全圆方向观测法进行观测，且必须满足表2-40的规定。

表2-40　CPⅢ平面水平方向观测技术要求

控制网名称	仪器等级	测回数	半测回归零差/(″)	2C误差/(″)	不同测回同一方向2C互差/(″)	同一方向归零后方向值较差/(″)	竖盘指标差互差/(″)	测回间竖直角较差/(″)
CPⅢ平面网	0.5″	2	6	≤±20	9	6	12	6
	1″	3	6	≤±20	9	6	12	6

注：当观测方向的垂直角超过±3°的范围时，该方向2C互差按相邻测回同方向进行比较，其值应满足表中一测回内2C互差的限值。

（3）CPⅢ平面网距离测量应满足表2-41的规定。

表2-41　CPⅢ平面网距离观测技术要求

控制网名称	半测回间距离较差/mm	测回间距离较差/mm
CPⅢ平面网	±1	±1

注：距离测量一测回是全站仪盘左、盘右各测量一次的过程。

CPⅢ平面网纵横向闭合差检验结果建议满足表2-42的规定。

表2-42　CPⅢ平面网闭合差技术要求

控制网名称	横向闭合差/mm	纵向闭合差/mm
CPⅢ平面网	±2	±2

当CPⅢ平面网外业观测的水平方向、距离以及平面闭合差的观测误差不满足以上技术要求时，相应测站外业观测值应全部重测。

（4）CPⅢ平面测量采用自由测站边角交会测量的方法来施测，起闭于线下CPⅡ或线上CPⅡ控制点。

（5）CPⅢ平面网观测的自由测站间距一般为120 m，测站内观测12个CPⅢ点，全站仪前后各3对CPⅢ点，自由测站到CPⅢ点的最远观测距离不应大于180 m，每个CPⅢ点至少应保证有3个自由测站的方向和距离观测量，如图2-34所示。

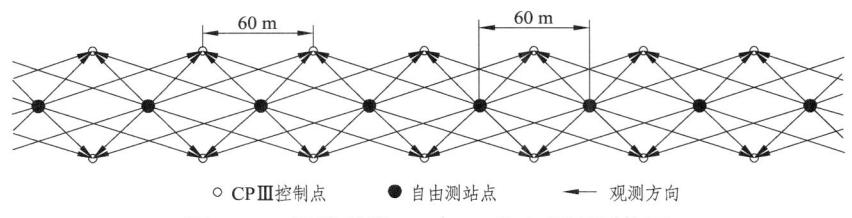

图2-34 测站观测12个CPⅢ点平面网构网

因遇施工干扰或观测条件稍差时，CPⅢ平面控制网可采用图2-35所示的构网形式，平面观测测站间距应为60 m左右，每个CPⅢ控制点应有4个方向交会。

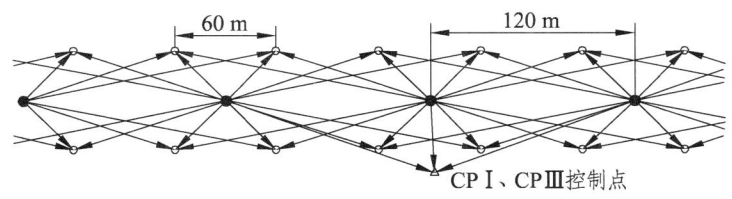

图2-35 测站间距为60 m的CPⅢ平面网构网形式

（6）CPⅢ平面网附合于线上或线下CPⅡ控制点上，每600 m左右联测一个CPⅡ点，联测时统一采用自由测站法，并在至少3个自由测站上进行联测，观测图形如图2-30所示。

（7）平面观测安排在阴天或夜晚时间内进行。夜间观测时注意视线方向不能有强光直射，且测站附近不能有震动干扰。CPⅢ观测前正确配置全站仪并输入各项参数，测量过程中严格控制数据采集质量，对不合格的观测值重新测量直至合格为止。置于CPⅢ控制点上的棱镜连接件与预埋件完全套合连接，并确保棱镜在连接件上安装到位后正对全站仪。观测人员须待棱镜正确安置后方可进行测量。测量过程中正确输入对应CPⅢ棱镜的棱镜常数。现场认真填写CPⅢ平面网自由测站的外业测量记录（表2-43），不允许事后补填。外业记录须在现场测量时记录各测站的实际情况。它是CPⅢ测量的重要原始数据，应认真填写，在每段CPⅢ测量结束后装订存档。观测时尽量避免施工干扰，棱镜内不能有任何遮挡，务必保证所有目标点都能通视，并且附近没有反光背心或其他类似的反光表面。定期对仪器设备的工作状况进行检查，避免观测出现系统误差。

表 2-43　CPⅢ测站信息

标段（测量组）段　　第　　页（共　　页）

天气：□晴　□阴　□雨　　　　　　　　□无风　□微风　□大风

仪器型号和编号：　　　／　　　测量时段：□夜间　□上午　□下午

自由测站编号		仪器高/m		温度		气压	
测量点编号	棱镜高/m	备注		测量点编号	棱镜高/m	备注	

CPⅢ点标记示意图：

←秦皇岛　　　　线路里程方向　　　　沈阳→

说明：自由测站编号、CPⅢ点编号及CPⅡ点号与位置应在该示意图上标记出来。

司镜：　　　　记录：　　　　监理：　　　　年　月　日

4. CPⅢ平面控制网的数据处理

（1）CPⅢ独立区段数据处理方法。

CPⅢ外业测量观测工作结束后，及时整理和检查外业电子记录数据。首先对 CPⅢ观测数据进行测站质量检查与弦长纵横向闭合差检核，对于误差较大的测站数据返工补测，然后采用秩亏自由网平差检核测量系统的内符合精度；自由网平差通过后，采用拟稳平差选择兼容的起算点，然后引入外部基准进行约束平差处理；在平差过程中，用多维粗差同时定位定值算法（LEGE）同时定位并且求解出粗差值的大小对观测值进行修复，再用赫尔默特（Helmert）方差分量估计方法合理地确定边、角的权比关系；另外，考虑到 CPⅢ距离观测值与 CPⅠ/CPⅡ坐标系统存在尺度不一致的问题，计算过程中对测距边长进行了两化改正。

（2）CPⅢ相邻区段之间衔接过渡数据处理方法。

CPⅢ网区段与区段之间重复观测应不少于 6 对 CPⅢ点，这些点在各自区段中的观测和平差计算，必须满足 CPⅢ网的精度要求，如图 2-36 所示。除此之外，还要满足各自区段平差后的公共点的平面坐标（X, Y）的较差应小于±3 mm 的要求；满足该条件后，后一区段 CPⅢ网平差，采用本区段联测的线上或线下 CPⅡ控制点及重叠的前一区段连续的 1~3 对 CPⅢ点作为约束点进行平差计算。测量区段之间衔接时，前后区段独立平差重叠点坐标差值不满足≤±3 mm 时认真分析原因，需再进行一次复测以便确认。

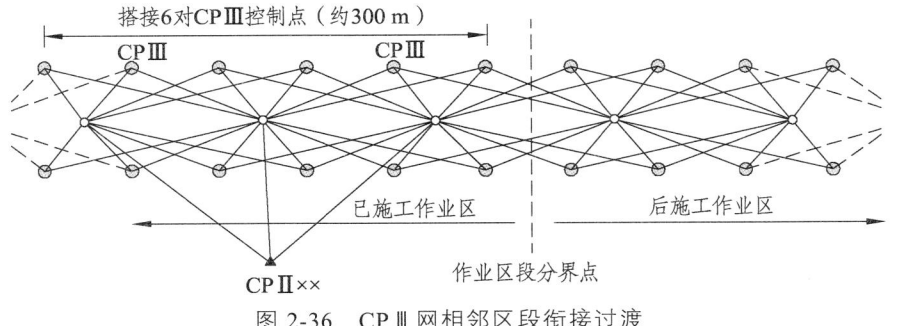

图 2-36 CPⅢ网相邻区段衔接过渡

（3）相邻投影带之间 CPⅢ 网衔接过渡数据处理方法。

进行相邻投影带衔接处 CPⅢ 平面网计算时，分别采用换带处的线上或线下 CPⅡ 控制点两个投影带的坐标进行约束平差；平差完成后，分别提交相邻投影带两套 CPⅢ 平面网的坐标成果。两套坐标成果均须满足轨道控制网的技术要求，提供两套坐标的 CPⅢ 网区段长度不小于 800 m，如图 2-37 所示。

（4）CPⅢ 平面网平差处理。

需采用经铁路主管部门鉴定合格的平差软件进行点位坐标计算，并提供验后单位权中误差、方向和边长改正数及其中误差、点位中误差、边长相对中误差、点位误差椭圆和相对点位误差椭圆等精度评定指标，精度指标必须满足表 2-44～表 2-47 的要求。

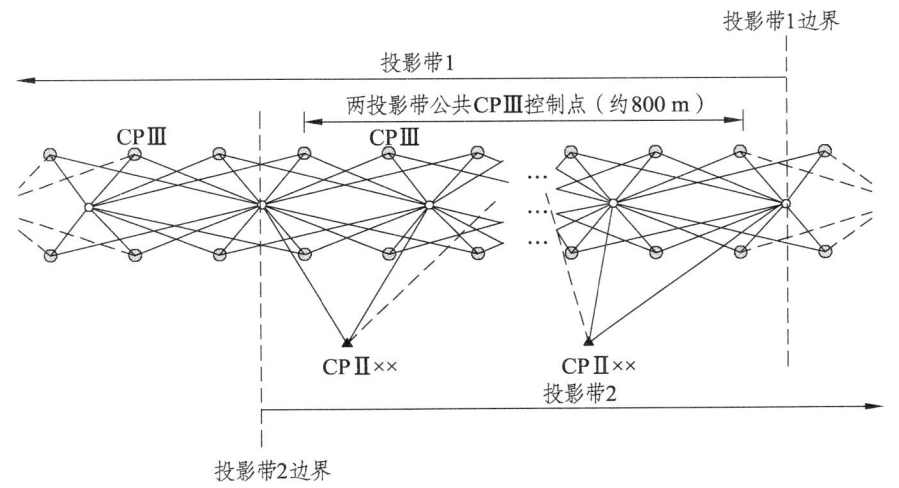

图 2-37 相邻投影带之间 CPⅢ 网的衔接过渡

表 2-44 CPⅢ 平面自由网平差后的主要技术要求

控制网名称	方向改正数/(″)	距离改正数/mm
CPⅢ 平面网	3	2

表 2-45　CPⅢ平面网约束平差后的主要技术要求

控制网名称	测量方法	方向观测中误差/(″)	距离观测中误差/mm
CPⅢ平面网	自由测站边角交会	1.8	1.0

表 2-46　CPⅢ平面网约束平差后的主要技术要求

控制网名称	与 CPⅠ、CPⅡ联测		与 CPⅢ联测		点位中误差/mm
	方向改正数/(″)	距离改正数/mm	方向改正数/(″)	距离改正数/mm	
CPⅢ平面网	4.0	4	3.0	2	2

表 2-47　CPⅢ平面网定位精度

CPⅢ控制点	同精度复测坐标较差/mm	相邻点的相对中误差/mm
自由设站边角交会	3	1

5. 相邻区段搭接

高速动车组能够安全、平稳地持续高速运行，必须依靠轨道的高平顺性，而轨道的高平顺性是直接通过高精度的轨道控制网（CPⅢ）来实现的。CPⅢ轨道控制网相邻区段之间能否实现合理平顺搭接已成为影响控制网能否达到高精度的重要因素之一，进而影响轨道的平顺性。在实际工程中，轨道控制网必须要根据施工组织计划和结构物单元划分为若干个区段，这必然存在着段落间的平顺衔接问题。因此，轨道控制网的高精度不仅指网内高相对精度以及网点的绝对位置高精度，而且应该包括网段间高精度的合理平顺衔接。目前，国内主要有两种轨道控制网的区段衔接方法：一种为现行《高速铁路工程测量规范》（TB 10601—2009）中规定的严密平差搭接，另一种为直接坐标法的余弦函数平滑搭接。

【能力训练】

一、填空题

1. CPⅢ轨道控制网是_____和_____的控制基准。

2. 高速铁路无砟轨道 CPⅢ控制网布设时，在轨道线路两侧（接触网杆、防撞墙、隧道壁）每隔_____m 布设一对 CPⅢ点，平面和高程控制点为同一标志。

3. CPⅢ点沿线路走向成对布设，每对点之间里程差要求小于____m。

二、绘图题

请绘制高速铁路平面控制网相互关系示意图。

三、工程应用

哈大客专某路基段长约 5 km 的 CPⅢ轨道控制网共布设 10 个 CPⅡ加密控

制点，布设间距约为 600 m；共布设 CPⅢ控制点 194 个，CPⅢ点沿线路方向两侧成对布设，纵向间距约为 60 m，横向间距约为 15 m。CPⅢ网施测采用自由测站边角交会法，每隔 120 m 设站观测前后各 3 对 CPⅢ控制点，每测站观测 3 测回，并将边长 300 m 范围内的 CPⅡ加密控制点纳入进行联测，以控制误差累积并将 CPⅢ网纳入统一的基准坐标系。按赫尔默特方差分量估计定权的方法进行秩亏平差和约束平差并对其精度进行评定。

任务 2.5　高程控制网测量

【任务描述】

为了确保某客运专线高程基准的长期稳定，在不良地质地段每隔 20 km 左右埋设深埋水准点或基岩桩（线路附近的国家高等级水准点满足要求时可代替深埋水准点或基岩点）。深埋水准点根据沿线地层情况，埋设至基岩或持力层。深埋水准桩位距离中线小于 1000 m，并避开了人工填土区、水域等不稳定区域。深埋水准点的编号为"SBMⅡ××"，SBMⅡ表示二等深埋水准点标识，××为序号标识。石（家庄）武（汉）客运专用线设计速度为 350 km/h，是国家南北纵向的重要客运干线。石（家庄）郑（州）段（河北省范围）SZ-3 标段，起止里程为 DK400+000 ~ DK470+248，正线全长 70.248 km，无砟轨道长 70.248 km。请依据相关规范和文件要求，编制轨道高程控制网（CPⅢ）测量技术方案。

【引入案例】

2020 年 5 月 27 日 11 时，2020 珠峰高程测量登山队 8 名攻顶队员次落、袁复栋、李富庆、普布顿珠、次仁多吉、次仁平措、次仁罗布、洛桑顿珠克服重重困难，成功从北坡登上珠穆朗玛峰峰顶，完成峰顶测量任务。

测量登山队员在峰顶树立起测量觇标，使用 GNSS 接收机通过北斗卫星进行高精度定位测量，使用雪深雷达探测仪探测了峰顶雪深，并使用重力仪进行了重力测量。上述高精度测量仪器均由我国自主研发。同时，这也是人类首次在珠峰峰顶开展重力测量，将有利于大地水准面优化，提高珠峰高程精度，并获取宝贵的科学数据。

《珠穆朗玛》第 1 集

【案例解读】

珠峰高程测量代表着时代最先进的测绘技术发展水平。本次登顶测量一波三折，但测量登山队顶住压力，展现了为国测绘、为国攀登、不屈不挠的精神。

【知识储备】

知识点1　线路水准基点控制网

1. 建立线路水准基点控制网的目的和作用

线路水准基点控制网为沿线路敷设的首级高程控制网,是高速铁路勘测设计、施工、运营监测和沉降变形监测的高程基准。

高速铁路高程控制网分两级布设:第一级为线路水准基点控制网,为高速铁路工程勘测设计、施工提供高程基准;第二级为轨道高程控制网(CPⅢ),为轨道施工、运营维护提供高程控制基准。

高速铁路高程控制测量的目的是为勘测设计、线下工程施工和轨道施工、运营维护提供高程控制基准。为满足线下工程的施工要求,需建立全线统一的高程控制基准,即线路水准基点控制网。在轨道施工和运营维护阶段,线路水准基点的密度不能满足轨道施工和运营维护的要求,因此在线路水准基点控制网基础上建立第二级永久性的CPⅢ轨道高程控制网。

2. 线路水准基点控制网的技术方法

(1)控制网基准。

控制网基准采用1985国家高程系统。

(2)网形布设。

深埋水准点是全线高程控制测量的永久性基准点,深埋水准点应考虑埋设在有委托保管条件的地点。深埋水准点一般按20~25 km间距布设,点位以距离线路中线500~1000 m为宜。在地质条件较差地区和区域沉降地区,可根据实际情况缩短布设间距。

普通线路水准点按间距不大于2 km布设,普通水准点尽量与CPⅠ、CPⅡ点共用,也可根据情况布设成墙标点,重点工程(大桥、长隧及特殊路基结构)地段应根据实际情况增设水准点,点位以距离线路中线50~300 m为宜。

(3)测量方法。

① 线路水准基点测量按照国家二等水准测量技术要求施测,对基岩水准点、深埋水准点、普通线路水准点以及隧道洞内二等水准点进行全线贯通测量。线路水准基点测量采用的软硬件设备、施测方法、测量精度、数据处理方法均应符合相应等级的规定,所采用的软硬件设备均应经过检定并在有效检定期内。

② 线路水准基点测量起闭于深埋水准点或基岩水准点,采用固定数据平差。

③ 水准测量需要跨越江河、深沟时,需要进行跨河水准测量。跨河水准测量主要采用以下两种方式:

a. 若就近有公路桥且绕行距离不是太远时,采用就近绕行的方法施测。

b. 若无法绕行或绕行距离太远,在跨越视线长度大于60 m且小于100 m的江河、深沟时,按二等水准测量方法施测,但在测站上要变换仪器高度观测两次,两次高差之差不得超过1.5 mm,取两次结果的中数作为本段高差的测量结果。

④ 线路水准测量结束后，其精度指标满足表2-48和表2-49的要求。

表2-48 水准测量的主要技术标准

水准测量等级	每千米水准测量偶然中误差 M_Δ/mm	每千米水准测量全中误差 M_W/mm	附合路线或环线周长的长度/km	
			附合路线长	环线周长
二等水准	≤1	≤2	≤400	≤750

表2-49 二等水准测量限差要求   单位：mm

水准测量等级	测段、路线往返测高差不符值		测段、路线的左右路线高差不符值	附合路线或环线闭合差		检测已测段高差之差
	平原	山区		平原	山区	
二等	$\pm 4\sqrt{K}$	$\pm 0.8\sqrt{n}$	—	$\pm 4\sqrt{L}$		$\pm 6\sqrt{R_i}$

注：① K为测段水准路线长度（km）；L为水准路线长度（km）；R_i为检测段长度（km）；n为测段水准测量站数。
② 当山区水准测量每千米测站数$n \geq 25$时，采用测站数计算高差测量限差。

（4）测量精度。

二等水准测量要求使用不低于DS_1级的数字水准仪及其配套因瓦水准尺，并配置稳定、结实的专用木质三脚架，尺垫质量为5 kg，水准测量扶尺使用配套的专用尺撑。二等水准测量作业前及作业期间按《高速铁路工程测量规范》（TB 10601—2009）中的规定进行必要的检校，并保证投入使用的仪器设备均在有效检定期内。

① 二等水准观测按往返测的形式进行，观测方法和精度必须满足表2-50和表2-51的规定。

表2-50 二等水准测量观测方法

等级	观测方式		观测顺序
	已知点联测	附合	
二等水准	往返	往返	奇数站：后—前—前—后
			偶数站：前—后—后—前

注：对光学水准仪，返测时奇、偶站标尺的顺序分别与往测偶、奇测站相同。

表2-51 二等水准观测主要技术要求

等级	水准仪最低型号	水准尺类型	视距	前后视距差	测段的前后视距累积差	视线高度	数字水准仪重复测量次数
			数字	数字	数字	数字	
二等	DS_1	因瓦	≥3且≤50	≤1.5	≤6.0	≤2.8且≥0.55	≥2

② 在观测数据存储之前，必须对观测数据做各项限差检验。检验不合格时，

对不合格测段整体重测，至合格为止。

③ 测段往返测高差不符值超限，应先就可靠程度较低的往测或返测进行整测段重测。

④ 区段、路线往返测高差不符值超限时，就往返测高差不符值与区段（路线）不符值同符号中较大的测段进行重测；若重测后仍超出限差，则须重测其他测段。

⑤ 附合路线和环线闭合差超限时，就路线上可靠性较低（往返测高差不符值较大或观测条件较差）的某些测段进行重测；若重测后仍超出限差，则须重测其他测段。

⑥ 每千米水准测量的偶然中误差、全中误差超限时，分析原因，重测有关测段或路线。

（5）数据处理方法。

① 水准测量外业工作结束后，应首先进行观测数据质量检核。检核的内容主要包括：测站数据质量、水准路线数据质量、往返测高差较差及附合路线闭合差。上述数据质量全部合格后，方可进行平差计算。水准测量质量检核限差参考表 2-48 ~ 表 2-51。

② 每条水准路线还应按测段往返测高差不符值计算每千米水准测量偶然中误差 M_Δ，M_Δ 的计算方法和限差应符合表 2-48 的规定，否则应对存在较大闭合差的路线进行重测。

③ 平差计算所采用的高差还应进行水准标尺长度、水准标尺温度、正常水准面不平行、重力异常项的计算改正。

④ 待上述各项指标满足二等水准的要求后，对原测高差进行水准标尺长度改正、水准标尺温度改正、正常水准面不平行项的计算改正，然后以深埋水准点或基岩水准点为起算点，进行整体严密平差计算，并提供各点的高程和高差中误差、测段高差改正数等精度指标。

3. 线路水准基点控制网的施测

（1）点位选择。

控制点应选在土质坚实、安全僻静、观测方便、稳定可靠和利于长期保存的地方，深埋水准点需埋设在线路附近有保护条件的地方，深埋水准点应尽量利用国家或其他测绘单位埋设的稳定深埋水准点，普通水准点尽量与 CPⅠ、CPⅡ共用。

（2）点位埋设。

深埋水准点根据地质资料埋设在不同深度的粉细砂土质或基岩上，使用钢管材料制作标体和不锈钢材料制作标心，上部用预制件砌保护井对控制桩进行保护。普通水准点和CPⅠ、CPⅡ共用时，全部采用CPⅠ标石的埋设规格，并至少埋设至当地冻土线0.3 m以下。

普通水准点标石一般情况下采用混凝土预制桩，也可采用现浇桩。预制桩的埋石方法与规格需符合图 2-38 的要求，并需要做护井和盖板。水准基点墙脚标石埋设规格应符合图 2-39 的规定。深埋水准点规格及埋设应符合图 2-40 的规定。

（3）外业施测。

为规范观测作业，测量过程中严格按照如下作业要求执行：

① 作业前和作业期间需对仪器设备进行检查，包括：作业前及作业过程中检查 i 角均应不超过 15″；当水准尺垂直时，水准尺的圆水准气泡应居中；水准尺无弯曲、磨损等。

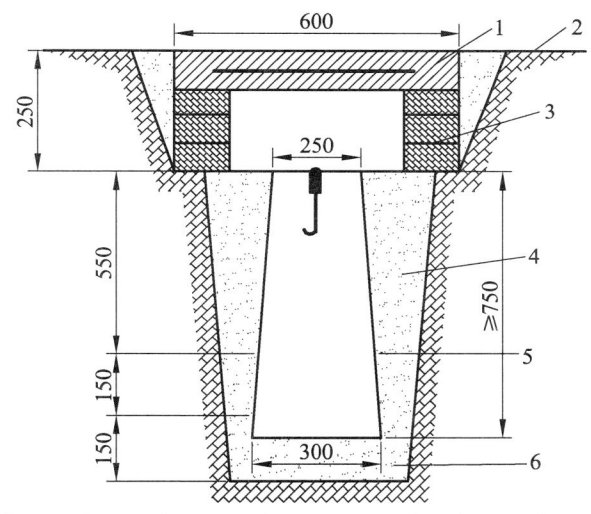

1—盖；2—砖；3—素土；4—贫混凝土；5—冻土线；6—贫混凝土。

图 2-38　普通水准点标石埋设（单位：mm）

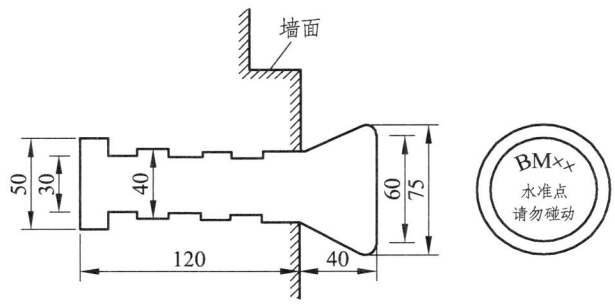

图 2-39　墙脚水准基点标石埋设（单位：mm）

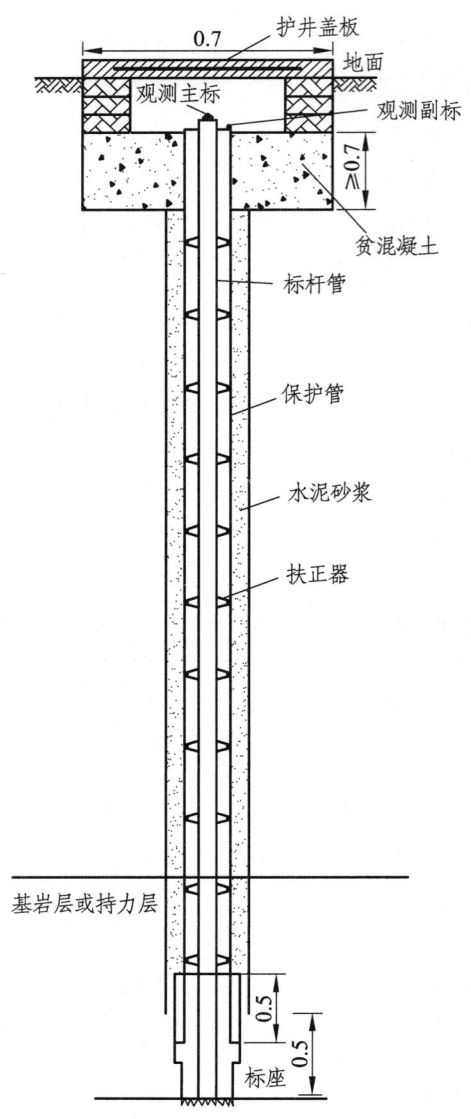

图2-40 深埋水准点规格及埋设（单位：m）

注：深埋水准点埋设深度应至少达到稳定的持力层。

② 水准观测前，需对数字水准仪按如下要求进行配置：

仪器设置主要有：测量的高程单位和记录到内存的单位为米（m）；最小显示位为 0.000 01 m；设置日期格式为实时年、月、日；设置日期格式为实时24小时制。

测站限差参数设置：视距限差的高端和低端、视线高限差的高端和低端、前后视距差限差、前后视距差累积限差、两次读数高差之差限差。

作业设置：建立作业文件；建立测段名；选择测量模式为"aBFFB"；输入起始点参考高程；输入点号（点号）；输入其他测段信息。

水准观测限差设置：按表 2-40 和表 2-41（视线高度按 3 m 水准尺设置）进行设置。

③ 测站观测顺序：

往、返测奇数测站照准标尺分划顺序为：后视标尺→前视标尺→前视标尺→后视标尺；

往、返测偶数测站照准标尺分划顺序为：前视标尺→后视标尺→后视标尺→前视标尺。

④ 测站操作程序如下（以奇数站为例）：

a. 将仪器整平（望远镜绕垂直轴旋转，圆气泡始终位于指标环中央）。

b. 将望远镜对准后视标尺（此时应将标尺圆水准器整置于垂直位置），用垂直丝照准条码中央，精确调焦至条码影像清晰，按测量键。

c. 显示读数后，旋转望远镜照准前视标尺条码中央，精确调焦至条码影像清晰，按测量键。

d. 显示读数后，重新照准前视标尺，按测量键。

e. 显示读数后，旋转望远镜照准后视标尺条码中央，精确调焦至条码影像清晰，按测量键。

f. 显示测站成果，测站检核合格后迁站。

⑤ 观测时应遵守以下事项：

a. 观测前 30 min，将仪器置于露天阴影下，使仪器与外界气温趋于一致；设站时，应用测伞遮蔽阳光；迁站时，应罩以仪器罩。使用数字水准仪前，还应进行预热，预热不少于 20 次单次测量。

b. 对于自动安平水准仪的圆水准器，应严格置平。

c. 在连续各测站上安置水准仪的三脚架时，应使其中两脚与水准路线的方向平行，而第三脚轮换置于路线方向的左侧与右侧。

d. 水准尺须采用辅助支撑安置，测量转点应安置尺垫，尺垫选择坚实的地方并踩实，以防尺垫下沉（尺垫质量为 5 kg）。

e. 每一测段的往测与返测，其测站数应为偶数。由往测转为返测时，两支标尺应互换位置，并应重新整置仪器。

f. 应避免望远镜直接对着太阳；仪器只能在厂方规定的温度范围内工作；确信振动源造成的振动消失后，才能启动测量键。

g. 观测需要间歇时，最好在水准点上结束；否则应在最后一站选择两个坚稳可靠、光滑突出、便于放置标尺的固定点作为间歇点。

h. 间歇后应对间歇点进行检测，比较任意两尺承点间歇前后所测高差，若符合限差要求，即可由此起测；若超过限差，可变动仪器高再检测一次，如仍超限，则应从前一水准点起测。

i. 测站观测误差超限，在本站发现后可立即重测，若迁站后才检查发现，则应从水准点或间歇点（应检测符合限差）起始，重新观测。

j. 水准线路采用往返观测，并沿同一路线进行，往返观测在一日的不同时间段进行。

⑥ 观测时间与气象条件的选择。

水准观测应在标尺分划成像清晰而稳定时进行。下列情况下不应进行观测：

a. 日出与日落前 30 min 内。

b. 太阳中天前后各约 2 h 内（可根据地区、季节和气象情况，适当增减，最短间歇时间不少于 2 h）。

c. 标尺分划线的影像跳动剧烈时。

d. 气温突变时。

e. 风力过大而使标尺与仪器不能稳定时。

4. 线路水准基点控制网的数据处理

（1）数据预处理。

测段往返测高差不符值超限时，应先就可靠程度较低的往测或返测进行整测段重测，并按下列原则取舍：

① 若重测的高差与同方向原测高差的不符值超过往返测高差不符值的限差，但与另一单程高差的不符值不超出限差，则取用重测结果。

② 若同方向两高差不符值未超出限差，且其中数与另一单程高差的不符值亦不超出限差，则取同方向中数作为该单程的高差。

③ 若①款中的重测高差（或②款中两同方向高差中数）与另一单程的高差不符值超出限差，须重测另一单程。

④ 当超限测段经过两次或多次重测后，出现同向观测结果靠近而异向观测结果间不符值超限的分群现象时，如果同方向高差不符值小于限差之半，则取原测的往返高差中数作为往测结果，取重测的往返高差中数作为返测结果。

测段重测与原测时间超过 3 个月，且重测高差与原测高差之差超过检测限差时，须按规定进行测段两端点可靠性的检测。

（2）水准平差模型。

水准平差采用间接平差，下面介绍间接平差模型。

在附有限制条件的间接平差模型中，如果所设的参数 u 正好等于必要观测数 t，即 $u=t$，此时，非独立参数的个数为 $s=u-t=0$，参数之间不存在限制条件。则函数模型为：

$$L = F(\hat{X}) \tag{2-14}$$

随机模型为：

$$D = \sigma_0 Q = \sigma_0^2 P^{-1} \tag{2-15}$$

相应的误差方程为：

$$V = B\hat{x} - l \tag{2-16}$$

式中：$l = L - F(X^0)$

法方程及解为:

$$N_{BB}\hat{x} - B^{\mathrm{T}}Pl = 0 \quad (2\text{-}17)$$

$$\left.\begin{array}{l}\hat{x} = N_{BB}^{-1}B^{\mathrm{T}}Pl \\ V = B\hat{x} - l \\ \hat{X} = X^0 + \hat{x} \\ \hat{L} = L + V\end{array}\right\}$$

（3）精度评定。

单位权方差估值为

$$\hat{\sigma}_0^2 = \frac{V^{\mathrm{T}}PV}{r} = \frac{V^{\mathrm{T}}PV}{n-t} \quad (2\text{-}18)$$

协因数阵的计算公式列于表 2-52。

表 2-52 间接平差中的协因数阵

因数	L	$\hat{X}$	V	$\hat{L}$
L	Q	BN_{BB}^{-1}	$BN_{BB}^{-1}B^{\mathrm{T}} - Q$	$BN_{BB}^{-1}B^{\mathrm{T}}$
$\hat{X}$	$N_{BB}^{-1}B^{\mathrm{T}}$	N_{BB}^{-1}	0	$N_{BB}^{-1}B^{\mathrm{T}}$
V	$BN_{BB}^{-1}B^{\mathrm{T}} - Q$	0	$Q - BN_{BB}^{-1}B^{\mathrm{T}}$	0
$\hat{L}$	$BN_{BB}^{-1}B^{\mathrm{T}}$	BN_{BB}^{-1}	0	$BN_{BB}^{-1}B^{\mathrm{T}}$

5. 线路水准基点稳定性检验方法

水准基点稳定性检验通常采用平均间隙法，该方法利用两期监测数据平差求得的高程或坐标值差即间隙差来进行点位稳定性检验。间隙差 d 既包含了测量误差又包含了位移量，通过确定 d 主要是由测量误差引起还是由点位变动引起，从而判定工作基点的稳定性。检验过程包括：①对两期观测的单位权中误差 $\hat{\sigma}_{01}^2$、$\hat{\sigma}_{02}^2$ 进行检验，以判定两期观测值是否来源于同一母体；②对所有工作基点的稳定性进行检验，检验其中是否存在不稳定点，若存在不稳定点，再进行局部检验，查出哪些是不稳定点。

（1）单位权方差 $\hat{\sigma}_{01}^2$ 与 $\hat{\sigma}_{02}^2$ 的同一性检验。

根据各期平差计算出来的改正数可以计算出两期的单位权方差 $\hat{\sigma}_{01}^2$ 和 $\hat{\sigma}_{02}^2$，已知残差带权平方和 $V_i^{\mathrm{T}}P_iV_i$（i 表示观测数据期号）除以单位权方差 σ_i^2 服从 χ^2 分布，即

$$\frac{V_1^{\mathrm{T}}P_1V_1}{\sigma_1^2} \sim \chi^2(r), \quad \frac{V_2^{\mathrm{T}}P_2V_2}{\sigma_2^2} \sim \chi^2(r) \quad (2\text{-}19)$$

显然两个 χ^2 变量是独立的，式（2-19）中 r 表示自由度，故可以构造一个 F 统计量：

$$F = \frac{\dfrac{V_1^\mathrm{T} P_1 V_1}{\sigma_1^2}/r}{\dfrac{V_2^\mathrm{T} P_2 V_2}{\sigma_2^2}/r} = \frac{\hat{\sigma}_{01}^2 \sigma_2^2}{\hat{\sigma}_{02}^2 \sigma_1^2} \sim F(r,r) \quad (2\text{-}20)$$

在构造统计量 F 时，取 $\hat{\sigma}_{01}^2$ 和 $\hat{\sigma}_{02}^2$ 中的大者置于分子，这里假设 $\hat{\sigma}_{01}^2 > \hat{\sigma}_{02}^2$，再对方差比进行如下假设检验 $H_0: \sigma_1^2 = \sigma_2^2$；$H_1: \sigma_1^2 \neq \sigma_2^2$。由于 $\hat{\sigma}_{01}^2 > \hat{\sigma}_{02}^2$，不必考虑尾数的拒绝域。在这种情况下，给定显著水平 α（一般取 $\alpha=0.05$），则

$$p\left\{\frac{\hat{\sigma}_{01}^2}{\hat{\sigma}_{02}^2} < F_\alpha(r,r)\right\} = 1-\alpha \quad (2\text{-}21)$$

当 $\hat{\sigma}_{01}^2 / \hat{\sigma}_{02}^2 < F_\alpha(r,r)$ 时，接受 H_0，否则拒绝 H_0。若接受原假设，则认为 $\hat{\sigma}_{01}^2$ 与 $\hat{\sigma}_{02}^2$ 无显著差异，即网中所有的水准点都是稳定的，可用式（2-22）计算两期观测的单位权方差：

$$\hat{\sigma}_0^2 = \frac{V_1^\mathrm{T} P_1 V_1 + V_2^\mathrm{T} P_2 V_2}{2r} \quad (2\text{-}22)$$

（2）整体检查。

对于所有的工作基点，如果在两期观测中，这些点都是稳定的，则间隙差 d 可看作对点位的两次独立的观测之差，其协因数阵为：

$$Q_d = Q_{\hat{X}\mathrm{I}} + Q_{\hat{X}\mathrm{II}} = 2Q_{\hat{X}} \quad (2\text{-}23)$$

由间隙差 d 可按式（2-24）计算单位权方差

$$\hat{\sigma}_d^2 = \frac{d^\mathrm{T} P_d d}{t} \quad (2\text{-}24)$$

式中：$P_d = Q_d^{-1} = Q_{\hat{X}}^{-1}/2 = N/2$，$t$ 为未知数个数。而由式（2-22）计算的 $\hat{\sigma}_0^2$ 和由式（2-24）计算的 $\hat{\sigma}_d^2$ 都是来自同一正态总体的方差 σ_0^2 的无偏差计量，且 $\dfrac{V_1^\mathrm{T} P_1 V_1 + V_2^\mathrm{T} P_2 V_2}{\sigma_0^2}$ 与 $\dfrac{d^\mathrm{T} P_d d}{\sigma_0^2}$ 分别为 $\chi^2(2r)$ 与 $\chi^2(t)$ 的变量，它们相互独立。故可作统计量

$$F = \frac{\dfrac{d^\mathrm{T} P_d d}{\sigma_0^2}/t}{\dfrac{V_1^\mathrm{T} P_1 V_1 + V_2^\mathrm{T} P_2 V_2}{\sigma_0^2}/2r} = \frac{\hat{\sigma}_d^2}{\hat{\sigma}_0^2} \sim F(t,2r) \quad (2\text{-}25)$$

计算的 F 值，与根据显著水平 α 和自由度 $(t, 2r)$ 查 F 分布表得到的分位值进行比较，若 $F < F_\alpha(t,2r)$ 则接受原假设，即网中所有水准点都是稳定的；反之，则拒绝原假设，即网中存在不稳定点。

(3) 局部检查。

若经检验后网中存在不稳定的工作基点，就要进一步找出这些不稳定点。为此，可将水准点划分为稳定点组 F 和动点组 M，由于 F 与 M 之间具有相关性，$\boldsymbol{P}_{MF} = \boldsymbol{P}_{FM}^{\mathrm{T}} \neq \boldsymbol{0}$，$d_F$ 及 d_M 为相关观测值，故必须将其变换为独立观测值。

设 $\boldsymbol{d} = \begin{bmatrix} d_F \\ d_M \end{bmatrix}$，$\boldsymbol{P}_d = \begin{bmatrix} p_F & p_{FM} \\ p_{MF} & p_M \end{bmatrix}$。

令
$$\bar{\boldsymbol{d}} = \boldsymbol{G}\boldsymbol{d} \tag{2-26}$$

式中 $\boldsymbol{G} = \begin{bmatrix} \mathrm{I}_F & 0 \\ p_M^{-1} p_{MF} & \mathrm{I}_M \end{bmatrix}$，则 $\boldsymbol{G}^{-1} = \begin{bmatrix} \mathrm{I}_F & 0 \\ -p_M^{-1} p_{MF} & \mathrm{I}_M \end{bmatrix}$。

展开式（2-26）得
$$\begin{cases} \bar{d}_F = d_F \\ \bar{d}_M = d_M + p_M^{-1} p_{MF} d_F \end{cases} \tag{2-27}$$

而 $\boldsymbol{d}^{\mathrm{T}} \boldsymbol{P}_d \boldsymbol{d} = \bar{\boldsymbol{d}}^{\mathrm{T}} (\boldsymbol{G}^{-1})^{\mathrm{T}} \boldsymbol{P}_d \boldsymbol{G}^{-1} \bar{\boldsymbol{d}}$。

经计算，其中 $(\boldsymbol{G}^{-1})^{\mathrm{T}} \boldsymbol{P}_d \boldsymbol{G}^{-1} = \begin{bmatrix} \bar{p}_F & 0 \\ 0 & p_M \end{bmatrix}$。于是得

$$\boldsymbol{d}^{\mathrm{T}} \boldsymbol{P}_d \boldsymbol{d} = d_F^{\mathrm{T}} \bar{p}_F d_F + \bar{d}_M^{\mathrm{T}} p_M \bar{d}_M \tag{2-28}$$

在变形分析时，轮流把网中各点当作动点（一次取一个动点，计算 $\bar{d}_M^{\mathrm{T}} p_M \bar{d}_M$），再取 $\max(\bar{d}_M^{\mathrm{T}} p_M \bar{d}_M)$，对应点即为动点。删去动点后，组成稳定点组的方差

$$\sigma_{0F}^2 = d_F^{\mathrm{T}} \bar{p}_F d_F / n_F \tag{2-29}$$

式中 n_F 为 F 组的点数减 1。再按与式（2-20）类似的方法构成统计量

$$F = \frac{\sigma_{0F}^2}{\hat{\sigma}_0^2} \sim F(n_F, r) \tag{2-30}$$

对稳定点组继续进行检验，若 H_0 再次被拒绝，则对 F 点组重复上述检验步骤，直至 H_0 被接受为止。最后剩下的点即为稳定点。

(4) 单点检验。

除采用上述检验方法外，还可以采用 3 倍中误差法对单点进行检验，即若

$$d_i > 3 m_{d_i} = 3 \hat{\sigma}_0 \sqrt{Q_{d_i}} = 3 \hat{\sigma}_0 \sqrt{2 Q_{\hat{x}_i}} \tag{2-31}$$

就可初步判定此点不稳定，$Q_{\hat{x}_i}$ 可从任意一期平差所得 $\boldsymbol{Q}_{\hat{x}}$ 阵中查取。但此方法是近似的，对粗略确定点位的稳定性是有意义的。对单点检验较好的方法是 t 检验法，其方法如下：作零假设，令 H_0: $E(d_i) = 0$，若假设成立，则 $d_i \sim \mathrm{N}(0, \sigma_0^2 Q_{d_i})$，标准化后 $\dfrac{d_i}{\sigma_0 \sqrt{Q_{d_i}}} \sim \mathrm{N}(0,1)$，故可构造统计量

$$t = \frac{d_i / \left(\sigma_0 \sqrt{Q_{d_i}}\right)}{\sqrt{\dfrac{V_1^T P_1 V_1 + V_2^T P_2 V_2}{\sigma_0}/2r}} = \frac{d_i}{\hat{\sigma}_0 \sqrt{Q_{d_i}}} = \frac{d_i}{m_{d_i}} \sim t(2r) \tag{2-32}$$

给定显著水平 α，查出 $t(2r)$ 分布的双侧百分位点 $t_{\alpha/2}(2r)$。若由上式计算出来的 $t > t_{\alpha/2}(2r)$，则拒绝 H_0，判断该点为动点；反之则接受 H_0，认为该点是稳定的。

知识点 2　轨道高程控制网（CPⅢ）

1. 建立 CPⅢ 高程控制网的技术方法

CPⅢ 高程网的施测方法是将 CPⅢ 高程控制点纳入国家高程基准中，确定 CPⅢ 高程控制点在 1985 国家高程基准中的绝对高程，并评定其测量质量、精度和可靠性。

由于 CPⅢ 控制网是一个三维控制网，施工使用时平面和高程同时使用，因此 CPⅢ 高程网也需满足轨道平顺性的精度要求。例如：水准测量等级按低于二等、高于三等的精密水准测量等级施测；相邻 4 个 CPⅢ 点构成的水准闭合环进行环闭合差检核，相邻 CPⅢ 点的水准环闭合差不超过 ±1 mm；严密平差后相邻 CPⅢ 点高差中误差不大于 0.5 mm。

（1）方法一：几何水准测量方法。

CPⅢ 高程控制网的测量模式主要有两种：德国测量方法和矩形法。德国测量方法 CPⅢ 控制点高程的水准测量采用图 2-41 和图 2-42 所示的水准路线形式。测量时，往测以轨道一侧的 CPⅢ 控制点为主线贯通水准测量，另一侧的 CPⅢ 控制点在进行贯通水准测量摆站时就近进行中视观测；返测以另一侧的 CPⅢ 控制点为主线贯通水准测量，对侧的控制点在摆站时就近进行中视观测。观测所形成的闭合环如图 2-43 所示。

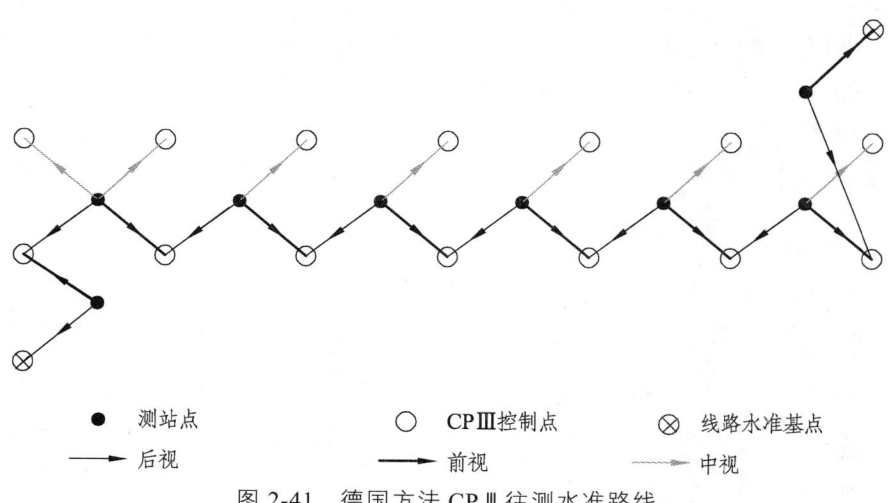

图 2-41　德国方法 CPⅢ 往测水准路线

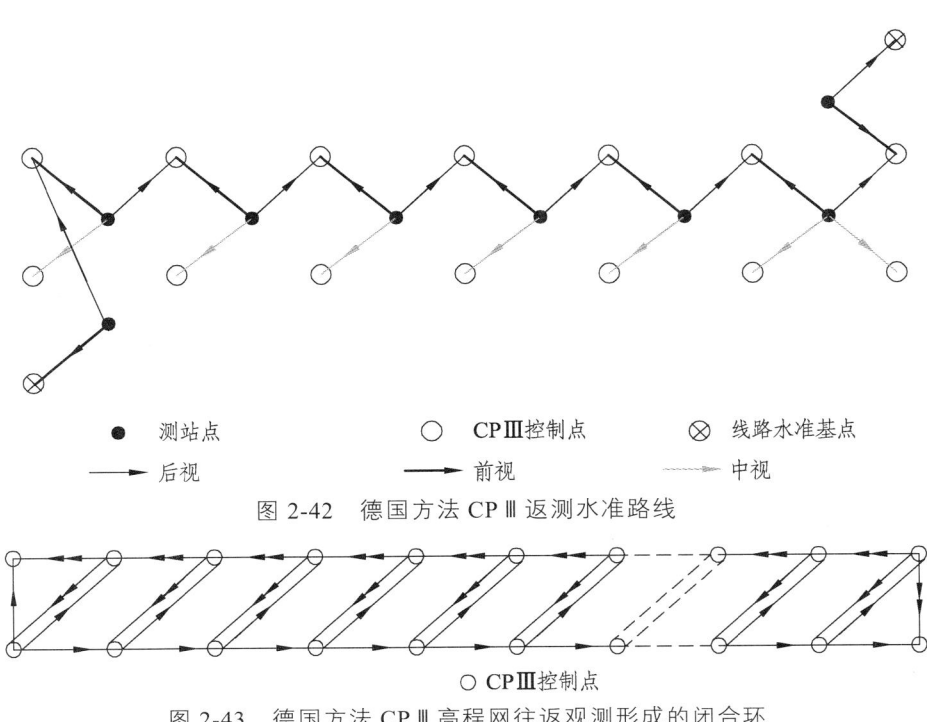

● 测站点　　○ CPⅢ控制点　　⊗ 线路水准基点
→ 后视　　→ 前视　　→ 中视

图 2-42　德国方法 CPⅢ 返测水准路线

○ CPⅢ控制点

图 2-43　德国方法 CPⅢ 高程网往返观测形成的闭合环

矩形法测量方法　CPⅢ控制点高程的水准测量采用图 2-44 所示的水准路线形式。测量时，左边第一个闭合环的 4 个高差应该由两个测站完成，其他闭合环的 3 个高差可由一个测站按照后—前—前—后或前—后—后—前的顺序进行单程观测。单程观测所形成的闭合环如图 2-45 所示。

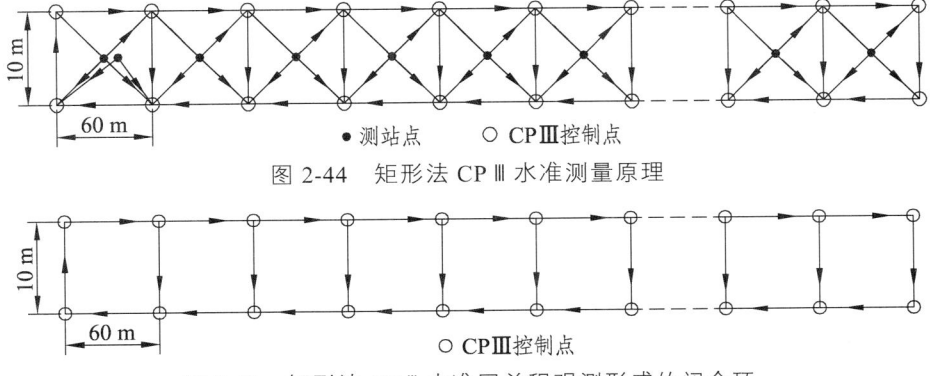

● 测站点　　○ CPⅢ控制点

图 2-44　矩形法 CPⅢ 水准测量原理

○ CPⅢ控制点

图 2-45　矩形法 CPⅢ 水准网单程观测形成的闭合环

由图 2-43 和图 2-45 可以看出：德国测量方法和矩形法这两种测量模式每 3 个或 4 个相邻 CPⅢ 点均可构成一个独立且不相关的闭合环，相邻环之间存在往返观测高差，具有闭合差和往返观测检核条件，增强了高程控制网的可靠性；相邻控制点之间均有直接高差相连，确保了各 CPⅢ 点之间的相对精度满足轨道平顺性的要求。在我国目前的高速铁路建设中，这两种方法均可采用，由于矩形法只需进行单程观测，因此采用矩形法水准路线形式的较多。

（2）方法二：自由测站三角高程测量方法。

为了提高高速铁路 CPⅢ 轨道控制网的建网效率和精度，也可采用与平面控制网同步测量、基于差分法构建 CPⅢ 自由测站三角高程网的方法来达到代替 CPⅢ 精密水准测量的目的。其基本原理为：对 CPⅢ 平面测量中形成的三角高差采用三角高程中间法按矩形环网的形式进行合并，采用测站点到各 CPⅢ 点间的高差，进一步计算出相邻 CPⅢ 点间的高差，然后组成 CPⅢ 三角高程网，再根据间接高差与直接观测量的误差传播关系进行定权，依据观测值及其权重建立数学模型，通过间接平差方法计算精确的 CPⅢ 控制点高程。根据一个自由测站的观测值，计算的相邻 CPⅢ 点间的三角高差有 16 个（图 2-46），多个自由测站形成的 CPⅢ 三角高程网络拓扑如图 2-47 所示。

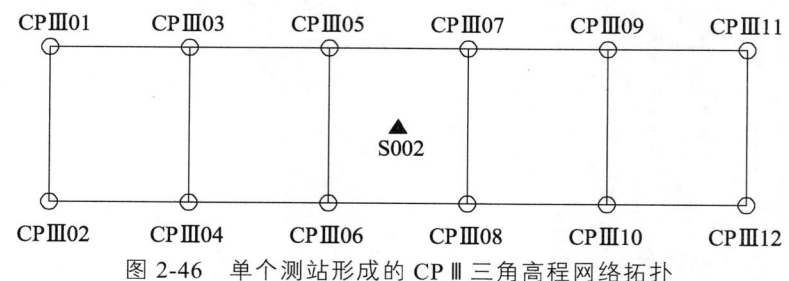

图 2-46　单个测站形成的 CPⅢ 三角高程网络拓扑

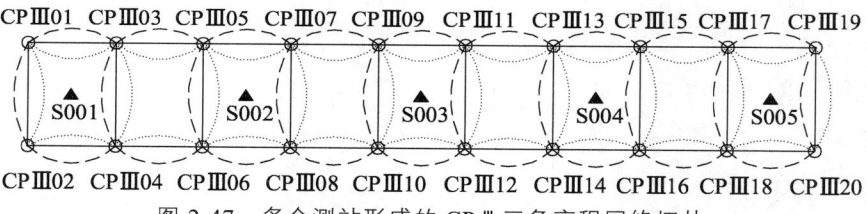

图 2-47　多个测站形成的 CPⅢ 三角高程网络拓扑

2. CPⅢ 高程控制网的数据处理方法及精度

（1）CPⅢ 精密水准网独立区段数据处理方法。

水准测量外业工作结束后，对测站数据质量、水准路线数据质量、往返测高差较差及附合路线闭合差等指标按表 2-53、表 2-54 的要求进行质量检核，并计算每千米水准测量的高差偶然中误差 M_Δ。当 CPⅢ 水准网的闭合环数超过 20 个时还要进行每千米水准测量的高差全中误差 M_W 的计算。M_Δ 和 M_W 的计算方法和限差应符合表 2-53 的规定，否则应对存在较大闭合差的路线进行重测。外业观测数据全部合格后，将联测的稳定线路水准基点或线上水准加密点的高程作为固定数据进行严密平差计算，并提供各点的高程和高差中误差、测段高差改正数等精度指标。

表 2-53　精密水准测量的主要技术标准

水准测量等级	每千米水准测量偶然中误差 M_Δ/mm	每千米水准测量全中误差 M_W/mm	附合路线或环线周长的长度/km	
			附合路线长	环线周长
精密水准	≤2	≤4	≤3	—

表 2-54　精密水准测量限差要求　　　　　　　　　单位：mm

水准测量等级	测段、路线往返测高差不符值	测段、路线的左右路线高差不符值	附合路线或环线闭合差	检测已测段高差之差
精密水准	$\pm 8\sqrt{K}$	$\pm 6\sqrt{K}$	$\pm 8\sqrt{L}$	$\pm 8\sqrt{R_i}$

注：K 为测段水准路线长度（km）；L 为水准路线长度（km）；R_i 为检测段长度（km）。

（2）CPⅢ精密水准网相邻区段之间衔接过渡数据处理方法。

CPⅢ精密水准网区段与区段之间重复观测应不少于 6 对 CPⅢ点，这些点在各自区段中的观测和平差计算，必须满足 CPⅢ网的精度要求。除此之外，还要满足各自区段平差后公共点的高程值较差应小于 ±3 mm 的要求；满足该条件后，后一区段 CPⅢ网平差，采用本区段联测的线路水准点及重叠段前一区段连续 1~2 对 CPⅢ点高程成果进行约束平差。

测量区段之间衔接时，若前后区段独立平差重叠点坐标差值不满足 ≤±3 mm，则要认真分析并查明原因。

【能力训练】

一、填空题

1. 线路水准基点控制网为沿线路敷设的_____高程控制网，是高速铁路_____、_____、_____和_____的高程基准。

2. 高速铁路高程控制网分两级布设，第一级是_____，第二级是_____。

3. 高速铁路高程控制测量的目的是为_____、_____和_____、_____提供高程控制基准。

4. 线路水准基点控制网基准采用_____国家高程系统。

5. 深埋水准点一般按_____km 间距布设，点位距离线路中线_____m 为宜。

6. 普通线路水准点按间距不大于_____km 布设，点位距离线路中线_____m 为宜。

7. 线路水准基点测量按照_____技术要求施测。

8. CPⅢ高程网的施测方法是将 CPⅢ高程控制点纳入_____中，确定 CPⅢ高程控制点在 1985 国家高程基准中的绝对高程，并评定其测量质量、精度和可靠性。

9. CPⅢ高程控制网的测量模式主要有两种：_____和_____。

10. 矩形法的观测顺序是：奇数站按照_____，偶数站按照_____的顺序进行单程观测。

11. 为保证基准点（GRP）高程测量的精度，GRP 高程测量应采取高精度_____和一把配套条码_____施测，施测时采用附合水准路线和中视法支水准测量路线相结合的方法进行。

二、选择题

1. CPⅢ的各项精度指标应满足规范规定的测量精度，即（　　）。
   A. 角度测量精度≤±2″，距离测量精度≤±1 mm+2 mm/km
   B. 角度测量精度≤±0.5″，距离测量精度≤±2 mm+2 mm/km
   C. 角度测量精度≤±1″，距离测量精度≤±1 mm+2 mm/km

2. 基准点之间的相对精度应满足（　　）。
   A. 平面为 0.2 mm，高程为 0.1 mm
   B. 平面为 0.1 mm，高程为 0.2 mm
   C. 平面为 0.2 mm，高程为 0.2 mm

3. 基准点的平面位置允许偏差为（　　）。
   A. ±5 mm　　　　　　　B. ±10 mm　　　　　　　C. ±15 mm

4. CPⅢ控制点埋设在桥梁固定支座端上方防护墙顶端，布置间距为（　　）m 左右一对，且不大于 80 m。
   A. 60　　　　　　　　　B. 70　　　　　　　　　C. 80

三、绘图题

请绘制矩形法 CPⅢ 水准网单程观测形成的闭合环示意图。

四、工程应用

以西宝客专桥梁地段长约 26 km 的 CPⅢ实测数据构建 CPⅢ自由测站三角高程网进行算例分析，对 CPⅢ三角高程网与对应水准测量之间的相邻点间三角高差与水准高差、三角高程与水准高程进行比较和统计分析。请完成表 2-55、表 2-56 中的数据。

表 2-55　CPⅢ三角高程网与相应的水准网高差的差异情况

高差较差区间/mm	0.0~0.2	0.2~0.4	0.4~0.6	0.6~0.8	0.8~1.4	1.4~3.0
高差数	546	363	204	85	50	4
百分比/%	43.61	28.99	16.29	6.79	3.99	0.32
高差累积数						
累积数百分比/%						

表 2-56　CPⅢ三角高程与相应的水准高程的差异情况

高程较差区间/mm	0.0~0.2	0.2~0.4	0.4~0.6	0.6~0.8	0.8~1.4	1.4~3.0
CPⅢ点数	251	175	128	78	159	53
百分比/%	29.74	20.73	15.17	9.24	18.84	6.28
CPⅢ点累积数						
累积数百分比/%						

项目 3 高速铁路线下工程测量

学习目标

1. 知识目标

（1）掌握高速铁路线下工程测量的基本原则。
（2）掌握路基工程测量的内容、方法及技术要求。
（3）掌握桥梁工程测量的内容、方法及技术要求。
（4）掌握隧道工程测量的内容、方法及技术要求。

2. 能力目标

（1）能根据路基工程实际进行路基线路测量及施工测量。
（2）能根据桥梁工程实际进行桥梁控制测量及施工测量。
（3）能根据隧道工程实际进行隧道洞内外控制测量及施工测量。

3. 素养目标

（1）培养学生科技报国的使命担当，树立其真诚服务的工程伦理意识。
（2）培养学生献身祖国的家国情怀，树立其严谨求实的工匠精神。

知识链接

高速铁路的列车运行速度一般都在 200 km/h 以上。为满足列车的高速运行，对高速铁路线下工程的质量提出了比较高的要求。所谓线下工程，具体指轨道下方的铁路土建部分（含轨道板），即路基、桥涵、隧道。线下工程是整个高速铁路工程建设的基础，其施工质量高低与施工方法及工艺、线路平面和高程控制网的精度、施工过程中的测量和放样精度等密切相关。线下工程的质量达到要求，线形平顺，则列车的高速行驶更有保障。

任务 3.1 路基工程测量

【任务描述】

银西高铁 DK424+132.540 ~ DK489+407.409 位于甘肃省庆阳市环县至宁夏

回族自治区吴忠市，正线长度为 65.195 km，其中路基长度为 45.036 km。本标段路基基床以下填方 137 万立方米，路堤边坡坡度为 1∶1.5，在施工时首要进行全区的地形图测量，确定土方量，然后根据设计标高进行填挖方。请根据相关技术要求，编制路基中线放样及设计标高测量方案。

【引入案例】

商杭客运专线是一条连接河南省商丘市、安徽省合肥市与浙江省杭州市的高速铁路，有"华东第二通道"之称，其建成通车实现了河南、安徽、浙江三个省份交通动脉的"无缝对接"，突出了交通建设的东向主导方向，使中部地区与"泛长三角区域"的互动和合作变得更为畅通。

商合杭高速铁路

【案例解读】

商合杭高速铁路商丘至合肥段、合肥至杭州段分别是中国"八纵八横"高速铁路网主通道中"京港（台）通道""京沪通道"的重要组成部分，全长 794.55 km，其中新建 617.94 km；设 29 座车站，设计速度为 350 km/h（其中芜湖至宣城段为 250 km/h）。该高铁线对完善快速客运网络，实现客货分流运输，释放既有铁路货运能力，加强中、东部经济联系具有十分重要的作用。

【知识储备】

路基是线路工程最重要的基础组成部分，其工程测量主要包括路基横断面测量、路基改河改沟测量、路基施工放样、地基加固工程施工放样等内容。路基施工过程中的首要步骤就是施工放样，确定线路中线和标高，其精度的高低直接影响整条线路的走向和填挖方等工程量的大小。因此，测量人员在施工过程中应严格按照相关测量规范的技术要求完成施工放样，保证放样精度，要有认真负责的职业态度和精益求精的职业精神。

知识点 1　路基横断面测量

横断面是指垂直于线路中线方向上的地面断面线。横断面测量的任务，就是测定线路中线桩两侧一定范围内的地面起伏形状，并绘制横断面图供路基断面设计、路基土石方量计算或路基边坡放样使用。

路基横断面施测的宽度和密度，应根据地形、地质情况并结合线路平、纵面图现场布置，满足高速铁路路基设计方案的需求。

路基横断面间距一般为 20 m，在公里桩、百米桩和线路纵横向地形明显变化、路堤、路堑的最低点和最高点以及大中桥头、隧道洞口、路基支挡及承载结构物起讫点等处应测设横断面。路基横断面测量宽度应根据路基中心填挖高程和边坡坡度确定，一般应测至路基边坡（堑顶或坡脚）外 10 m 以上。测量中遇有道路、水塘、沟渠、孤石、洞穴、钻孔、地类分界点以及其他地物等均要有测点，并标注在横断面图上。

1. 横断面方向

横断面的方向，在直线段是中线的垂直方向，在曲线段是线路切线的垂线方向。确定横断面的方向，可以用方向架（图3-1），也可以用经纬仪。

直线段的横断面方向，用方向架确定时，将方向架立于中线桩上，使一个方向照准直线上的其他中线桩，另一方向即指向横断面方向；用经纬仪确定时，将仪器安置在中线桩上，后视另一中线桩，拨90°角即可。

曲线段的横断面方向，用方向架确定时，如图3-2，将方向架立于中线桩2上，使一个方向照准曲线上的1点，在另一方向上标定出 A，再照准曲线上与1点等距的3点，用同样方法可标定出 B 点，注意使 $A2=B2$，则 AB 连线中点 C 的方向即为2点曲线的横断面方向。若用经纬仪确定，则应将仪器安置在中线桩上，后视另一曲线点后，拨角 $90°±δ$ 确定，$δ$ 为置镜点到后视点的曲线弦切角。

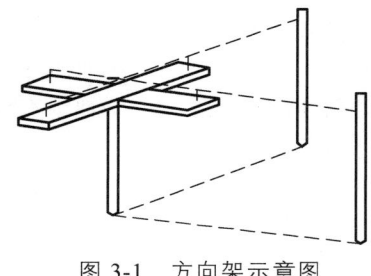

图3-1 方向架示意图

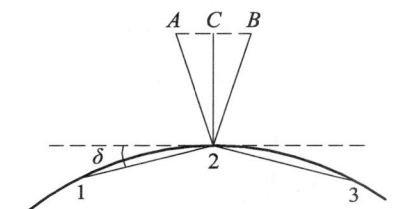

图3-2 曲线段横断面方向标定示意图

2. 横断面测量方法

横断面测量的实质是测定横断面方向上一定范围内地面坡度变化点相对于中桩的水平距离和高差。根据使用的仪器不同，横断面测量可采用水准仪法、经纬仪视距法或光电测距仪法等。

（1）水准仪法。

水准仪法适用于地势平坦、通视良好的地段。横断面方向用方向架确定，水平距离用皮尺丈量，相对于中桩的高差用水准仪测定。在地形条件许可时，如图3-3所示，安置一次仪器可测绘多个横断面。

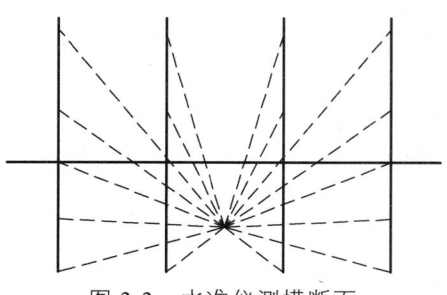

图3-3 水准仪测横断面

（2）经纬仪视距法。

经纬仪视距法适用于地形起伏较大、不便于丈量距离的地段。将经纬仪安置在中桩上，用视距测量的方法测定横断面上地形变化点相对于中桩的水平距离和高差。这种方法速度快，精度也能满足路基设计的要求，因此是横断面测量的常用方法。

（3）全站仪测距法。

全站仪测距法的原理是将全站仪安置在线路附近任意已知点上，照准线路中桩点上的棱镜，测定中桩点至测站点之间的距离和高差，然后将棱镜安置在该中桩点所在横断面上高程变化的任意一点，照准棱镜即可测量该点与中桩点之间的高差和距离。全站仪测量横断面，安置一次仪器可以测量多个断面，而且精度高、速度快。

3. 横断面图的绘制

横断面图一般按断面里程的顺序，自上而下、从左到右排列，逐个绘制在米格纸上，如图3-4所示，水平比例尺和高程比例尺相同，一般为1：200。

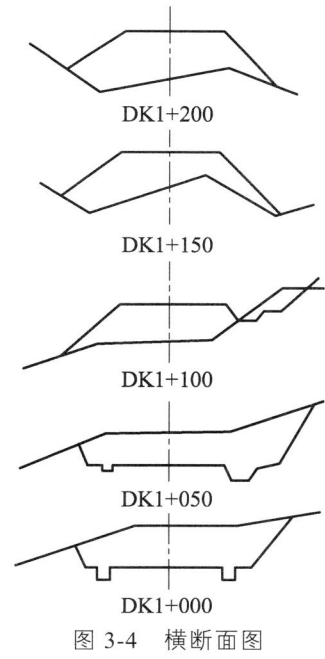

图3-4 横断面图

知识点2 路基施工放样

路基施工放样的重要工作之一是测设边桩，常用的测设方法有 GNSS RTK 法或者全站仪坐标法，根据路基的设计横断面和中桩位置，在地面上标定出路基填挖边界，以便根据边桩确定路基填筑或开挖的范围，测设边桩的限差不应大于10 cm。路基横断面如图3-5所示。

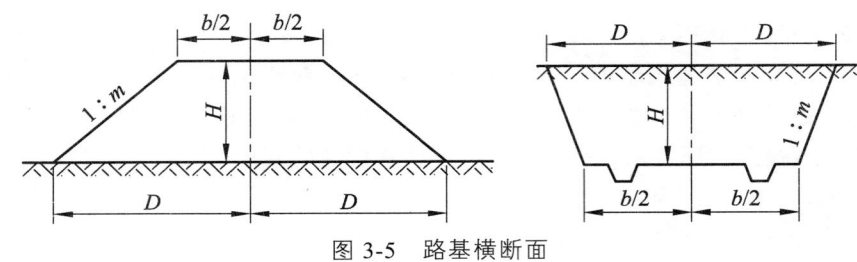

图 3-5 路基横断面

路基加固工程施工放样可在恢复中线的基础上采用横断面法施测,或者采用全站仪坐标法、GNSS RTK 施测,放样点位限差为 5 cm。路堤变坡点位置允许偏差为±20 cm,路堑变坡点位置允许偏差为±10 cm。

桩-板结构路基由下部钢筋混凝土桩基、上部钢筋混凝土承载板与地基共同组成,钢筋混凝土承载板直接与轨道结构相连接。桩-板结构路基施工放样应以 CPⅡ控制点、勘测高程控制点或同等精度的控制点为基础。桩位及承载板平面控制点的线路纵、横向中误差大于 10 mm;高程控制测量采用水准测量,桩顶及承载板高程控制点的高程中误差不大于 2.5 mm。

知识点 3 施工放样的流程

1. 施工放样的要求

采用全站仪坐标法放样时,宜进行两个方向的后视,防止点位误用的情况发生,同时也可用以检查控制点位是否发生位移。在施工测量过程中应严格遵守数据资料复核制度,测量数据在至少经过两人独立计算结果一致时方可使用,未经复核的测量数据严禁使用。现场放线过程中先按照设计坐标放出点位之后再实测其坐标,以此来保证施工放线的精度。

2. 施工放样的步骤

在施工放样之前,测量人员首先要熟悉设计图纸,根据先整体后局部、由控制到细部的施测原则,先放出构筑物的主要轴线,再进行细部放样。放样时要以控制网作为放样的依据,认真核对图纸、找出主要轴线的正确位置及各细部点的几何关系。

放样时,首先将全站仪安置在测站点上,量取仪器高,输入测站点坐标和仪器高;将棱镜安置在后视点上量取棱镜高,全站仪照准后视点,在全站仪上输入后视点坐标和棱镜高,进行后视定向建立坐标系;然后照准后视点或者已知坐标检核点检验设站误差是否满足要求,符合限差之后开始放样。

(1)路基开工前应首先放设路基中心线,复测横断面与设计是否相符。根据实测断面绘制实测横断面图。

(2)横断面复测完成后根据地形的起伏变化放设路基边桩,并测定边桩处地面高程,之后根据边桩处高程计算中线至边桩的距离,采用渐近法移动边桩,当计算距离与实测距离小于 10 cm 时,钉桩以示开挖或填筑边线。

（3）路堑地段应充分考虑侧沟及平台位置，有挡护工程的地段应充分考虑结构物的厚度；基底加固（水泥粉煤灰碎石桩，即 CFG 桩）地段应沿路基横断面方向放出加固范围，并在范围内标定出每根桩的位置。

（4）路堤填筑或路堑开挖过程中，应每填筑或开挖 1～1.5 m 高，准确放设该高程面上的边桩一次，如有施工误差及时调整。

（5）当路堤或路堑填挖至路基顶面标高时精确放设该高程面上的边桩，并准确测定该点的高程，挂线进行路基面的找平。

【能力训练】

一、填空题

1. 线路施工测量是将_____按设计的位置进行实地测设。

2. 在线路中线桩测设时，如果设计没有提供中桩坐标资料，应按照图纸上给出的线路平面_____计算出中桩坐标。

3. 中线贯通测量时，双方对同一桩号坐标测量互差超限，双方应_____或互检，查明原因，必要时重新进行贯通测量。

4. 路基施工测量包括_____、_____施工放样测量，_____施工放样，桩-板结构路基施工放样。

5. 路基中桩-板结构施工放样应以_____、_____或同等精度的控制点为基础。

6. 路基施工放样之前，测量人员首先要熟悉设计图纸，遵循_____、由控制到细部的施测原则。

7. 路基施工放样时，应先放出构筑物的_____，再进行_____。

8. 路基开工前应首先放设_____，复测横断面与设计是否相符。

二、选择题

1. 本标段两端与相邻标段结合处应进行中线贯通测量，将中线桩测设到相邻标段内（　　）个点。

A. 1～2　　　　B. 2～3　　　　C. 3～4　　　　D. 4～5

2. 在线路施工过程中，相邻标段对共同点测量时，双方同一桩号坐标计算值之差不大于 1 cm，实地点位差值应不大于（　　）cm。

A. 2　　　　B. 3　　　　C. 4　　　　D. 5

3. 路基施工测量采用极坐标法施测，放线时宜进行（　　）个方向的后视，防止点位误用的情况发生，同时也可用以检查控制点位是否发生位移。

A. 2　　　　B. 3　　　　C. 4　　　　D. 5

4. 路基横断面复测完成后根据地形的起伏变化放设路基边桩，并测定边桩处地面高程，之后根据边桩处高程计算中线至边桩的距离，采用（　　）移动边桩。

A. 渐近法　　　B. 渐远法　　　C. 跳跃法　　　D. 移动法

5. 在路堤填筑或路堑开挖过程中,应每填筑或开挖(　　)m 高,准确放设该高程面上的边桩一次,如有施工误差及时调整。

A. 1~1.5　　　　B. 1~2　　　　C. 2~3　　　　D. 3~4

三、案例题

吉图珲客运专线 JHSK-Ⅰ标四工区,DK191+000~DK206+715.4 段设计为 17 段,设计总长为 1578.29 m。路基区段范围为:DK191+000.00~DK191+035.00、GDK193+682.00 ~ GDK193+772.41 、 GDK195+445.00 ~ GDK195+495.64 、 GDK195+739.27 ~ GDK195+800.00 、 DK196+814.00 ~ DK196+939.00 、 DK198+903.00 ~ DK199+000.00 、 GDK198+022.66 ~ GDK198+250.00 、 GDK199+220.00 ~ GDK199+355.93 、 DK199+991.74 ~ DK200+059.00 、 DK202+210.00 ~ DK202+414.00 、 GDK202+686.00 ~ GDK202+700.00 、 GDK202+976.37 ~ GDK203+056.00 、 DK204+028.00 ~ DK204+155.00 、 DK204+528.00 ~ DK204+588.95 、 DK204+950.00 ~ DK205+000.00 、 DK205+386.00~DK205+479.00、DK206+655.00~DK206+715.40。

请根据相关专业规范和技术文件,编写路基施工测量专项方案。

任务 3.2　桥梁工程测量

【任务描述】

商合杭高铁跨淮河特大桥全长约 17 km,采用的Ⅲ型板式无砟轨道技术,具有完全自主知识产权,淮河主跨达 228 m,建设时高速铁路无砟轨道刚构拱桥跨度居世界第一。由于跨淮河特大桥通车后,列车将以 350 km/h 的速度通过淮河,仅需几秒钟,因此大桥将承受巨大的冲击力,这对工程的施工质量提出了极高的要求。请思考:如此大跨度的桥梁在架设过程中主要的控制因素是什么?控制精度应满足什么技术要求?桥墩定位放样以及桥梁沉降变形监测如何开展?

【引入案例】

沪昆高铁北盘江特大桥施工

【案例解读】

北盘江大桥是沪昆高铁贵州西段的控制性工程,主体结构设计寿命达 100 年,桥拱基座爆破土方 44 万多立方米,共浇筑混凝土 17 万立方米,主拱采用钢筋混凝土劲性骨架拱圈。其箱梁在悬浇施工中,由于受自重、温度、外荷载等因素影响会产生挠度，同时，混凝土自身的收缩、徐变等因素也会产生标高改变，并随着悬臂长度的加大而增加。为了使成桥后的线形达到或接近设计要求，必须在悬浇过程中对已浇筑或打算浇筑梁段的各工况和承台的沉降、位移展开监控测量，并以此随时调整悬浇的立模标高。这就要求测量工作人员严格按照规范要求，完成测量监测工作。

【知识储备】

桥梁工程测量的基本任务是根据设计文件，按照规定的精度将图上设计的桥梁标定于地面，确保建成的桥梁在平面位置、高程位置和外形尺寸等方面均符合设计要求。对于可利用线路中线点直接测设的一般特大桥、大桥及中小桥，施工前应对桥址中线进行复测，然后对桥址中线点进行调整，据此进行墩台中心定位。对于水中不能直接测设的桥梁或水面较宽且有高墩、大跨、深水基础或基础施工难度较大、梁部结构类型复杂的特大桥和大桥，需要建立施工控制网，确定桥轴线长度，进行墩台定位。此外，墩台纵横轴线的测设、墩台细部放样等也是桥梁工程测量的重要工作。

知识点1　桥梁施工控制网

桥梁测量应在线路控制网（CPⅠ、CPⅡ和线路水准基点）的基础上布设。若线路控制网尚未建立或者有其他需求时，应先建立桥址测量控制网。由于特大桥、复杂特大桥的施工控制测量精度要求较高，已有的线路控制网精度难以满足需求，应建立独立的施工测量平面、高程控制网。桥梁施工工程独立坐标系有以下两种建立方法：

（1）基于国家或线路坐标系统的桥梁施工工程独立坐标系：以施工控制网中一个稳定的控制点（一般为桥中线点）的国家或线路坐标作为起算坐标，以该点至另一点（一般为桥中线点）在国家或线路坐标系中的坐标方位角为起算方位，取桥梁墩顶或轨底平均高程平面为坐标投影面，取桥梁工程中心附近经线作为坐标投影的中央子午线。

（2）桥址里程坐标系：以桥轴线（曲线桥为起端切线）为坐标纵轴（X轴），里程增加方向为其正向；与X轴垂直的方向为坐标横轴（Y轴），X轴左侧为负，右侧为正；选定桥轴线上较为稳定的一点作为坐标起算点，其里程值即为X值。取桥梁墩顶或轨底平均高程平面为坐标投影面，取桥梁工程中心附近经线作为坐标投影的中央子午线。桥址里程系统应与线路里程系统一致，当采用假定里程系统时，必须与线路里程系统进行联测并确定换算关系。

1. 桥梁施工平面控制网

桥梁的平面控制测量可结合桥梁长度、平面线形和地形环境等条件选用GNSS测量、三角测量和导线测量等方法。其施工平面控制网布设主要有以下几种形式。

桥梁的两边较为平坦时,平面控制网可布设为大地四边形,如图 3-6 所示;一边较为平坦,另一边较为陡峻时,可布设为双三角形,如图 3-7 所示。这两种网形适用于桥长较短且需要交会的水中墩台数量不多的情况。

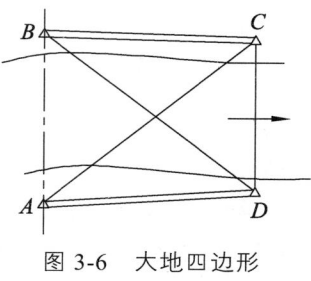

图 3-6　大地四边形　　　　图 3-7　双三角形

对于特大桥,可采用双大地四边形控制网,如图 3-8 所示。这种网形图形强度高,控制点数量多,不但有利于提高精度,而且便于墩台中心测设。我国在长江上修建的几座大桥,大多采用这种网形。对于这种网形,还可以通过对两条对角线进行观测的办法来增加多余观测,以提高精度,如图 3-9 所示。

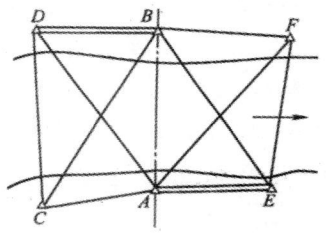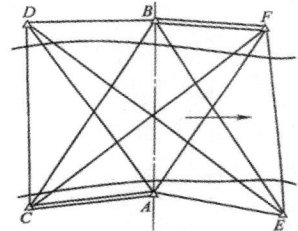

图 3-8　双大地四边形控制网　　　图 3-9　加强型双大地四边形控制网

当桥梁两边地势平坦且比较开阔时,桥梁施工平面控制网也可布设成如图 3-10 所示的由单三角形和大地四边形组成的网形。这种网形与双大地四边形比较,其控制点距桥轴线较近,能够充分发挥作用;缺点是多余观测条件少,且桥轴线不是控制网的一条边。

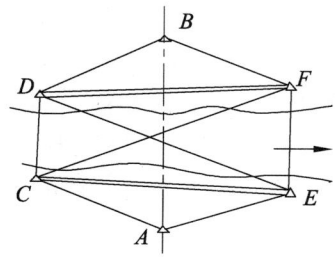

图 3-10　单三角形和大地四边形桥梁施工平面控制网

桥梁施工平面控制网的布设应在满足桥轴线长度测定和墩台中心定位精度的前提下,力求图形简单并具有足够的强度,以减少外业观测和内业计算的工作量。

平面控制网的等级应根据施工中放样精度要求最高的几何位置中心的容许误差和最弱边的边长估算出必要的精度，按表3-1选定。

表3-1　桥梁施工平面控制网的测量等级和精度

测量等级			桥轴线边相对中误差	最弱边相对中误差
GNSS测量	三角形网测量	导线测量		
一等	—	—	≤1/250 000	1/180 000
二等	—	—	≤1/200 000	1/150 000
三等	二等	—	≤1/150 000	1/100 000
四等	三等	三等	≤1/100 000	1/70 000

注：对于桥长小于800 m的桥梁，当桥址两岸已有足够数量的CPⅠ、CPⅡ控制点且能满足桥梁施工精度要求时，可直接利用之，无须另行建网。

GNSS测量是桥梁施工控制网测量的首选方法；三角形网及导线测量方法可作为GNSS测量方法的一种补充，在不具备GNSS测量条件时采用。精密导线测量方法主要用在加密控制测量中。导线测量应符合下列规定：

① 控制网应由多个闭合环组成，每个导线环的边数宜为4~6条。

② 在方便桥梁墩台施工定位的原则下，宜采用长边，最短边长不宜小于300 m。

③ 采用全站仪测量的光电测距边，必须按精密测距的要求加入必要的改正数，归算至墩顶（或轨底）平均高程面上。

2. 桥梁施工高程控制网

桥梁施工高程控制网应采用水准测量方法，统一按二等水准测量精度要求施测。施工水准点应沿桥轴线两侧均匀布设，每岸不得少于3个。水准点沿桥线方向的间距宜为400 m左右，并构成连续水准闭合环。水准测量技术要求见表3-2。

表3-2　水准测量技术要求

水准测量等级	每千米水准测量偶然中误差/mm	测段、路线往返测高差不符值/mm		附合路线或环线闭合差/mm		检测已测测段高差之差/mm
		平原	山区	平原	山区	
二等	≤1	$\pm 4\sqrt{K}$	$\pm 0.8\sqrt{n}$	$\pm 4\sqrt{L}$		$\pm 6\sqrt{R_i}$
精密水准	≤2	$\pm 8\sqrt{K}$	$\pm 1.6\sqrt{n}$	$\pm 8\sqrt{L}$		$\pm 12\sqrt{R_i}$
三等	≤3	$\pm 12\sqrt{K}$	$\pm 2.4\sqrt{n}$	$\pm 12\sqrt{L}$	$\pm 15\sqrt{L}$	$\pm 20\sqrt{R_i}$

注：K为测段或路线长度（km）；L为水准路线长度（km）；R_i为检测段长度（km）；n为测段水准测量站数。

桥墩较高、两岸坡陡时，可在陡坡上一定高差内加设辅助水准点。对复杂特大桥，或有变形观测要求时，宜在江河两岸各埋设至少1个深桩水准点，水准点埋置深度要达到有利于稳定的土层。外业观测完成后，应对水准网中各条件方程式的不符值进行检验，限差检算合格后，进行全桥的整网平差。全网高程宜以一个稳定可靠的高等级已知水准点起算。

知识点 2　墩台施工测量

在桥梁施工测量中，主要的工作之一是准确地在实地测设出桥梁墩台的中心位置，即墩台定位。墩台定位必须满足一定的精度要求，特别是预制梁桥。由于预制梁是在工厂里按照设计尺寸预先制造的，墩、台施工完成以后再进行现场架梁工作，如果墩、台定位的精度不够，将给架梁工作造成困难，甚至无法架设；或即便把梁架上，也可能会使墩、台的受力偏心距超出设计要求，影响墩、台的使用寿命及行车安全。因此，要保证以必要的精度定出墩、台中心的位置。

1. 直线桥梁的墩台定位

直线桥梁的墩台定位，根据所处的环境条件和精度要求，可采用直接丈量法、光电测距法或前方交会法。

（1）直接丈量法。

直线桥梁的墩、台中心都位于桥轴线的方向上，若桥墩位于干涸的河道上，或水面较窄时，可沿桥轴线方向用钢尺直接定出墩台中心位置，此法称为直接丈量法，如图3-11所示。这种方法实际上是依据桥轴线两岸控制桩及其里程和墩、台中心的设计里程测设已知长度，故可根据地形条件采用测设已知平距或测设已知斜距的方法进行放样。

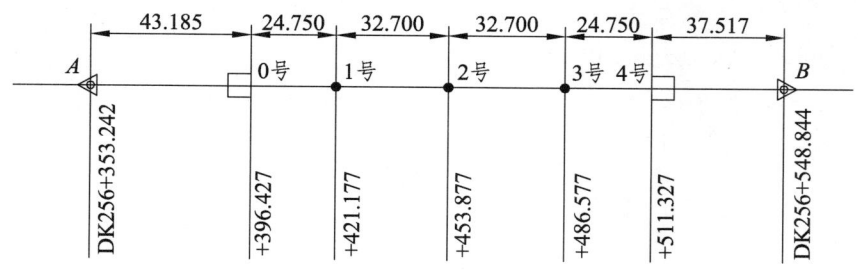

图 3-11　直线桥墩台布置（单位：m）

（2）光电测距法。

直线桥墩台定位所采用的光电测距法，实质上是极坐标法放样的一种特殊情况，即所有放样点均位于极轴上（桥轴线上）。这种方法与直接丈量法相比，是一种迅速、方便且误差不累积的方法，对地形条件的要求也较直接丈量法宽松。只要墩台中心处可以安置反光镜，且仪器与反光镜及轴线上的控制点能够通视，便可采用这种方法。

测设时，仪器安置于一岸的桥轴线控制点上，后视另一岸的桥轴线控制点定向。在其方向线上估计某墩台的概略位置，树立单杆反光镜，使用光电测距仪的自动跟踪功能或全站仪的放样功能，指挥反光镜前后移动。当距离显示值与距离应有值相符时，应安置脚架及反光镜，精确测定该点与测站间的距离。根据经过加常数改正、乘常数改正、周期误差改正、气象改正、倾斜改正和归化改正后的实测距离与应有距离的差值，用辅助小钢尺沿桥轴线方进行改正；之后，调整反光镜位置，重新精确测定该点与测站间的距离，直至实测距离与应有距离的差值在容许范围内为止。用另一盘位以同样的方法测设，则两测点的中心即为该墩台中心的位置。

2. 曲线桥梁的墩台定位

曲线桥梁的墩台定位和直线桥类似，必须在桥梁两端的线路上各埋设一个控制桩，作为放样墩台中心和检核墩台定位精度的依据，并保证桥梁与相邻线路正确衔接。曲线桥梁墩台中心定位测量所依据的原始资料是控制桩及墩台中心的坐标。

曲线桥梁的墩台定位，根据所处的环境条件和精度要求，可采用偏角法、角度与距离交会法、导线法、长弦偏角法或前方交会法等。

（1）偏角法。

偏角法适用于可以丈量距离的桥跨短而跨数多的曲线桥。测设前，根据曲线资料、主点里程和各墩台中心设计里程计算偏角。测设时，首先根据桥轴线控制桩测设相应的主点桩，然后依据主点测设出各墩台横轴线与线路中线的交点，最后将仪器安置于交点上找出墩台的横轴线方向，并沿此方向线自置镜点向曲线外侧量出相应的偏距 E，即得到墩台中心的位置。

（2）导线法。

导线法适用于可以丈量距离的桥跨长而跨数少的曲线桥。由于各个墩台处的桥梁偏角 α、交点距 L 都是已知的，因此测设时可根据交点距和桥梁偏角逐点安置仪器，测设已知水平角 α，定出工作线方向，在该方向线上测设已知水平距离 L，即可依次将各墩台中心的位置测设出来。

测设水平角时，应以精度不低于 DJ_2 级的仪器测设两测回，偏角总闭合差不应超过式（3-1）计算的结果：

$$f_\beta = \pm 8'' \sqrt{N} \tag{3-1}$$

式中：N——桥梁跨数。

（3）长弦偏角法。

使用光电测距仪或全站仪放样墩台中心时，可采用长弦偏角法。测设前，先根据控制点和墩台中心的坐标，按坐标反算计算出桥轴线控制点到各墩台中心的坐标方位角和长弦距离。测设时，仪器安置于桥轴线控制点上，后视定向点，水平度盘读数安置为置镜点至后视点的坐标方位角，则根据该控制点至各墩台中心的坐标方位角和长弦距离可依次测设出各墩台中心的位置。测设方向时，应以精度不低于 DJ_2 级的仪器测设两测回，偏角总闭合差不应超过式（3-1）计算的结果。

与偏角法和导线法相比，长弦偏角法测设墩台位置时，各墩台中心都是独立设出的，因此误差不累积，但缺少检核条件。为防止发生错误并检核测设精度，当各墩台中心标定后，应实测跨距并与设计跨距比较检核。

（4）任意点置镜极坐标法。

由于受地形条件限制，上述测设方法难于实现时，如有光电测距仪或全站仪则可采用任意点置镜极坐标法测设墩位。其原理和工作方法与线路测量中的任意点置镜极坐标法完全相同，只是精度高于线路测设精度，故不再重述。与长弦偏角法类似，用此方法测设出墩台中心以后，须另行置镜检核。

（5）前方交会法。

若桥墩所处的位置河水较深，无法直接丈量，也不便于架设反光镜时，则可采用前方交会法测设墩位。前方交会法既可用于直线桥的墩台定位测量，也可用于曲线桥的墩台定位测量。用交会法测设墩位时，需要在河的两岸布设平面控制网，如导线网、三角网、边角网、测边网等。

如图 3-12 所示，A、B、C、D 四点为桥梁施工平面控制网的控制点，其中 A、B 两点为桥轴线上的控制点。交会角 α_i、β_i 可根据控制点的坐标和第 i 号墩中心的坐标计算。测设时，置镜于 C、D 两点，分别后视 B 和 A 定向，再分别测设 α_i、β_i，则两条方向线的交点即为第 i 号墩中心的位置。

理论上，根据上述两条方向线即可交出第 i 号墩中心的位置，但为了防止发生错误及检核交会的精度，实际作业时要求交会方向线不得少于 3 条。如果为直线桥则应尽量利用桥轴线（图 3-12）置镜于 A 点，后视 B 点，即以桥轴线方向为第三条交会方向线。

实地测设时，通常将 3 台全站仪分别安置在 3 个控制点上，用 3 条方向线同时交会。理论上 3 条方向线应交于一点，而实际上由于控制点误差和交会测设误差的共同影响，3 条方向线一般不会交于一点，而是形成一个小三角形，如图 3-13 所示。该三角形的大小反映了交会的精度，故称其为示误三角形。

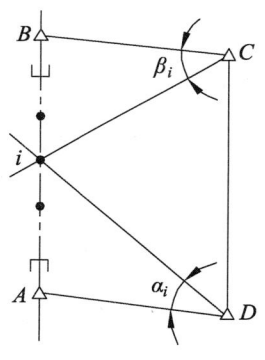
图 3-12 前方交会原理

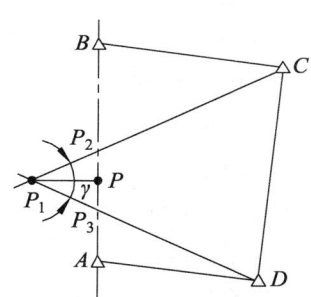
图 3-13 示误三角形

示误三角形的最大边长或两交会方向与桥中线交点间的长度，在墩台下部（承台、墩身）不应大于 25 mm，在墩台上部（托盘、顶帽、垫石）不应大于 15 mm。若交会的一个方向为桥轴线，则以其他两个方向线的交会点投影在桥轴线上的 P 点作为墩台中心。交会方向中不含桥轴线方向时，示误三角形的边长不应大于 30 mm，并以交会得到的示误三角形的重心作为桥墩台中心。

知识点3　承台、墩身、顶帽及垫石放样

（1）承台、墩身、顶帽及垫石平面形状和尺寸应依据桥墩中心纵横十字线放样，高程可采用几何水准或光电测距三角高程测量方法测定。

（2）承台模板尺寸的设放限差为 40 mm，高程设放限差为 30 mm；墩身模板尺寸的测量限差为 20 mm，高程设放限差为 30 mm，模板上同一高程线的测量限差为 10 mm。

（3）顶帽立模前应检查中心十字线的正交性。顶帽模板尺寸的设放限差为 10 mm，高程精度应符合四等水准测量要求。灌注混凝土前，应检查该墩至两邻墩之跨距。

（4）使用全站仪进行承台、墩身、顶帽、垫石放样及模板检查时，应检测后视点坐标，实测坐标与已知坐标的互差不应大于 10 mm，且前视距离不应超过后视距离。

（5）施工长距离跨海桥梁的海中承台时，可先在承台上测设 GPS 加密控制点，然后采用全站仪极坐标法进行海中承台轴线点施工放样。承台高程可采用 GPS 高程拟合法测定，高程拟合误差不应大于 30 mm。墩身高程必须进行全桥贯通测量。

（6）灌注顶帽混凝土至顶部时，根据需要在墩顶桥梁中线上埋设中心标 1~2 个，并在墩顶上、下游异侧各埋设水准标 1 个。在桥墩建成后，应测定中心标里程及高程。

【能力训练】

一、填空题

1. 桥梁测量应在_____、_____和_____的基础上进行。
2. 特大桥、复杂大桥的施工平面和高程控制测量精度要求较高，应建立_____的施工测量平面、高程控制网。
3. 桥梁施工工程独立坐标系建立的两种方法是_____和_____。
4. 桥梁平面控制网测量完成后，应提交_____、_____和_____等资料。
5. 岸上墩台中心点定位可直接利用桥中线两侧的控制点按_____法进行测设，并由不同控制点进行放样检查。
6. 承台、墩身、顶帽及垫石平面形状和尺寸应依据桥墩中心纵横十字线放样，高程可采用_____或_____高程测量方法测定。
7. 水中桥墩基础采用水上作业平台施工时，用_____或_____进行墩中心点定位。

二、选择题

1. 桥梁施工高程控制网应采用水准测量方法，统一按（　　）水准测量精度施测。

　　A. 一等　　　　B. 二等　　　　C. 三等　　　　D. 四等

2. 桥梁施工水准点应沿桥轴线两侧均匀布设，每岸不得少于（　　）个。

A. 1　　　　B. 2　　　　C. 3　　　　D. 4

3. 承台模板尺寸的设放限差为 40 mm，高程设放限差为（　　）mm。

A.10　　　　B. 20　　　　C.30　　　　D.40

4. 墩身模板尺寸的测量限差为 20 mm，高程设放限差为（　　）mm，模板上同一高程线的测量限差为 10 mm。

A. 10　　　　B. 20　　　　C. 30　　　　D. 40

5.（　　）是桥梁施工控制网测量的首选方法。

A. GPS 测量　　B. 三角形网　　C. 附合导线　　D. 闭合导线

三、案例题

新建郑州至徐州铁路客运专线 05 标是设计"商丘特大桥"（DK141+977.500～DK180+602.365）的一段，也称谢集特大桥，如图 3-14 所示。本标段位于河南省民权县、宁陵县和梁园区境内，正线起讫里程为 DK144+754.41～DK171+888.285，全长 27.142 875 km。其中：标段起点位于民权县城关乡大刘庄村陶庄东北方向 200 m 处；经龙门寺并斜跨任商河，在里程约 DK146+350 处进入孙六乡地界；经廉庄、刘新庄、张公茂、王楼，在里程约 DK152+910 处进入宁陵县柳河镇地界；经康庄、邵庄、柳河集、堤弯、权庄、西郭老家、华庄后即与现状陇海线并行，并在里程约 DK161+840 处进入宁陵县孔集乡地界；经张于庄、王于庄、刘堂、孔集、柏杨、李小楼，在里程约 DK152+910 处进入宁陵县梁园区谢集镇地界；再经黄辛庄、黄楼，到达标段终点，终点向东距谢集车站为 520 m。由西向东，线路先后斜跨任商河、民权电厂专用铁路线、王村沟、S210、古宋河、幸福沟、日本河等。本标段施工内容主要有：桥梁 1 座——谢集特大桥（全长 29 964 延米，标段施工起讫里程为 DK144+745.410～DK171+888.285）；箱梁制（存）梁场 1 处——谢集 2 号梁场，制/架 833 孔，位置为 DK169+500。另外包含正线施工范围轨道工程、部分改移道路、桥上设备等。

请根据相关专业规范和技术文件，编写桥梁施工测量专项方案。

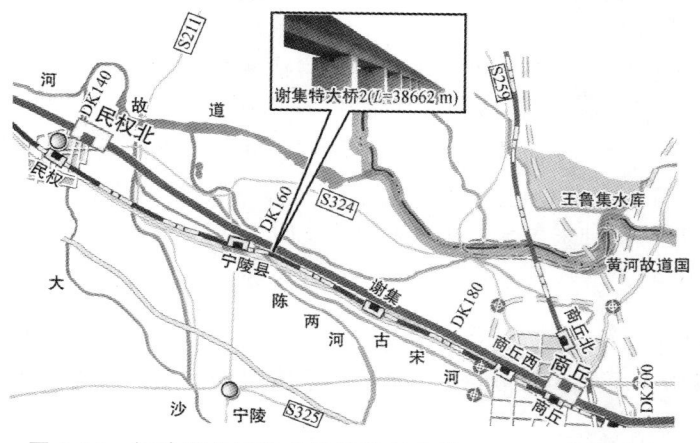

图 3-14 新建郑州至徐州铁路客运专线 ZXZQ05 标段位置

任务 3.3　隧道施工测量

【任务描述】

秦岭天华山隧道是西成高铁客运专线的重点工程,全长 15.989 km。隧道进口位于宁陕县新场乡板房沟马家坪,高程 1 439.246 m,出口位于麻河,高程 1 093.596 m。隧道整体埋深较大,一般埋深 300~500 m,最大埋深约 1 016 m,最浅埋深位于庙沟内,埋深约 32~70 m。请根据以上相关参数思考隧道施工过程中如何控制贯通误差,如何合理的布设施工控制网,根据相关规范编制天华山隧道控制测量方案。

【引入案例】

攻克世界难题：兰渝铁路胡麻岭隧道

【案例解读】

胡麻岭隧道是兰渝铁路全线的一项"卡脖子"工程,其穿越黄土高原,地处湿陷性黄土地质地段,工程难度很大。胡麻岭隧道是典型的黄土隧道,它和岩石隧道最大的区别就是在被雨水侵蚀后极易变形、容易发生垮塌,隧道开挖之后它会收敛、沉降,容易造成刚挖出来还未加固的隧道变形、下沉开裂。胡麻岭隧道地质复杂、施工难度极大,被各方专家定性为"国内罕见、世界难题"。即便如此,我国铁路建设科研人员依然迎难而上,坚持科研在一线,随着北京恒祥宏业基础加固技术有限公司在兰渝铁路胡麻岭隧道注浆试验组传来喜讯,由该公司受托负责的胡麻岭隧道技术攻关组不负众望,破解了"国内罕见,世界难题"技术性难关。

【知识储备】

隧道施工测量的主要任务是建立施工控制网、施工中线控制桩和中线点的测设,主要目的是保证隧道相向开挖时按照规定的精度正确贯通,并使各项构筑物以规定的精度按照设计位置修建。隧道的正确贯通受纵向、横向和高程等贯通误差的影响,其中关键的是横向贯通误差和高程贯通误差。

知识点 1　隧道贯通误差

在隧道施工中,隧道一般是自两端开挖面相向开挖,在洞内预定的位置挖通,称为贯通。但受到洞外控制测量、洞内外联系测量、洞内控制测量和洞内中线放样等项误差的共同影响,相向开挖的两条施工中线可能产生在贯通面里程的中线点不重合的现象，该两点连线的空间线段称为贯通误差。如图 3-15 所示，贯通误差在水平面上的正射投影称为平面贯通误差，在铅垂面上的正射投影称为高程贯通误差（简称高程误差）。平面贯通误差在水平面内可分解为两个分量：其一是与贯通面平行的分量，称为横向贯通误差，简称横向误差；其二是与贯通面垂直的分量，称为纵向贯通误差，简称纵向误差。

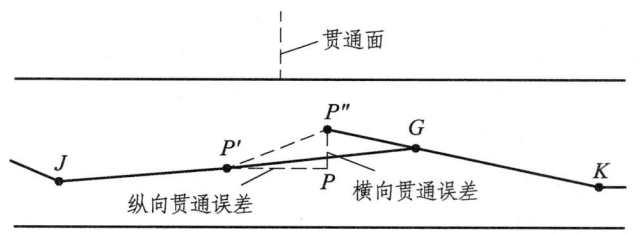

图 3-15　隧道贯通误差

高程误差主要影响线路坡度。若高程误差为 50 mm，则当隧道长度为 500 m 时，对坡度的影响为 0.1‰；当隧道长度为 5 000 m 时，对坡度的影响只有 0.01‰。由此可见，当高程误差不超过 50 mm 时，几乎不影响原有的设计。对于这样的精度要求，按现有高程测量技术不难做到。纵向误差只要不大于定测中线的误差，能够满足铺轨的要求，对工程的影响一般是可以忽略的。横向误差影响线路方向，如果超过一定的范围，就会引起隧道几何形状的改变，甚至造成侵入建筑限界而迫使大段衬砌拆除重建，既给工程造成重大经济损失又延误了工期。因此，必须对横向误差加以限制。隧道两相向开挖洞口施工中线在贯通面上的横向和高程贯通误差应符合表 3-3 的规定。

表 3-3　隧道贯通误差规定

项目	横向贯通误差							高程贯通误差
相向开挖长度/km	$L<4$	$4 \leqslant L<7$	$7 \leqslant L<10$	$10 \leqslant L<13$	$13 \leqslant L<16$	$16 \leqslant L<19$	$19 \leqslant L<20$	
洞外贯通中误差/mm	30	40	45	55	65	75	80	18
洞内贯通中误差/mm	40	50	65	80	105	135	160	17
贯通限差/mm	100	130	160	200	250	320	360	50

知识点 2　隧道洞外控制测量

直线隧道长度大于 1 000 m，曲线隧道长度大于 500 m 时，均应根据横向贯通精度要求进行隧道平面控制测量设计。隧道相邻两开挖洞口（包括横洞口、斜井口）高程路线长度大于 5 000 m 时，应根据高程贯通精度要求进行隧道高程控制测量设计。隧道测量设计就是根据贯通的精度要求，参照隧道形状、长度、施工方法、地形条件和仪器设备等因素，设计控制网的网形并进行精度估算，以确定洞外控制测量的精度等级，并选定最经济合理的作业方案。测量设计一般要洞内洞外一并考虑。线路控制网 CPⅡ 模式下的洞外控制测量如图 3-16 所示。

如果线路平面控制网（CPⅠ、CPⅡ）精度能够满足隧道平面控制测量要求，应在线路平面控制网基础上扩展加密，建立隧道平面控制网；如果线路平面控制网精度不能满足要求或者隧道洞口两端线路平面控制网点不在一个投影带内，则应建立隧道独立平面控制网，并与隧道洞口附近线路平面控制点联测。独立的隧道平面控制网坐标系宜以隧道平均高程面为基准面，取隧道工程中心的经线作为坐标投影的中央子午线；以隧道长直线或曲线隧道切线为坐标纵轴（X）的施工工程独立坐标系。隧道高程系统应与线路高程系统相同。

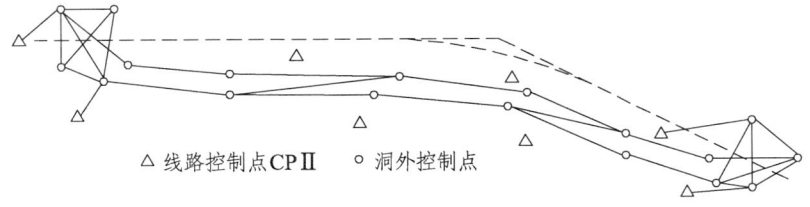

△ 线路控制点 CPⅡ　○ 洞外控制点

图 3-16　线路控制网 CPⅡ 模式下的洞外控制测量

1. 洞外平面控制测量

对于直线隧道，洞外平面控制测量主要是获取两端洞口较为精确的点的平面位置和引测进洞的方向；对于曲线隧道，洞外平面控制测量除具有与直线隧道相同的目的外，还能间接求算隧道所在曲线的转向角及两端洞口控制桩与交点的相对位置，进而按设计选配的圆曲线半径和缓和曲线长重新确定隧道中线的位置。

建立洞外平面控制常用的方法有中线法、精密导线法、三角测量和 GNSS 测量等，其技术要求见表 3-4。

表 3-4　洞外平面控制测量技术要求

测量部位	测量方法	测量等级	洞口联系边方向中误差/(″)	测角中误差/(″)	适用长度/km	边长相对中误差
洞外	导线测量	二	—	1.0	8～20	1/200 000
			—		6～8	1/100 000
		三	—	1.8	4～6	1/80 000
		四	—	2.5	1.5～4	1/50 000
	GNSS 测量	一	1.0	—	6～20	1/250 000
		二	1.3	—	4～6	1/180 000
		三	1.7	—	<4	1/100 000
	三角形网测量	二	—	1.0	8～20	1/200 000
			—		6～8	1/150 000
		三	—	1.8	4～6	1/100 000
		四	—	2.5	1.5～4	1/50 000

洞外平面控制网应沿两洞口连线方向布设成多边形组合图形，构成闭合检核条件。控制点应布设在视野开阔、通视良好、土质坚实、不易破坏的地方。每个洞口平面控制点布设不应少于3个，便于向洞内引测导线。视线应离开旁遮障碍物1m以上，通过水田、沙滩时，应适当增加视线高度。用于向洞内传递方向的洞外联系边不宜短于500m。隧道进、出口的中线控制桩或CPⅠ、CPⅡ应纳入隧道控制网。

GNSS控制网应由各洞口子网连接组成，应控制全隧道（包括各种辅助坑道）的长度和方向，并将标定隧道中线（包括与隧道相关的线路中线）的控制点纳入控制网。各控制点至少应有2条GPS基线向量的观测值，多数点应有3条以上GNSS基线向量的观测值。洞口子网一般应布设成三角形或大地四边形，各控制点间应尽量通视。进洞联系边应为直接观测边，最大俯仰角不宜大于5°。洞口GPS控制点应方便用常规测量方法检测、加密、恢复和向洞内引测。当洞口采用GPS测量特别困难时，可以只布设一条GPS定向联系边，然后选设两个辅助导线点一起构成洞口施工控制网。

洞外导线网应沿隧道两洞口连线方向布设成多边形闭合环，每个导线环由4~6条边构成。导线边长应根据隧道长度和辅助坑的分布情况，结合地形条件和仪器测程确定，宜采用长边。三角形网应布设成线形三角锁或大地四边形，宜采用边角网进行观测。导线网、三角形网进洞联系边最大俯仰角不宜大于15°。控制网观测应在成像清晰稳定的时间段内进行。地形和地面条件复杂、旁折光影响较大的地方，应选择最有利的观测时间观测。

2. 洞外高程测量

洞外高程控制测量的任务，是按照测量设计中规定的精度要求，以洞口附近一个线路定测点的高程为起算高程，测量并传算到隧道另一端洞口与另一个定测高程点闭合。闭合的高程差应设断高，或推算到路基段调整。这样做的目的是使整座隧道具有统一的高程系统，又使之与相邻线路正确衔接，从而保证隧道按规定精度在高程方面正确贯通，保证各项建筑物在高程方面按规定限界修建。

隧道高程控制测量一般采用水准测量，对于四、五等高程控制测量也可采用光电测距三角高程测量。洞外高程测量的设计要素列于表3-5中。

表3-5 高程控制测量设计要素

测量部位	测量等级	两开挖洞口间高程路线长度/km	每千米高程测量偶然中误差/mm
洞 外	二	>36	≤1.0
	三	13~36	≤3.0
	四	5~13	≤5.0
	五	<5	≤7.5

洞外高程控制测量应从隧道一端的线路水准基点联测至另一端线路水准基点。每个洞口的水准点不应少于2个，两水准点间高差以水准测量1~2站即可

联测为宜。洞口附近的水准点宜与隧道洞口等高。

知识点 3　隧道洞内控制测量

1. 洞内平面控制测量

高速铁路上曲线隧道与直线隧道的洞内控制测量没有较大的区别。洞内平面控制网宜布设成多边形导线环,每个环由 4~6 条边构成。洞内洞外平面控制网宜以边连接。一般情况下导线边长不宜小于 400 m,相邻边长的比不宜小于 1:3。长隧道宜布设成交叉双导线形式,以增加网的内部检核条件、提高网的可靠性。导线点应布设在施工干扰小、稳固可靠、便于设站的地方,点间视线应旁离洞内设施 0.2 m 以上。洞内平面控制测量技术要求见表 3-6。

表 3-6　洞内平面控制测量技术要求

测量部位	测量方法	测量等级	洞口联系边方向中误差/(″)	测角中误差/(″)	适用长度/km	边长相对中误差
洞　内	导线测量	二	—	1.0	9~20	1/100 000
		隧道二等	—	1.3	6~9	1/100 000
		三	—	1.8	3~6	1/50 000
		四	—	2.5	1.5~3	1/50 000
		五	—	4.0	<1.5	1/20 000

导线测量前应充分通风、避免尘雾。洞口站的测角工作宜在夜晚或阴天进行;洞内测量前应先将仪器开箱放置 20 min 左右,让仪器温度与洞内温度基本一致;目标应有足够亮度,受光均匀柔和、目标清晰,避免光线从旁侧照射目标;反射镜应有适度照明,仪器和反射镜面应无水雾;完成规定测回数一半后,仪器和反射镜均应转动 180°重新对中整平,观测剩余测回数。洞内四等及以上导线平差应采用严密平差,一级导线可采用近似平差。图 3-17 所示为洞外洞内导线边连接方式和洞内交叉双线导线布网。

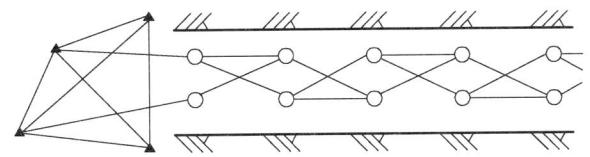

图 3-17　洞外洞内导线边连接方式和洞内交叉双导线布网

2. 洞内高程控制测量

洞内高程控制测量的目的,是由洞口高程控制点向洞内传递高程,即测定洞内各高程控制点的高程,作为洞内施工高程放样的依据。高程控制点可选在导线点上,也可根据情况埋设在隧道的顶板、底板或边墙上。洞内高程控制点应每隔 200~500 m 设置一对,采用水准测量往返观测。高程测量技术要求见表 3-7。

表 3-7　高程控制测量设计要素

测量部位	测量等级	两开挖洞口间高程路线长度/km	每千米高程测量偶然中误差/mm
洞内	二	>32	≤1.0
	三	11～32	≤3.0
	四	5～11	≤5.0
	五	<5	≤7.5

洞内平面控制网（包括洞口 3 个平面控制点）、高程控制网（包括洞口 2 个高程控制点）应定期检查复测。隧道竣工后应与隧道内 CPⅠ控制点和水准点联测。

知识点 4　施工中线的测设

洞内中线点应埋设混凝土桩，设在顶板上的临时点可灌入拱部混凝土中或打入坚固岩石的钎眼内。施工中线测设应符合下列规定：

（1）导线测设中线点，采用极坐标放样，一次测设不应少于 3 个。直线上通常用串线法检核，曲线一般置镜于中间点检测偏角。当中线上只测设一点或两点时，一般需要与两个以上已知点联测，构成检核角。

（2）独立中线测设中线点，直线上应采用正倒镜法延伸直线，曲线上宜采用偏角法测设。分部开挖的隧道加密衬砌用的临时中线点时，曲线上宜每 10 m 一点，直线上宜每 20 m 一点。

（3）全断面开挖的施工中线，可先用激光导向，后用全站仪、光电测距仪测定。直线和曲线上都宜每 10 m 加密一个点。直线上应采用正倒镜压点或延伸；曲线上可用偏角法测设。

（4）采用上下半断面施工时，上半断面每延伸 90～120 m 时应与下半断面的中线点联测，检查校正上半断面中线。

洞内施工高程测量应根据洞内高程控制点引测加密，加密点可与永久中线点共桩。采用光电测距三角高程测量施测高程时，宜变换反射器高度测量两次或利用加密点作转点闭合到已知高程点上。

长度大于 800 m 的隧道，隧道贯通后，应在洞内施测 CPⅡ控制点。CPⅡ控制点宜按导线环或导线网方式布设。隧道二等水准贯通调整测量应满足下列要求：

（1）洞内水准点每千米埋设 1 个，长度小于 1 km 的隧道至少应设 1 个，并在边墙上埋设标志。水准路线起闭于隧道进、出口两端的线路水准基点，按二等水准测量要求施测。

（2）隧道洞内水准贯通高差闭合差 ≤ $6\sqrt{L}$ 时，以隧道进、出口两端的二等水准点为固定点进行高程平差。当隧道洞内水准贯通高差闭合差 ≤ $6\sqrt{L}$ 时，应将水准路线向两头延伸，然后固定两端点高程，对该段水准路线进行约束平差，并调整平差范围内的二等水准点高程，消除隧道断高。

【能力训练】

一、填空题

1. 隧道施工测量的主要内容为_____、_____和_____等。
2. 隧道施工控制网高程控制测量可采用_____、_____。
3. 洞口子网一般应布设成_____或_____，各控制点间应尽量通视。
4. 隧道外高程控制测量应从隧道一端的线路水准基点联测至_____线路水准基点。
5. 洞内平面控制网宜布设成_____，每个环由4~6条边构成。
6. 洞内高程控制点应每隔_____m设置一对，采用水准测量往返观测。
7. 导线测设中线点，采用极坐标放样，一次测设不应少于3个。直线上通常用串线法检核，曲线一般置镜_____检测偏角。

二、选择题

1. （多选）隧道的正确贯通受纵向、横向、方向和高程等贯通误差的影响，其中关键的是（　　）。
   A. 横向贯通误差　　　　　　　B. 纵向贯通误差
   C. 高程贯通误差　　　　　　　D. 方向贯通误差
2. 隧道洞外控制测量应在隧道开挖前完成。每个洞口平面控制点布设不应少于（　　）个，便于向洞内引测导线。
   A. 1　　　　　B. 2　　　　　C. 3　　　　　D. 4
3. 用于向隧道内传递方向的洞外联系边不宜短于（　　）m。
   A. 200　　　　B. 300　　　　C. 400　　　　D. 500
4. 洞外导线网应沿隧道两洞口连线方向布设成多边形闭合环，每个导线环由（　　）条边构成。
   A. 1~3　　　　B. 2~4　　　　C. 3~5　　　　D. 4~6
5. 每个洞口的水准点不应少于（　　）个，两水准点间高差以水准测量1~2站即可联测为宜。
   A. 1　　　　　B. 2　　　　　C. 3　　　　　D. 4
6. 洞内测量前应先将仪器开箱放置（　　）min左右，让仪器温度与洞内温度基本一致。
   A. 10　　　　B. 20　　　　C. 30　　　　D. 40
7. 导线测设中线点，采用极坐标放样，一次测设不应少于（　　）个。
   A. 1　　　　　B. 2　　　　　C. 3　　　　　D. 4
8. 长度大于800 m的隧道，隧道贯通后，应在洞内施测（　　）控制点。
   A. CPⅠ　　　　B. CPⅡ　　　　C. CPⅢ　　　　D. CPⅣ

三、论述题

隧道全断面开挖的施工中线如何测设？

四、案例题

新建张家口至呼和浩特铁路站前工程 ZH20-5 合同段一分部，起于集宁新区六间房村，与 ZHZQ-4 合同段相接于 DK167+550，而后经察哈尔右翼前旗止于卓资山县芦家卜子村，桩号为 DK179+950。本标段隧道共长 6 134 m/4 座，分别为东土村隧道（长 4 560 m）、益元兴隧道（长 474 m）、西土村隧道（长 560 m）、芦家卜子隧道（长 540 m），其中Ⅱ级围岩段长 1 160 m、Ⅲ级围岩段长 1 663 m、Ⅳ级围岩段长 1 742 m、Ⅴ级围岩段长 1 569 m。

请根据相关专业规范和技术文件，编写隧道施工测量专项方案。

项目 4

高速铁路线下工程变形监测

学习目标

1. 知识目标

（1）掌握路基沉降监测的方法及精度要求。

（2）掌握桥梁变形监测网的布设方法及技术要求。

（3）掌握隧道沉降监测和水平位移监测的技术要求和精度要求。

（4）掌握变形监测的数据处理方法和各类监测设备的使用方法。

2. 能力目标

（1）能够根据实际情况布设变形监测网。

（2）能够合理布设路基沉降观测点以及进行监测。

（3）能够进行桥梁变形监测以及对监测数据进行处理。

（4）能够在隧道洞内外合理布设沉降和水平位移监测点，并对监测数据进行处理。

3. 素养目标

（1）树立学生的质量意识，培养其严谨求实的工匠精神。

（2）培养学生的辩证思维，树立其诚实守信的工作作风。

知识链接

高速铁路线下工程沉降变形观测是在工程建设周期内对路基、桥涵、隧道、过渡段等进行沉降观测点的精密监测，全面收集沉降观测数据，通过对沉降观测数据的系统综合分析评估，判定线下工程工后沉降是否达到设计预期值，以及合理确定无砟轨道开始铺设时间、质量等的一项重要技术工作。

高速铁路线下工程沉降观测在整个工程中起着至关重要的作用。应针对不同的施工时段、施工部位进行详细分析，并在实际中科学有序地开展高速铁路沉降变形观测工作，满足高标准、高要求、高效率的要求，并最终为高速铁路平稳、舒适、安全地运营提供扎实的基础保障。

任务 4.1　变形监测的技术要求

【任务描述】

宝兰客运专线是国家中长期铁路规划网"八纵八横"中徐兰高速铁路的重要组成部分，于 2017 年 7 月 9 日建成通车。宝兰高速铁路自东向西主要走行于南陇山与西秦岭北缘过渡带中山区、天礼盆地黄土覆盖的低山丘陵区和黄土高原沟壑梁峁区，沿线自然环境复杂、不良地质多发，线路所经天水地区，被称为中国的"滑坡之乡"。请根据相关规范和规程，针对线路在天水境内频发的滑坡现象制订一个滑坡监测的技术方案和简要说明。

【引入案例】

新丝路上的宝兰线

【案例解读】

宝兰客运专线在修建过程中每 50 m 布设一个观测点，401 km 的线路上布设有 9 000 多个观测断面、27 000 多个观测点，约 200 万组观测数据。严密的变形观测网保证了宝兰客专工程质量和运行要求，使得线路具有非常高的平顺性，保证了高速列车运行的平稳性、旅客乘坐的舒适性和安全性。因此，高速铁路沉降变形观测是一项铁路建设必需且高标准、高要求的工作。

【知识储备】

线下构筑物的变形值是无砟轨道铺设条件评估的重要参数。为了满足变形评估的需要，确定无砟轨道的铺设时机，以及为运营养护、维修提供依据，在工程设计阶段，应对变形监测进行规划和设计，施工阶段应建立构筑物变形监测网，对线下构筑物进行变形测量。变形测量根据变形观测点水平位移的点位中误差、垂直位移的高程中误差和相邻点高差中误差的大小共划分为 4 个等级，见表 4-1。

表 4-1　变形测量等级及精度

变形测量等　级	垂直位移观测		水平位移观测
	变形观测点的高程中误差/mm	相邻变形观测点的高差中误差/mm	变形观测点的点位中误差/mm
一等	±0.3	±0.1	±1.5
二等	±0.5	±0.3	±3.0
三等	±1.0	±0.5	±6.0
四等	±2.0	±1.0	±12.0

一等属于高精度观测，二、三等为一般常用的变形观测（采用常规仪器和作业方法即可达到），四等为低精度的变形观测。变形测量的主要内容有建立变形监测网、设置变形测量点以及实施变形观测。

知识点 1　变形监测基准网

变形监测网包括水平位移监测网、垂直位移监测网。变形测量以测定变形体的变形量为目的，可采用工程独立坐标系，但为了实现一网多用、"三网合一"，应与施工控制网联测。

1. 水平位移监测网的建立应符合的规定

（1）水平位移监测网可采用工程独立坐标系，基准点和工作基点同时布设，一次布网完成。不能利用 CPⅠ和 CPⅡ控制点的监测网，至少应与一个 CPⅠ或 CPⅡ控制点联测，以便引入线路控制网平面坐标系统，实现水平位移监测网坐标与施工平面控制网坐标的相互转换。

（2）控制点宜采用有强制归心装置的观测墩，照准标志应采用强制对中的觇牌或红外测距反射片。

（3）水平位移监测网的主要技术要求应符合表 4-2 的规定。

（4）在设计水平位移监测网时，应进行精度预估，选用最优方案。

表 4-2　水平位移监测网的主要技术要求

等级	相邻基准点的点位中误差/mm	平均边长/m	测角中误差/mm	测边中误差/mm	水平角观测测回数		
					0.5″级仪器	1″级仪器	2″级仪器
一等	±1.5	≤300	±0.7	1.0	9	12	—
		≤200	±1.0	1.0	6	9	—
二等	±3.0	≤400	±1.0	2.0	6	9	—
		≤200	±1.8	2.0	4	6	9
三等	±6.0	≤450	±1.8	4.0	4	6	9
		≤350	±2.5	4.0	3	4	6
四等	±12.0	≤600	±2.5	7.0	3	4	6

2. 垂直位移监测网的建立应符合的规定

（1）垂直位移监测网可根据需要独立建网，高程宜采用线路高程控制网系统。不能利用水准基点的监测网，至少应与一个施工高程控制点联测，使垂直位移监测网与线路控制网高程基准一致。

（2）垂直位移监测网应布设成闭合环状、结点或附合水准路线等形式。

（3）水准基点应埋设在变形区以外的基岩或原状土层上，亦可利用稳固的建筑物、构筑物设立墙上水准点。

（4）垂直位移监测网的主要技术要求应符合表4-3的规定。

表4-3 垂直位移监测网的主要技术要求

等级	相邻基准点高差中误差/mm	每站高差中误差/mm	往返较差、附合或环线闭合差/mm	监测已测高差较差/mm	使用仪器、检测方法及要求
一等	0.3	0.07	$0.15\sqrt{n}$	$0.2\sqrt{n}$	DS_{05}型仪器，视线长度≤15 m，前后视距差≤0.3 m，视距累积差≤1.5 m，宜按国家一等水准测量的技术要求施测
二等	0.5	0.15	$0.3\sqrt{n}$	$0.4\sqrt{n}$	DS_{05}型仪器，宜按国家一等水准测量的技术要求施测
三等	1.0	0.30	$0.6\sqrt{n}$	$0.8\sqrt{n}$	DS_{05}或DS_1型仪器，宜按国家二等水准测量的技术要求施测
四等	2.0	0.70	$1.40\sqrt{n}$	$2.1\sqrt{n}$	DS_1或DS_3型仪器，宜按国家三等水准测量的技术要求施测

注：n为测站数。

知识点2 设置变形测量点以及实施变形观测

1. 设置变形测量点

根据变形测量精度要求高的特点，以及标志的作用和要求不同，变形测量点分为基准点、工作基点和变形观测点三类。

（1）基准点。

基准点是变形监测的基准，要求选设在变形影响范围以外，便于长期保存的稳定位置，且基准点的间距不大于1 km。平面基准点宜有强制归心装置。每个独立的监测网应设置不少于3个稳定可靠的基准点。监测网由于自然条件的变化或人为破坏等，不可避免地有个别点位会发生变化。为了验证监测网点的稳定性，应对其进行定期检测，并应以稳定或相对稳定的点作为测量变形的参考点。

（2）工作基点。

工作基点要求选设在比较稳定的位置，在观测期间稳定不变，以测量变形观测点，作为高程和坐标的传递点。平面工作基点宜有强制归心装置。观测条件较好或观测项目较少的工程，可不设立工作基点，在基准点上直接测量变形观测点。

（3）变形观测点。

变形观测点直接埋设在要监测的变形体上，能反映变形体变形特征的位置。变形观测点不但要求设置牢固，便于观测，还要求形式美观，结构合理，且不破坏变形体的外观和使用。

2. 实施变形观测

每次变形观测前，应对所使用的仪器和设备进行检验校正，并保留检验记录。变形观测的测量面积小，精度要求高，为了将观测中的系统误差减到最小，达到提高精度的目的，每次观测时，宜采用相同的图形或观测路线和观测方法，使用同一仪器和设备，由固定的观测人员在基本相同的环境和观测条件下工作。

（1）水平位移测量。

水平位移测量采用前方交会法时，交会角应在60°～120°之间，并宜采用三点交会；采用经纬仪投点法和小角法时，对经纬仪的垂直轴倾斜误差，应进行检验。当垂直角超出±3°范围时，应进行垂直轴倾斜改正；采用极坐标法时，其边长应采用全站仪测定。当采用尺丈量时，不宜超过一尺段，并应进行尺长、拉力、温度和高差等项改正；采用视准线法时，其测点埋设偏离基准线的距离不应大于2 cm。对活动觇标的零位差应进行测定。

（2）垂直位移测量。

垂直位移观测点的精度和观测方法应符合表4-4的规定。垂直位移观测的各项记录，应注明观测时的气象和荷载变化情况。

表4-4　垂直位移观测点的精度要求和观测方法

等级	高差中误差/mm	相邻点高差中误差/mm	观测方法	往返较差、附合或环线闭合差/mm
一等	±0.3	±0.1	除宜按国家一等精密水准测量外，尚需设双转点，视线≤15 m，前后视距差≤0.3 m，视距累计差≤1.5 m	$0.15\sqrt{n}$
二等	±0.5	±0.3	宜按国家一等水准测量	$0.3\sqrt{n}$
三等	±1.0	±0.5	宜按国家二等水准测量	$0.6\sqrt{n}$
四等	±2.0	±1.0	宜按国家三等水准测量	$1.40\sqrt{n}$

知识点3　测量成果整理

构筑物变形测量的相关资料应在竣工交验时一并移交给接收单位。每一项目的工程变形测量任务完成以后，应提交下列综合成果资料：

（1）施测方案与技术设计书。

（2）控制点与观测点平面布置图。

（3）标石、标志规格及埋设图。

（4）仪器检验与校正资料。
（5）观测记录手簿。
（6）平差计算、成果质量评定资料及测量成果表。
（7）变形过程和变形分布图表。
（8）变形分析成果资料。
（9）变形测量技术报告。

【能力训练】

一、填空题

1. 在工程设计阶段，应对线下构筑物变形监测进行规划和设计，施工阶段应建立构筑物_____，对线下构筑物进行变形测量。
2. 变形测量的主要内容有_____、_____以及_____。
3. 变形监测网包括_____监测网和_____监测网。
4. 变形监测水平位移监测网控制点宜采用有_____的观测墩，照准标志应采用强制对中的觇牌或红外测距反射片。
5. 变形监测垂直位移监测网可根据需要独立建网，高程宜采用_____控制网系统。
6. 变形监测垂直位移监测网应布设成_____、_____或_____等形式。
7. 变形观测点应直接埋设在要监测的_____上，能反映变形体变形特征的位置。
8. 构筑物变形测量的相关资料应在_____时一并移交给接收单位。

二、选择题

1. 变形监测测量点分为（　　）类。
   A. 基准点　　　B. 工作基点　　　C. 变形观测点　　　D. 控制点
2. 基准点是变形监测的基准，要求选设在变形影响范围以外，便于长期保存的稳定位置，且基准点的间距不大于（　　）km。
   A. 1　　　　　B. 2　　　　　C. 3　　　　　D. 4
3. 每次观测时，宜采用（　　）的图形或观测路线和观测方法，使用同一仪器和设备，由固定的观测人员在基本相同的环境和观测条件下工作。
   A. 不同　　　　B. 相同　　　　C. 都可以
4. 在变形监测时，水平位移测量采用前方交会法时，交会角应在（　　）之间，并宜采用三点交会。
   A. 30°～60°　　B. 40°～90°　　C. 50°～120°　　D. 60°～120°

任务 4.2　路基变形监测

【任务描述】

新建北京至天津滨海新区铁路宝坻至滨海新区段 JBSG-1 标段起止里程为 DK（YDK）96+710～DK116+93.73，线路长度为 19.31 正线公里。路基长为 1.658 km，起止里程为 DK114+438.88～DK116+093.73，线上为无砟轨道结构，线下基础结构为填方路基，填方高度为 6 m。本标段路基设置 50 个监测断面进行沉降变形观测，采用二等水准测量。请根据相关规范（如现行《国家一、二等水准测量规范》GB/T 12897，《高速铁路工程测量规范》TB 10601 等）要求，编制一份填方路基沉降观测实施方案。

【引入案例】

浙大实验室里"跑"高铁　探寻解决路基沉降之道

【案例解读】

高速铁路上列车要平稳运行，路基的沉降必须控制在 15 mm 之内。如果沉降过大，小则发生车身颠簸，影响舒适度，大则有可能引发列车安全问题。路基沉降的重要原因是列车运行产生的荷载。以前的路基沉降控制理论与技术，都是以低速列车为研究对象的，但是现在情况变了，时速 350 km 的高铁时代已经来了，对路基的要求越来越高。中国科学院院士、浙江大学岩土工程研究所所长陈云敏教授以及他的团队经过长期钻研，成功提出了一套车辆-轨道-路基耦合动力分析理论，从而能细致地刻画列车运行引发路基沉降的种种复杂效应，解决高速列车在运行时高速铁路路基产生的较大变形监测问题。

【知识储备】

知识点 1　路基工后沉降控制标准

无砟轨道地段路基可压缩性地基均应进行沉降分析。《高速铁路设计规范》（TB 10621—2014）规定：路基在无砟轨道铺设完成后的工后沉降，应满足扣件调整和线路竖曲线圆顺的要求，工后沉降一般不应超过扣件允许的沉降调高量 15 mm；沉降比较均匀，长度大于 20 m 的路基，允许的最大工后沉降量为 30 mm。

知识点 2　路基沉降观测的内容及方法

1. 沉降观测内容

（1）路基面沉降观测。
（2）地基沉降观测。
（3）过渡段不均匀变形沉降观测。
（4）路堤边坡及坡脚位移观测。
（5）路堤填土分层沉降观测。

路基沉降观测以路基面沉降观测和地基沉降观测为主。

2. 沉降观测的方法

路基工程水准观测路线按国家二等水准观测精度要求形成附合水准路线，沉降观测点位布设及水准线路如图 4-1 所示。

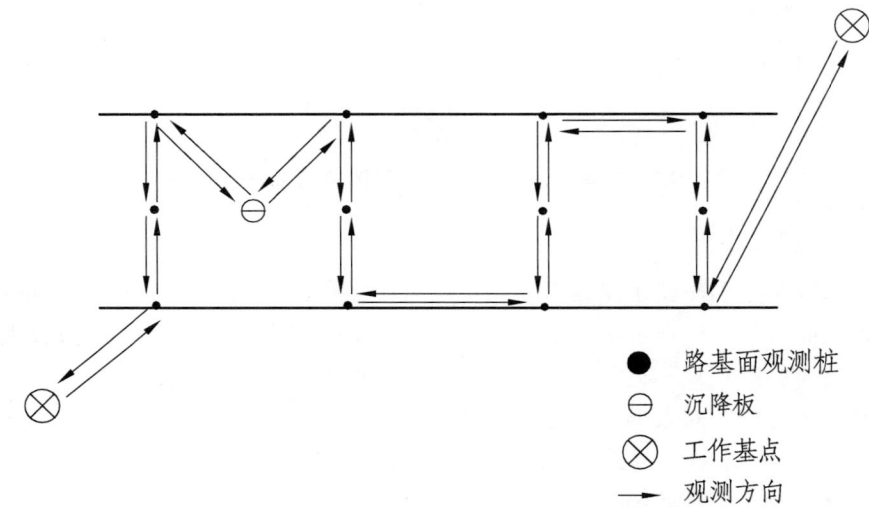

图 4-1　路基工程沉降观测点位布设及水准路线观测

（1）横剖面沉降监测方法。

采用横剖仪和水准仪进行横剖面沉降观测。每次观测时，首先用水准仪测出横剖面一侧的观测桩顶高程，再把横剖仪放置于观测桩顶测量初值，然后用横剖仪测量各测点。区间每 2 m 测量一点，车站内测点间距可为 3 m。

（2）沉降板观测方法。

采用图 4-1 所示的水准测量方法，按测量精度要求和频次定期观测沉降板测杆顶面测点高程。沉降板观测时应在测杆头上套一个专用的测量帽。测量帽下部以刚好套入测杆为宜，测量帽上部为一半球形的测点。在沉降板测杆接高时应同时测量接高前后的测杆高程。

（3）路肩沉降观测桩观测方法。

采用图 4-1 所示的水准测量方法，按测量精度要求和频次定期观测路肩观测桩顶面测点高程。

(4) 位移观测边桩观测方法。

采用水平位移观测方法,观测边桩水平位移。

(5) 观测精度。

路基沉降观测水准测量的精度为±1 mm,读数取位至0.1 mm,剖面沉降观测的精度应不低于8 mm/30 m。位移观测测距误差为±3 mm,方向观测水平角误差为±2.5″。

知识点 3　观测断面的设置

沉降观测装置应埋设稳定,观测期间应对观测装置采取有效的保护措施。根据经验,主设的观测设施的有效性以及对其保护是否得力,是决定整个观测工作成败的关键。各部位观测点应设在同一横断面上,这样有利于测点保护,便于集中观测,统一观测频率,更重要的是便于各观测项目数据的综合分析。

路基沉降观测断面及观测断面上观测点的布置应根据地形地质条件、地基处理方法、路堤高度、地形地势的起伏情况和堆载预压等具体情况,结合沉降预测方法和工期要求具体确定,同时还应根据施工核对的地质、地形等情况进行调整或增设。

1. 观测断面的设置原则

(1) 路基沉降观测以地基沉降观测和路基面沉降为主,如图4-2和图4-3所示。沉降变形观测断面应根据不同的地基条件、不同的结构部位等具体情况设置;测点的设置位置应满足设计要求,同时还应针对施工掌握的地质、地形等情况进行调整或增设。

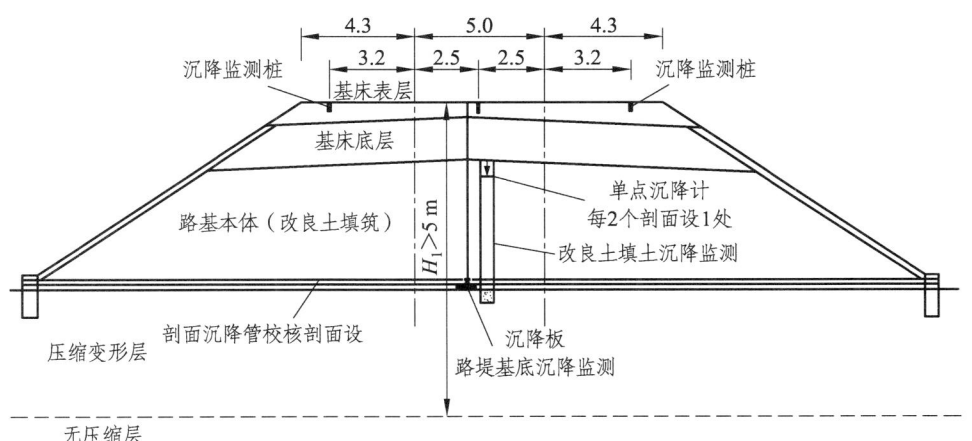

图 4-2　地基沉降变形监测断面(单位:m)

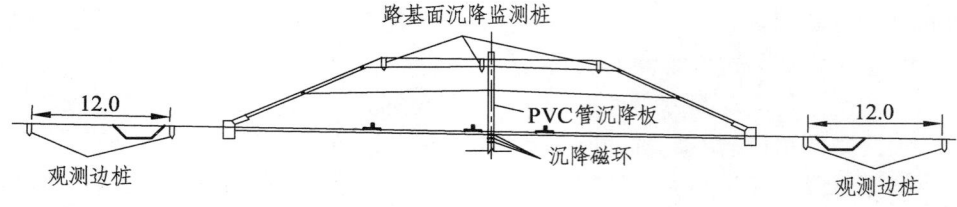

图 4-3　路基沉降变形监测断面（单位：m）

（2）观测点应设在同一横断面上，这样有利于观测点的看护，便于集中观测，统一观测频率，更重要的是便于各观测数据的综合分析。

（3）地基沉降监测，每 100~150 m 设一个监测断面，路桥过渡段必须设置。对于路基面沉降监测，路堤地段每 5~50 m 设一个监测断面，路桥过渡段必须设置，且应加密。在深厚层第四系路桥过渡段及不同地层结构中设置地基分层沉降监测。

（4）路基与不同结构物的连接处应设置沉降观测断面，每个路桥过渡段在距离桥头 2 m、20~30 m 和 50 m 处分别设置一个沉降观测断面，每个横向结构物每侧各设置一个观测断面。

（5）一般路基填筑至路基基床表层顶面，堆载预压的路堤填筑至基床底层表面后，在路基面设观测桩，进行路基面沉降观测，观测时间不少于 6 个月。根据观测结果，分析评价地基最终沉降量完成时间，及时调整设计措施使地基处理达到预定的控制要求。同时作为竣工验收时控制沉降量的依据。

2. 观测点的布置原则

（1）一般路基地段观测断面包括沉降观测桩和沉降板，沉降观测桩每断面设置 3 个，布置于双线路基中心及两侧路肩处，如图 4-3 所示；沉降板每断面设置 1~3 个（软弱地基时 3 个），如图 4-4 所示。

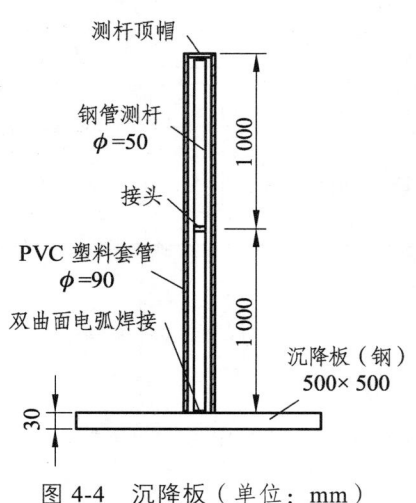

图 4-4　沉降板（单位：mm）

（2）软土、松软土路堤填筑施工过程中在两侧坡角外 2 m、10 m 处设置位移观测边桩，沿路线走向的间距为 50 m。

（3）预压地段。预压期因基床表层尚未施工，路基顶面沉降观测应在预压土方底部（基床底层顶面）布置沉降元件，即在基床底层顶面临时布置沉降板。位移观测以及基底沉降观测布置与无预压段完全一致，预压土方卸除时临时沉降板随之拆除。基床表层施工后，在路基面上设置正式沉降观测桩。

（4）路堤与横向结构物过渡段。在横向结构物顶部沿横向结构物的对角线方向铺设剖面沉降管。横向结构物两侧边缘外设置一个观测断面，包括沉降观测桩、位移观测桩和沉降板。

（5）路堑地段观测断面分别于路基中心、两侧路肩的路基面处各设 1 根沉降观测桩，观测路基面的沉降。

（6）深厚层地基分层沉降监测：土层、全风化层厚度≥10 m（软土、松软土厚度>6 m）的地基，每隔 50 m 设置一处深层沉降监测剖面，过渡段路基必须设置。在路基中心地基中设置高精度智能型串联式分层沉降计，分层厚度为 2.0～3.0 m，在路基填筑前钻孔埋设。每个剖面一个测孔。

当地表横坡大于 20%时，于线路中心、较高侧或压缩层较厚侧的线路外侧 3.1 m 处分别采用智能型分层沉降计监测，除埋设高精度智能型单点沉降计监测外，每个剖面设 2 个测点。

知识点 4　观测断面元器件的埋设

各类路基变形监测观测断面及点的设置、观测元器件布置应按设计图纸要求设置，应对每个工点观测断面观测类型、埋设里程及设置数量，埋设沉降观测元器件的种类、数量进行统计并填写沉降观测断面、点布置统计表。

路基沉降变形观测装置原则上以沉降板、沉降变形观测桩和剖面沉降管为主。采用自动监测装置的，其自动监测系统必须有法定计量部门出具的证明，并制订详细的实施方案。

1. 沉降板的埋设

（1）沉降板几何尺寸。

沉降板由底板、金属测杆（ϕ40 mm 镀锌铁管）及保护套管［ϕ75 mm 聚氯乙烯（PVC 管）］组成，底板几何尺寸为 50 cm×50 cm，板厚宜为 10～30 mm，每节测杆长 0.5 m，如图 4-4 所示。

（2）埋设要求。

埋设位置处垫 10 cm 砂垫层找平，确保测杆铅垂；放置好沉降板后，回填一定厚度的垫层，然后套上保护套管，保护套管的高度略低于测杆以便于观测。沉降板埋设就位后测量测杆顶面高程作为初始读数。套管顶部应加盖封住管口，随后在套管周围填筑填料稳定套管，并用六棱混凝土块做好防护。

（3）接管。

随路基填筑施工逐渐接高沉降板测杆和保护套管，接高长度以 1 m 为宜，接高前后应测量测杆顶高程。金属测杆用内接头连接，保护套管用PVC管外接头连接。

2. 路基面沉降监测桩的埋设

以 ϕ20 mm 不锈钢棒顶部磨圆并画"十"字线为观测标志，底部焊接弯钩，待基床表层级配碎石施工完成后，在监测断面将监测点埋设在设计位置，埋深为0.3 m，桩周0.15 m用C20混凝土浇筑固定，混凝土初凝后观测初读数，如图4-5所示；埋设路基面沉降监测桩时，应注意避开水沟电缆槽的位置，如遇到和水沟电缆槽位置冲突的情况应及时和设计单位联系，变更监测点的埋设位置；路基面沉降监测点埋设的高度宜高出保护层10 mm。

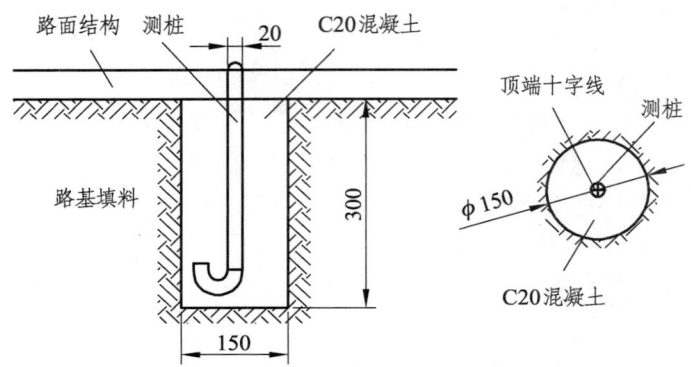

图4-5 路基面沉降监测桩埋设（单位：mm）

3. 位移边桩的埋设

在两侧路堤坡脚外2 m及12 m处各设一个位移观测边桩，边桩采用C15钢筋混凝土预制，断面尺寸为15 cm×15 cm，长度不小于1.6 m，预制桩以 ϕ20 mm 不锈钢棒顶部磨圆并刻画"十"字线为观测标志，桩周用C20混凝土浇筑固定，确保观测桩埋设稳固。埋设后用全站仪测量观测标志的坐标、高程作为初始读数。

4. 剖面沉降管的埋设

路基基底剖面沉降管在路基地基加固施工完毕后，填土至0.6 m高并碾压密实后开槽埋设，开槽宽度为20~30 cm，开槽深度至路基加固层顶面，槽底回填0.3 m厚中粗砂，在槽内敷设沉降管（沉降管内穿入拉动测头的镀锌钢丝绳），沉降管上夯填中粗砂至与碾压面平齐，沉降管埋设位置挡土墙处应预留孔洞。沉降管埋设完成后在两头设置0.5 m×0.5 m×0.95 m的C20混凝土保护墩，两头砌筑观测坑，并加设盖板，做坑内排水，并在一侧管口处埋设观测桩。待上一层填料压实稳定后，连续观测数日，取稳定读数为初始读数。

5. 单点沉降计

单点沉降计是一种埋入式电感调频类智能型位移传感器，由点测位移传感器、测杆、锚头、锚板及金属软管、塑料波纹管等组成。采用钻孔引孔埋设，钻孔孔径为 108 mm，钻孔应垂直，孔深应与沉降仪总长一致，孔口应平整；当地基采用桩处理时，应埋设于桩间形心处；沉降计安装时，锚板朝下，法兰沉降板朝上，并用拉绳保护防止元件掉落，然后将沉降计底端锚板压至设计深度；每个断面埋设完成后，将位移导线用钢丝波纹管保护好后引出，且应挖槽集中从一侧引出路基，引入坡脚观测箱内，位移导线要适当保持松弛。

6. 位移监测桩的埋设

待路堑开挖至埋桩位置后将 $\phi 20$ mm、长 0.6 m 的钢钎打入设计位置，埋设深度为 0.6 m，桩周上部 0.2 m 用混凝土浇筑，埋桩完成后用全站仪测量初始度数。

7. 测斜管的埋设

路堑开挖至测斜管设计埋设高程位置时开始钻孔埋设测斜管，钻孔垂直偏差率应小于 1.5%，并无塌孔缩孔现象，钻孔深度不应小于设计深度；埋设前应按设计用螺钉进行预组装，管底用底盖封住，用外接头连接导管，相邻两段测斜管随埋随接，直至压入孔底就位；调整测斜管内十字槽方向与观测断面方向一致后，安装测斜管顶盖，并在管周回填中粗砂，灌水使其密实；用水泥固定观测盒对孔口进行长期保护，待测斜管稳定后观测初始读数。

知识点 5　沉降观测点的防护

在路基堆载期间，要加强对沉降观测桩的保护工作。沉降观测点的破坏主要有两种情况：一是现场施工机械的碾压破坏；二是沉降管被盗窃破坏。路基在填筑阶段，沉降管应高出填筑表面，并用醒目的标志进行标识，为防止沉降管被盗窃破坏，接管后应将接头处焊死，沉降管与 PVC 保护管之间用细砂填充。当路基填建至设计高程后，沉降管埋设高度宜低于设计填筑高程 0.1 m，最上一节采用 $\phi 200$ 的 PVC 保护管，保护管周围用砂浆浇筑，浇筑深度为 0.3 m。

由于路基沉降观测点受施工干扰大，破坏情况较多，保护困难，因此，测量期间应派专人对沿线沉降观测点进行巡查，一旦发现观测桩被破坏应尽快予以恢复，并对恢复的桩点进行观测，后续沉降量与上期累计沉降量累加。

知识点 6　路基沉降观测周期及频次

路堤地段从路基填土开始进行沉降观测；路堑地段从级配碎石顶面施工完成开始观测。路基填筑完成或施加预压荷载后应有不少于 6 个月的观测期。观测数据不足以评估或工后沉降评估不能满足设计要求时，应延长观测时间或采取必要的加速或控制沉降的措施。

在沉降观测实施过程中，观测时间的间隔还要根据地基的沉降值和沉降速率进行调整。当两次连续观测的沉降差大于 4 mm 时应加密观测频次；当出现沉降突变、地下水变化及降雨等外部环境变化现象时应增加观测频次。观测应持续到工程验收交由运营管理部门继续观测。

路基施工中、施工后以及无砟轨道施工后应进行沉降观测，路基沉降观测的频次不低于表 4-5 的规定。当环境条件发生变化或数据异常时，应及时观测。

表 4-5 路基沉降观测频次

观测阶段	观测频次	观测频次	平行观测频次
填筑或堆载	一般	1 次/d	1 次/3d
	沉降量突变	2~3 次/d	1 次/d
	两次填筑间隔时间较长	1 次/3d	1 次/9d
堆载预压或路基填筑完成	第 1~3 个月	1 次/周	1 次/3 周
	第 4~6 个月	1 次/2 周	1 次/月
	第 6~8 个月	1 次/3 周	1 次/月
	8 个月以后	1 次/月	1 次/2 月
架桥机（运梁车）通过	全程	首次通过前 1 次，首次通过后前 3 天 1 次/d，以后 1 次/周	首次通过前 1 次，首次通过后 1 次，以后 1 次/3 周
无砟轨道铺设后	第 1 个月	1 次/2 周	1 次/月
	第 2、3 个月	1 次/月	1 次/2 月
	第 3~12 个月	1 次/3 月	1 次/6 月

所有元器件埋设后必须测试初始读数。在路堤填筑前必须进行复测，作为初始读数。过渡段沉降观测应以路基面沉降和不均匀沉降观测为主，沉降观测周期和频次与路基相同。

知识点 7　观测技术要求及精度

1. 路基观测技术要求

（1）为了观测各部位的沉降，从路基填土开始，沉降观测也随即进行。预压地段，按照相关要求在基床底层顶面设置临时沉降观测桩；非预压地段，在基床表层的级配碎石填筑前，在路基中心及两侧路肩处设置临时沉降观测桩。临时沉降观测桩的材质、埋置要求及观测标准与正式的沉降观测桩完全相同，待预压土卸载时，临时沉降观测桩随之拆除或废弃，沉降板测杆随之降低，待基床表层的级配碎石铺设完成后，按照相关要求埋设正式的沉降观测桩，开始观测路基沉降。

（2）沉降板随着预压土的填筑而提高，随预压土的卸载而降低，观测连续进行，剖面沉降管和位移观测桩不受预压土的影响。

（3）沉降设备的埋设在施工过程中进行，施工单位的填筑施工要与设备的埋设做好协调，做到互不影响。观测设施的埋设及沉降观测工作应按要求进行，不能影响路基填筑质量。

（4）观测过程中发现异常必须及时查明原因，尽快妥善处理。

（5）路基填筑过程中应及时整理路堤边桩位移及中心沉降观测点的沉降量，当边桩水平位移大于 5 mm/d，垂直位移大于 10 mm/d，路堤中心地基处沉降观测点沉降量大于 10 mm/d 时，应及时通知项目部，并要求停止填筑施工，待沉降稳定后再恢复填土，必要时采用卸载措施。

（6）元件保护要求。

① 各工程项目部应成立专门小组，进行元器件的埋设、测量和保护工作，小组人员分工明确、责任到人。

② 元件埋设时应根据现场情况进行编号，有导线的元件应将导线引出至路基坡脚观测箱内。

③ 沉降板附近 1 m 范围内土方应采用人工摊平及小型机具碾压，不得采用大型机械推土或碾压，并配备专人负责指导，以确保元器件不受损坏。

④ 各施工队应制定稳妥的保护措施并认真执行，确保元器件不因人为、自然等因素而破坏。元器件埋设后，制作相应的标识旗或保护架插在上方；在路堤填筑过程中，派专人负责监督观测断面的填筑。

2. 观测精度

高速铁路无砟轨道路基工后沉降限值的数量级为毫米，因此，路基沉降观测水准测量的精度为 ±1.0 mm，读数取位至 0.1 mm；剖面沉降观测的精度不低于 4 mm/30 m。位移观测测距误差为 ±3 mm；方向观测水平角误差为 ±2.5″。

3. 过渡段观测技术要求

（1）过渡段应考虑线路纵向平顺性和不同结构物差异沉降的观测和评估，于不同结构物起点处，距起点 5～10 m、20～30 m 处分别设置观测断面。剖面沉降观测应沿线路斜向连续观测，每个横向结构物每侧各设置一个观测断面。

（2）过渡段观测点设置参照路堤，同时在横向结构物顶面埋设一根剖面沉降管。

（3）沉降观测装置的具体埋设位置应符合设计要求，且埋设稳定。观测期间应对观测装置采取有效的保护措施。

知识点 8　路基工后沉降预测与评估

1. 判定标准

（1）根据路基填筑完成或堆载预压后不少于 3 个月的实际沉降观测数据作多种曲线的回归分析，确定沉降变形趋势，曲线回归的相关系数不低于 0.92。

（2）无砟轨道路基的工后沉降值不应大于 15 mm。有砟轨道路基工后沉降不应大于 50 mm。年沉降速率应小于 20 mm；桥台台尾过渡段路基工后沉降不应大于 30 mm。

（3）沉降预测的可靠性应经过验证，间隔不少于 3 个月的两次预测最终沉降的差值不应大于 8 mm。

（4）路基填筑完成或堆载预压后，最终的沉降预测时间应满足下列条件：

$$s(t)/s(t=\infty) \geqslant 75\% \tag{4-1}$$

式中　$s(t)$——预测时的沉降观测值（mm）；

　　　$s(t=\infty)$——预测的最终沉降值（mm）。

注：沉降和时间以路基填筑完成或堆载预压后为起始点。

（5）设计预测总沉降量与通过实测资料预测的总沉降量之差不宜大于 10 mm。

2. 沉降评估方法

沉降评估采用常规的规范双曲线法、修正双曲线法、固结度对数配合法（三点法）、指数曲线法、沉降速率法、星野法、Asaoka 法、灰色系统法 GM（1，1）等算法。如图 4-6 所示为某区段内路基与相邻桥（涵）隧结构预测及实测沉降变形曲线对比。

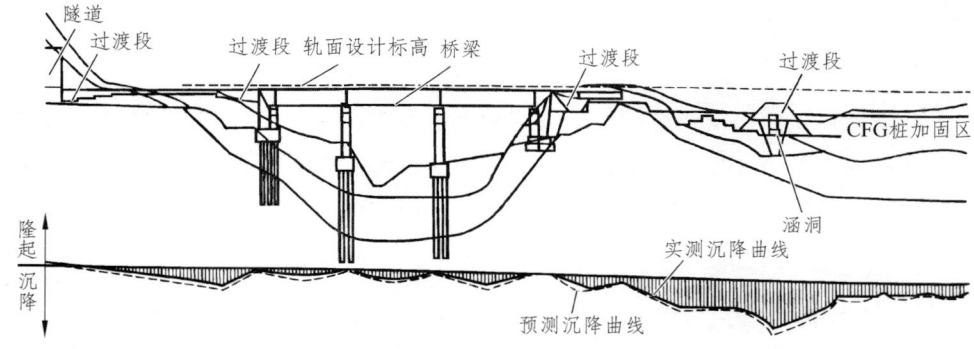

图 4-6　某区段预测及实测沉降变形曲线对比

3. 工后沉降的计算

设计工后沉降量按照 $S_{工后}=S_1+S_2$ 计算。其中：S_1 为路基铺轨后运营 100 年发生的沉降，采用曲线回归方法获得；S_2 为无砟轨道结构自重荷载发生的沉降，计算用压缩模量可根据观测资料反算获得。

【能力训练】

一、填空题

1. 路基在无砟轨道铺设完成后的工后沉降，应满足_____和_____的要求。

2. 路基工程水准观测路线按_____观测精度要求形成附合水准路线。

3. 路基沉降观测以_____和_____观测为主，观测点应设在同一横断面上。

4. 路基沉降观测时，若采用位移观测边桩观测方法，就是采用水平位移观测方法，观测_____。

5. _____施工后，在路基面上设置正式沉降观测桩。

6. 路堑地段观测断面分别于_____两侧_____的路基面处各设1根沉降观测桩，观测路基面的沉降。

7. 路堤地段，从_____开始进行沉降观测；路堑地段，从_____施工完成开始观测。

8. 路基沉降变形观测装置原则上以_____、_____和_____为主。

9. 无砟轨道路基的工后沉降值不应大于_____mm。有砟轨道路基工后沉降不应大于_____mm。

二、选择题

1. 路基沉降观测以（　　）为主。
   A. 路面沉降观测　　　　　　　　B. 地基沉降观测
   C. 路堤边坡位移观测　　　　　　D. 路堤填土沉降观测

2. 一般路基填筑至路基基床表层顶面，堆载预压的路堤填筑至基床底层表面后，在路基面设观测桩，进行路基面沉降观测，观测时间不少于（　　）个月。
   A. 2　　　　　　B. 3　　　　　　C. 5　　　　　　D. 6

3. 一般路基地段观测断面包括沉降观测桩和沉降板，沉降观测桩每断面设置（　　）个。
   A. 2　　　　　　B. 3　　　　　　C. 4　　　　　　D. 5

4. 随路基填筑施工逐渐接高沉降板测杆和保护套管，接高长度（　　）m为宜，接高前后应测量测杆顶高程。
   A. 0.3　　　　　B. 0.4　　　　　C. 0.5　　　　　D. 0.6

5. 路基沉降板附近（　　）m范围内土方应采用人工摊平及小型机具碾压，不得采用大型机械推土或碾压。
   A. 0.5　　　　　B. 1　　　　　　C. 1.5　　　　　D. 2

6. 根据路基填筑完成或堆载预压后不少于（　　）个月的实际沉降观测数据作多种曲线的回归分析，确定沉降变形趋势，曲线回归的相关系数不低于0.92。
   A. 1　　　　　　B. 2　　　　　　C. 3　　　　　　D. 4

三、绘图题

请绘制路基、涵洞沉降变形观测水准路线观测示意图。

四、简答题

1. 路基沉降观测断面及观测断面观测点的布置原则有哪些？
2. 路基观测断面元器件埋设的要求有哪些？

任务 4.3 桥梁变形监测

【任务描述】

五峰山大桥是连镇高速铁路关键性控制工程,是世界首座高速铁路悬索桥。大桥全长 6409 m,采用单跨悬吊钢桁梁悬索结构。上层为 8 车道高速公路,设计速度为 100 km/h;下层为 4 线高速铁路,设计速度为 250 km/h。五峰山大桥是一座公铁两用桥,因此在修建过程中变形监测控制更加精细。请查阅相关文本及视频资料,按照规范要求编制一份桥梁建设全过程需要对各结构进行变形监测的技术方案。

【引入案例】

连镇高铁五峰山长江大桥,高铁试运行大桥零沉降

【案例解读】

五峰山大桥是世界首座公铁两用悬索桥,其在运行过程中锚锭的沉降必须要控制在误差范围内,3 个月的沉降不得超过 2 mm。在建设人员长期的监测过程中,该桥的锚锭沉降误差在可控范围内,并且在高速铁路同车试运营时为零沉降。从视频中可以看到,在进行锚锭沉降观测时采用的仪器设备是电子水准仪,这就要求仪器操作人员要注重水准仪的规范操作,水准尺扶尺人员也应规范操作,两者必须相互配合,从而保证测量质量。因此,测量人员要树立团结协作的工作意识,具备人员之间的沟通能力,养成工作要求的职业素养,为工作的顺利开展及圆满完成作出贡献。

【知识储备】

知识点 1 桥梁变形监测的内容

桥梁变形监测的内容,应根据桥梁结构类型按表 4-6 选择。

表 4-6 桥梁变形监测项目

类型	施工期主要监测内容	运营期主要监测内容
梁式桥	桥墩垂直位移 悬臂法浇筑的梁体水平、垂直位移 悬臂法安装的梁体水平、垂直位移 支架法浇筑的梁体水平、垂直位移	桥墩垂直位移 桥面水平、垂直位移

续表

类型	施工期主要监测内容	运营期主要监测内容
拱桥	桥墩垂直位移 装配式拱圈水平、垂直位移	桥墩垂直位移 桥面水平、垂直位移
悬索桥 斜拉桥	索塔倾斜、塔顶水平位移，塔基垂直位移 主缆线性形变（拉伸变形） 索架滑动位移 梁体水平、垂直位移 散索鞍相对转动 锚碇水平、垂直位移	索塔倾斜、垂直位移 桥面水平、垂直位移
桥梁两岸 边坡	桥梁两岸边坡水平、垂直位移	桥梁两岸边坡水平、垂直位移

知识点 2　桥梁变形控制标准

1. 梁部

预应力混凝土桥梁上部结构的变形应符合以下规定：

（1）终张拉完成时，梁体跨中弹性变形不宜大于设计值的 1.05 倍。

（2）徐变上拱度：终张拉 60 d 后，$L \leq 50$ m 梁体跨中徐变上拱度不应大于 7 mm；$L > 50$ m 梁体跨中徐变变形不应大于 $L/7\,000$ 或 14 mm。

2. 桥梁墩台

对于桥梁基础的沉降控制，墩台基础的沉降量应按恒载计算。其工后沉降量不应超过下列允许值：

（1）墩台基础均匀沉降量：有砟桥面桥梁的墩台基础均匀沉降量不大于 30 mm；无砟桥面桥梁的墩台基础均匀沉降量不大于 20 mm。

（2）静定结构相邻墩台基础沉降量之差：有砟桥面桥梁的相邻墩台基础沉降量之差不大于 15 mm；无砟桥面桥梁的相邻墩台基础沉降量之差不大于 5 mm。

高速铁路的桥涵沉降控制，主要是控制工后沉降，但是由于受到各种因素的影响，工后沉降的计算值往往偏差很大。因此，有必要进行实测验证，积累观测数据。

3. 框构、旅客地道及涵洞

框构、旅客地道及涵洞的地基为压缩性土地层时，应计算其沉降，铺设有砟轨道时其工后沉降量不应大于 50 mm，铺设无砟轨道时其工后沉降量不应大于相应地段路基的控制标准。

知识点 3　观测点位的建立

1. 观测标

为了满足变形观测的需要，应在承台、桥墩及梁部分别设置观测标。

（1）全线基底（桩底、扩大基础底）位于 W_2、W_3 岩层地段隔墩设置承台观测标，基底置于其他较软地段，每个桥墩均设置承台观测标、墩身观测标。

（2）承台观测标。承台观测标分为承台观测标-1、承台观测标-2，承台观测标-1 设置于底层承台左侧小里程角上；承台观测标-2 设置于底层承台右侧大里程角上；承台观测标埋设应高出表面 3 mm。承台观测标为临时观测标，当墩身观测标正常使用后，承台观测标随基坑回填将不再使用。

（3）墩身观测标。墩身观测标每墩设两处，分为墩身观测标-1、墩身观测标-2，位于墩身两侧。墩身观测标一般设置在墩底高出地面或水位 1.0 m 左右处。当墩身较矮、立尺较困难时，墩身观测标可降低或设置在对应墩身埋标位置的顶帽上。特殊情况下可按照确保观测精度、观测方便、利于测点保护的原则确定相应位置。桥墩上观测标的具体设置位置如图 4-7 所示。

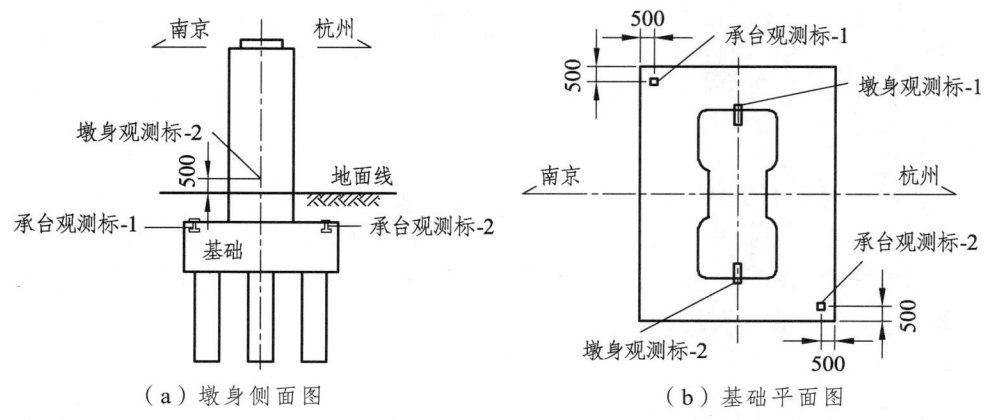

图 4-7 墩台及承台观测标布置（单位：mm）

（4）对原材料变化不大、预制工艺稳定、批量生产的预应力混凝土预制梁，每 30 孔选择 1 孔设置观测标。对实测弹性上拱度大于设计值的梁，其编号前后未观测的梁应补充观测标，逐孔进行观测；其余现浇梁逐孔设置观测标。移动模架施工的梁，对前 6 孔进行重点观测，以验证支架预设拱度的精度。

验证达到设计要求后，可每 10 孔选择 1 孔设置观测标，对实测弹性上拱度大于设计值的梁，其编号前后未观测的梁应补充观测标，逐孔进行观测。

（5）梁体观测标的设置。按设计要求布点，简支梁的一孔梁设置观测标 6 个，分别位于两侧支点及跨中；现浇梁上的观测标，分别在支点、中跨跨中及边跨 1/4 跨附近设置，相邻跨墩顶观测点可共用。测点位置布设如图 4-8 所示。

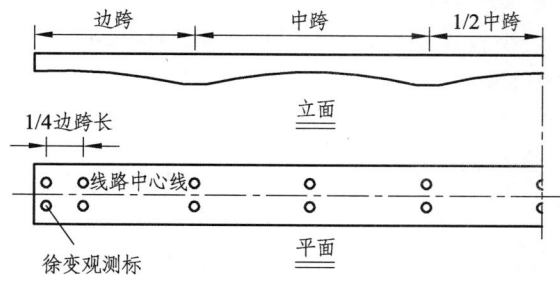

图 4-8 连续梁徐变观测标设置

（6）桥台观测标。桥台观测标原则上应设置在台顶（台帽及背墙顶），分别设在台帽两侧及背墙两侧（横桥向），共设置 4 处。桥台观测标的具体位置如图 4-9 所示。

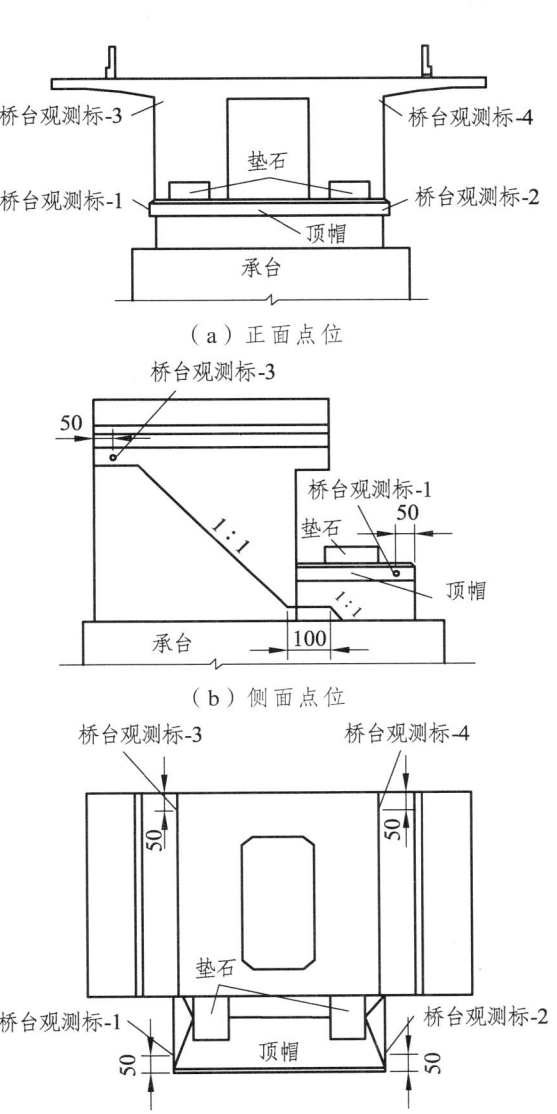

图 4-9 桥台观测标设置（单位：cm）

（7）每座涵洞均要进行沉降观测。观测标原则上应设在涵洞两侧的边墙上，在涵洞进出口及涵洞中心分别设置，每座涵洞测点数量为 6 个。涵洞填土后观测点可从边墙位置移动到帽石上，涵洞进出口的帽石上各设置两个测点，位于帽石两侧位置，具体布置如图 4-10 所示。

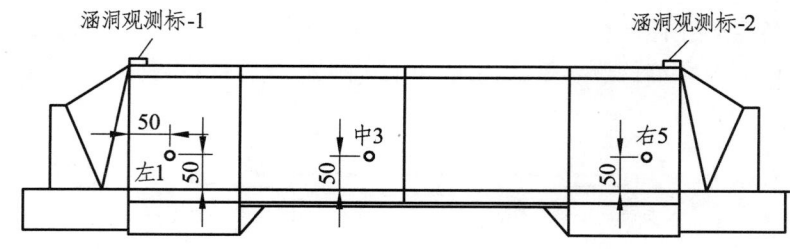

（a）涵洞轴端面

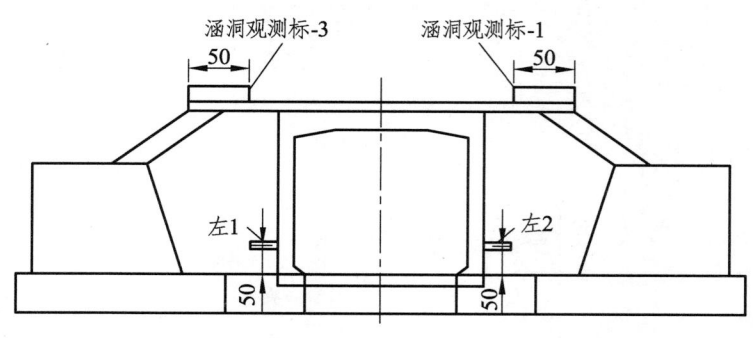

（b）箱身截面

图 4-10　涵洞测位布置（单位：cm）

2. 观测标构造

（1）承台观测标。

承台观测标采用 $\phi 20$ mm 钢筋，顶磨圆并刻画十字，埋置深度不小于 0.1 m，高出埋设表面 3 mm，表面做好防锈处理。完成埋设后测量桩顶标高作为初始读数，如图 4-11 所示。

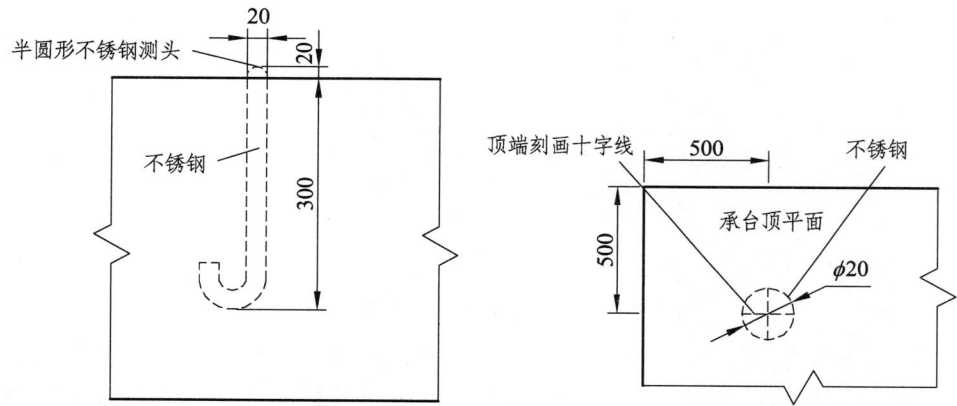

图 4-11　承台观测标布置埋设（单位：mm）

（2）墩身观测标。

墩身观测标采用 $\phi 25$ mm 钢筋或不锈钢元件，如图 4-12 所示。

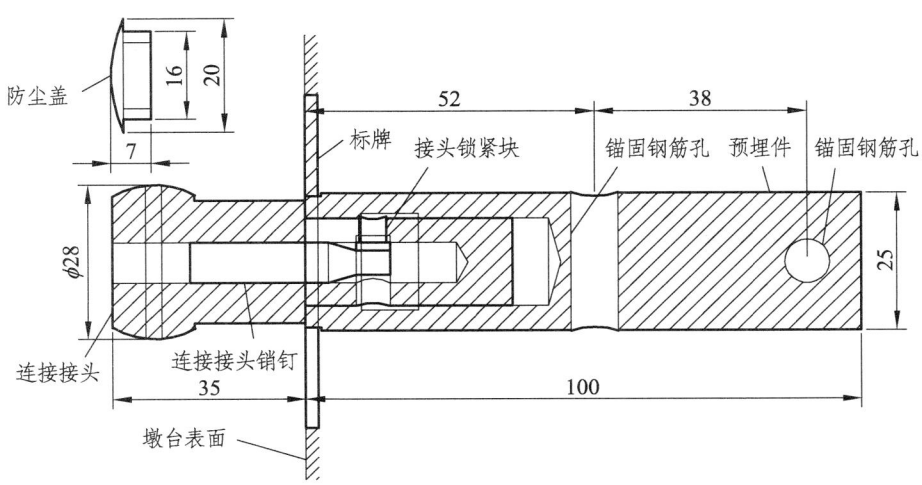

图 4-12 横向安装观测标设置（单位：mm）

（3）桥台观测标、梁体观测标、涵洞观测标可参考承台观测标和墩身观测标设置。

3. 观测方法

下部结构的沉降变形观测按照固定的观测路线和观测方法进行，观测路线必须形成附合或闭合路线，使用固定的工作基点对沉降变形观测点进行观测。

（1）桥梁墩（承）台。

桥梁墩（承）台水准观测路线按国家二等水准观测精度要求形成闭合水准路线，沉降观测点位布设于墩（承）台两侧。水准路线观测如图 4-13 所示。

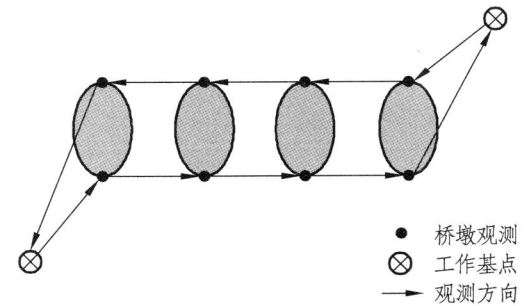

图 4-13 桥梁墩台沉降观测水准路线

（2）桥梁梁部。

桥梁梁部水准观测路线按国家二等水准观测精度要求形成闭合水准路线，沉降观测点位布设及水准路线观测如图 4-14 所示，其中，测点 1、测点 2、测点 3、测点 4 构成第一个闭合环，测点 3、测点 4、测点 5、测点 6 构成第二个闭合环。

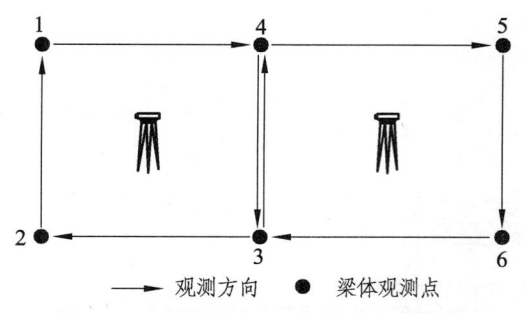

图 4-14 桥梁梁部沉降观测水准路线

对于梁体的变形观测,每孔梁支点之间的梁体变形应以两支点的连线为基准线进行观测计算。由于下部结构沉降变形的影响,该基准线的位置会发生变化,梁体观测点至该基准线的垂直距离利用几何方法计算取得,垂直距离差值就是梁体变形量。

知识点 4　桥梁变形观测的阶段和频次

1. 梁体徐变变形观测

自梁体预应力张拉开始至无砟轨道铺设前,应系统观测梁体的竖向变形。预应力张拉前为变形起始点,变形观测的阶段及频次要满足表 4-7 的要求。

表 4-7　梁体徐变观测频次

观测阶段	观测期限	观测周期	备注
梁体施工完成	—	设置观测点	设置观测点
预应力张拉期间	—	张拉前、后各 1 次	测试梁体弹性变形
预应力张拉完成—轨道板(道床)铺设前	≥3 个月	张拉完成后第 1、3、5 天各 1 次;1~3 月,1 次/周	—
轨道铺设期间	—	铺设前后各 1 次	—
轨道铺设完成后	第 0~3 个月	1 次/月	残余徐变变形长期观测
	第 4~12 个月	1 次/3 月	
	第 12~24 个月	1 次/6 月	

2. 墩台沉降观测

每个墩台从承台施工完成后,就要开始进行沉降首次观测,以后根据表 4-8 中要求的时间间隔进行观测。

表 4-8 墩台沉降观测频次

观测阶段		观测期限	观测频次	平行观测频次	备注
墩台施工到一定高度		—	1次	1次	设置观测点
墩台混凝土施工		全程	完成后1次	完成后1次	相应墩台
预制梁桥	架梁前	全程	1次/月	1次	相应墩台
	预制梁架设	全程	架梁前后各1次	架梁后1次	
桥位施工桥梁	制梁前	全程	1次/月	1次	—
	上部结构施工	全程	荷载变化前1次荷载变化后前3天1次/d	1次	
架桥机（运梁车）通过		全程	首次通过前1次，首次通过后前3天1次/d，以后1次/周	—	相应墩台
桥梁主体工程完工后		第1~3个月	1次/周	1次/月	
		第4~6个月	1次/2周	2次	
		6个月以后	1次/月		
轨道铺设期间		前后	1次	—	
轨道铺设完成后		第1个月	1次/2周		工后沉降长期观测
		第2~3个月	1次/月		
		第4~12个月	1次/3月		
		12个月以后	1次/6月		

注：① 测试墩台沉降时，应同时记录结构荷载状态、环境温度及天气日照情况。
② 架桥机（梁运车）通过时观测要求：第一次通过和第二次通过前后均需要观测；其后每天1次，连续2天，再后每3天1次，连续3次，以后每周1次。

3．涵洞沉降观测

涵洞施工完成后，应系统观测涵洞的沉降。各阶段观测频次要满足表4-9的要求。涵洞顶填土沉降的观测应与路基沉降观测同步进行。

表 4-9 涵洞沉降观测频次

观测阶段	观测频次		备注
	观测期限	观测周期	
涵洞基础施工完成	—		设置观测点
涵洞主体施工完成	全程	荷载有变化前后1次或1次/周	测试点移至边墙两侧
洞顶填土施工	全程	荷载有变化前后1次或1次/周	
架桥机（运梁车）通过	全程	前后各一次	至少进行两次通过前后的观测
涵洞完工至无砟轨道铺设前	≥6个月	1次/周	
无砟轨道铺设期间	≥6个月	1次/周	
无砟轨道铺设完成后	24个月	第0~3个月 1次/月	工后沉降长期观测
		第4~24个月 1次/3月	

注：架桥机（运梁车）通过时观测要求：每天1次，连续2天；其后每3天1次，连续3次，以后每周1次。

知识点 5　桥梁变形评估

1. 判定标准

（1）根据桥涵实际荷载情况及观测数据，应作多个阶段的回归分析及预测，综合确定沉降变形的趋势，曲线回归的相关系数应不低于 0.92。首次进行回归分析时，观测期不应少于桥涵主体工程完工后 3 个月，对于岩石地基等良好地质的桥涵不应少于 1 个月。

（2）墩台基础的沉降量按照恒载计算，其工后均匀沉降量应满足下列要求：
① 对于无砟轨道桥面，墩台的均匀沉降量不大于 20 mm。
② 对于有砟轨道桥面，墩台的均匀沉降量不大于 30 mm。

（3）静定结构相邻墩台沉降量之差应满足下列要求：
① 对于无砟桥面桥梁，相邻墩台沉降量之差不大于 5 mm。
② 对于有砟桥面桥梁，相邻墩台沉降量之差不大于 15 mm。

超静定结构相邻墩台沉降量之差除应满足上述规定外，还应根据沉降差对结构产生的附加应力的影响确定。

（4）框架、旅客地道及涵洞在铺设无砟轨道时，其工后沉降量不应大于 15 mm；铺设有砟轨道时，其工后沉降不应大于 50 mm。

（5）处于岩石地基等良好地质的桥涵，当墩台沉降值趋于稳定且设计及实测沉降总量不大于 5 mm 时，可判定沉降满足无砟轨道铺设条件。

（6）设计预测的总沉降量与通过实测资料预测的总沉降量之差值不宜大于 10 mm。

（7）利用两次回归结果预测的最终沉降的差值不应大于 8 mm。两次预测的时间间隔一般不少于 3 个月，对于岩石地基等良好地质的桥涵不应少于 1 个月。

（8）桥梁主体结构完工至无砟轨道铺设前，沉降预测时间应满足下列条件：

$$s(t)/s(t=\infty) \geqslant 75\% \tag{4-2}$$

式中　$s(t)$——预测时的沉降观测值（mm）；
　　　$s(t=\infty)$——预测的最终沉降值（mm）。

（9）预应力混凝土桥梁上部结构的变形应符合以下规定：
① 终张拉完成时，梁体跨中弹性变形不宜大于设计值的 1.05 倍。
② 扣除各项弹性变形、终张拉 60 d 后，$L \leqslant 50$ m 的梁体跨中徐变上拱度实测值不应大于 7 mm；$L > 50$ m 的梁体跨中徐变变形实测值不应大于 $L/7\,000$ 或 14 mm（L 为梁体长度）。
③ 不能满足上述要求时，应根据梁体变形的实测结果，确定梁体的实际弹性变形及徐变系数，并按式（4-3）估算无砟轨道的最早铺设时间：

$$t:[\phi(\infty)-\phi(t)]\Delta_{弹性} \leqslant \Delta_{允许} \tag{4-3}$$

式中　$\phi(\infty)$——根据实测结果确定的混凝土徐变系数终极值；
　　　$\phi(t)$——根据实测结果确定的铺设无砟轨道时混凝土徐变系数；
　　　$\Delta_{弹性}$——实测梁体终张拉后的弹性变形（mm）。

式（4-3）中 $\Delta_{允许}$ 的取值：当 $L \leqslant 50\ m$ 时，为 10 mm；当 $L>50\ m$ 时，为 $L/5\ 000$ 或 20 mm。

2. 沉降分析

（1）对于一座桥，不仅要进行单个桥墩的沉降分析，同时也要对全桥作综合沉降分析，以控制相邻桥墩的不均匀沉降。当桥很长时，可根据地质情况和施工进度划分区段进行沉降分析。

（2）单个墩台的观测数据根据以下 4 个阶段进行分析：架梁前、架梁后至铺设二期恒载前、铺设二期恒载后至钢轨锁定前、钢轨锁定以后。综合分析时，对于预制梁桥，分析墩台混凝土施工后、架梁前及架梁后三阶段。对于原位施工的桥梁及涵洞，基础沉降应根据实际施工状态及荷载变化情况，划分为基础施工完成至桥墩完成、架梁前后、架梁后至铺设钢轨之前、铺设钢轨至钢轨锁定之前、钢轨锁定之后至正式运营之前、正式运营之后等多个阶段。

（3）桥涵的沉降预测方法参照路基执行。

【能力训练】

一、填空题

1. 桥梁墩台基础均匀沉降量：有砟桥面桥梁的墩台基础均匀沉降量不大于 30 mm；无砟桥面桥梁的墩台基础均匀沉降量不大于_____mm。
2. 梁体的变形监测项目主要内容是_____和_____位移。
3. 为了满足桥梁变形观测的需要，应在_____、_____和_____部位分别设置观测标。
4. 桥台观测标原则上应设置在台顶（台帽及背墙顶），分别设在_____及背墙两侧（横桥向），共设置_____处。
5. 桥台观测标原则上应设置在_____，分别设在_____两侧及背墙两侧（横桥向），共设置 4 处。
6. 下部结构的沉降变形观测按照固定的观测路线和观测方法进行，观测路线必须形成附合或_____路线，使用固定的工作基点对沉降变形观测点进行观测。
7. 桥梁墩（承）台水准观测路线按国家_____等水准观测精度要求形成闭合水准路线，沉降观测点位布设于_____两侧。
8. 单个墩台的观测数据根据以下 4 个阶段进行分析：_____、_____、铺设二期恒载后至钢轨锁定前、_____。

二、选择题

1. 承台观测标埋设应高出表面（　　）mm。
A. 1　　　　　B. 2　　　　　C. 3　　　　　D. 4
2. 墩身观测标每墩设（　　）处，位于墩身两侧。
A. 1　　　　　B. 2　　　　　C. 3　　　　　D. 4

3. 按设计要求布点,简支梁的一孔梁设置观测标(　　)个。
A. 3　　　　　B. 4　　　　　C. 5　　　　　D. 6
4. 对于无砟轨道桥面,墩台的均匀沉降量不大于(　　)mm。
A. 10　　　　B. 20　　　　C. 30　　　　D. 40
5. 对于无砟桥面桥梁,相邻墩台沉降量之差不大于(　　)mm。
A. 3　　　　　B. 4　　　　　C. 5　　　　　D. 6
6. 框架、旅客地道及涵洞在铺设无砟轨道时,其工后沉降量不应大于(　　)mm;铺设有砟轨道时,其工后沉降不应大于 50 mm。
A. 10　　　　B. 15　　　　C. 20　　　　D. 25

三、绘图题
请绘制墩台及承台观测标布置示意图。

四、简答题
1. 简支梁的一孔梁的梁体观测标设置在哪里?
2. 每座涵洞沉降观测的观测点设置在哪里?

任务 4.4　隧道变形监测

【任务描述】

银川至西安的客运专线是国家"八纵八横"铁路网包银通道的重要组成部分,其修建过程中由于穿越众多山区,所以开挖了很多隧道。这些隧道长短不一,但由于地处黄土高原,施工难度大。早胜一号、二号及三号隧道累计全长 25 km,共同构成了中国规模最大的古土壤隧道群。该隧道群全部位于 200 m 以下的古土壤层中,其深度和长度均创造了中国高速铁路建设之最。早胜三号隧道群开挖断面积达 160 m^2,创造了中国高速铁路古土壤隧道断面施工之最。为避免施工中易出现支护变形过大、支护开裂甚至塌方等事故,需要时刻进行拱顶沉降观测和水平位移收敛监测,以保证隧道群能够安全快速地施工。请思考该古土壤隧道群与其他地质条件隧道群有何区别,并根据规范编写一份拱顶沉降监测技术方案。

【引入案例】

隧道变形监测

【案例解读】

通过视频我们可以看出,隧道的监测最主要的就是在施工过程中进行拱顶沉降和水平位移收敛监测。高速铁路建设分为线下基础工程建设和线上轨道部分建设，其变形监测工作也是分阶段进行的，分为线下施工监测期和铺轨条件评估监测期，第一阶段主要为保证隧道施工安全及工程质量，第二阶段沉降变形评估工作主要是对铺轨条件进行评估。针对不同阶段的工作目标进行沉降测量观测，可为整个隧道工程的顺利完工服务。因此，应理解整体目标与局部目标的定位要求，坚定局部服务于整体的目标要求。

【知识储备】

知识点 1　观测断面和观测点位的布设原则

1. 观测断面的布设

（1）Ⅲ级围岩每 400 m、Ⅳ级围岩每 300 m、Ⅴ级围岩每 200 m 布设一个观测断面。明洞地段断面间距为 30 m；不良地质和复杂地质区段，观测断面的间距为一般地段的一半。

（2）隧道洞口里程、隧道分界里程、明暗分界里程、有仰拱和无仰拱衬砌变化里程及所有设置变形缝两侧均应布置观测断面。

（3）隧道基础沉降观测的频次按表 4-10 进行，沉降稳定后可不再进行观测。

表 4-10　隧道基础沉降观测频次

观测阶段	观测频次		
	观测期限	观测周期	平行观测频次
隧道工程完成后	3 个月	1 次/周	1 次/月
无砟轨道铺设完成后	3 个月	0~1 个月　1 次/周	1 次/月
		1~3 个月　1 次/2 周	1 次/月

（4）观测标埋设及沉降观测。隧道沉降水准的测量精度为 ±1 mm，读数取位至 0.1 mm。隧道工程观测标埋设位置如图 4-15 所示。

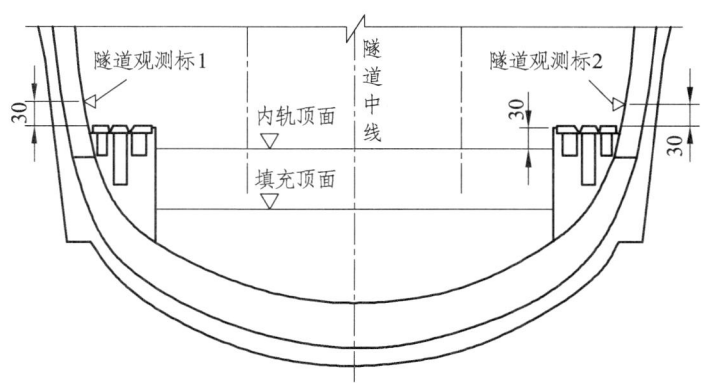

图 4-15　隧道工程观测标埋设位置（单位：cm）

2. 观测点的布设

隧道工程水准观测路线按国家二等水准观测精度要求形成附合水准路线，沉降观测点位布设于观测断面隧道内壁两侧，观测水准路线如图4-16所示。

隧道填充或底板施工完成后，每个观测断面设置两个沉降观测点，分别布置在隧道中线两侧各4.6 m处；变形缝处每个断面设置4个沉降观测点，分别布置在隧道中线两侧4.6 m处和变形缝前后各0.5 m处。

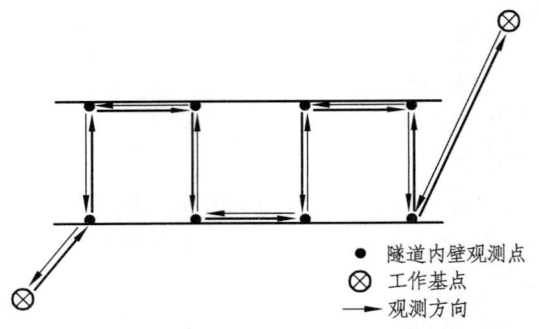

图4-16 隧道工程沉降观测水准路线

在隧道贯通前，隧道各端洞口基准点或工作基点布置不应少于两个。可直接利用各端洞口两个工作基点形成附合水准路线进行测量。

知识点2 观测频率及观测精度要求

1. 观测频率

（1）沉降观测应在衬砌施工结束后立即进行，至隧道沉降稳定，进行定期观测并详细记录观测资料、绘制沉降时程曲线。

（2）沉降变形观测一般不少于3个月。当观测数据不足或工后沉降评估不能满足设计要求时，应适当延长观测期。沉降观测时间分为3个阶段：

① 衬砌施工结束到沉降稳定。

② 无砟轨道铺设期间。

③ 无砟轨道铺设后3个月。

（3）沉降观测频率根据阶段不同而确定，可根据两次观测的沉降量调整沉降观测的频率，但两次的观测沉降量差值不宜大于1 mm。

2. 观测精度要求

隧道工程水准观测路线按国家二等水准观测精度要求形成附合水准路线，沉降观测点位布设于观测断面隧道内壁两侧。在隧道贯通前，隧道各端洞口基准点或工作基点布置不应少于两个。可直接利用各端洞口两个工作基点形成附合水准路线进行测量。沉降水准的测量精度为±1 mm，读数取位至0.1 mm。

知识点3 评估方法及标准

1. 判定标准

（1）地质条件较好、沉降趋于稳定且设计及实测沉降总量不大于 5 mm 时，可判定沉降满足无砟轨道铺设条件。

（2）预测的隧道基础工后沉降不应大于 15 mm。

2. 评估方法

隧道基础的沉降预测方法参照路基执行。

变形监测评估单位工程评估流程如图 4-17 所示。

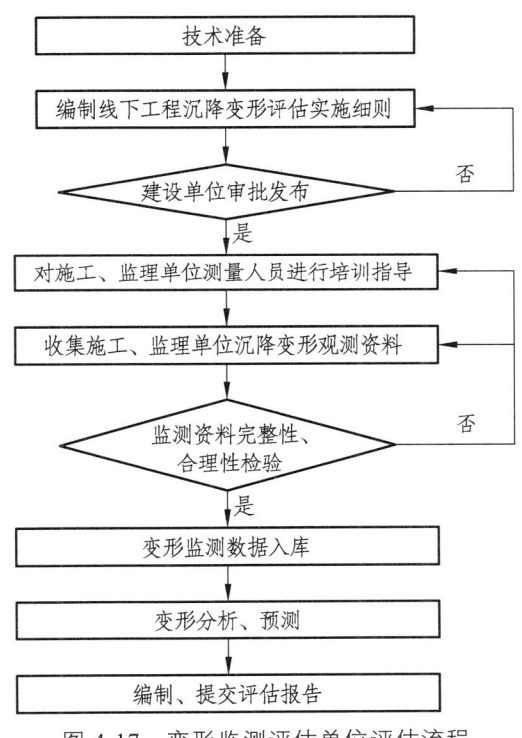

图 4-17 变形监测评估单位评估流程

【能力训练】

一、填空题

1. 隧道Ⅲ级围岩每 400 m、Ⅳ级围岩每_____m、Ⅴ级围岩每_____m 布设一个观测断面。

2. 隧道工程水准观测路线按_____观测精度要求形成附合水准路线，沉降观测点位布设于观测断面_____。

3. 在隧道贯通前，可直接利用各端洞口两个工作基点形成_____路线进行测量。

4. 沉降观测应在衬砌施工结束后立即进行，至_____，进行定期观测并详细记录观测资料、绘制_____。

二、选择题

1. 下列位置需要布置观测断面的有（　　）。
   A. 隧道洞口里程　　　　　　　B. 隧道分界里程
   C. 明暗分界里程　　　　　　　D. 有、无仰拱衬砌变化处
2. 隧道填充或底板施工完成后，每个观测断面设置（　　）个沉降观测点。
   A. 2　　　　　B. 3　　　　　C. 4　　　　　D. 5
3. 隧道变形缝处每个断面设置（　　）个沉降观测点。
   A. 2　　　　　B. 3　　　　　C. 4　　　　　D. 5
4. 隧道沉降变形观测一般不少于（　　）个月。当观测数据不足或工后沉降评估不能满足设计要求时，应适当延长观测期。
   A. 2　　　　　B. 3　　　　　C. 4　　　　　D. 5
5. 沉降水准的测量精度为（　　）mm，读数取位至 0.1 mm。
   A. ±0.5　　　B. ±1　　　　C. ±1.5　　　D. ±2

三、绘图题

请绘制隧道工程沉降观测水准路线示意图。

四、论述题

请简要叙述隧道沉降观测评估方法。

任务 4.5　过渡段工程沉降变形监测

【任务描述】

津秦客运专线起自天津站，终点为秦皇岛站。该线路正线路基长度约 84 km，设计速度为 350 km/h。基底采用水泥粉煤灰碎石桩（CFG 桩）段桩顶设 0.2 m 厚碎石垫层，碎石垫层顶部设 0.1 m 厚 C20 素混凝土垫层，路基下底层为粉质黏土。在路桥过渡段应进行沉降观测，请根据相关技术要求，编制一份过渡段工程沉降变形监测技术方案。

【引入案例】

商合杭铁路横向结构过渡段施工技术交底

【案例解读】

在高速铁路过渡段施工过程的沉降观测工作中，埋设沉降观测板是非常重要

的一项工作,应按照沉降观测与评估实施细则进行。需注意沉降板位置应设置砂垫层找平,保证沉降板位置正确,确保测杆与地面垂直。沉降板的正确设置是沉降监测准确实施的保障,在工作过程中应按规范作业,并保持精益求精的态度。

【知识储备】

知识点1 观测断面和观测点位的布设原则

过渡段(含短路基)观测断面一般按以下原则设置,同时应针对地形地质条件、地基处理方法、路堤高度及堆载预压、施工工期等因素调整或增设:路桥、路涵、堤堑、过渡段沉降观测以路基面沉降和不均匀沉降观测为主,在线路两侧设置路肩观测桩;在线路中心设置沉降板,在距过渡段分界里程两侧各1 m处设置静力水准仪进行沉降差观测。

过渡段应考虑线路纵向平顺性和不同结构物差异沉降的观测和评估,桥涵两端的过渡段、路隧过渡段及堑堤过渡段均需进行沉降观测。

不同结构物起点处和距起点5~10 m、20~30 m处分别设置观测断面;每个横向结构物每侧各设置一个观测断面,沿涵洞轴线设路基观测断面;路堤和路堑分界处设置观测断面;横向结构物顶面埋设一根剖面沉降管。

知识点2 观测元件及观测技术要求

沉降观测点埋设、沉降精度与频次等技术要求参考路基变形监测的内容,见任务4.2。

知识点3 过渡段工程沉降评估

(1)过渡段工后沉降的分析评估应沿线路方向考虑各观测断面和各种结构物之间的关系综合进行。

(2)对线路不同下部基础结构物之间以及不同地基条件或不同地基处理方法之间形成的各种过渡段,应重点分析评估其差异沉降。

(3)评估方法:过渡段工程的沉降预测评估方法参照路基执行。

(4)判定标准:过渡段不同结构物间的预测差异沉降不应大于5 mm,预测沉降引起沿线路方向的折角不应大于1/1 000。

【能力训练】

一、填空题

1. 路桥、路涵、堤堑、过渡段沉降观测以_____和_____为主。

2. 过渡段沉降观测时在线路两侧设置_____;在线路中心设置_____,在距过渡段分界里程两侧各1 m处设置_____进行沉降差观测。

3. 路桥过渡段，根据过渡段情况在距起点 5 m、15 m、35 m 处各设_____个观测断面。

4. 过渡段工后沉降的分析评估应沿线路方向考虑各观测断面和_____之间的关系综合进行。

5. 对线路不同下部基础结构物之间以及不同地基条件或不同地基处理方法之间形成的各种过渡段，应重点分析评估其_____。

6. 过渡段工程的沉降预测评估方法参照_____执行。

二、选择题

1. 沉降水准的测量精度为（　　）mm，读数取位至 0.1 mm。
A. ±0.5　　　　　　B. ±1　　　　　　C. ±1.5　　　　　　D. ±2

三、绘图题

请绘制路涵过渡段沉降观测平面布置示意图。

四、简答题

简述过渡段观测断面的设置原则。

项目 5 高速铁路无砟轨道精调

学习目标

1. 知识目标

(1) 熟悉常用的轨道精调设备及软件。
(2) 掌握不同类型无砟轨道的施工工艺流程。
(3) 掌握无砟轨道施工测量需要的仪器和设备。
(4) 掌握轨道板精调的主要设备和精调后的限差要求。
(5) 了解高速铁路轨道的高平顺性。
(6) 掌握长钢轨精调的原理。
(7) 掌握长钢轨精调的方法及数据处理。
(8) 掌握长钢轨精调软件 TDES 调整轨道扣件的方法和原理。

2. 能力目标

(1) 能根据不同类型的无砟轨道，选用准确的精调作业方法。
(2) 能熟练操作无砟轨道施工测量过程中用到的仪器和设备。
(3) 能对无砟轨道施工测量的数据进行分析与处理。
(4) 能辨别不同类型的扣件。
(5) 能根据现场实际情况进行长钢轨精调作业。
(6) 能对长钢轨精调数据进行处理。

3. 素养目标

(1) 树立学生的主人翁意识、民族自豪感，激发其爱国热情和大国自信。
(2) 培养学生不畏艰辛、迎难而上的工作态度和拼搏精神。
(3) 培养学生求真务实的职业素养。
(4) 培养学生形成追求极致、追求高标准、追求严谨、追求专注的学习和工作作风。
(5) 培养学生互帮互助、团队协作的意识。
(6) 培养学生爱岗敬业、精益求精、勇于开拓、追求卓越的工作态度。
(7) 让学生成为一名出色的高速铁路工程建设者。

知识链接

高速铁路的轨道结构主要是无砟轨道，要实现列车高速度、高密度、安全和舒适运营的目标,就要求高速铁路无砟轨道具有高平顺性、高稳定性以及方便养护维修等特点。而无砟轨道精调的质量决定了高速铁路列车行驶的平顺性、稳定性和安全性,是保证轨道高平顺性的关键,也是铁路修建中重要的环节之一。轨道精调一般是根据轨道测量系统外业采集到的轨道测量数据,进行内业调整并得到调整方案,再根据此方案对轨道扣件系统进行精确调整,使轨道精度达到规范标准,满足设计速度的行车条件。

轨道板是高速铁路无砟轨道结构的重要组成部分,替代普通铁路的道砟和轨枕,通过扣件系统直接安放钢轨。目前,国内高速铁路所采用的无砟轨道主要有CRTS Ⅰ 型板式无砟轨道(CRTS Ⅰ s)、CRTS Ⅱ 型板式无砟轨道(CRTS Ⅱ s)、CRTS Ⅲ 型板式无砟轨道(CRTS Ⅲ s)、CRTS Ⅰ 型双块式无砟轨道(CRTS Ⅰ b)及CRTS Ⅱ 型双块式无砟轨道(CRTS Ⅱ b)等几种形式。CRTS Ⅱ 型板式无砟轨道和CRTS Ⅲ 型板式无砟轨道是国内客运专线建设应用较为广泛的两种板式无砟轨道结构。已建设完成的京津城际、京沪高铁、沪杭城际、石武客专、沪昆客专等线路采用CRTS Ⅱ 型无砟轨道板。成(都)灌(县)城际高速铁路线、盘营客专、武汉城际四线、沈丹客专、郑徐客专及京沈客专等线路采用CRTS Ⅲ 型无砟轨道结构。

保持高速铁路无砟轨道长钢轨良好的几何状态是实现高速、平稳、安全运行的重要因素和关键环节之一。为保证无缝长钢轨满足高平顺性要求,我国高速铁路长钢轨精调采用在以轨道控制网 CPⅢ 为基准测设的 GRP 基点上进行的方法。精调工作在无缝线路铺设完成后展开,前后分为静态调整和动态调整两个阶段。只有静态调整达到验收标准后,才能开始联调联试,开始联调联试后,精调工作进入动态调整阶段。

任务 5.1 轨道精调设备及软件认知

【任务描述】

(1)沪宁城际铁路某标段施工里程为 DK20+523 ~ DK25+400,全长 4.9 km,轨道板 2 034 块,轨道结构全部采用 CRTS Ⅰ 型板式无砟轨道,线路设计速度为 350 km/h。现需要对该标段进行轨道精调,请选择一款精调测量系统完成本段任务。

(2)假如在上述任务中选择南方 MEASLLEY 型轨道测量系统来调整沪宁城际铁路某标段施工里程为 DK20+523 ~ DK25+400 的轨道板以及长钢轨,现将这一段调整的数据导入南方高铁研发的 TDES 高速铁路长钢轨精调软件,在软件中调整该段铁路线的线型。

【引入案例】

兰西工务段高铁测量队攻克高铁精测精调技术难题

【案例解读】

高速铁路与普通铁路最大的区别就是高速行车、高可靠性、高平顺性、高安全性。高速铁路的高安全性最终体现在轨道的高平顺性上。轨道精测精调技术主要是解决轨道的平顺性问题,其内容主要包括轨道数据外业采集、数据内业精调、外业精调、质量回检等。

【知识储备】

知识点1　轨道精调设备工作原理

基于线路沿线已布设的高精度 CPⅢ 控制网,采用全站仪自由设站的方式对前后 4 对 CPⅢ 控制点进行观测,获取全站仪自由设站的三维坐标。自由设站精度达到要求后,全站仪跟踪测量安装于测量仪上的棱镜,实时获取轨道的坐标、中线、里程等外部几何参数;同时,通过测量仪内置的高精度位移和倾角传感器,对轨道内部几何参数进行精密测量。所有数据通过无线通信方式,传输到数据控制终端,利用其已安装的"轨道精调作业测量系统"解算轨道的平顺性各几何参数,实现实时显示与存储。

外业测量完成后,存储于数据控制终端上的采集数据可直接导入"轨道几何状态数据处理系统"进行数据后处理计算,输出轨道的各项平顺性指标(如水平、超高、高低、轨向、扭曲等)和各类平顺性报表,对轨道的平顺性进行评价。最后,在"无砟轨道平顺性精调系统"提供的轨道精调模拟调整平台上,通过设置轨道平顺性调整指标限差,对轨道进行自动化模拟调整,依据调整的结果输出扣件配置方案。

知识点2　常见轨道精调设备系统介绍

1. GRP 1000 轨道测量系统

GRP 1000 轨道测量系统是由瑞士安博格(AMBERG)公司生产,主要由 TGS FX 手推轨检小车、GBC 100 棱镜、GRP Win 测量和分析软件包组成的轨道测量系统,如图 5-1 所示。

图 5-1　安博格 GRP 1000 轨道测量系统

GRP 1000 轨道测量系统主要用于轨道几何形状测量,通过内置于轨检小车内的高精度传感器装置,可以测量轨道静态几何状态参数;同时,基于线路沿线的 CPⅢ 控制网,利用配套的 Leica 全站仪及 GBC 100 棱镜可确定轨检小车的位置,以提供轨道上每一个测量点的三维绝对坐标。

2. GEDO CE 轨道测量系统

GEDO CE 轨道测量系统是德国 Sinning 公司研发的测量设备,主要是通过内置的高精度传感器及外置高精度全站仪测量来获取轨道几何数据,具有自动跟踪、无线传输、自动检校、参数计算、性能稳定和操作方便等特点。

GEDO CE 轨道测量系统主要由 GEDO CE 轨检小车、Trimble S6/S8 全站仪(内置电台)和 TSC2 控制器组成,如图 5-2 所示。使用时,将轨检小车安置于轨道上,全站仪架设在已知点(GRP 基准点)上或者通过 CPⅢ 点自由设站,通过实时测量轨检小车上棱镜的三维绝对坐标,并结合轨距和超高传感器的测量数据,利用机载软件 GEDO CE,实时获取轨道线形的状态参数。

图 5-2 GEDO CE 轨道测量系统

3. SGJ-T-TYY-1 型轨道测量系统

SGJ-T-TYY-1 型轨道测量系统是由中铁第一勘察设计院集团有限公司自主研制,已通过国家铁路局技术认证的一套测量系统。SGJ-T-TYY-1 型轨道测量系统集轨道几何状态测量仪、激光测距、电子传感器、无线通信、专用便携式计算机等先进检测和数据处理设备于一体,可应用于轨枕定位、长钢轨精调、竣工验收和运营维护等阶段,如图 5-3 所示。

图 5-3 SGJ-T-TYY-1 型轨道测量系统

（1）技术指标。

SGJ-T-TYY-1 型轨道测量系统技术指标见表 5-1。

表 5-1 SGJ-T-TYY-1 型轨道测量系统技术指标

项 目	指 标	项 目	指 标
轨距测量	NOVO 接触式位移传感器	水平（超高）测量	DA-A-15 双轴倾角传感器
范 围	1 410 ~ 1 470 mm	范 围	0 ~ 200 mm
精 度	±0.15 mm	精 度	±0.30 mm
电 源	12V	工作时间	10 h
通信距离	200 m	信道数量	4 个
工作温度	-10 ~ +40°C	工作湿度（相对湿度）	≤93%
里 程	全站仪测量方式	质 量	36.5 kg
支持设备	Leica TS 或 Leica TCA 系列全站仪	三防性能	IP67 级
测量效率	3 ~ 8 s/点（坐标、轨距、超高）	作业效率	200 m/h（单线一台全站仪）

（2）系统优点。

① 系统集成化程度高。

② 操作简单，界面人性化。

③ 数据实时显示，数据采集速度快。

④ 无线数据传输，控制终端（Getac PS236）可同时操控轨道几何状态测量仪和全站仪。

⑤ 内外业数据采集与处理无缝链接。

⑥ 自动测量线路坐标、高程、轨距、水平（超高）等轨道几何状态参数。

⑦ 自动分析计算线路中线坐标、左右轨坐标、左右轨面高程、轨向、高低和扭曲等轨道几何状态参数。

⑧ 自动进行轨道平顺性评价分析和评定结果统计。

⑨ 根据轨道调整量，自动输出扣件配置方案。

4. SGJ-T-RB-1 型轨道测量系统

SGJ-T-RB-1 型轨道测量系统是成都四方瑞邦测控有限公司研发的一套集成了轨道内部几何状态和轨道外部几何状态测量的一体化测量系统，可以手动推行静态模式对轨道进行绝对测量，如图 5-4 所示。

SGJ-T-RB-1 型轨道测量系统的仪器测量数据通过蓝牙无线传输到便携式计算机上，利用预先安装的配套软件实时处理，将各项参数及时显示出来，再通过专用的分析软件计算出调整量，从而指导长钢轨铺设和长钢轨精调。

图 5-4　SGJ-T-RB-1 型轨道测量系统

5. MEASLLEY 轨检仪测量系统

MEASLLEY 型轨道几何状态测量仪（简称 MEASLLEY 轨检仪，如图 5-5 所示），是南方高速测量技术有限公司的第二代轨道几何状态静态测量的检测小车，测量精度为 0 级。MEASLLEY 轨检仪自身可以对轨道的轨距、超高进行检测。配备高精度自动全站仪后，可以对轨道的外部几何状态，即绝对空间位置进行静态测量，从而完成轨排铺设时的钢轨精调工作。MEASLLEY 轨检仪测量得到的轨距、超高以及绝对空间位置的三维坐标数据等，通过轨道检测数据分析软件进行平顺性指标分析，对超限区段的轨道进行模拟扣件调整，使得被测区段的轨道平顺性满足施工规范的要求。

图 5-5　MEASLLEY 轨检仪

（1）MEASLLEY 轨检仪的测量精度指标。

MEASLLEY 轨检仪的测量精度指标见表 5-2。

表 5-2　MEASLLEY 轨检仪测量精度指标

项目		测量范围/mm	测量精度/mm
轨距	零位正确性	1 410～1 470	±0.15
	示值误差		±0.30
	测量重复性		±0.15
水平（超高）	零位正确性	±200	±0.15
	示值误差		±0.30
	掉头误差		0.3
	测量重复性		0.2
线路横向偏差			±3.0

（2）MEASLLEY 系统的主要设备。

MEASLLEY 系统组成如图 5-6 所示。

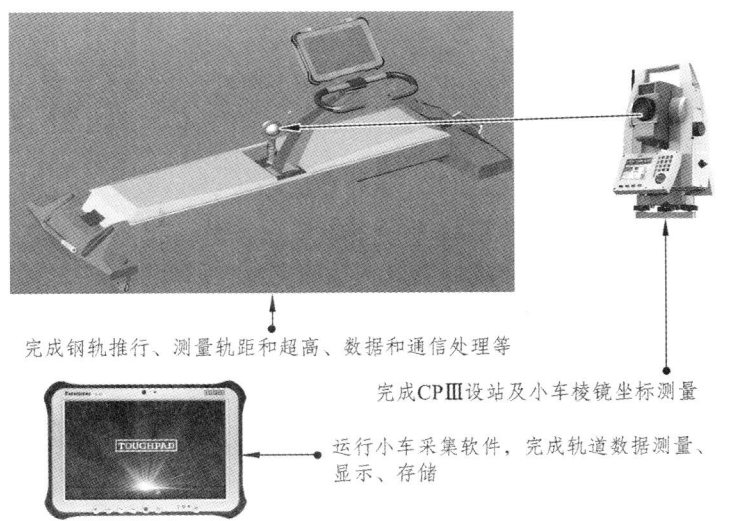

图 5-6　MEASLLEY 系统组成

MEASLLEY 系统的主要设备见表 5-3。

表 5-3　MEASLLEY 系统设备

设备名称	数量	型号及配件
轨道几何状态测量仪	1台	MEASLLEY［含车架、走行机构、推行结构位移和倾角传感器、数据处理器（DPU）、电池及连接线］
高精度自动全站仪	1台	徕卡 TPS1201/TS15/TS（M）30/TS16/TS（M）50
全坚固笔记本电脑	1台	松下 FZ-G1
数据后处理软件	1套	包含轨检数据分析软件、轨检数据计算软件及软件加密锁1只

（3）MEASLLEY 系统的主要特点。

① MEASLLEY 轨检仪为 I 形双横梁结构，由双 T 形绝缘滚轮支撑，具有不拆卸的车架结构，结构紧凑，无拆装误差。

② MEASLLEY 轨检仪采用模块化设计，所有组件均可现场拆换，维护响应快。

③ MEASLLEY 轨检仪采用松下（Panasonic）全坚固平板电脑 FZ-GI［满足美国 MIL-810G 标准，通过 IP65（180 cm 跌落）试验验证］作为测量数据采集终端，适应现场恶劣工作环境，阳光直射下屏幕显示可视。

④ MEASLLEY 轨检仪配备大容量的可充电电池，直接向轨检仪和平板电脑供电，电池充满后整套系统可持续使用 30 h。

⑤ MEASLLEY 轨检仪自身设备之间采用 4.0 蓝牙连接，稳定可靠；和全站仪之间采用无线电台通信，可靠通信距离在 200 m 以上。

⑥ 所有轮系均使用陶瓷材料，轮系本身绝缘，并通过精密加工处理，行走跳动小、耐磨损。

⑦ MEASLLEY 车身分三段做绝缘处理，保证推行时左右轨不相互导通，意外跌落不导通，符合线路修建和线路维护时的轨道检测安全作业规定。

⑧ MEASLLEY 轨检仪内部安装有轨距、超高等高精度传感器，可直接独立测量轨道的轨距、超高。

⑨ MEASLLEY 轨检仪横梁中间设有目标棱镜安装机构，插入目标棱镜并配备高精度自动全站仪后，对轨道进行静态测量，对钢轨进行精调作业。

此外，还有南方 SJG-T-S-4 轨道几何检测仪测量系统，江西日月明测控工程技术有限公司、中铁工程设计咨询集团有限公司、中国中铁二院工程集团有限责任公司等研制的轨道测量系统，也已应用于高速铁路的轨道测量和运营维护。

知识点 3　TDES 长钢轨精调软件

TDES 长钢轨精调软件是南方高铁开发的一款针对轨道扣件静态调整的软件，通过在软件中模拟调整高速铁路钢轨的扣件，使得高速铁路钢轨在软件中达到高平顺性状态，然后将数据保存导出，在现场根据模拟调整量精调实际钢轨，从而使钢轨达到高平顺性。下面就以该公司开发的网络教学版 TDES 长钢轨精调为例来介绍这个软件。

1. 功能特点

满足《高速铁路工程测量规范》（TB 10601—2009）的项目限差要求。

一个主机只需要一个软件锁，整个机房其他电脑（客户端）都可以使用 TDES，减少了软件锁的数量，节省了成本并减少了安装驱动的烦琐步骤，如图 5-7 所示。

TDES 具有考试评分功能，客户端的长钢轨精调后，提交成果，可以得出每一项的超限个数，同时算出每一项所扣的分数。

机房实行比赛时，提交成果后，可以对每个人的轨道调整质量、用时和扣件所动数量综合评分。

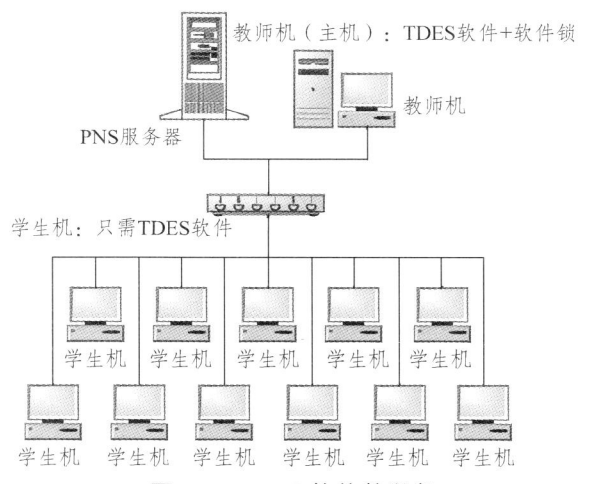

图 5-7　TDES 软件教学版

2. 服务端设置

（1）设置。

① 打开铁路长轨精调 TDES 软件在线考试系统，弹出窗口如图 5-8 所示。

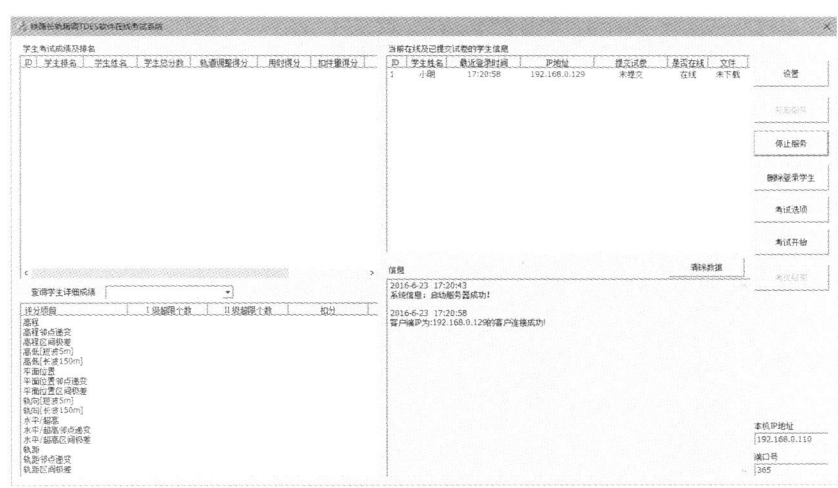

图 5-8　铁路长轨精调 TDES 软件在线考试系统

② 点击"设置"，弹出窗口如图 5-9 所示。

文件路径：设置考试文件路径，以供客户端下载。

连接超时：设置连接超时时间。

端口号：设置客户端连接时需要的端口号。

图 5-9　铁路长轨精调 TDES 软件在线考试系统"设置"窗口

点击"确定"后,界面右下角显示服务端 IP 和端口号,如图 5-10 所示。服务端 IP 与端口号需提供给客户端输入登录。

(2)开启服务。

当"设置"完成配置后,点击"开启服务",客户端可以登录服务端,否则客户端无法登录。

(3)停止服务。

点击"停止服务",服务端与客户端连接断开,客户端无法登录服务端,继而考试及考试提交无法进行。

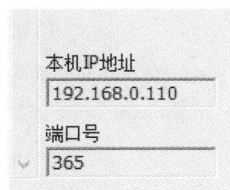

图 5-10　服务端 IP 和端口号

(4)删除登录学生。

客户端登录后,服务端会显示某客户端登录,服务端有权限删除某客户端。

(5)考试选项。

考试选项,如图 5-11 所示。

其中限值Ⅰ作为警示作用,超过限值Ⅱ才会产生扣分。打分权重为相对每一项的扣分值。限值Ⅱ上下限遵循《高速铁路工程测量规范》(TB 10601—2009),其中加入其他平顺性指标限差(用时分和扣件分)。某项的超限个数乘扣分值是此项的所扣分数。

用时打分和扣件打分可以自定义输入分值,如输入用时打分 30,扣件打分 20,则平顺性轨道调整分等于 100－30－20=50 分。

轨道精测精调总分值为 100 分,平顺性轨道调整 K 分,测量时间 L 分,调整数量 J 分,其中 $K+L+J=100$。轨道平顺性调整、用时、扣件调整数量得分细则如下。

图 5-11 考试选项

① 轨道平顺性调整分。

平顺性轨道调整限差要求及得分细则见表 5-4。

表 5-4 平顺性调整限差要求

类别	评分项目	限差	超限一个扣分值
平顺性指标	高程	±10 mm	2
	高程邻点递变	±0.6 mm	0.5
	高程区间极差	±2 mm	0.5
	高低（短波，5 m）	±2 mm	1
	高低（长波，150 m）	±10 mm	2
	平面位置	±10 mm	2
	平面邻点递变	±0.6 mm	0.5
	平面区间极差	±2 mm	0.5
	轨向（短波，5 m）	±2 mm	1
	轨向（长波，150 m）	±10 mm	2
	水平（超高）	±2 mm	1
	水平邻点递变	±0.6 mm	0.5
	水平区间极差	±2 mm	0.5
	轨距	±1 mm	1
	轨距邻点递变	±0.6 mm	0.5
	轨距区间极差	±2 mm	0.5

165

平顺性轨道调整分 $S_1=K-$ 所有项超限总扣分。

② 时间分。

竞赛开始考试计时，到上交成果计时结束，时间以秒为单位。比赛时间得分 S_2 计算公式见式（5-1）：

$$S_2 = \left(1 - \frac{T_i - T_1}{T_n - T_1}\right) \times L \qquad (5-1)$$

式中：T_1——所有参赛队中用时最少的时间（s）；

T_n——所有参赛队中不超过规定最大时长的队伍中用时最多的时间（s）；

T_i——各组的实际用时（s）；

L——最先完成调整任务的时间分数，可取 100。

③ 扣件调整数量分。

比赛调整数量得分 S_3 计算公式见式（5-2）：

$$S_3 = \left(1 - \frac{p_i - p_1}{p_n - p_1}\right) \times J \qquad (5-2)$$

式中：p_1——所有参赛队中调整数量最少的数量；

p_n——所有参赛队中不超过规定最大时长的队伍中调整数量最多的数量；

p_i——各组的实际调整数量。

注：调整数量是指平面和高程所需要动轨枕的数量，而不是某轨枕调整幅度的数值大小。

（6）考试开始。

当参与考试的客户端都登录服务端后，点击"考试开始"，开始考试。

（7）考试结束。

点击"考试结束"后，客户端无法提交数据信息。

（8）计算考生成绩。

计算考生轨道平顺性调整得分、时间分和扣件调整数量分。

（9）输出考生成绩。

① 点击"输出各考生成绩"，如图 5-12 所示。

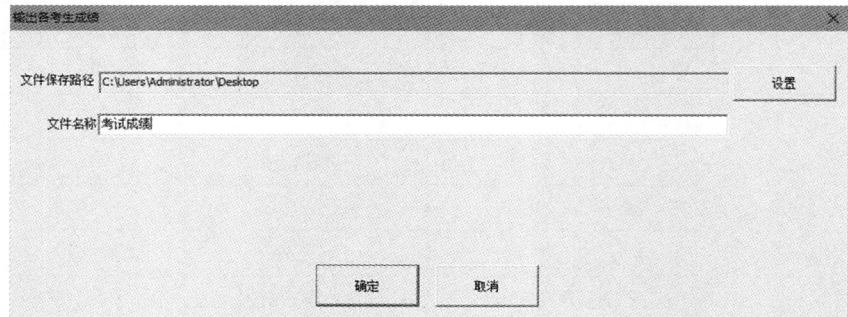

图 5-12 输出各考生成绩

② 点击“确定”，弹出窗口如图 5-13 所示。

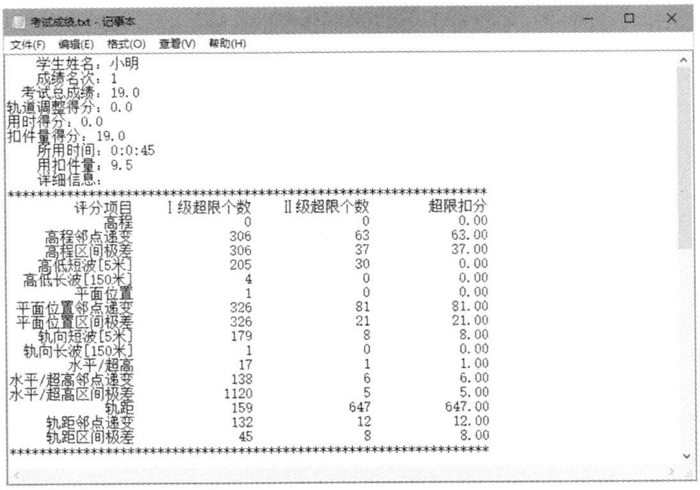

考试成绩.txt - 记事本

文件(F) 编辑(E) 格式(O) 查看(V) 帮助(H)

学生姓名：小明
成绩名次：1
考试总成绩：19.0
轨道调整得分：0.0
用时得分：0.0
扣件量得分：19.0
所用时间：0:0:45
用扣件量：9.5
详细信息：

评分项目	Ⅰ级超限个数	Ⅱ级超限个数	超限扣分
高程	0	0	0.00
高程邻点递变	306	63	63.00
高程区间极差	306	37	37.00
高低短波[5米]	205	30	0.00
高低长波[150米]	4	0	0.00
平面位置	1	0	0.00
平面位置邻点递变	326	81	81.00
平面位置区间极差	326	21	21.00
轨向短波[5米]	179	8	8.00
轨向长波[150米]	1	0	0.00
水平/超高	17	1	1.00
水平/超高邻点递变	138	6	6.00
水平/超高区间极差	1120	5	5.00
轨距	159	647	647.00
轨距邻点递变	132	12	12.00
轨距区间极差	45	8	8.00

图 5-13　各考生考试成绩详细信息

（10）发布考生成绩。

发送考试成绩后，客户端在登录界面上可以看到，如图 5-14 所示。

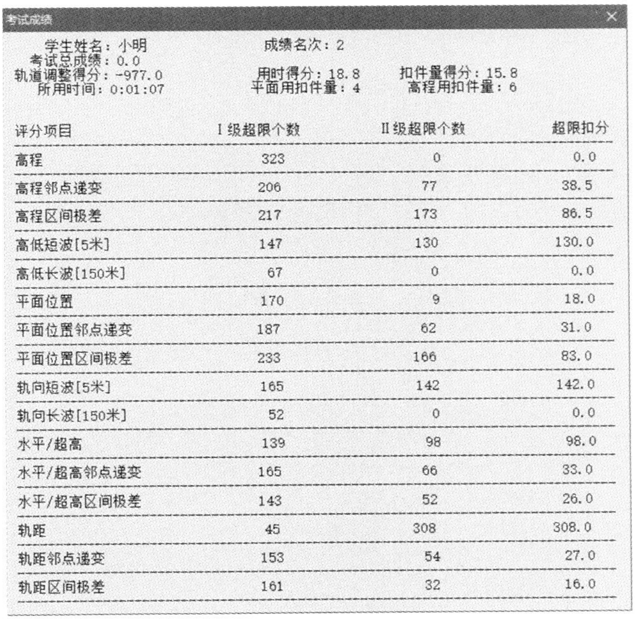

考试成绩

学生姓名：小明　成绩名次：2
考试总成绩：0.0
轨道调整得分：-977.0　用时得分：18.8　扣件量得分：15.8
所用时间：0:01:07　平面用扣件量：4　高程用扣件量：6

评分项目	Ⅰ级超限个数	Ⅱ级超限个数	超限扣分
高程	323	0	0.0
高程邻点递变	206	77	38.5
高程区间极差	217	173	86.5
高低短波[5米]	147	130	130.0
高低长波[150米]	67	0	0.0
平面位置	170	9	18.0
平面位置邻点递变	187	62	31.0
平面位置区间极差	233	166	83.0
轨向短波[5米]	165	142	142.0
轨向长波[150米]	52	0	0.0
水平/超高	139	98	98.0
水平/超高邻点递变	165	66	33.0
水平/超高区间极差	143	52	26.0
轨距	45	308	308.0
轨距邻点递变	153	54	27.0
轨距区间极差	161	32	16.0

图 5-14　客户端登录界面上的成绩显示

3. 客户端设置

（1）登录。

①点击“网络→登录及通讯”，弹出窗口如图 5-15 所示。

服务器 IP 地址：IP 地址需要服务端（主机）提供输入。

服务端号：服务端号需要服务端（主机）提供输入。

学习笔记

学生姓名：写上本服务端代表的标识名称。

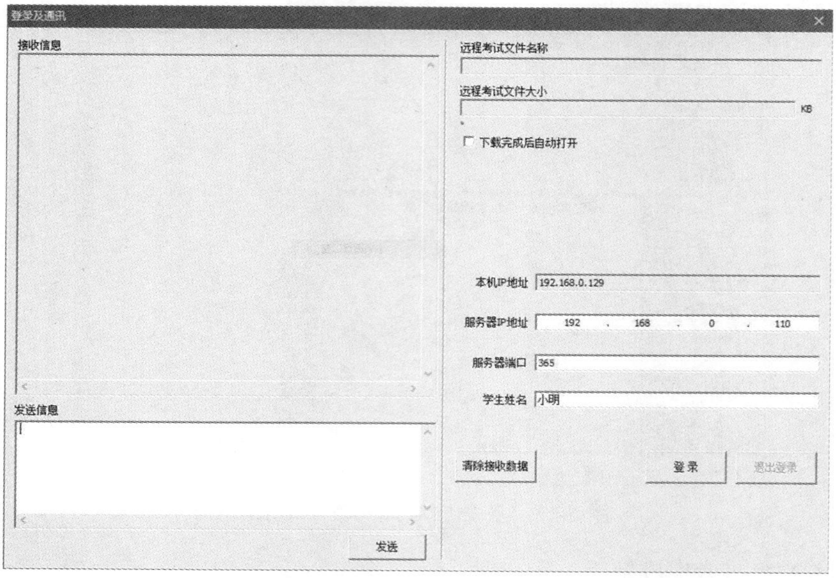

图 5-15　登录及通讯

登录：填上服务器 IP 地址、服务端号、学生姓名后，点击“登录”，提示是否登录成功信息。

退出登录：断开服务端（主机）通信。

清除接收数据：清除接收信息。

② 点击“下载远程考试文件”弹出窗口（图 5-16），设置下载到本机路径，确定后自动下载。

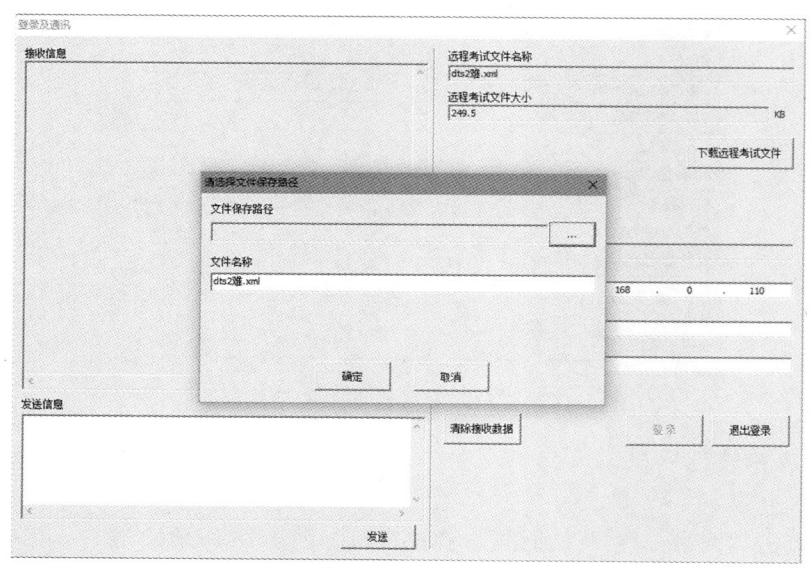

图 5-16　下载远程考试文件窗口

如果打开的文件和考试文件不一致时，客户端显示如图 5-17 所示。

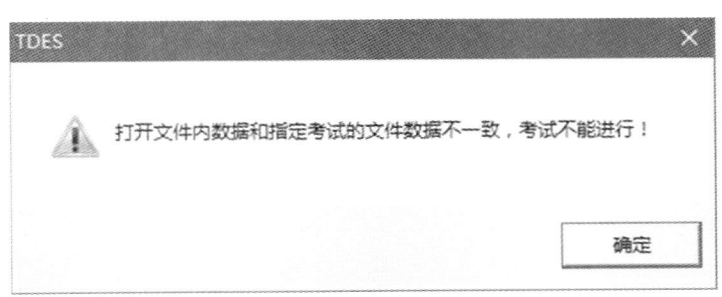

图 5-17　提示窗口

（2）开始考试。

点击"考试→开始考试"，考试倒计时开始，同时客户端的轨道数据初始化（即调整量归零）。此步骤必须在服务端点击"考试开始"后才有效。

（3）结束考试并提交。

点击"考试→结束考试并提交"或"提交考试"。

提交成功后，显示"OK"。

提交考试后，无法再次考试，除非服务端再开始新一轮考试。

（4）数据输出。

数据输出，如图 5-18 所示。

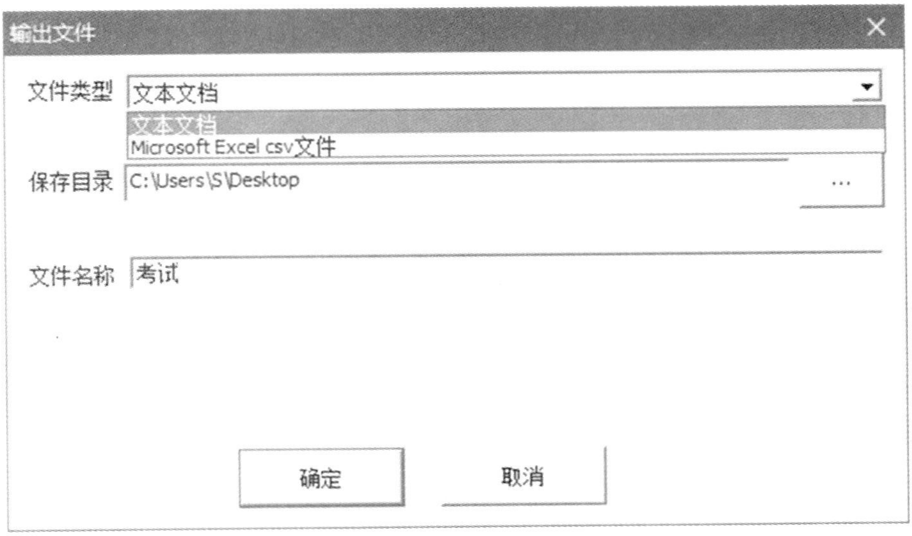

图 5-18　输出文件

文件类型：可以选择导出 txt 文本和 Excel csv 格式。

保存目录：导出数据的路径。

文件名称：自定义名称。

知识点 4　轨道平顺性的调整

1. 基本思路

（1）首先明确基准轨。平面位置以高轨（外轨）为基准，高程以低轨（内轨）为基准，直线区间上的基准轨参考南方惯导小车后处理软件关于导向轨模式的设置。

（2）在南方惯导小车后处理软件生成的报表中，导向轨为"-1"表示右手曲线，平面位置以左轨（高轨）为基准，高程以右轨（低轨）为基准；导向轨为"1"表示左手曲线，平面位置以右轨（高轨）为基准，高程以左轨（低轨）为基准。

（3）"先整体后局部"，特别是在长波不佳的区段，可首先基于南方惯导小车后处理软件中的整体曲线图，大致标出期望的线路走向或起伏状态，先整体调整，再局部调整。

（4）"先轨向后轨距"，轨向的优化通过调整高轨的平面位置来实现，低轨的平面位置利用轨距及轨距变化率来控制。

（5）"先高低后超高（水平）"，高低的优化通过调整低轨的高程来实现，高轨的高程利用超高和超高变化率（三角坑）来控制。

（6）在 TDES 轨道精调软件中，平顺性指标可通过对主要参数（平面位置、轨距、高程、超高）指标曲线图的"削峰填谷"来实现，曲线平直意味着轨道的平顺。

2. 符号法则

（1）以面向大里程方向定义左右。

（2）偏差与调整量符号相反。

（3）TDES 中曲线图显示偏差，表格中数据为从 smo 文件（南方惯导小车格式）、xml 文件（南方轨检小车格式）中导入的调整量。

（4）平面位置：实际位置位于设计位置右侧时，偏差为正，调整量为负；以面向里程增加方向为准，调整量为正值，轨道向右调整，调整量为负值，轨道向左调整。

（5）轨面高程：实际位置位于设计位置上方时，偏差为正，调整量为负；以面向里程增加方向为准，调整量为正值，轨道抬升，调整量为负值，轨道下降。

（6）超高（水平）：外轨（名义外轨）过超高时，偏差为正，调整量为负；欠超高时，偏差为负，调整量相反。

（7）轨距，以大为正，实测轨距大于设计轨距时，偏差为正，调整量为负。

3. 调整方法

（1）在 TDES 软件中，首先"打开"文件，打开南方惯导小车格式的 smo 文件或南方轨检小车格式的 xml 文件，然后便可进行调整，如图 5-19 所示。

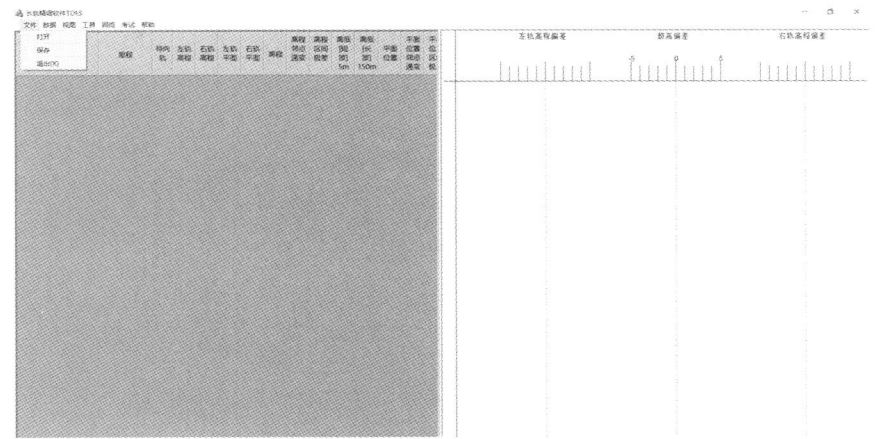

图 5-19　打开文件窗口

人工调整时可参考偏差曲线图及基准轨标记，使用快捷键直接进行轨道调整，曲线图更新的同时，调整量自动添加到相应的"模拟调整量"表格中，如图 5-20 所示。

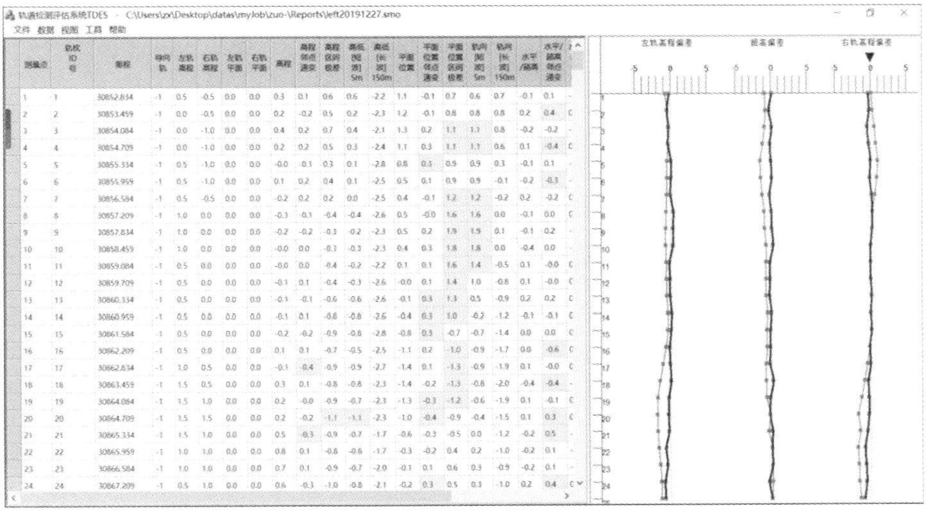

图 5-20　数据调整窗口

① 菜单中选择"工具→平面调整"，在表格中拾取要调整的行数后（每行代表一个测点），可对平面参数进行调整，"左轨平面"和"右轨平面"调整量会添加到相应表格中，如图 5-21 所示。

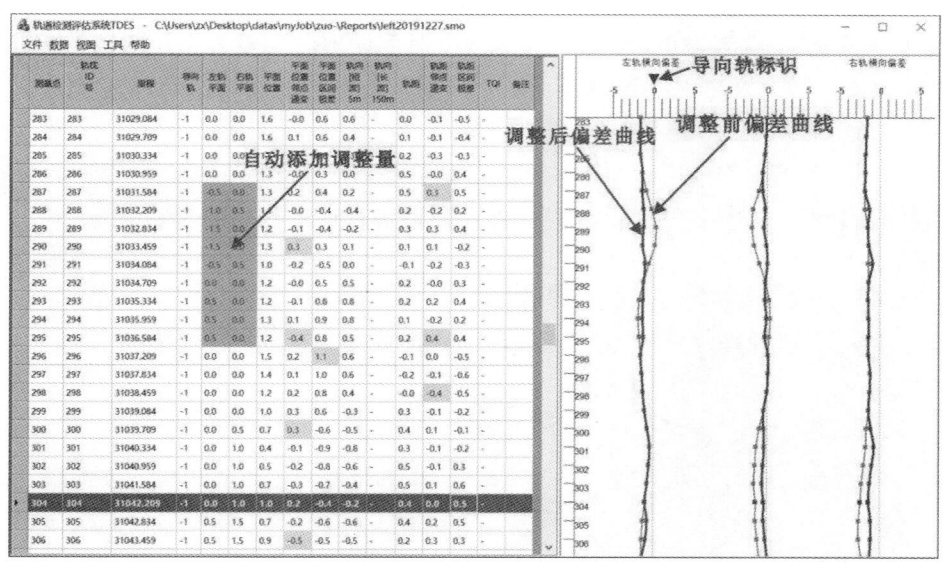

图 5-21 平面参数调整窗口

平面曲线图中从左到右依次显示"左轨平面偏差""轨距偏差"以及"右轨平面偏差"。平面调整的快捷键如下：

"Ctrl"和"↑"：同时按下一次表示将左轨右调指定步长。

"Ctrl"和"↓"：同时按下一次表示将左轨左调指定步长。

"Alt"和"↑"：同时按下一次表示将右轨右调指定步长。

"Alt"和"↓"：同时按下一次表示将右轨左调指定步长。

调整步长可在"工具"菜单里的"调整步长"里进行设置，如图 5-22 所示。

图 5-22 "调整步长"窗口

如果调整量较大，可多次按下快捷键。

② 菜单中选择"工具→高程调整"，在表格中拾取要调整的行数后（每行代

表一个测点），可对高程参数进行调整，"左轨高程"和"右轨高程"调整量会添加到相应表格中。

③ 菜单中选中"视图→高程曲线图"，主界面中从左到右依次显示"左轨高程偏差""超高偏差"以及"右轨高程偏差"曲线图。高程调整的快捷键如下：

"Ctrl"和"↑"：同时按下一次表示将左轨调高指定步长。

"Ctrl"和"↓"：同时按下一次表示将左轨调低指定步长。

"Alt"和"↑"：同时按下一次表示将右轨调高指定步长。

"Alt"和"↓"：同时按下一次表示将右轨调低指定步长。

如果调整量较大，可多次按下快捷键。

（2）粗略自动调整：软件对整个线路的平面或高程进行自动调整，在调整时软件尽量使调整后的线路平顺，而调整量又尽量最小。调整后局部不合理的地方，可手动再进行调整。

在进行粗略自动调整前，需要设置好粗略调整参考弦长，在菜单"工具→粗略自动调整→设置自动调整参考弦长"中设置，如图 5-23 所示。

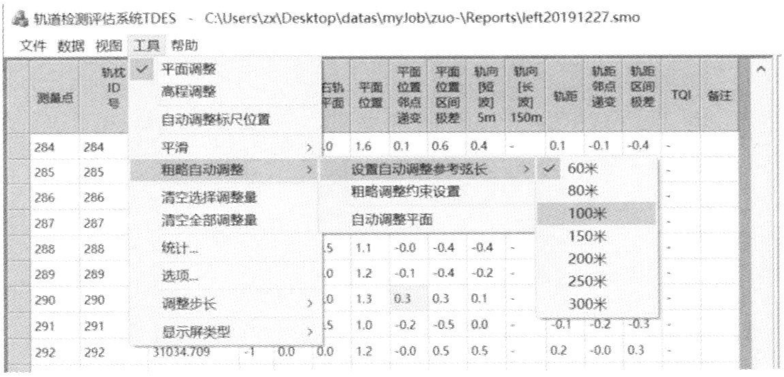

图 5-23 "设置自动调整参考弦长"窗口

在进行粗略自动调整前，还应设置粗略调整约束设置，在菜单"工具→粗略自动调整→粗略调整约束设置"，如图 5-24 所示。

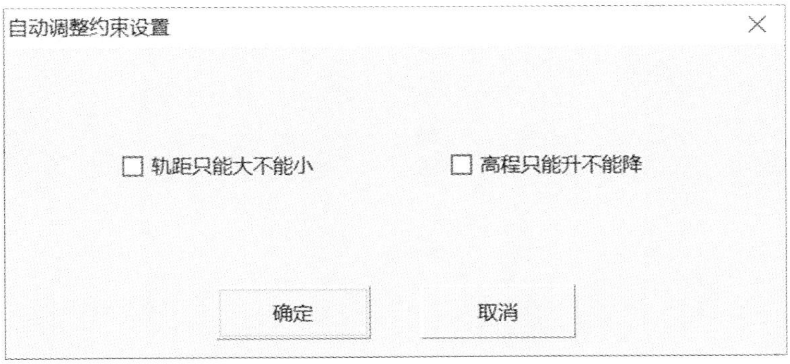

图 5-24 "自动调整约束设置"窗口

（3）自动调整标尺位置：如果数据整体偏差较大，导致图形不能显示在图形框范围内，可选中该项，软件会计算整条线路的平均偏差，并使标尺中心位置为该平均偏差而不是 0，如图 5-25 所示。

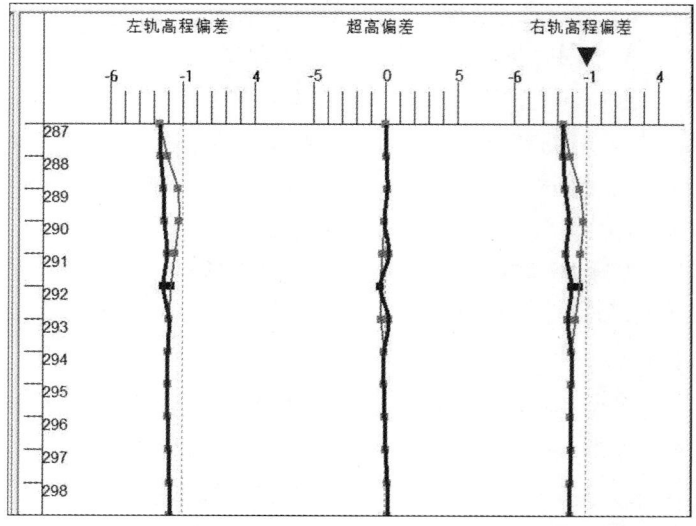

图 5-25　自动调整标尺位置窗口

（4）平滑：在手动调整时，如果遇到局部一段凹凸不平，可以手动选择这一段，并执行平滑命令，软件会自动调整这一段并使其平滑，从而减小手工的调整强度。

4. 调整结果评价与处理

对每个参数可设置限值Ⅰ和限值Ⅱ，如果偏差在限值Ⅰ和Ⅱ之间，则表格中的数据可标黄（图中浅色底）提示，如果偏差超过限值Ⅱ，则表格中的数据可标红（图中深色底）报警，如图 5-26 所示。

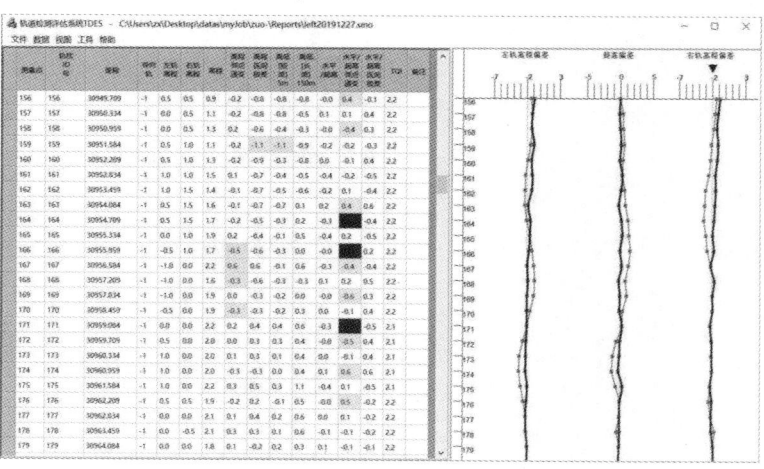

图 5-26　标黄与标红报警

也可人为从曲线的平直度上判断调整之后轨道的平顺性。

调整前后的结果可从菜单"工具→统计分析"查看，便于对轨道进行评价以及准备调整件，如图 5-27 和图 5-28 所示。

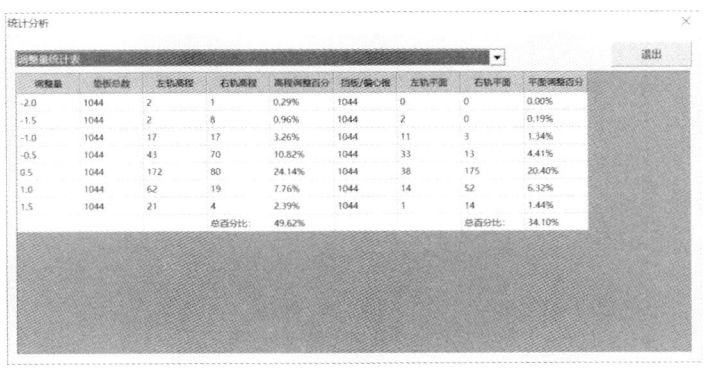

图 5-27　调整量统计表窗口

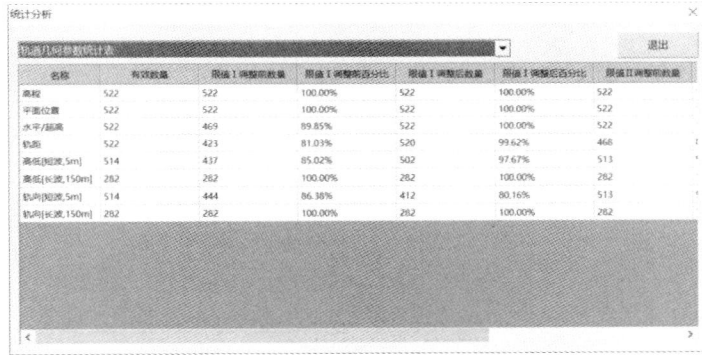

图 5-28　轨道几何参数统计表窗口

5. 数据导出

当调整完成后，可以将调整后的数据导出。

菜单中选择"数据→导出"，则弹出"输出文件"窗口，如图 5-29 所示。

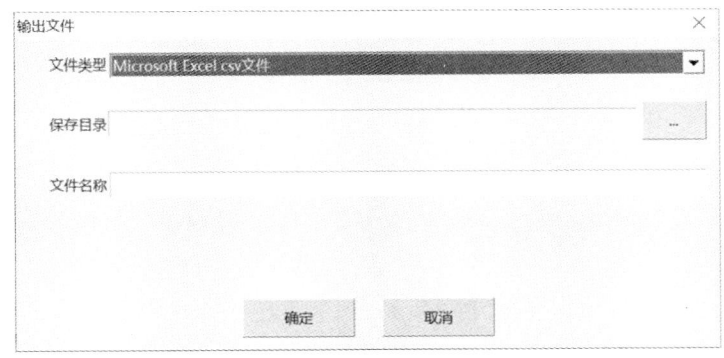

图 5-29　"输出文件"窗口

导出的文件格式有文本文件和 csv 文件两种格式。

学习笔记

6. 选　项

菜单中选择“工具→选项”，则弹出“选项”窗口，如图 5-30 所示。

名称	限值Ⅰ下限	限值Ⅰ上限	限值Ⅱ下限	限值Ⅱ上限
高程	-5.0	5.0	-10.0	10.0
高程邻点递变	-0.3	0.3	-0.6	0.6
高程区间极差	-1.0	1.0	-2.0	2.0
高低[短波,5m]	-1.0	1.0	-2.0	2.0
高低[长波,150m]	-5.0	5.0	-10.0	10.0
平面位置	-5.0	5.0	-10.0	10.0
平面位置邻点递变	-0.3	0.3	-0.6	0.6
平面位置区间极差	-1.0	1.0	-2.0	2.0
轨向[短波,5m]	-1.0	1.0	-2.0	2.0
轨向[长波,150m]	-5.0	5.0	-10.0	10.0
水平/超高	-1.0	1.0	-2.0	2.0
水平/超高邻点递变	-0.3	0.3	-0.6	0.6
水平/超高区间极差	-1.0	1.0	-2.0	2.0
轨距	-0.8	0.8	-1.0	1.0
轨距邻点递变	-0.3	0.3	-0.6	0.6
轨距区间极差	-1.0	1.0	-2.0	2.0
TQI	无	5.0	无	8.0

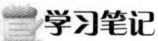

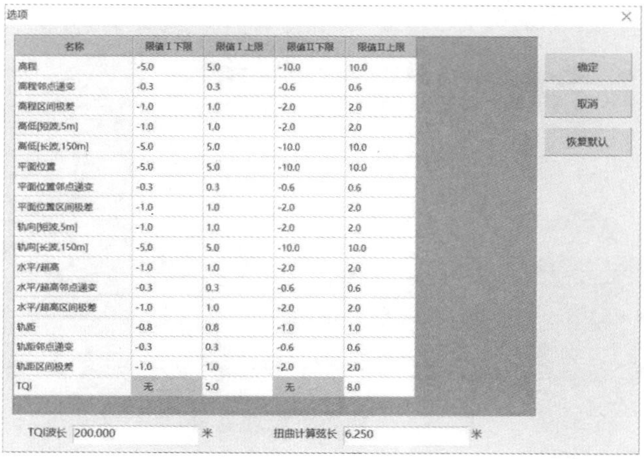

图 5-30　“选项”窗口

在窗口中可设置各项指标限差、轨道质量指数（TQI）波长、扭曲计算弦长。

知识点 5　线路 TQI 分析及利用波形图指导线路状态维修

1. 对 TQI 状态分析的理解

每月一次的综合检测车给我们提供了线路状态分析很好的数据，检测结果将线路设备自动划分 200 m 单元，且自动生成单元设备均衡指数（即 TQI 值）。这里强调一点，TQI 值，是采用数学统计方法描述 200 m 区段轨道状态离散程度的结果，反映了该段轨道状态的平顺程度，即数值越大，表明轨道的平顺程度越差、波动性也越大。

另外，TQI 值表现的是离散程度，影响平顺性，与公里扣分没有直接关系。举个例子，假如 200 m 范围的轨距统一都是 13，其他检测项目都为零，那么可以得出一个结果，该 200 m 范围的 TQI 值为 0，但这 200 m 距离的扣分为Ⅱ级轨距超限，长度为 200 m。再通俗一点讲就是舒适的线路对列车运行不一定安全，安全的线路不一定舒适（TQI 值代表舒适，公里扣分代表安全）。TQI 状态分析出发点也就是在确保列车运行安全的前提下再舒适一点。

2. 利用 TQI 值查找区段超限检测项目

TQI 是左高低、右高低、左轨向、右轨向、轨距、水平和三角坑 7 项几何尺寸不平顺在 200 m 区段的标准差之和。目前综合检车按速度等级 100 km/h≤V≤120 km/h 执行，执行 TQI 标准值为 14。作为一个 TQI 值超标来讲，并不一定是 7 项几何尺寸都超限，根据检测项目的标准差数值比对确定超限项目是进行维修的关键。

根据每 200 m 的 TQI 值排序由大到小进行对比查找，对于 TQI 值小于 14 的区段，一方面可以考虑等比例缩放标准差的方式判断超标检测项目，另一方面也可以按照高速度等级标准执行查找超限项目，见表5-5。

表5-5 200 m区段轨道不平顺质量指数TQI管理标准　　　　　单位：mm

速度等级 /（km/h）	高低	轨向	轨距	水平	三角坑	TQI
$V \leqslant 100$	2.5×2	2.2×2	1.6	1.9	2.1	15
$100 < V \leqslant 120$	2.5×2	1.8×2	1.5	1.9	2.0	14
$120 < V \leqslant 160$	1.8×2	1.4×2	1.3	1.6	1.7	11
$160 < V \leqslant 200$	1.5×2	1.1×2	1.1	1.3	1.4	9
$200 < V \leqslant 250$	1.4×2	1.0×2	0.9	1.1	1.2	8
$250 < V \leqslant 300$	0.8×2	0.7×2	0.6	0.7	0.7	5
$300 < V \leqslant 350$	2.0×2	1.5×2	波长42~120 m，区段长500 m			

3. 根据波形图确定病害地点及原因

在确定了区段超限检测项目后就可以从波形图入手查找问题的具体位置及产生问题的根本原因。这里着重说明利用波形图的几点好处：

（1）能看清各检测项目之间的关系。单股高低不良影响到三角坑和水平，单股方向不良影响到水平加速度和曲率变化率，轨距大小不良影响到方向不良，等等。

（2）根据地面标志判断病害位置。病害里程只是处理病害的前提，在现场找准位置才是处理病害的关键。在波形图上能体现电容线、道岔的导曲线部分、桥梁等地面标志性位置，可以通过这些标志的里程反推病害地点；另外，还可以通过轨距值来查找病害地点，因为轨距值是动静态检查最接近一致的数据，可以通过病害里程位置前后有特点的轨距值来判断出分位置。

（3）确定处理病害的整治方案。假如是三角坑病害，在波形图上能够判断出是左股还是右股高低造成的三角坑；假如是轨向出分则要看轨距怎么样，若是双股方向不良可以通过拨道处理，若是单股方向不良则可以通过改道处理；等等。

（4）通过室内对波形图的观察分析，节省现场调查时间、处理方案的判断时间，对问题的处理更具针对性，提高了生产效率。

（5）利用波形图可以对整改问题的效果月与月间进行对比，同样可以观察线路状态的变化趋势。

综上所述，需要强调的是维修不是大中修，是靠工队仅有的日常人工去改善线路设备状态，也可以说是用最简单省力的方法去推行线路设备均衡管理。然后根据波形图图上显示的峰值量决定次日工作的工作量。假如有一处在波形图图上显示轨距为8 mm，须进行改道处理，则根据波形图中左右轨向去判断，是改左股还是右股，还是两股分别向里改。这些不用去现场，在波形图上就能作出明确的判断。然后，轨距改到多少是关键，一般情况下，这个时候要用到轨检小车每月线路检查的数据，通过电子数据统计求得该段的轨距平均值，前提是去除超标处所求得的平均值，作为改道后的目标值。例如平均值为 3 mm，那么就由 8 mm 改至 3 mm 即可，没有必要改到 0 轨距。其目的是避免盲目追求设备高标准而带来的非必要修理工作量，实现由质量高标准向质量均衡稳定的管理方式转变，实现线路状态维修的理性回归。

【能力训练】

一、填空题

1. 轨道的调整分为_____和_____两个阶段进行。
2. GEDO CE 轨道测量系统主要由_____、_____、_____和_____组成。
3. 轨道精调的基本原理是采用_____自由设站的方式对前后_____进行观测，获取全站仪自由设站的三维坐标。
4. 轨道平顺性调整时：首先明确基准轨，平面位置以_____为基准，高程以_____低轨（内轨）为基准。
5. 在南方惯导小车后处理软件生成的报表中，导向轨为_____表示右手曲线，平面位置以_____为基准，高程以_____为基准。
6. 在铁路工程中，以面向_____方向定义_____左右。
7. TDES 软件中，平面调整的快捷键_____和_____，同时按下一次表示将左轨右调指定步长。

二、选择题

1. 无砟轨道规范允许轨距误差为（　　）。
   A. ±1 mm   B. ±2 mm   C. ±3 mm
2. 双块无砟轨道精调全站仪采用后方交会的方法进行设站至少应使用（　　）个控制点。
   A. 2   B. 4   C. 6
3. 无砟轨道联调联试时，轨向最大调整为（　　）mm。
   A. 3   B. 5   C. 7
4. 武广客运专线采用（　　）kg/m 型新轨。
   A. 43   B. 50   C. 60
5. 轨道板铺设高程及中线偏差不得超过以下指标：高程（　　），中线（　　）。
   A. ±0.5 mm，0.5 mm   B. ±1 mm，1 mm   C. ±0.1 mm，0.1 mm
6. 相邻轨道板接缝处承轨台顶面相对高差及平面位置允许偏差为（　　）。
   A. ±0.1 mm   B. ±0.3 mm   C. ±0.5 mm
7. CPⅢ 的各项精度指标应满足规范规定的测量精度，即（　　）。
   A. 角度测量精度≤±2″；距离测量精度≤±1 mm+2 mm/km
   B. 角度测量精度≤±0.5″；距离测量精度≤±2 mm+2 mm/km

C. 角度测量精度≤±1″；距离测量精度≤±1 mm+2 mm/km

8. 基准网定位精度要求（　　）。

A. 基准点之间的相对精度应满足：平面 0.3 mm，高程 0.2 mm

B. 基准点之间的相对精度应满足：平面 0.2 mm，高程 0.1 mm

C. 基准点之间的相对精度应满足：平面 0.2 mm，高程 0.2 mm

9. 基准点（GRP 点）的平面位置允许偏差为（　　）。

A. ±5 mm　　　　　　　　B. ±10 mm　　　　　　　　C. ±15 mm

三、论述题

1. 在 TDES 软件中调整轨道时，有同学将平面和高程的 Ⅱ 级超限（红色）调为 Ⅰ 级超限（黄色），但 TQI 值却没有降低，这是为什么？

2. 给你一段某在建高速铁路数据，在 TDES 软件中调整轨道数据，如何调整？

四、案例分析题

广州南方高速铁路测量技术有限公司研发的组合惯导铁路轨道几何状态精密检测系统是一种全新的高速铁路轨道检测设备，是将高精度全站仪、惯导系统以及轨检仪三者合为一体的设备，如图 5-31 所示。它能在确保测量精度的前提下，大大提高测量速度，有效解决测量效率的问题。全站仪工作时，每隔一定长的距离，用位于小车上的全站仪做一次后方交会，然后根据获取到的纵向倾角、横向倾角、轨距等传感器的数据，就可以确定小车在空间中的绝对位置。人工向前推行，则根据惯导和里程计的数据，计算出走过的各点相对坐标，然后通过坐标转换，把测量的相对坐标转换到全站仪设站时的绝对坐标上面。从而避免了频繁的全站仪测量，有效提高了测量及检测的速度。请搜集相关资料，回答以下问题。

图 5-31　组合惯导铁路轨道几何状态精密检测系统

1. 阐述惯导轨检小车与常规小车之间的区别与联系。

2. 结合前面所学知识,简单阐述案例中新设备是如何进行轨道的精测与精调的,试着从技术方案的角度考虑。

任务 5.2 板式无砟轨道精调

板式无砟轨道取消了传统有砟轨道的轨枕和道床,采用预制的钢筋混凝土板直接支承钢轨,并且在轨道板与混凝土基础板之间填充水泥沥青砂浆(CA 砂浆)垫层,是一种全新的全面支撑的板式轨道结构。它具有以下优点:稳定性、平顺性良好;建筑高度低、自重轻,可减小桥梁二期荷载和降低隧道净空;轨道变形缓慢,耐久性好;不需要维修或者少维修且维修费用低。无砟轨道对工程材料和基础土建工程的要求都非常高,因此初期建设费用高于有砟轨道,但是它的稳定性好、使用寿命长。因此,在铁路客运专线中采用板式无砟轨道结构已成为现在高速铁路建设的主流模式和必然趋势。

【任务描述】

某线路 CRTSⅢ型轨道的横断面结构如图 5-32 所示。从图中可以看出,在断面方向主要存在 3 个不同倾斜度:钢轨顶面连线的倾斜度 g_1 由线路设计数据确定,即由超高确定;板顶面的倾斜度 g_2 由 g_1 确定,左线与右线倾斜度不同,两者相差一个常数 k;在支点的细部图中,可以看出承轨槽顶面倾斜度 g_3 与 g_1 相差一个常数为 0.025。

规定:沿线路前进方向,断面方向的倾斜度为正表示顺时针倾斜,为负表示逆时针倾斜。沿线路前进方向,左线的板顶面倾斜为逆时针,倾斜度为正,右线的倾斜为顺时针,倾斜度负;对于承轨槽,不分左右线,而分左右钢轨,左钢轨承轨槽呈顺时针倾斜,倾斜度为+0.025,右钢轨承轨槽呈逆时针倾斜,倾斜度为 -0.025。

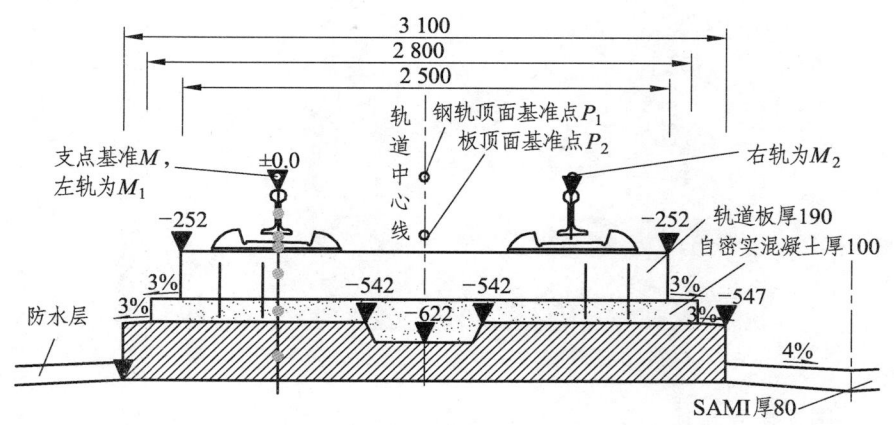

图 5-32 CRTSⅢ型轨道板的横断面结构(单位:mm)

根据断面中主要存在的 3 个不同的倾斜度定义钢轨顶面基准面、板顶面基准面以及承轨台基准面。与此对应 3 个基准点，如图 5-30 中的 P_1、P_2、M，在板横接缝处，P_1 点就是板的控制点。

板坐标计算以支点 M 为基准点，左轨为 M_1，右轨为 M_2。图 5-33 为承轨槽示意图。

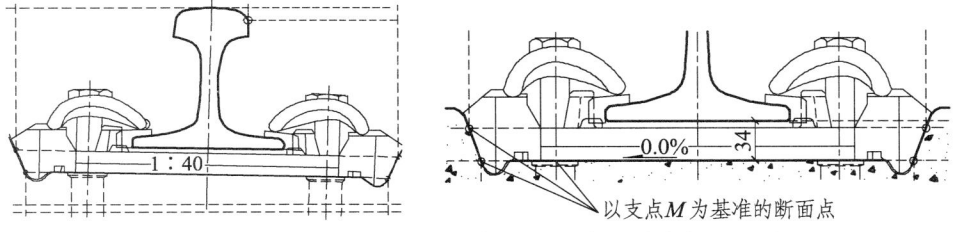

图 5-33　以 M 点为基准点的断面点示意图（单位：mm）

图 5-34 为断面点位分布示意图，黑色箭头表示 dy 与 dz 的方向，线路里程前进方向为垂直于纸面向里。

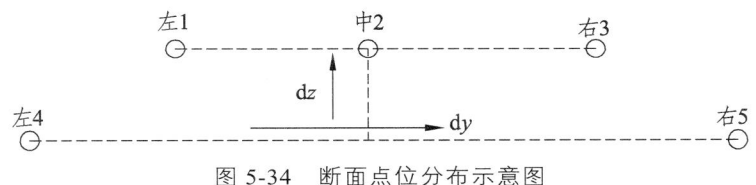

图 5-34　断面点位分布示意图

在一个断面中，最多定义 5 个断面点（左 1、中 2、右 3、左 4、右 5），如图 5-34 所示，或者定义 3 个点（左 1、中 2、右 3）。每一断面点的 dy 和 dz 值是在断面上相对于基准点的差值，其中：dy 沿着基准点的断面方向定义；dz 则是在断面内，垂直于基准点的断面方向定义。

按照 CRTS Ⅲ 型的轨道结构及施工控制要求定义轨道板精调断面，根据钢轨轴距为 1 505.1 mm，定义钢轨中心点的断面。断面的左 1、右 1 点分别对应 M_1、M_2 基准点。

【引入案例】

济青高铁桥梁段 CRTS Ⅲ 型板式无砟轨道施工

【案例解读】

CRTS Ⅲ 型无砟轨道板是在总结我国既有无砟轨道研究与应用经验上的基础上，结合无砟轨道技术再创新研究成果，并借鉴成灌线的经验，研发并提出的具有自主知识产权的新型无砟轨道。CRTS Ⅲ 型无砟轨道板是一种带挡肩的新型无砟轨道板，具有其独特的结构形式与工艺特点。CRTSⅢ型无砟轨道板采用双向先张预应力结构；通过无黏结预应力钢棒体系对预制混凝土轨道板预施压应力，轨道板上下层配置普通钢筋并形成钢筋骨架，纵向钢筋采用环氧树脂涂层钢筋以保证轨道板的绝缘性能。轨道板两端各设置一个接地端子，并与板内接地钢筋焊接实现轨道结构的综合接地，轨道板底面预留"门"形钢筋与自密实混凝土连接。其主要创新点是：改变了轨道板的限位方式，扩展了板下填充材料，优化了轨道板结构，改善了轨道弹性及完善了设计理论体系。

【知识储备】

知识点1　CRTSⅠ型板式无砟轨道施工测量

CRTSⅠ型板式无砟轨道源于日本新干线板式轨道，是在现浇的钢筋混凝土底座上铺装预制轨道板，通过水泥乳化沥青砂浆进行调整，通过凸型挡台进行限位，通过轨道板铺设精度和扣件调整量来保证钢轨最终状态，实现线路的高精度要求。CRTSⅠ型板式无砟轨道结构如图5-35所示。

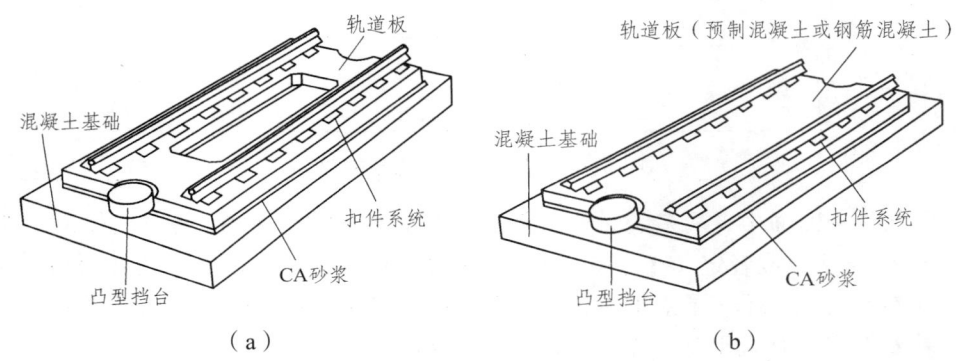

图5-35　CRTSⅠ型板式无砟轨道结构

1. 无砟轨道混凝土底座及支承层放样

（1）放样方法。

利用线路量测的CPⅢ控制点进行立模放样，平面采用坐标法，高程采用水准测量法，如图5-36所示。

（a）全站仪放样模板边线　　（b）水准仪测量模板高度

图5-36　立模测量

（2）主要设备。

混凝土底座及支承层放样的主要设备见表5-6。

表5-6　混凝土底座及支承层放样的主要设备

序　号	设　备	数　量	用　途
1	棱镜、三脚架、基座	1个	用于放样中线点坐标测设棱镜
2	全站仪	1台	测设线路中桩点平面坐标
3	水准仪	1套	测量边模高程
4	CPⅢ目标棱镜	8个	全站仪自由设站边角交会的目标

（3）外形尺寸允许偏差。

混凝土底座及支承层外形尺寸偏差见表5-7。

表5-7　底座外形尺寸允许偏差

序　号	项　目	允许偏差/mm
1	顶面高程	±5
2	宽度	±10
3	中线位置	3
4	平整度	10/3 m
5	伸缩缝位置	10

2. 凸型挡台精确定位测量

（1）测量流程。

凸型挡台钢模板精确定位时，全站仪在线路一侧设站，安放凸型挡台钢模标架和棱镜；测量钢模标架支臂上的棱镜获取凸台超高调整量，调整凸台钢模；测量标架中心棱镜获取凸台中心的平面和高程调整量，调整凸台钢模。重复以上步骤直至凸台钢模允许偏差符合要求。

凸型挡台精确定位测量流程如图5-37所示。

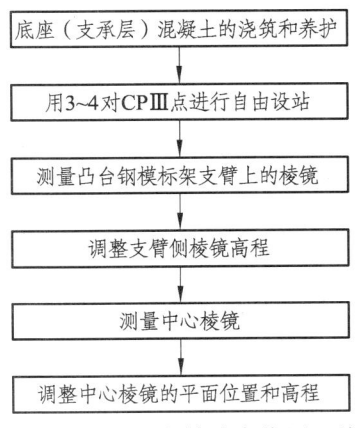

图5-37　凸型挡台精确定位测量流程

（2）主要设备。

凸型挡台钢模板精确定位的主要设备见表 5-8。

表 5-8　凸型挡台钢模板精确定位的主要设备

序号	设备	数量	用途
1	凸型挡台钢膜标架	1个	与凸台钢模适配的测量标架
2	棱镜	2只	放置在凸台钢模标架上，测量凸台中心和边缘位置
3	全站仪	1台	用于凸台平面位置、高程和水平（超高）坐标测设
4	CPⅢ目标棱镜	8个	全站仪自由设站边角交会的目标
5	凸台钢模精调软件	1套	进行凸台平面位置、高程和水平（超高）放样

（3）外形尺寸允许偏差。

凸型挡台外形尺寸允许偏差见表 5-9。

表 5-9　凸型挡台外形尺寸允许偏差

序号	项目	允许偏差/mm
1	圆形挡台半径	±5
2	半圆形挡台半径	±10
3	中线位置	3
4	挡台中心间距	10/3 m
5	顶面高程	+5 0

3. CRTS Ⅰ型轨道板精调测量

利用 CPⅢ进行轨道板精调，采用全站仪在 CPⅢ控制网内进行多点后方交会自由设站，对安置在螺栓孔上的精调标架棱镜分别进行测量，通过软件计算偏差值，对轨道板进行调整，直至合格。

（1）CRTS Ⅰ轨道板精调作业方法

在每块轨道板上第二个和倒数第二个承轨台安放 2 个测量标架和 4 个棱镜。全站仪通过 CPⅢ控制网进行设站，计算出测站点的理论三维坐标值和所在的里程。当全站仪测量放置在 CRTS Ⅰ型板上螺栓孔精调标架上的棱镜后，可以测量出该棱镜所处位置的实测三维坐标，根据坐标可以确定它在线路中的里程，经过相关软件的里程推算，得出该处的理论三维坐标。软件计算实测和理论坐标的偏差，将偏差值显示在显示器上，根据偏差对 CRTS Ⅰ型板进行调整，如图 5-38 所示。

图 5-38 轨道板精调

轨道板精调完成后,要对所测量的数据进行保存。保存的数据包括:轨道板测量点最后测量坐标,轨道板测量点最后横向、高程偏差数据。

(2) CRTS I 轨道板精调的主要设备。

CRTS I 型轨道板精调的主要设备见表 5-10。

表 5-10　CRTS I 型轨道板精调的主要设备

序 号	设 备	数 量	用 途
1	螺栓孔标架	1个	放置位置代表整个轨道板的空间状态,并可放置棱镜
2	全站仪	1台	自动测量轨道几何状态测量仪上的棱镜
3	CPⅢ目标棱镜	8个	全站仪自由设站边角交会的目标
4	计算机	1台	运行轨道板精调作业软件,操控完成轨道板测量

(3) CRTS I 轨道板精调后的限差要求。

CRTS I 型轨道板精调后的限差见表 5-11。

表 5-11　CRTS I 型轨道板精调后的允许偏差

序 号	项 目	允许偏差/mm
1	板内各支点实测与设计值的横向偏差	2
2	板内各支点实测与设计值的竖向偏差	1
3	板内各支点实测与设计值的纵向偏差	5
4	相邻轨道板间横向偏差	2
5	相邻轨道板间竖向偏差	1

知识点2　CRTSⅡ型板式无砟轨道施工测量

CRTSⅡ型板式无砟轨道源于德国的博格板式轨道，是通过水泥乳化沥青砂浆调整层，将预制轨道板铺设在现场摊铺的混凝土支承层或现场浇筑具有滑动层的钢筋混凝土底座上的轨道结构。CRTSⅡ型板式无砟轨道结构如图5-39所示。

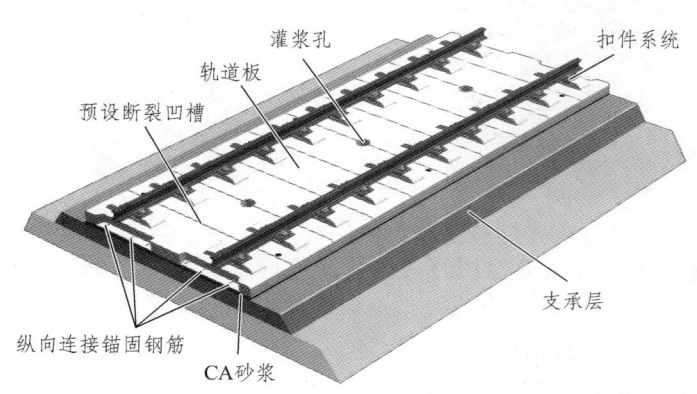

图 5-39　CRTSⅡ型板式无砟轨道结构

1. 轨道基准点（GRP）测量

轨道基准点（GRP）是为了满足 CRTSⅡ型轨道板精调而建立的基准网。GRP 点沿轨道轴线布设于每块轨道板的板缝之间，在 CPⅢ网精测完成后，依据 CPⅢ 点粗略放样 GRP 点，然后对粗略放样的 GRP 点进行精确测量。

（1）轨道基准网设计。

在轨道控制网 CPⅢ评估通过后，方可进行轨道基准网 GRP 测量，其布设应满足轨道板精调需要，左右线分别测设。轨道基准网 GRP 精度是保证轨道板精调质量的关键。布设基准点前，应先计算出其坐标，然后进行实地放样。

① GRP 点编号。

GRP 点按左右线分别编号，可沿线路里程增加方向编号，统一为 7 位。具体可按以下方式进行：L（左线）/R（右线）+×××（里程整公里数）+×××（该公里段 GRP 序号）。

② GRP 轨道基准网设计坐标计算。

利用相应铁路线路的设计参数和 GRP 的设计里程，计算直线段、圆曲线段和缓和曲线段上将要埋设的 GRP 的设计坐标。计算时要考虑圆曲线段和缓和曲线段超高对 GRP 设计位置的影响，以保证后续 GRP 放样和测量工作的顺利开展。

（2）GRP 轨道基准网测量。

GRP 的测量工作在轨道控制网 CPⅢ评估通过后方可进行，且必须平面、高程分开测量。在进行 GRP 平面位置测量时，为保证相邻 GRP 间测量的相对精度，原则上一个测站只用一套精密棱镜及其基座进行，并在测量前应对所用仪器进行相应检校。详细测量方法及流程如图 5-40 所示。

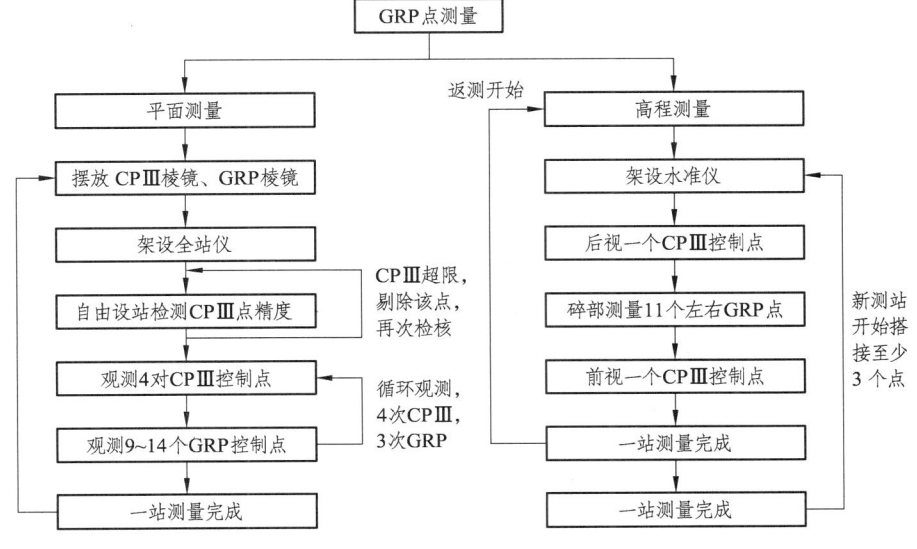

图 5-40　GRP 点测量流程

① 准备工作。

a. GRP 放样。GRP 应采用全站仪自由设站坐标法进行放样，自由设站观测的 CP Ⅰ 控制点一般不少于 4 对。更换测站后，相邻测站 GRP 测量重复观测的 CP Ⅰ 控制点一般不少于 2 对，在自由设站精度和 CPⅢ精度满足要求的前提下，利用全站仪和 GRP 的设计坐标对 GRP 进行坐标放样，放样距离一般不大于 100 m。

b. GRP 埋设。放设 GRP 点后，应按要求对 GRP 进行埋设。考虑到轨道板精调的需要，按每块轨道板的长度布设一个轨道基准点，左、右线分别布设，如图 5-41 所示。

② GRP 平面测量。GRP 平面测量（图 5-42）采用自动照准功能的全站仪，配合 CPⅢ精密棱镜和 GRP 精密基座进行。每个测量组配置一台全站仪，全站仪架设在线路中线附近，采用半测回、多次重复测量。

图 5-41　轨道基准点 GRP 埋设

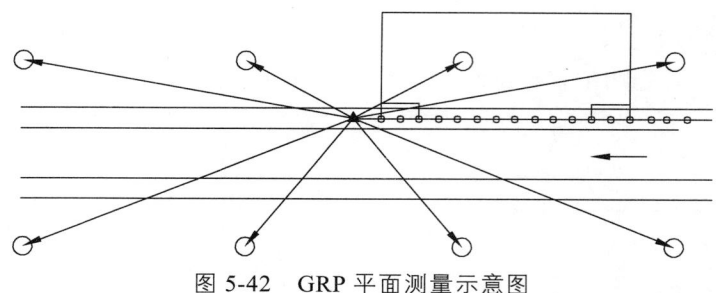

图 5-42　GRP 平面测量示意图

GRP 平面测量具体方法：

a. 全站仪设站点尽量靠近 GRP 的连线方向。

b. 左、右线 GRP 的测量，分别设站观测，每一测站实时在全站仪中输入温度和气压进行气象改正。

c. 同一测站观测的 CPⅢ 控制点 4 对，观测的 GRP 宜为 10～14 个，其中包括与上一个测站搭接的不少于 3 个 GRP。

d. 同一测站的 CPⅢ 控制点和 GRP 测量，采用全站仪正镜位进行多个半测回的观测，CPⅠ 控制点采用相应控制软件进行自动观测，GRP 采用一个精密基座依次挪动进行人工观测。具体观测顺序为：先观测所有 CPⅠ 点，再由远及近观测所有 GRP。GRP 观测 3 个测回，CPⅢ 点观测 4 个测回。

e. 同一测站每个测回 GRP 观测均应由远及近依次观测。

f. 每一测站重复观测上一测站的 CPⅢ 控制点不应少于 2 对，重复观测上一测站观测的 GRP 不应少于 3 个。

GRP 平面测量主要测量设备见表 5-12。

表 5-12　GRP 平面测量主要设备

序号	设备名称	数量	序号	设备名称	数量
1	全站仪	1 台	4	精密棱镜	8 个
2	温度计	1 个	5	CPⅢ 棱镜杆	8 根
3	气压计	1 个	6	精密基座	1 套

③ GRP 高程测量。GRP 高程测量使用电子水准仪和条形码因瓦尺，适用的水准仪包括徕卡 DNA03、天宝 DINI03 以及满足精度要求的其他仪器。

高程测量具体方法：

a. 水准仪设站点应尽量位于相邻两个 CPⅢ 控制点之间。

b. 左右线 GRP 高程应分开测量。

c. 300 m 左右应与线路同侧的 CPⅢ 控制点闭合一次，同一测段应进行往返观测。

d. 同一测段内左线（或右线）其余 CPⅢ 控制点均作为转点，测段内所有 GRP 均作为中视点。

e. 不同测段间重复搭接观测的 GRP 不应少于 3 个，如图 5-43 所示。

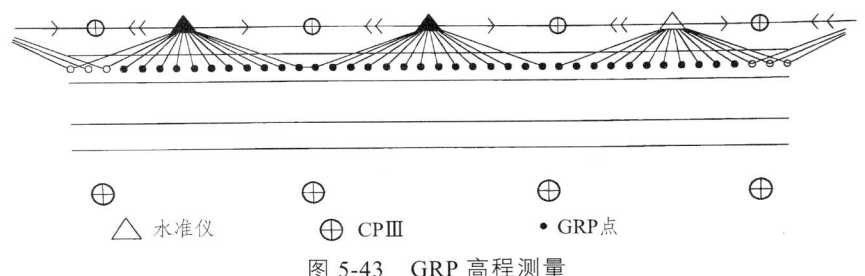

图 5-43 GRP 高程测量

④ GRP 轨道基准网数据处理。将本测段的 CPⅢ坐标文件、轨道基准点 GRP 测设文件、电子水准仪对基准网的实测高程原始记录文件，纳入 CRTS Ⅱ 型板施工布板软件的数据库。利用软件数据处理功能对平面及高程数据进行计算，计算结果合格将被纳入轨道板精调数据中，超限的区段将被剔除，需重新测量。

2. CRTS Ⅱ 型轨道板精调

每块 CRTS Ⅱ 型板结构上具有 10 对在工厂经过精确打磨过的承轨槽；CRTS Ⅱ 型板调板时控制点为相对精度能够达到平面 0.2 mm、高程 0.1 mm 的基准 GRP 点。全站仪架设在基准点上，通过测量安置在承轨槽上测量标架上的棱镜，利用轨道板精调软件计算实测值与理论值的偏差，进而进行调整，直到横向和高程达到相对板内误差 0.3 mm、板间误差 0.4 mm 精度，完成轨道板的精调。

（1）CRTS Ⅱ 型轨道板精调作业流程。

CRTS Ⅱ 型板式无砟轨道精调作业流程如图 5-44 所示。

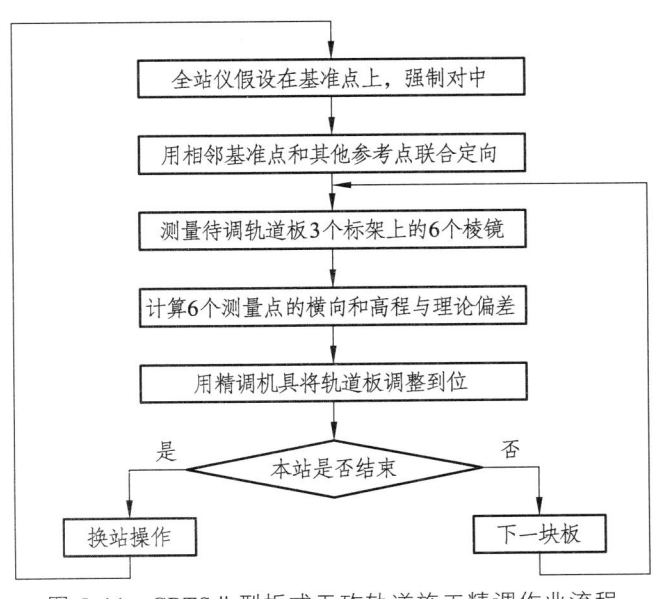

图 5-44 CRTS Ⅱ 型板式无砟轨道施工精调作业流程

① 标架安放。将 1~3 号精调标架按调板方向依次安放在板的第 1、5、10 号承轨台上，4 号标架放在已经调整完成板的第 10 号承轨台上做搭接处理，如图 5-45 所示。

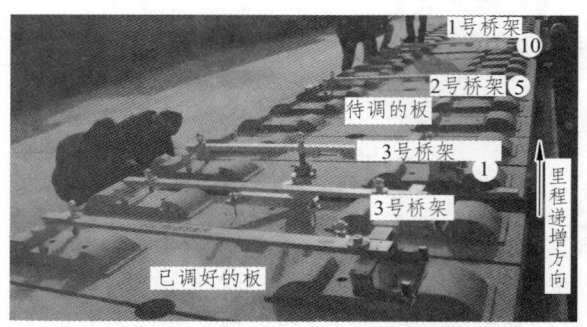

图 5-45　CRTSⅡ型轨道板精调

② 架设全站仪和定向棱镜。在已测设完成的 GRP 控制点上按间隔 3 块板的距离，采用强制对中三脚架架设全站仪及后视点棱镜。采用已知后视点的设站方式进行全站仪定向。全站仪的定向在利用基准点作为定向点观测后，还必须参考前一块已铺设好的轨道板上的最后一对支点，以消除搭接误差。

③ 轨道板精调。全站仪观测放置在轨道板的 1 号、10 号承轨台标架上的棱镜，测出实际坐标值，计算与理论坐标值偏差数据，进行精确调整。全站仪对中部 5 号标架上的棱镜进行测量，以消除轨道板中部的弯曲误差。此处仅有上下调整，没有平面调整。成果记录做好后转入下一轨道板的调整，重复进行即可。

（2）CRTSⅡ型轨道板精调主要设备

CRTSⅡ型轨道板精调主要设备见表 5-13。

表 5-13　CRTSⅡ型轨道板精调主要设备

序号	设备	数量	用途
1	CRTSⅡ测量标架	5 个	放置位置代表整个轨道板的空间状态，并可放置棱镜
2	全站仪	1 台	自动测量轨道几何状态测量仪上的棱镜
3	CPⅢ目标棱镜	8 个	全站仪自由设站边角交会的目标
4	强制对中三脚架	2 个	在基准点上架设全站仪和后视点棱镜的基座
5	计算机	1 台	运行轨道板精调作业软件，操控完成轨道板测量

（3）CRTSⅡ型轨道板精调后限差要求

CRTSⅡ型轨道板精调后的限差见表 5-14。

表 5-14　CRTSⅡ型轨道板精调后的允许偏差

序号	项目	允许偏差/mm
1	板内各支点实测与设计值的横向偏差	0.3
2	板内各支点实测与设计值的竖向偏差	0.3
3	轨道板竖向弯曲	0.5
4	相邻轨道板间横向偏差	0.4
5	相邻轨道板间竖向偏差	0.4

知识点 3　CRTSⅢ型板式无砟轨道施工测量

CRTSⅢ型板式无砟轨道，是我国研发的具有自主知识产权的板式无砟轨道。道床结构由预制轨道板、自密实混凝土、限位凹槽、中间隔离层（土工布）和钢筋混凝土底座等部分组成，如图 5-46 所示。

图 5-46　CRTSⅢ型板式无砟轨道结构

CRTSⅢ型板式无砟轨道是以轨道板与充填层自密实混凝土形成复合整体结构共同承受列车荷载的轨道结构形式。轨道板与充填层自密实混凝土以"门型筋"进行强化连接，充填层自密实混凝土与底座板间设中间隔离层，通过底座板上限位凹槽进行限位。其中，关键工序是通过在基础面上浇筑支撑层（底座），将 CRTSⅢ型轨道板固定在设计位置处，通过灌注自密实混凝土将轨道板与支撑层连接为一体，并通过自密实混凝土将板固定在设计位置，而底座与自密实混凝土间设置隔离层是为了便于维修。

1. 钢筋混凝土底座放样

底座放样应根据 CPⅢ测量控制网，对底座的中线位置、高程进行测量放样，偏差满足相关规范要求。曲线放样时，必须根据实际超高考虑中线的偏移量，保证底座模板、凹槽模板放样位置的准确性。

模板安装时，根据 CPⅢ控制网测量底座顶面高程并在模板上做好标记。

底座模板安装完成后，必须对模板安装质量进行检查，底座板模板安装允许偏差见表 5-15，底座板外形尺寸允许偏差见表 5-16。

表 5-15 底座板模板安装允许偏差

序号	项目		允许偏差/mm
1	底座	长度	0，-5
		宽度	±5
		顶面高程	±5
		中线位置	2
2	凹槽	中线位置	2
		相邻凹槽中心	±5
		横向宽度	±3
		纵向宽度	±3
		深度	±5

表 5-16 底座外形尺寸允许偏差

序号	项目		允许偏差/mm
1	底座	长度	±10
		宽度	±10
		顶面高程	0，-5
		中线位置	3
		平整度	10/3 m
2	凹槽	中线位置	3
		相邻凹槽中心	±10
		横向宽度	±5
		纵向宽度	±5
		深度	±5

2. 轨道板位置放样

全站仪通过 CPⅢ控制网进行设站，在底座板上放样出每块轨道板的中线点，并用墨线或油漆在底座板上标记，用于轨道板的粗铺。

3. 轨道板安装与精调测量

轨道板安装与精调测量的主要目的就是完成工厂化制造生产的轨道板在线路上的精确铺设，即把轨道板逐一调整到设计线路规定的高度和位置，高度以4个角轨道位置为准，位置以调整板中线与线路重合为准。轨道板精调本质上属于安装测量，即轨道板的安装测量或精密放样。在精调工作开始前，可利用线路参数和布板软件，计算出轨道板上任意里程位置上断面点的理论平面坐标和高程。以轨道板承轨槽大钳口的两个外钳口挡肩面或承轨槽上螺栓孔预埋套管为参考基准，采用精密设计加工的专用标架模拟钢轨的空间位置，智能型全站仪采集安放在指定承轨槽上的精调标架实时计算轨道板线路偏差，指挥工人调整安装在轨道板下的精调器，使轨道位置调整到设计的理论位置。图 5-47 所示为轨道板精调原理，图中 A、B 两点为左右股钢轨设计理论位置，A'、B' 为钢轨粗铺后的实际位置，轨道板精调就是进行竖向和横向调整，使得轨道板 A'、B' 点与 A、B 逐渐趋近的过程。

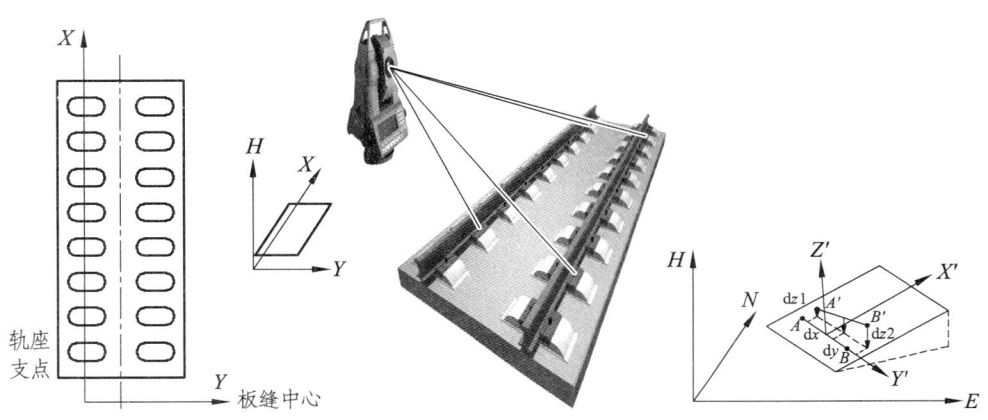

图 5-47 轨道板精调原理

按照图 5-47 所示原理实现轨道板精调，需要以下内容：

（1）轨道板精调理论数据。通过内业布板设计软件施工布板模块，利用线路设计参数、轨道布板参数计算出轨道板上作为精调理论参考点的理论平面坐标和高程。

（2）模拟钢轨实现空间位置的精调装置，称作精调标架。CRTSⅢ型轨道板铺设过程中不能测量的钢轨顶点通过标架上棱镜过渡，其上安放的棱镜中心即为钢轨顶中心点，使之能够使用测量仪器测量，钢轨顶如图 5-48 所示。

标架的稳定性直接决定了 CRTSⅢ型轨道板的精调精度，因此标架设计应当遵循稳定性好、受外界干扰变形量小的原则，同时为了适应现场测量的要求，标架应当满足质量轻、便于携带的要求。

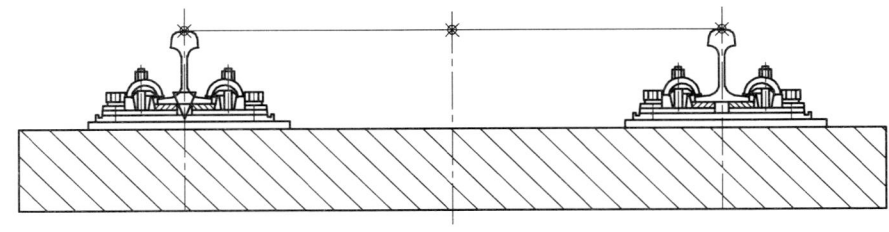

图 5-48 标架模拟钢轨

（3）高精度智能型全站仪及配套的基于个人数字助理（PDA）的精调软件。使用的全站仪应具有自动目标搜索、自动照准、自动观测、自动记录功能，其标称精度不低于($1''$、$1\text{ mm}+2\times10^{-6}\cdot D$),如徕卡 TS30、TS50、TS60、TCRP1201+、TCA2003、TS15 等。基于 PDA 的 CRTSⅢ型无砟轨道板精调程序必须协调控制标架系统、测量机器人系统及测量控制终端,集成各部分之间的无线通信和数据交换,具备实时处理精调数据的功能。

4. 轨道板精调系统

CRTSⅢ型板的精调,以轨道板承轨槽大钳口的两个外钳口挡肩面为基准,采用专门设计的精调标架作为精调工装。CRTSⅢ型板的精调标架用于模拟钢轨装置,依据 CRTSⅢ型板承轨槽细部结构及轨道结构尺寸设计,用标架上的精密棱镜来实现轨道板铺设时钢轨空间位置的过渡,通过精确调整轨道板的空间位置间接调整轨道。

与 CRTSⅡ型无砟轨道板比较,CRTSⅢ型板长度较短,且精调器安装在 CRTSⅢ型板设置的 4 个起吊套管处,故待精调轨道板上只需要安置 2 副标架,同时应具备 1 个标准标架,测站间搭接需要使用 1 副标架。因此,一套 CRTSⅢ型板精调标架系统应包括 4 副精调标架,3 副用于精调(1 号标架、2 号标架、3 号标架),1 副作为基准标架用于检校其他测量标架。

(1) 精调系统的功能。

通过上述介绍,可知轨道板精调系统在整个 CRTSⅢ型无砟轨道板施工中有十分重要的作用。其所具有的主要功能有:

① 具有精密加工的专用标架,作为钢轨模拟装置,棱镜位置模拟钢轨支点。

② 采用高精度具有自动搜索和瞄准功能的全站仪作为测量机器人,实行动态自动测量,精确定位轨道板实际位置。

③ 精调软件自动计算出板位横向、纵向和高程调整量,数据实时传输与质量控制。

④ 倾斜传感器、温度传感器、气压传感器的数据通信与信息的集成。

⑤ 无线控制外业测量手簿与全站仪、数据采集显示集成系统之间的数据通信,实现无线遥控操作与指示功能。

⑥ 具有工业级手持式掌上电脑,采用 Windows CE 操作界面,阳光下清晰可见,与电脑操作极为相似,简单易用。

⑦ 完整记录设计位置与实际位置坐标、板位精调时间、精调气象状态、问题日志,实现可追溯施工,便于后续平顺性分析。

(2) 精调系统的组成。

精调系统由全站仪系统、高精度特制标架、专业精调软件、无线通信模块组成,如图 5-49 所示。

CRTSⅢ型无砟轨道板精调系统由标架系统、测量机器人、测量控制终端(PDA)三部分构成,基于 PDA 的 CRTSⅢ型无砟轨道板精调程序必须能集成和协调控制上述三部分功能,实现各部分之间的无线通信,设置合理精调作业流程,才能实现精调系统功能。根据精调系统功能和各部分组成特点,要求精调程序必须具备以下功能：

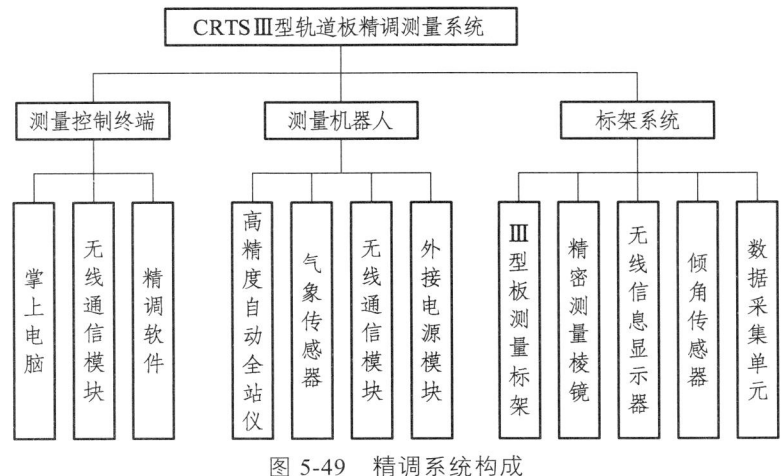

图 5-49 精调系统构成

① 实现 PDA 与标架系统、PDA 与全站仪之间的无线通信。PDA 内置电台和蓝牙分别与全站仪外接数传电台、标架 A 部分蓝牙建立无线串行连接，采用虚拟串口实现串行通信。

② 传感器校正。标架系统安装的倾角传感器，存在安装误差、零点误差，外界环境的变化也会给倾角传感器的测量值带来误差，作业前需对其进行检校，故精调程序须具备校正方法和改正措施。

③ 标架尺寸校正。标架理论尺寸应满足设计要求，精密加工的标架也存在工艺带来的误差，使用过程中也会造成各部尺寸微小变化，故精调程序须具备检校方法和改正措施。

④ 控制测量机器人，实现自动化测量。标架系统上棱镜三维坐标的测量过程具有位置相对固定、测量目标较多、测量频次高、测量距离短、观测精度要求高等特点，精调软件须控制智能测量机器人完成数据采集。

⑤ 数据文件管理功能。精调系统采用文件的方式进行数据管理，涉及的文件有线路基础数据、棱镜配置文件、项目配置文件、精调成果文件等。精调软件能在工程文件夹下分开路径管理上述文件，正确读写上述文件。

⑥ 制定高效合理的精调流程。精调作业流程采取先高程后平面、先四角后中间的调节顺序，精调软件应设计合理精调流程，高效指挥现场精调作业。

CRTSⅢ型无砟轨道板精调过程主要包括项目管理、参数配置、标架检校、传感器检校、测站设置、精调测量、保存成果。现场作业具体业务流程依次为选板、定向、精调测量。CRTSⅢ型无砟轨道板精调软件业务流程如图 5-50 所示。

（3）精调标架。

标架系统在轨道板精调过程中主要起着模拟钢轨实现空间位置过渡的作用，把 CRTSⅢ型轨道板不能够用测量仪器测量的点通过标架上棱镜过渡，其上安放的棱镜中心即为钢轨顶中心点，使之能够使用测量仪器测量，钢轨顶如图 5-48 所示。

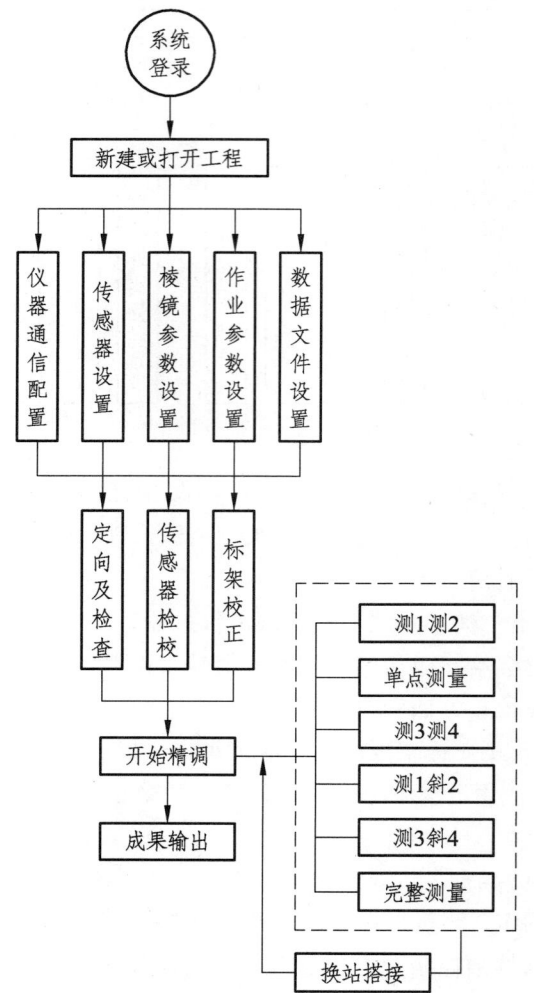

图 5-50　精调软件作业流程

测量标架系统是多种传感器的集成，包括温度传感器、倾斜传感器、数据显示器，采用单片机作为数据采集处理系统，内置数据采集处理模块、蓝牙通信模块、数传电台，实现了多传感器的信息集成和协调控制。基于上载到 PDA 的 CRTS Ⅲ 型无砟轨道板精调程序，标架系统能同时实现与测量机器人系统、测量控制终端（PDA）之间的无线通信。

标架设计应满足下述要求：

① 保证四支撑圆柱下缘到两棱镜中心连线高度为 210 mm。
② 两微型棱镜安装距离，满足两微型棱镜中心相距 1 505.1 mm 的要求。
③ 调节触头伸出长度，保证两棱镜中心对称于轨道中心点。
④ 所用材料要求温度变形小（线性热膨胀系数小）、刚性好、硬度高且耐磨

性强，加工精度高。

标架框架结构用镁铝合金制作；主要承重面与接触面使用硬度强、耐磨的不锈钢制作；标架主要由横梁、下支架、侧支架和棱镜架组成；标架两端分别放液晶显示屏（LCD）各一台，横梁中部放置倾斜传感器一台、温度传感器及电池组件；所有数据传输线由横梁内部经过。CRTSⅢ型轨道板精调标架如图5-51所示。

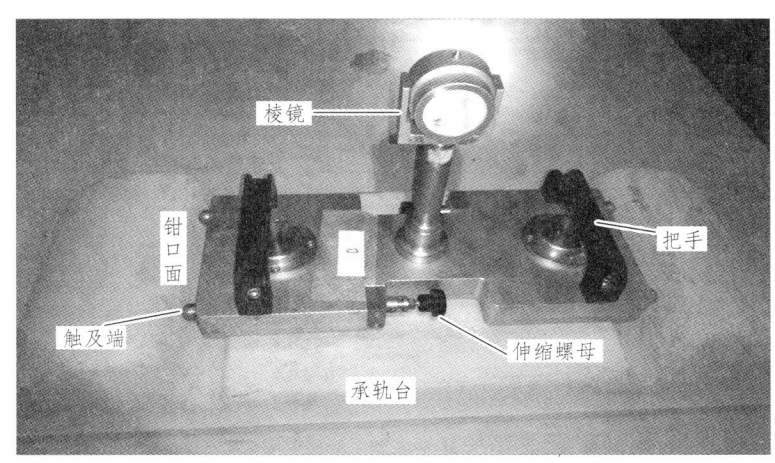

图5-51 CRTSⅢ型轨道板精调标架

调节支架系统由调节支架和调节组件组成，由紧固调节装置单面与承轨台侧面钳口线相触，主要接触装置为不锈钢制作的卡尺。调节支架的材料为铝合金材料，调节组件主要材料为不锈钢。调节组件有调节触头伸出，长度保证两棱镜中心对称于轨道中心点。

棱镜组件系统由精密棱镜、棱镜座、棱镜支架和棱镜外壳组成。精密棱镜为直径25.4 mm的标准棱镜。其他部件使用材料为铝合金材料（ZL101），经黑色阳极化处理。棱镜组件应满足以下要求：

① 三轴正交，两轴旋转棱镜中心不变。微型棱镜绕横轴、竖轴任意旋转时，微型棱镜中心的空间位置严格保持对中精度≤0.1 mm，此工艺应由光学和机械加工配合和装配工艺实现。

② 微型棱镜的加常数可以利用检测基线方便地获得。

③ 微型棱镜中心到基座下表面的高度应精确量取到±0.1 mm，由机械加工保证。

（4）精调软件实现。

掌上电脑即个人数字助理（PDA），是近年来发展迅速的移动式便携计算机，具有处理器、存储器、带键盘或不带键盘、手写输入，可以通过有线或无线方式接入。它体积小、耗电少、功能全、携带方便，适合CRTSⅢ轨道板精调野外作业使用。

CRTSⅢ型轨道板精调系统模块主要包括项目管理、系统配置、精调作业、系统检校、辅助工具 5 个部分，其具体功能框架如图 5-52 所示。

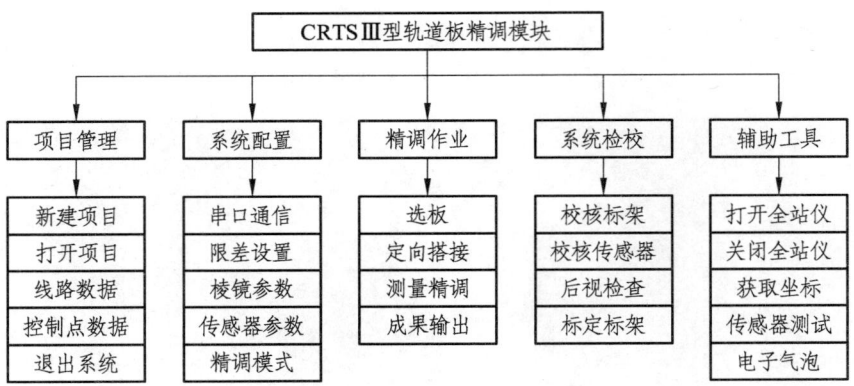

图 5-52　CRTSⅢ型轨道板精调模块功能

5. 轨道板精调作业

（1）内业数据准备。

① 利用布板软件，对设计院给出的布板数据进行动态调整，计算出区段内轨道板最终铺设位置。对于给定铺设位置的轨道板，计算出轨道板精调文件，并复制到精调软件对应的文件路径下。精调文件内容即为精调作业时棱镜的设计坐标。

② 精调区段内通过评估的 CPⅢ控制点成果。

（2）设备检校与标定。

① 全站仪、棱镜、气压温度计检校。

② 标准标架标定。

标架是模拟钢轨的测量装置，可实现空间位置过渡。设计加工的精调标架几何尺寸必须严格保证钢轨在实际轨道结构中空间几何关系一致。标架的标定工作就是检测标架几何尺寸与理论设计值的差值。标准标架的标定工作主要是测量标准框上的"棱镜间距"和棱镜高度这两个重要的指标，如图 5-53 所示。

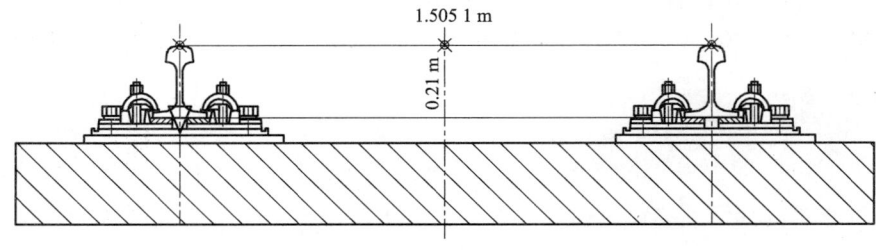

图 5-53　标架模拟轨道系统

"棱镜间距"指标准标架分别"正确放置"在一对承轨台断面上左右外钳口时，棱镜中心 2 次空间位置在轨道板横轴线方向上的间距。棱镜高度指标准标架

"正确放置"时，上方棱镜中心到承轨台顶面的垂直距离。"棱镜间距"与理论值的差值要校正到小于 0.1 mm，棱镜高度的标定值也要精确到 0.1 mm。标准标架的标定工作必须在室内专门设计的精密标定台上完成。

③ 测量标架检校。

由于标架受运输、气象等影响，在每天工作前需要对标架进行校验。操作步骤：先在距离全站仪一块轨道板远处的承轨台上，将标准标架安置在左侧螺栓孔上（全站仪左侧），对标架上固定好的棱镜进行测量；然后将标准标架水平反转 180°再放入右侧螺栓孔（全站仪右侧），对棱镜进行测量。标准标架测量完毕，在同一对承轨台上依次放上其他 3 副标架，仪器将按照先左棱镜后右棱镜的顺序自动进行测量并将与标准标架的偏差量计入精调软件中便于后续改正，以达到检校的目的。图 5-54 所示为标架检校软件界面，通过逐一对标架进行检校，计算出一套标架 7 个棱镜的横向偏差及竖向偏差，并保存到本次精调配置文件中。

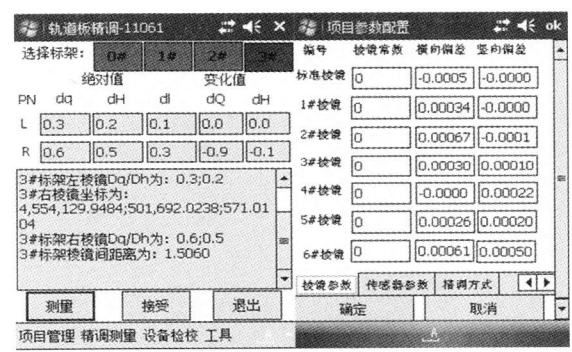

图 5-54　标架检校软件界面

（3）全站仪设站。

以线路两侧的 CPⅢ轨道控制网作为测量的基准参考点，采用自由设站边角交会的方法确定全站仪的设站坐标和方位。

全站仪设站原则：

① 测站宜设在线路中线附近、两对 CPⅢ控制点之间。

② 每一测站观测的 CPⅢ点数为 3～4 对。

③ 设站点的三维坐标分量偏差不应大于 0.7 mm。

④ 测量应避免气温变化剧烈、阳光直射、大风或能见度低下等恶劣气候条件，宜选择在阴天无风或日落 2 h 后、日出前等气象条件稳定的时段进行。

⑤ 测距应进行气象改正。

⑥ 轨道板精确定位的测量方向为单向后退测量，一个测站内的全站仪与轨道板之间的测量距离宜为 5～30 m（现场多采用架五调四和架六调五作业模式）。

⑦ 利用线路两侧的 CPⅢ点进行自由设站后方交会，精确设定全站仪的坐标和方位。后方交会软件使用仪器自带的后方交会机载程序，全站仪后方交会完成，需将全站仪设置为在线通信状态，便于手簿端获取测站数据。

⑧ 全站仪定向是确定仪器的初始方位角，是确定精调的起算点，定向结束

后全站仪才能自动找到待调轨道板上的各个棱镜完成自动测量。

全站仪自由设站精调如图5-55所示。

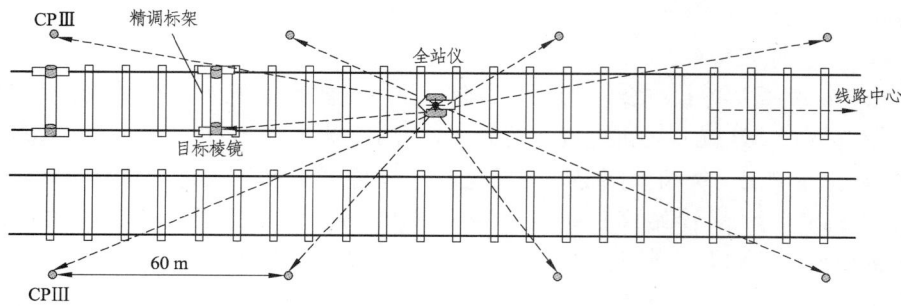

图5-55　全站仪自由设站精调

（4）作业模式。

①按照调板的作业模式，一测站内调板都是从距离全站仪最远端的那块轨道板开始，由远及近依次调板，如图5-56所示。

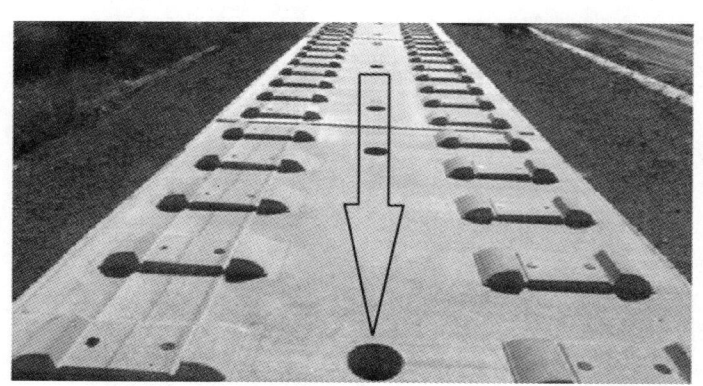

图5-56　精调方向

②在精调测量中，严格按照标架安放方法，将标架安放在轨道板的4个调整点位处，需要搭接时，将5号和6号标架安放在搭接轨道板的调整点位处，安放布局如图5-57所示，最后调整棱镜对准全自动全站仪。当上述准备工作完成后，就可以开始进行轨道板精调测量了。

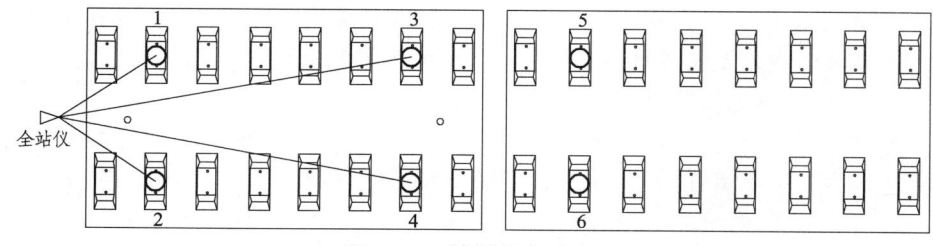

图5-57　精调标架安置

（5）精调测量。

CRTSⅢ型轨道板精调系统业务流程如图5-58所示。

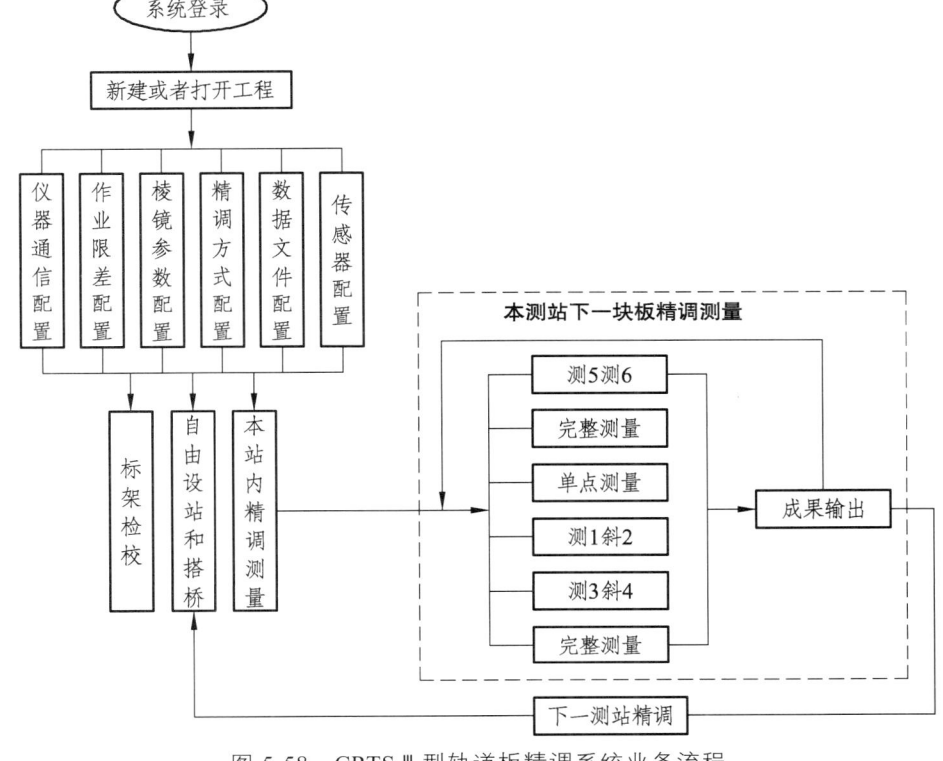

图 5-58 CRTS Ⅲ 型轨道板精调系统业务流程

精调测量作业具体流程如下：

① 安置标架，1 号标架安置在轨道板靠近全站仪端部的第二对承轨台上，以全站仪左侧方向为基准，标架触端贴在近左侧承轨台外钳口斜面上。2 号标架放置在轨道板另外一端第二对承轨台上。全站仪安置在精调前进方向上，距待精调轨道板 4 块轨道板的末端。全站仪测量方向与精调前进方向相反。

② 全站仪定向完成后，瞄准轨道板上的 1 号棱镜，开始测量 1 号棱镜的坐标。测量好 1 号棱镜后，依据一块板上 4 个棱镜间的相对位置关系可操控全站仪自动依次瞄准 2~4 号棱镜完成坐标测量，并自动计算出调整量数据，如图 5-59 所示。

③ 可选择依次单击测 1 测 2、测 3 测 4、完整测量方式进行测量，计算出偏差指挥工人进行调整。

④ 完整测量后，若各项限差符合精调要求，则保存精调成果，进行下一块板测量；若存在超限，则可采取单点测量进行重新调整，直至合格后保存成果。

⑤ 重复上述步骤进行下一块板测量，区别在于不用人工瞄准第一个棱镜。一个测站可测量 4~5 块轨道板，同一测站内不用进行搭接。

⑥ 本站测量完毕，标架放在最后一块精调好的轨道板上。搬站，重新安置仪器，进行自由设站。

⑦ 换站搭接，重新测量放置在上一站最后一块精调好的精调标架上的两个棱镜，计算出偏差数据。若偏差数据满足换站搭接要求，则进行换站搭接，将偏差数据分配到本站待精调的轨道板上；若偏差数据超限，应分析原因，无法解决则重调上一块板。

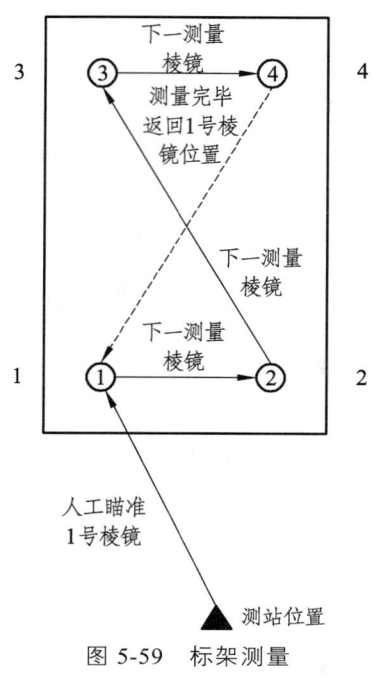

图 5-59　标架测量

⑧ 换站搭接完毕，可重复①～④进行精调。精调软件界面如图 5-60 所示。

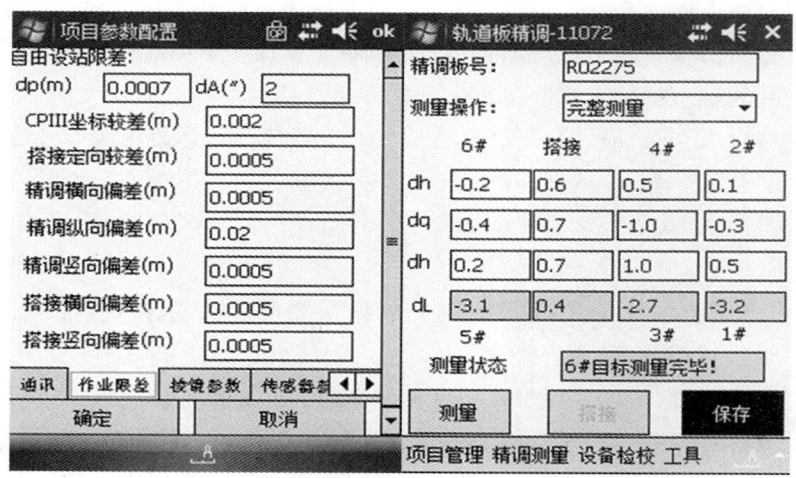

图 5-60　精调软件界面

6. 轨道板精调主要设备

CRTS Ⅲ 型轨道板精调主要设备见表 5-17。

表 5-17　CRTSⅢ型轨道板精调主要设备

序号	设备	数量	用途
1	CRTSⅢ测量标架	5个	放置位置代表整个轨道板的空间状态，并可放置棱镜
2	全站仪	1台	自动测量轨道几何状态测量仪上的棱镜
3	CPⅢ目标棱镜	8个	全站仪自由设站边角交会的目标
4	计算机	1台	运行轨道板精调作业软件，操控完成轨道板测量

7. 轨道板精调后限差要求

CRTSⅢ型轨道板精调后的限差应满足表 5-18 的要求。

表 5-18　CRTSⅢ型轨道板精调后的允许偏差

序号	项目	允许偏差/mm
1	板内各支点实测与设计值的横向偏差	2
2	板内各支点实测与设计值的竖向偏差	1
3	相邻轨道板间横向偏差	2
4	相邻轨道板间竖向偏差	1

【能力训练】

一、填空题

1. 无砟轨道混凝土底座及支承层的放样利用线路量测的 CPⅢ控制点进行立模放样，平面采用_____，高程采用_____。

2. 全站仪设站以线路两侧的_____作为测量的基准参考点，采用_____方法确定全站仪的设站坐标和方位。

3. 棱镜组件系统由_____、_____、_____和_____组成。精密棱镜为直径_____mm 的标准棱镜。

4. 无砟轨道精调的目的是满足高速行车的_____性、_____性和_____性。

5. 轨道精确调整主要分为_____调整和_____调整。

6. 板式轨道的钢轨高低、水平调整采用特制的调整块进行。垫块分_____和_____，调整时放在钢轨与板体顶面之间。

7. 轨道板的调整，以基准器为基础，使用三向千斤顶、支撑螺栓、螺纹丝杆顶托等，调整轨道板的高低、方向及_____。

8. 按照调板的作业模式，一测站内调板都是从距离全站仪最远端的那块轨道板开始，由_____及_____依次调板。

9. 一个测站可测量_____块轨道板，同一测站内不用进行搭接。

10. 一套 CRTSⅢ型板精调标架系统应包括____副精调标架，____副用于精调，____副作为基准标架用于检校其他测量标架。

11. 无砟轨道精调应遵循_____原则。

二、选择题

1. CPⅢ平面控制网建立时，后方交会的相对点位精度必须达到（　　）。

　A. 0.1 mm　　　　　B. 1 mm　　　　　C. 2 mm

2. 底座板及后浇带混凝土强度大于(　　)MPa，且混凝土浇筑时间大于 2 d，可粗铺轨道板。

　A. 5　　　　　　　　B. 10　　　　　　　C. 15

3. 轨道板的粗铺顺序为（　　）。

　A. 先临时端刺区，后常规区

　B. 先常规区，后临时端刺区

　C. 没有要求

4. 精调调节装置（千斤顶）在待调板前、中、后部位左右两侧共安装 6 个精调千斤顶，其中双向调节的千斤顶（　　）个。

　A. 2　　　　　　　　B. 4　　　　　　　C. 6

5. 在曲线段轨检小车的双轮部分靠近（　　）。

　A. 高轨　　　　　　B. 低轨　　　　　　C. 任意轨

6. 轨距为 1 436 mm 且左轨基准轨无病害时，对右轨进行更换内侧、外侧为（　　）的挡板。

　A. +1，−1　　　　　B. −1，+1　　　　　C. +2，−2

7. CRTSⅡ型板式无砟轨道相邻加密基桩相对精度应满足平面位置（　　），高程（　　）的要求。

　A. 0.1 mm，0.2 mm　　B. 0.1 mm，0.1 mm　　C. 0.2 mm，0.1 mm

8. 轨道板铺设高程及中线偏差不得超过以下指标：高程（　　），中线（　　）。

　A. ±0.5 mm，0.5 mm　B. ±1 mm，1 mm　　C. ±0.1 mm，0.1 mm

9. 相邻轨道板接缝处承轨台顶面相对高差及平面位置允许偏差为（　　）。

　A. ±0.1 mm　　　　B. ±0.3 mm　　　　C. ±0.5 mm

10. 在轨道静态检测中，轨距允许偏差为（　　）。

　A. ±2 mm　　　　　B. ±1.5 mm　　　　C. ±1 mm

11. 在轨道静态检测中，轨底外侧与轨距块缝隙允许偏差为（　　）。

　A. 0.5 mm　　　　　B. 1 mm　　　　　　C. 1.2 mm

12. 精调小车校准时，两次测量之和应在（　　）以内。

　A. 0.3 mm　　　　　B. 0.5 mm　　　　　C. 0.8 mm

13. 影响轨道不平顺的主要因素没有（　　）。
A. 轨向　　　　　　　　B. 高低　　　　　　　　C. 温度

任务 5.3　双块式无砟轨道精调

双块式无砟轨道是采用"自上而下的施工方法"，将预制的双块式轨枕组装成轨排，以现场浇筑混凝土方式将轨枕浇入均匀连续的钢筋混凝土道床内，并适应 ZPW-2000 轨道电路的无砟轨道结构形式。双块式无砟轨道结构如图 5-61 所示。

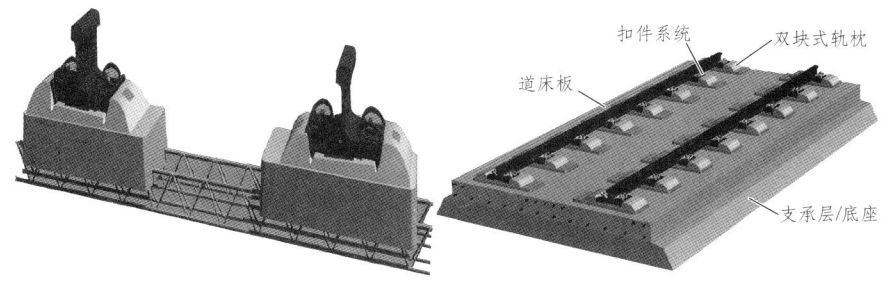

图 5-61　双块式无砟轨道结构

【任务描述】

新建沪昆铁路 12 标，线路位于贵州六盘水市盘县（今盘州市）境内，正线长度为 15.13 km，共含 3 条曲线（$JD_{92} \sim JD_{94}$，最小曲线半径为 7 000 m，最大曲线半径为 11 005 m），曲线段长度为 5 215 m，直线段长度为 9 923 m。曲线超高采用外轨提高点形式，最大超高值为 120 mm，缓和曲线超高采用线性过渡方式。本标段共有桥梁 5 座，总长 1 924 m；隧道共有 4.5 座，总长 12 260 m；路基有 9 段，总长 954.2 m。本标段内采用 CRTS Ⅰ 型双块式无砟轨道结构。请根据相关规范和文件要求，编制 CRTS Ⅰ 型双块式无砟轨道精调方案。

【引入案例】

京张铁路桥梁段 CRTS Ⅰ 型双块式无砟轨道施工

【案例解读】

目前，高速铁路无砟轨道结构主要采用板式无砟轨道和双块式无砟轨道结构，为了保证高速铁路的高稳定性、高平顺性、高舒适性和高精确性，国内外一直致力于无砟轨道结构的设计和优化。国内外高速铁路发展的实践证明，高速铁路无砟轨道结构形式逐步由板式无砟轨道向双块式无砟轨道发展。双块式无砟轨道施工的关键是控制轨距、轨底坡、轨枕间距、轨向、轨顶高程（高低）、扭曲等 6 项指标。采用轨排框架法的优点是轨距、轨底坡、轨枕间距三项指标已用轨排框架固定，只需调整其他三项指标，大大提高了施工效率。在无砟轨道测量过程中，轨道精调工作是无砟轨道测量的主要工作和重点。

【知识储备】

知识点 1　CRTS I 双块式无砟轨道施工测量

1. CRTS I 型双块式无砟轨道的结构特点

（1）具有较明显的层状结构，弹性逐层递减。

（2）双块式轨枕采用较低的轨枕块和钢筋桁架，轨道结构高度低，结构整体性强，耐久性好。

（3）道床板纵向采用双层配筋，配筋率为 0.8%～0.9%，对裂缝控制更有利。

（4）较轻的工具轨法、框架轨排法的安装工艺推动并改进了施工性能。

2. CRTS I 型双块式无砟轨道的系统结构

CRTS I 型双块式无砟轨道的系统结构包括钢轨、扣件系统、双块式轨枕、道床板、下部基础结构。

（1）钢轨：正线铁路一般均采用 60 kg/m、100 m 定尺轨焊接而成的 500 m 长钢轨、非淬火无孔 U71Mn（k）或 U71V 无孔新轨。

（2）扣件系统：根据设计的不同而不同，如可采用 WJ-7/WJ-8 或 Vossloh 300 型扣件系统。CTRS I 型双块式扣件系统如图 5-62 所示。

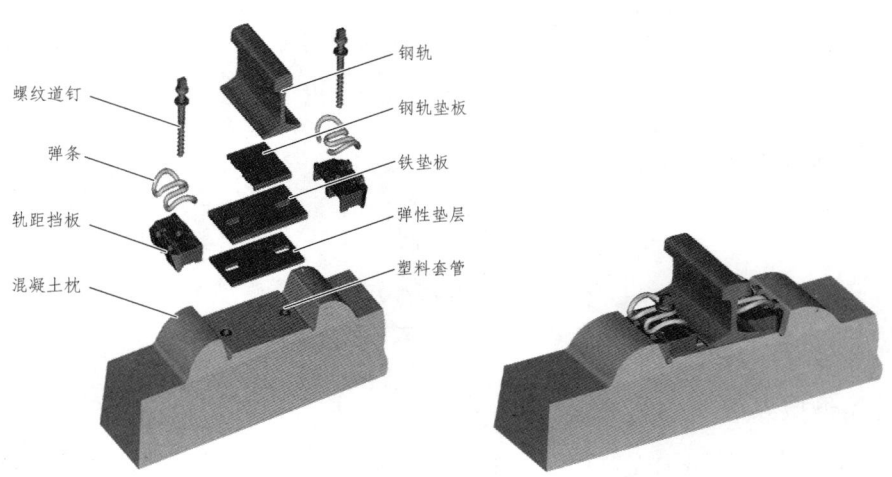

图 5-62　CTRS I 型双块式扣件系统

（3）双块式轨枕：由轨枕厂现场预制或外购，现场铺设时轨枕间距不大于

650 mm，不小于 600 mm。

（4）道床板：采用 C40 钢筋混凝土现场浇筑而成，宽厚根据设计而定，一般宽 2 800 mm。道床板厚 240～260 mm，隧道、桥梁段道床板厚根据超高不同，略有变化。

（5）下部基础结构。

路基地段：C15 混凝土支承层，在道床板与基床表层之间设置，宽 3 400 mm、厚 300 mm，如图 5-63 所示。

桥梁地段：C40 钢筋混凝底座，在桥面与道床板之间设置，如图 5-64 所示。

隧道地段：C30 混凝土基础垫层，在道床板与仰拱填充之间设置。

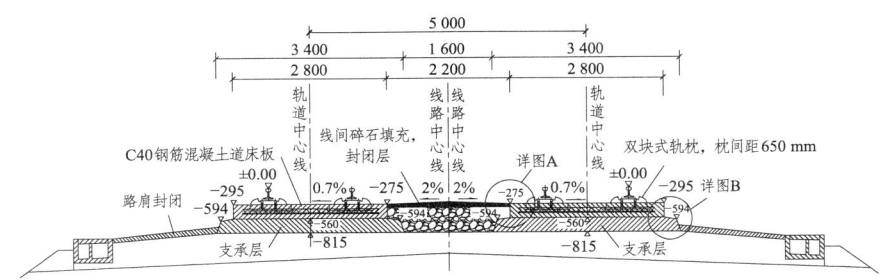

图 5-63　路基段无砟轨道横断面图（单位：mm）

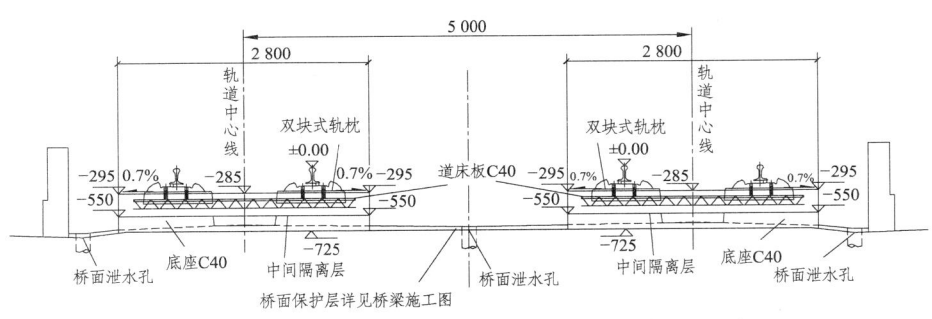

图 5-64　桥梁地段无砟轨道横断面图（单位：mm）

3. 轨排粗调定位测量

（1）轨道基标测量。

轨道基标的主要作用是进行轨排的粗铺与粗调的基准，为轨道精调做准备工作。

① 基标设置。全线每 5 m 左右测设一个基标；设在底座混凝土边缘距线路中线 1.5 m 处左右，以不影响模板安装为原则。

② 基标测设。采用全站仪自由设站后方交会设站，后视 4 对 CPⅢ 利用专用小基座对测量基标的坐标测设，每站测量距离不大于 90 m。测站完毕搬站进行下一站测设时，将上一站测过的 1～2 个基标作为搭接点。根据实测坐标计算距线路中线平面和高程偏差，整理成起道量和拨道量资料，用于现场调整。

（2）轨排粗调。

按对应轨道基标的起道量和拨道量，使用道尺，对轨道高程和平面位置进行调整，如图 5-65 所示。

图 5-65　轨排粗调

（3）轨排粗调定位允许偏差。

轨排粗调定位允许偏差应满足表 5-19 的要求。

表 5-19　轨排粗调定位允许偏差

序号	项目	允许偏差/mm
1	钢轨中线位置	±2
2	钢轨顶面高程	0 -5

4. 轨排精调作业

轨排精调作业流程如图 5-66 所示。

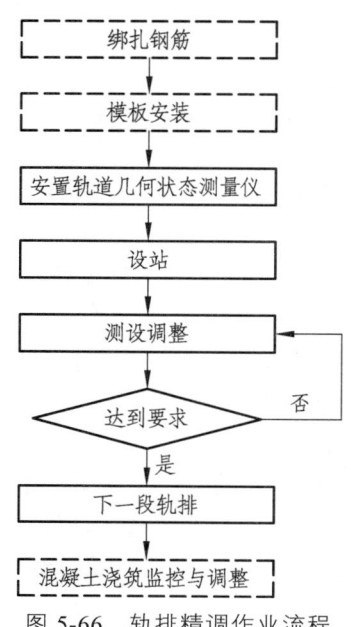

图 5-66　轨排精调作业流程

（1）轨排精调作业步骤。

① 在稳固的轨道上校准超高传感器，一般每天开始测量前校准一次，如气温变化迅速，可再次校准。

② 全站仪自由设站至少观测8个CPⅢ控制点。

③ 将全站仪对准轨检小车棱镜，检查通信，并锁定棱镜。

④ 测量螺杆调节器处的平面位置和高程偏差，使用螺杆调节器将轨排调整到限差范围内。

⑤ 轨排精调后应尽快灌注混凝土，如果轨排受到外部扰动或放置时间超过12 h，或温度变化超过15℃，必须重新检查确认合格后方可浇筑混凝土，如图5-67所示。

图5-67 轨道精调

（2）轨排精调设备。

轨排精调设备见表5-20。

表5-20 轨排精调设备

序号	设备	数量	用途
1	轨道几何状态测量仪	1套	测量轨道几何状态
2	全站仪	1台	自动测量轨道几何状态测量仪上的棱镜
3	CPⅢ目标棱镜	8个	全站仪自由设站边角交会的目标

（3）轨排精调限差要求。

轨排精调限差要求见表5-21。

表5-21 轨排精调允许偏差

序号	项目		允许偏差/mm
1	中线位置		2
2	轨面高程	一般情况	±2
		紧急情况	+2 0
3	线间距		+5 0

知识点2　CRTS Ⅱ双块式无砟轨道施工测量

1. CRTS Ⅱ型双块式无砟轨道的结构特点

（1）具有较明显的层状结构，为刚度逐层递减结构体系。
（2）为加强与道床的连接，轨枕设计为钢筋桁连接的双块式轨枕。
（3）路基和隧道地段无砟轨道连续浇筑。
（4）道床板采用单层配筋，纵向配筋率 0.8% ~ 0.9%。
（5）采用机械化施工，将轨枕振动嵌入现浇混凝土道床中，轨道几何尺寸定位准确。

2. 支脚测量

（1）支脚测量具体步骤。
① 根据设计图和测量软件计算每个支脚坐标。
② 用全站仪进行支脚定位测量，测量放出支脚安装位置。
③ 在测设好的点位标注"十"字线，用射钉枪打入钢钉或冲击电钻钻孔。
④ 牢固安装支脚。

（2）支脚测设要求。
① 全站仪应置于相邻的 2 对 CPⅢ控制点之间，后视的 CPⅢ控制点宜为 8 个，困难地段（如不通视等）不应少于 6 个。支脚测设工作区域如图 5-68 所示。

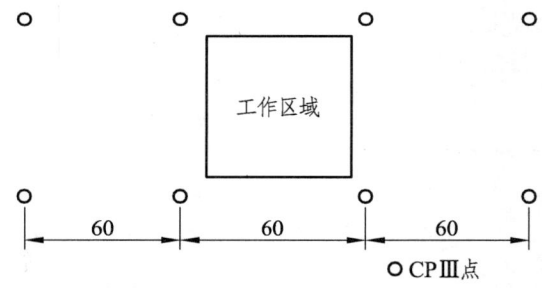

图 5-68　支脚测设工作区域（单位：m）

② 支脚纵向间距为 3.27 m，横向距离为 3.2 m。
③ 每放样 5 对支脚点，检查 1 ~ 3 个 CPⅢ点坐标，与原 CPⅢ点坐标比较，其较差不应大于 5 mm。
④ 换站后，检测前一测站放样的 2 ~ 4 对支脚点，检测平面较差不应大于 5 mm。
⑤ 放样点平面位置偏差不应大于 5 mm。
⑥ 每放样 5 个支脚进行点位编号，并做好标记。

3. 支脚精调作业

（1）支脚精调作业流程。
支脚精调作业流程如图 5-69 所示。

（2）支脚精调作业步骤。

① 计算每个支脚上棱镜的三维坐标。

② 全站仪应设在固定端支脚上，曲线地段宜设在曲线外侧支脚上。

③ 检测1~3个CPⅢ点坐标，与原CPⅢ点坐标比较，其较差不应大于1 mm，否则重新设站。

④ 松开支脚定位座上的所有紧固螺栓，将棱镜安放在定位座上，测量棱镜三维坐标，反复调整支脚高度和定位座平面位置，直至棱镜三维坐标与设计值较差不大于0.5 mm，锁定所有紧固螺栓。

⑤ 每调整5个支脚后，应对后视的任意一个CPⅢ点进行检测，与原CPⅢ点坐标比较，其较差不应大于1 mm。

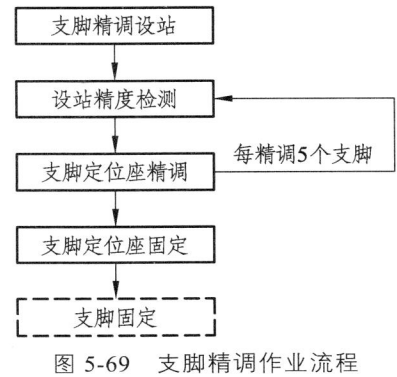

图5-69 支脚精调作业流程

（3）支脚精调作业主要设备。

支脚精调作业主要设备见表5-22。

表5-22 支脚精调作业主要设备

序号	设备	数量	用途
1	全站仪	2台	支脚精调、三维坐标检测
2	CPⅢ目标棱镜	8个	全站仪自由设站边角交会的目标
3	棱镜	2个	支脚三维坐标测量
4	微型棱镜	1个	支脚及模板放样定位
5	专用道尺	1把	检测支脚横向跨度及曲线地段超高
6	正矢绳、紧线器	1套	检测支脚正矢

（4）支脚精调限差要求。

① 换站后，应对相邻已精调完成的3~5个支脚进行搭接测量，平面及高程偏差不应大于2 mm。

② 支脚定位座纵向平行于线路中线，横向调整应在支脚中心40 mm内。当横向调整超限时，应整体移动支脚。

③ 支脚平面位置允许偏差不应大于0.5 mm，高程位置允许偏差不应大于±0.5 mm。

4. 框架轨排精调

（1）框架轨排精调作业流程。

框架轨排精调作业流程如图5-70所示。

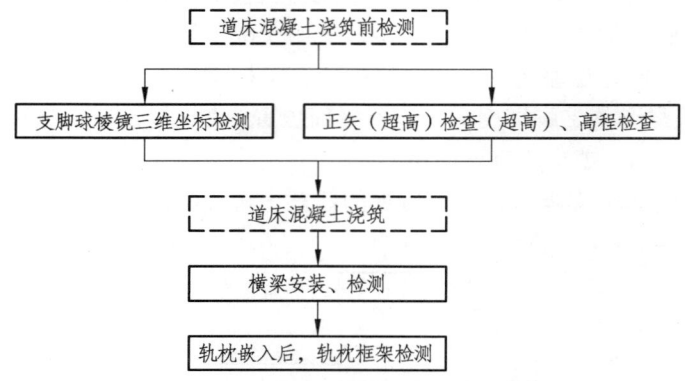

图5-70 框架轨排精调作业流程

（2）框架轨排精调作业主要设备

框架轨排精调作业主要设备见表5-23。

表5-23 框架轨排精调作业主要设备

序号	设备	数量	用途
1	全站仪	2台	支脚精调、三维坐标检测
2	CPⅢ目标棱镜	8个	全站仪自由设站边角交会的目标
3	棱镜	2个	支脚三维坐标测量
4	专用道尺	1把	检测支脚横向跨度及曲线地段超高
5	塞尺	2把	横梁安装及轨枕嵌入混凝土时框架检测
6	正矢绳、紧线器	1套	检测支脚正矢
7	框架轨排精调作业机组	1组	Ⅱ型双块式无砟轨道施工精调作业

（3）框架轨排精调作业步骤。

① 全站仪设在待检支脚范围，对待检支脚三维坐标进行检测。

② 用专用工具对检测段的支脚进行连续正矢检测，正矢检测平面位置如图5-71所示。

③ 用专用道尺对支脚的超高进行检查，用钢卷尺进行横跨检测。

④ 横梁安放在支脚上端凹槽位置后，用塞尺检查支脚顶部与横梁是否就位。

⑤ 轨枕嵌入混凝土后，对横梁和框架的接触点进行检测。

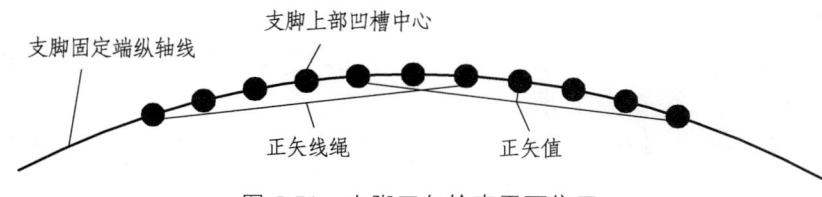

图5-71 支脚正矢检查平面位置

（4）框架轨排精调作业要求。

① 全站仪后视不应少于 6 个 CPⅢ 点，检测范围应为 10~90 m。

② 后视 CPⅢ 中的任意一点，与原 CPⅢ 点坐标比较，其较差不应大于 1 mm。

③ 支脚球顶与横梁凹槽点、横梁上球顶与框架凹槽间隙不应大于 0.2 mm。

④ 正矢检测平面位置允许偏差不应大于 1 mm。

（5）框架轨排精调限差要求。

框架轨排精调后的限差应满足表 5-24 的要求。

表 5-24 框架轨排精调后的允许偏差

序号	项目	允许偏差/mm
1	相邻轨枕框架首根承轨槽（台）横向偏差	3
2	轨枕框架内相邻承轨槽（台）	1
3	相邻承轨槽（台）	0.5

【能力训练】

一、填空题

1. CRTS Ⅰ 型双块式无砟轨道的系统结构包括：_____、_____、_____、_____ 和 _____。

2. CRTS Ⅰ 型双块式轨排的调整分 _____ 和 _____ 两个阶段。

3. 轨道基标主要作用是 _____。

4. 轨道基标设置全线采用 _____ m 左右测设一个基标，设在底座混凝土边缘距线路中线 _____ m 处左右，以不影响模板安装为原则。

5. CRTS Ⅰ 型双块式轨排粗调是按对应轨道基标的起道量和拨道量，使用 _____，对轨道 _____ 和 _____ 位置进行调整。

6. CRTS Ⅰ 型双块式轨排精调后应尽快灌注混凝土，如果轨排受到外部扰动或放置时间超过 _____ h，或温度变化超过 _____ ℃，必须重新检查确认合格后方可浇筑混凝土。

7. 在双块式轨枕粗调过程中，粗调机在操作人员的控制下，实现轨排 _____、_____、_____、_____ 4 个自由度的调整，指导满足标准。

8. 双块式无砟轨道在轨温升至 _____ ℃后不宜将固定螺栓松开和精调。

9. 双块式轨枕铺设精调是指用轨检小车和全站仪逐一检测每根轨枕处的 _____、_____、_____、_____ 等几何形位。

二、选择题

1. 轨道板初凝后立即养护，养护时间不得少于（ ）。

A. 7 d   B. 10 d   C. 14 d

2. 轨道精调（ ）内必须浇筑混凝土。

A. 6 h　　　　　　B. 12 h　　　　　　C. 24 h

3. 轨排是通过调整（　　），达到水平或高程的调整。

A. 螺杆调节器　　B. 钢轨　　　　C. 轨枕

4. 双块式无砟轨道精调全站仪采用后方交会的方法进行设站至少应适用（　　）个控制点。

A. 2　　　　　　　B. 4　　　　　　　C. 6

5. CRTS I 型双块式无砟轨道铺设，轨排的轨枕间距允许偏差为（　　）。

A. ±5 mm　　　　　B. ±10 mm　　　　C. ±15 mm

三、论述题

1. 简述双块式无砟轨道轨枕铺设精调过程。
2. 双块式无砟轨道轨枕铺设精调作业不适合在什么环境下作业？
3. 双块式无砟轨道道床混凝土浇筑前应采用哪些东西对轨道状态进行检查？

任务 5.4　道岔区无砟轨道精调

道岔铺设前，应以 CPⅢ 控制点为依据，在混凝土底座或支承层及板式道岔的找平层上于岔心、岔前、岔后、岔前 100 m、岔后 100 m 分别设置道岔控制基标。为了控制道岔区线路精确调整，还需要设置道岔加密基标。轨枕埋入式无砟道岔加密基标宜设置在线路中线两侧，间距宜为 5~10 m，转辙器、导曲线和辙叉起始点应增设道岔加密基标；板式无砟道岔板加密基标应设于找平层上。道岔控制基标和道岔加密基标可采用全站仪自由设站按坐标测设，也可采用光学准直法测设，全站仪设站应满足加密基标测量全站仪自由设站的技术规定。

道岔放样测量时，应先复测道岔控制基桩，再按站场设计图进行道岔桩位放样。站场内的各组无砟道岔宜一次测设完成，并复核道岔间相互位置。站线无砟轨道的测量宜与道岔同时进行。误差的调整应在站线测量中消除。道岔两端应预留不小于 200 m 的长度作为道岔和区间衔接测量的调整距离。道岔精调应先进行道岔主线测量，再进行道岔侧线测量。道岔精调完成后，应采用轨道几何状态测量仪对道岔平顺性进行检测。道岔静态平顺度应符合表 5-25 的规定。

表 5-25　道岔（直向）静态平顺度允许偏差

项目	高低	轨向	水平	扭曲（基长 3 m）	轨距	变化率
幅值/mm	2	2	2	2	±1	1/1 500
弦长/mm	10					

【任务描述】

京沪高速铁路的新岳阳车站，共有正线高速无砟道岔 12 组，均为 18 号道岔，道床类型为轨枕埋入式，基本轨设有轨距加宽，直向通过速度为 350 km/h，侧向通过速度为 80 km/h，道岔主要尺寸见表 5-26。请根据要求编写轨枕埋入式无砟道岔精调作业指导书。

表 5-26 18 号道岔主要尺寸

序号	道岔号数	道岔总长/m	前长/m	后长/m	辙叉角度	备注
1	18	69.000	31.729	3 471	3°10′47.39″	

【引入案例】

哈大高铁 62 号轨枕埋入式无砟道岔施工

【案例解读】

轨枕埋入式无砟道岔铺设施工采用组装平台组装无砟道岔，组装平台为道岔组装提供了可靠、稳定的组装基础；采用岔枕的横向与竖向调整方法，保证了钢轨位置的准确性、道岔精调的平顺性与整体性，减少了道岔后期的维修养护工作量，道岔组装基础可靠稳定。

【知识储备】

知识点 1 轨枕埋入式无砟道岔施工测量

1. 道岔基标测设

道岔基标主要是作为道岔粗铺定位以及道岔粗调的基准。用全站仪、水准仪测量道岔岔前、岔心、岔后中桩和道岔直股、曲股加密边桩，加密桩一般按 5 m 间距设置。

（1）道岔基标测设步骤。

① 全站仪以轨道控制网 CP Ⅲ 为基准自由设站，放样道岔（岔前、岔心、岔后）中桩，实测直股、曲股加密基桩。

② 用水准仪测量加密基桩高程。

③ 通过线路设计资料和道岔设计线性资料计算道岔基桩与设计值的差值，整理成起道量和拨道量。

（2）道岔控制基桩测设主要设备。

道岔控制基桩测设主要设备见表 5-27。

表 5-27　道岔控制基桩测设主要设备

序号	设备	数量	用途
1	全站仪	1 套	道岔放样、加密基桩测设
2	水准仪	1 套	加密基桩高程测量
3	CPⅢ目标棱镜	8 个	全站仪自由设站边角交会的目标

2. 道岔精调

（1）道岔精调作业方法。

使用轨道几何状态测量仪检测道岔方向、高低、水平、轨距等几何形位指标，根据检测数据确定精调数值，调节支架，直到满足限差要求。

（2）道岔精调作业流程。

轨枕埋入式无砟道岔精调作业流程如图 5-72 所示。

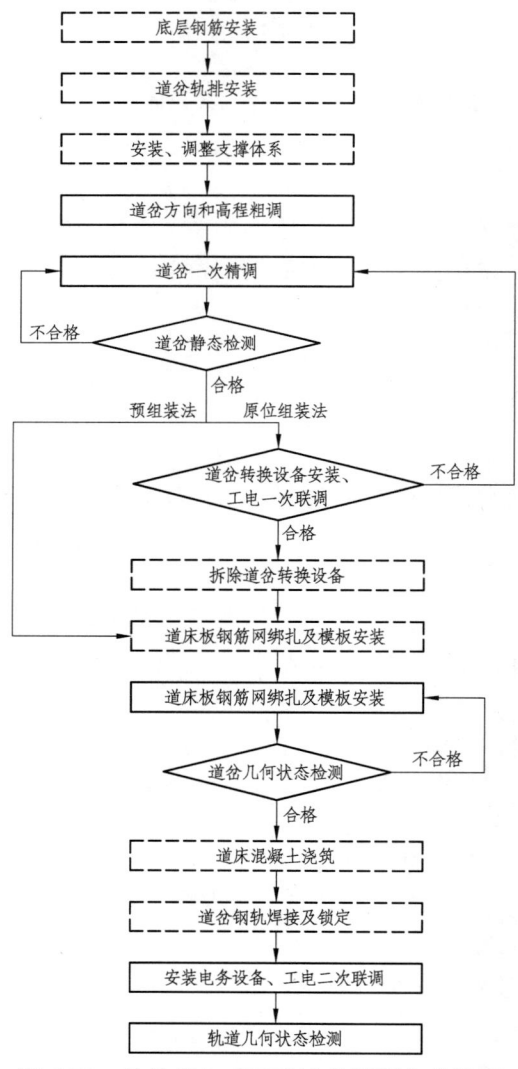

图 5-72　轨枕埋入式无砟道岔精调作业流程

（3）道岔精调作业主要设备。

道岔精调作业主要设备见表5-28。

表5-28 道岔精调作业主要设备

序号	设备	数量	用途
1	全站仪	1台	道岔精调作业
2	轨道几何状态测量仪	1台	道岔精调及轨距、水平检测调整
3	CPⅢ目标棱镜	8~12个	全站仪自由设站边角交会的目标
4	轨道尺	2把	检测轨距及水平辅助工具

（4）道岔精调限差要求。

道岔精调后的限差应满足表5-29的要求。

表5-29 道岔精调后的允许偏差

序号	项目	允许偏差/mm
1	道岔中线	2
2	道岔高程	0 −5

知识点2 板式无砟道岔施工测量

板式无砟道岔利用特制精调爪对道岔板进行精调，利用轨道基准点GRP进行设站（设站位置应距离精调道岔板6~20 m）和定向，通过实测道岔板的测量孔位坐标与设计坐标比较，计算实测值和理论值的偏差，进行道岔板的精调。

1. 板式无砟道岔施工测量步骤

（1）后视定向：在施工现场将仪器和定向后视棱镜架设于GRP点上，完成仪器设站。

（2）架设棱镜：在需要精调的道岔板上架设棱镜，架设棱镜的定位孔位置应与道岔文件内道岔定位孔坐标一一对应。

（3）道岔板精调：全站仪照准道岔板上架设的棱镜进行测量。根据测量结果解算坐标偏差后，现场测量人员可根据结果进行精调。

2. 板式无砟道岔精调主要设备

道岔板精调主要设备见表5-28。

3. 道岔板精调限差要求

道岔板精调后的限差应满足表5-30要求。

表 5-30　道岔板精调后的允许偏差

序号	项目	允许偏差/mm
1	横向偏差	0.3
2	纵向偏差	0.3
3	竖向偏差	0.3

【能力训练】

一、填空题

1. 道岔基标主要是作为_____的基准。
2. 轨枕埋入式无砟道岔加密基标宜设置在_____，间距宜为 5~10 m，转辙器、导曲线和辙叉起始点应增设道岔加密基标。
3. 板式无砟道岔板加密基标应设于_____上。
4. 轨枕埋入式无砟道岔精调作业是使用轨道几何状态测量仪检测道岔_____、_____、_____、_____等几何形位指标，根据检测数据确定精调数值，调节支架，直到满足限差要求。
5. 板式无砟道岔是利用_____对道岔板进行精调。

二、选择题

1. 道岔区无砟轨道宜采用（　　）结构。
   A. 板式　　　　　　　B. 双块式　　　　　　C. 轨枕埋入式
2. 轨枕埋入式无砟道岔控制基桩位于线路中线上，横向允许偏差为（　　）mm。
   A. ±0.5　　　　　　　B. ±1　　　　　　　　C. ±1.5
3. 相邻加密基桩相对精度：平面（　　）mm，高程（　　）mm。
   A. ±0.2，±0.2　　　　B. ±0.2，±0.1　　　　C. ±0.1，±0.1
4. 道岔精调时方向、高程、水平、轨距等各项指标以确保直股控制在（　　）mm 误差范围内，同时兼顾曲股。
   A. ±0.5　　　　　　　B. ±1　　　　　　　　C. ±2
5. 精调爪使用前对相关部位进行软化，在待调板前、中、后部位左右两侧安装（　　）个精调爪。
   A. 6　　　　　　　　　B. 8　　　　　　　　　C. 10
6. 根据对道岔板相应位置的精调爪进行调整，达到规范≤（　　）mm 的要求。
   A. 0.3　　　　　　　　B. 0.4　　　　　　　　C. 0.5
7. 如果道岔板放置时间过长，或环境温度变化超过（　　）℃，则必须进行复测和必要的调整，确认满足要求后，方可进行灌注砂浆。
   A. 5　　　　　　　　　B. 10　　　　　　　　 C. 15

任务 5.5　高速铁路长钢轨精调

【任务描述】

杭甬客运专线 DK47+311.27～DK65+704 位于浙江省绍兴市境内，全长双线 18 392.47 m，结构工程主要有特大桥 2 座（18 277 m），路基 1 段（105.38 m）。该段敷设 CRTS Ⅱ 型板式无砟轨道道床，采用 WJ-8C 型扣件系统，轨道为跨区间无缝线路，无道岔。全段采用 AMBERG GRP 1000S 测量系统进行长钢轨的调整和数据采集。请根据相关规范和技术要求，编制该标段的长钢轨精调实施方案。

【引入案例】

孙中山先生在《建国方略》中，最早提出修建兰渝铁路的战略构想，称其为"经过物产极多、矿产极富之地区"，规划路线走向是"兰州—广元—南充—重庆"。他把这条铁路线，作为计划的中央铁路系统 24 条干线之一。

《辉煌中国》第一集
"圆梦工程"

【案例解读】

兰渝铁路是国家《中长期铁路网规划》（2016 年）中西北至西南区域间客货并重的大能力运输新通道，是中国铁路网的重要组成部分。兰渝铁路的建成通车不仅能够强化和完善中国西部区域铁路运输网结构，大大缩短西北、西南地区间的运输距离及旅行时间，还能极大地改善兰州、陇南、广元、南充、重庆等地的交通区位，使沿线地区与西北、西南、华东、华南地区的联系更为紧密，形成"南北联系顺畅，东攀西联方便，交通四通八达"的优良交通运输环境。

【知识储备】

知识点 1　长钢轨精调作业

长钢轨精调因轨道状态测量和检测的方法不同，分静态调整和动态调整两个阶段。无砟轨道施工完成，长钢轨铺设放散锁定后，即可开展轨道静态调整。静态调整阶段要通过精调小车等测量设备对轨道状态进行检测和评估。静态调整达到静态验收标准后，线路开始联调联试，此时进入轨道动态调整阶段，该阶段主要通过 160 km/h 低速轨检车和 350 km/h 高速动检车对轨道状态进行检测和评估。两个阶段的调整，使得轨道具有很高的平顺性，从而使无砟轨道状态满足高速运行的舒适性和安全性要求。

1. 轨道平顺性

铁路轨道准确的几何尺寸是保证列车安全运行的基本条件。理论研究和高速铁路的实践分析表明，只有在高平顺的轨道上才能实现高速行车，高速铁路轨道有别于一般铁路的主要特点就是具有高平顺性。

轨道平顺性是指轨道的实际几何形状、尺寸、空间位置等参数与设计尺寸之间的符合程度。凡是直线轨道不平、不直，对轨道中心线位置、高度及宽度正确尺寸的偏差，曲线轨道不圆顺，对曲线中心线位置、轨距、超高及顺坡变化正确尺寸的偏差，通称为轨道不平顺。

2. 钢轨与扣件系统

钢轨是铁路轨道的重要部件之一，承担着引导车轮、传递荷载的功能。对高速铁路无砟轨道而言，钢轨轮轨踏面和内侧工作边的平顺性要求要比普通铁路高得多。为保证列车运行平稳，线路下部基础、轨道上部结构以及轨道各部件，都要为钢轨的正常工作提供良好条件。而钢轨本身，其内在质量、材质性能、断面尺寸公差、平直程度等都是十分重要的特性。钢轨在技术条件上要能保证足够的强度、韧性、耐磨性、稳定性和平顺性，在经济上要保证合理的大修周期，减少养护维修工作量。

扣件系统是轨道不可或缺的组成部分，在保证轨道稳定性、可靠性方面起着重要作用。高速铁路无砟轨道扣件除了起到传递荷载、保持轨距的作用，还应具有许多特殊的功能。

（1）钢轨。

高速铁路具有曲线半径大、列车运行速度高等特点，在满足钢轨铺设跨区间无缝线路一般要求的基础上还在钢轨纯净度、钢轨的内在和表面质量、几何尺寸精度和外观质量方面有严格的要求。

对钢轨的一般要求包括：较强的强度和抗磨耗性能，达到较高的承载能力和使用寿命；较高的抗疲劳伤损的安全可靠性，防止轨道内侧剥离及可能由此引发的钢轨横向断裂；较强的抗不均匀磨耗性能和钢轨全长范围内硬度的均匀性，避免引起波纹、波浪等不均匀磨耗；良好的焊接性能，以便铺设跨区间无缝线路；化学成分便于进行热处理，以提高钢轨的强韧性；严格的尺寸公差及钢轨工作边平顺性，减少轨道周期性不平顺。

高速铁路对钢轨的特殊要求还包括：保证材质高纯净，提高钢轨可靠性；保证轧制高精度，提高钢轨质量；钢轨在具有足够强度和刚度的同时，硬度应与车辆和运营条件相匹配。

目前，我国为了满足高速铁路的行车需要，钢轨定尺长采用 100 m、60 kg/m 钢轨。60 kg/m 钢轨的断面形状如图 5-73 所示，断面几何参数见表 5-31，质量和金属分配见表 5-32。

为了满足铁路建设需要，我国铁路借鉴国外先进标准，结合我国的实际，由原铁道部科技司组织中国铁道科学研究院等单位，先后主持起草了多个钢轨技术条件，涵盖了普通钢轨及道岔用轨。其中，高速铁路钢轨主要有以下技术条件：

① 《钢轨　第 1 部分：43 kg/m ~ 75 kg/m 钢轨》（TB/T 2344.1—2020）。
② 《钢轨　第 2 部分：道岔用非对称断面钢轨》（TB/T 2344.2—2020）。
③ 《钢轨　第 3 部分：异型钢轨》（TB/T 2344.3—2018）。

④《客货共线铁路钢轨伸缩调节器》(TB/T 3518—2018)。
⑤《33 kg/m 护轨用槽型钢》(TB/T 3110—2018)。
⑥《客运专线钢轨伸缩调节器》(TB/T 3401—2015)。

以上技术条件规定了钢轨的断面、型式尺寸及允许偏差、技术要求、试验方法、检验规则、标志及质量证明书和质量保证等内容，同时规定了技术条件的适用范围。

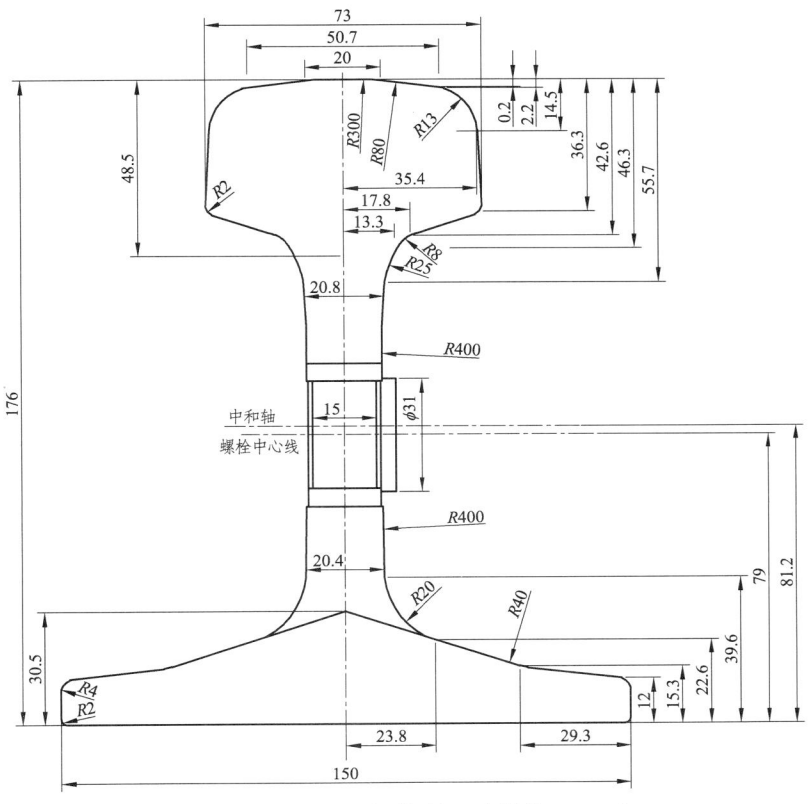

图 5-73　60 kg/m 钢轨断面（单位：mm）

表 5-31　钢轨几何参数

钢轨断面类型/(kg/m)	横断面面积/cm²	重心距轨底距离/cm	重心距轨头距离/cm	对水平轴线的惯性矩/cm⁴	对垂直轴线的惯性矩/m⁴	下部断面系数/cm³	上部断面系数/cm³	底侧边断面系数/cm³
60	77.45	8.12	9.48	3217	524	396.0	339.4	69.9

表 5-32　钢轨的理论质量及金属分配

钢轨断面类型/(kg/m)		60
理论质量/kg	每米质量	60.643
钢轨的金属分配（各部分占总面积的百分比）/%	轨头	37.43
	轨腰	25.29
	轨线	37.24

钢轨的几何尺寸偏差要求见表5-33。从表中可以看出，客运专线钢轨技术条件比普速铁路钢轨在部分尺寸偏差上提出了更高的要求，尤其对轨冠尺寸以及轨底凹陷的要求不同。

表5-33 尺寸允许偏差对比　　　　　　　　　　　单位：mm

项目	250 km/h 技术条件	350 km/h 技术条件
钢轨高度	±0.6	±0.6
轨头宽度	±0.5	±0.5
轨头顶部断面	±0.6	+0.6，−0.3
轨底宽度	±1.0	±1.0
轨腰厚度	+1.0，−0.5	+1.0，−0.5
轨底边缘厚度	+0.75，−0.5	+0.75，−0.5
接头夹板安装面斜度	+1.0，−0.5	±0.35
接头夹板安装面高度	+0.6，−0.5	+0.6，−0.5
轨底凹陷[a]	≤0.3	≤0.3
端面斜度	≤0.6	≤0.6
断面不对称	±1.2	±1.2
长度	±6.0	±30
	双方协商	100 m±30
螺栓孔直径	±0.7	±0.7
螺栓孔位置	±0.7	±0.7

注：标[a]者为对《钢轨》(TB/T 2344.1~3—2020)规定轨底可以凸或凹，但对客运专线钢轨不得凸。

不同速度等级铁路钢轨技术条件规定的平直度要求见表5-34。

表5-34 钢轨平直度要求

部位	项目	允许偏差/mm	
		250 km/h 客运专线	350 km/h 客运专线
轨端	垂直（向上）	≤0.5/1.5 m	≤0.3/1 m；≤0.4/2 m
	垂直（向下）	≤0.2/1.5 m	≤0.2/2 m
	水平（左右）	≤0.7/1.5 m	≤0.6/2 m
轨端与轨身重叠区	垂直	距轨端 1~2.5 m≤0.4/1.5 m	距轨端 1~3 m≤0.3/2 m
	水平	距轨端 1~2.5 m≤0.6/1.5 m	距轨端 1~3 m≤0.6/2 m
轨身	部位	除轨端各 1.5 m 的其他部分	除轨端各 2 m 的其他部分
	垂直	≤0.4/3 m，≤0.3/1 m	≤0.3/3 m，≤0.2/1 m
	水平	≤0.6/1.5 m	≤0.45/1.5 m
全长	扭曲	全长≤2.5 mm	全长≤2.5 mm
		轨端 1 m 内≤0.45 mm	轨端 1 m 内≤0.45 mm
	上、下弯曲	≤10 mm	≤10 mm
	侧弯曲	弯曲半径 $R>1\,500$ m	弯曲半径 $R>1\,500$ m

（2）扣件系统。

① 无砟轨道扣件系统的技术要求。

高速铁路列车运行速度高、行车密度大，钢轨扣件是无砟轨道中提供弹性的主要部件，比一般线路有更高的技术要求。

a. 保持轨距能力。

钢轨扣件应保持由钢轨和混凝土轨枕（或混凝土轨道板）组成的轨道框架几何特征稳定，既保持轨距和防护轨距变化，同时增强轨道框架的弯曲和扭转刚度。

b. 防爬阻力。

钢轨扣件应防止钢轨相对于轨枕的纵向位移，即防止钢轨爬行，这就需要扣压件有足够和稳定的扣压力。

桥上无砟轨道结构的设计必须要考虑无缝线路由于温度变化或列车荷载等作用梁轨间发生相对位移而产生的相互作用力。梁轨间相互作用力的大小与线路纵向阻力值密切相关。线路纵向阻力如果太大，将会相应增加线路传递到桥梁墩台的纵向力和钢轨本身的应力；如果太小，可能导致钢轨爬行或冬季发生断轨时断缝过大而影响行车安全。对于无砟桥，由于扣件直接将长钢轨与桥面轨道结构连接，线路的纵向阻力按扣件阻力取值。为减少无砟轨道桥梁与焊接长钢轨之间的相互作用力，比较有效的方法是减少扣件的纵向阻力。而扣件纵向阻力的大小与扣压件的扣压力、轨底与轨下垫层的摩擦系数密切相关。同时为保证扣件受力均匀，桥上扣件的布置不应该采用松紧相间的形式，而应根据桥上无缝线路设计要求的线路纵向阻力，调整扣件的扣压力值，以保证在全桥一定范围内扣件螺栓扭矩松紧程度一致。

另外，对于 CRTS Ⅰ 型板式无砟轨道，扣件系统防爬阻力还应满足板式无砟轨道凸型挡台的受力要求。

c. 零部件和维修工作量。

高速铁路轨道维修只能在很短的封锁点内进行，因而要求钢轨扣件零部件少和养护维修工作量小。这就要求扣件各部件有足够的强度，在期望的使用寿命周期内扣件各部件不产生疲劳伤损和显著的残余形变；同时要求扣件有更好的性能，当扣压件和轨下弹性垫层产生磨耗和残余变形时，扣件阻力减小不大，扣件螺栓无须经常进行复拧。

d. 平顺性。

钢轨扣件应保证钢轨具有良好的平顺性。良好的平顺性可以降低由于轨道不平顺引起的激振，减小列车通过时的振动，从而提高乘客舒适度。

e. 减振性能。

与有砟轨道相比，无砟轨道结构中取消了提供线路弹性的道砟层，这样就要求无砟轨道的扣件具有比有砟轨道更好的弹性，以最大限度地降低轨道的振动，减缓轮轨间的冲击。对于无砟轨道来说，要求扣件各节点刚度一致，以减少动力不平顺。

f. 绝缘性能。

为保证行车绝对安全，要求钢轨扣件有良好的绝缘性能，以保证轨道电路的正常工作，满足信号系统要求。

g. 钢轨高低与左右位置调整能力。

无砟轨道结构中的扣件直接将钢轨与混凝土道床连接在一起，与传统的有砟轨道相比，可大大减少线路的养护维修工作量，但由于轨道结构中取消了道砟层，受施工误差和混凝土基础变化等因素的影响，钢轨高低和轨向的变化不能像有砟轨道那样进行起道和拨道作业，只能通过扣件进行调整。因此，无砟轨道结构要求所用扣件具有一定的高度和轨距调整能力。

对于桥上无砟轨道来说，受梁体收缩徐变上拱、墩台沉降等因素的影响，钢轨高低的变化更大，因此要求所用扣件具有更大的钢轨高低调整能力。

②无砟轨道扣件系统的类型。

目前，我国高速铁路无砟轨道主要采用 WJ-7 和 WJ-8 型扣件，下面本书就这两种无砟轨道扣件类型进行详细的介绍。

a. WJ-7 型扣件。

WJ-7 型扣件是在总结秦沈客运专线铺设 WJ-2 型扣件的成功实践基础上进行优化设计的，适应无砟轨道的铺设要求。其结构如图 5-74 所示，主要由弹条、绝缘块、铁垫板、T 形螺栓、螺母、平垫圈、轨下垫板、绝缘缓冲垫板、锚固螺栓、重型弹簧垫圈、平垫块以及预埋于混凝土枕或轨道板内的绝缘套管等部件组成。

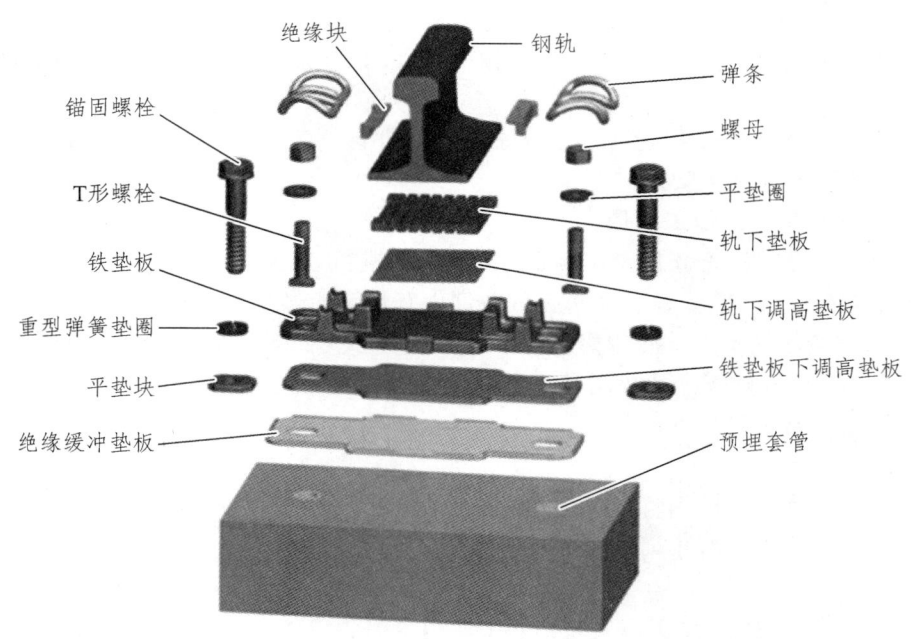

图 5-74　WJ-7 型扣件结构组成

扣件系统要求按《高速铁路扣件　第 4 部分：WJ-7 型扣件》(TB/T 3395.4—2015)、《WJ-7 型扣件暂行技术条件》(科技基〔2007〕207 号)执行，零部件技术要求按《WJ-7 型扣件零部件制造验收技术条件》执行。

b. WJ-8 型扣件。

WJ-8 型扣件是为了适应有挡肩无砟轨道，满足高速铁路扣件系统的技术要求而研发的一种无砟轨道扣件系统，结构如图 5-75 所示。扣件系统由螺旋道钉、平垫圈、弹条、绝缘轨距块、轨距挡板、轨下垫板、铁垫板、铁垫板下弹性垫板和定位于混凝土轨枕或轨道板内的预埋套管组成。采用调高垫板（分轨下调高垫板和铁垫板下调高垫板）实现钢轨高低调整。

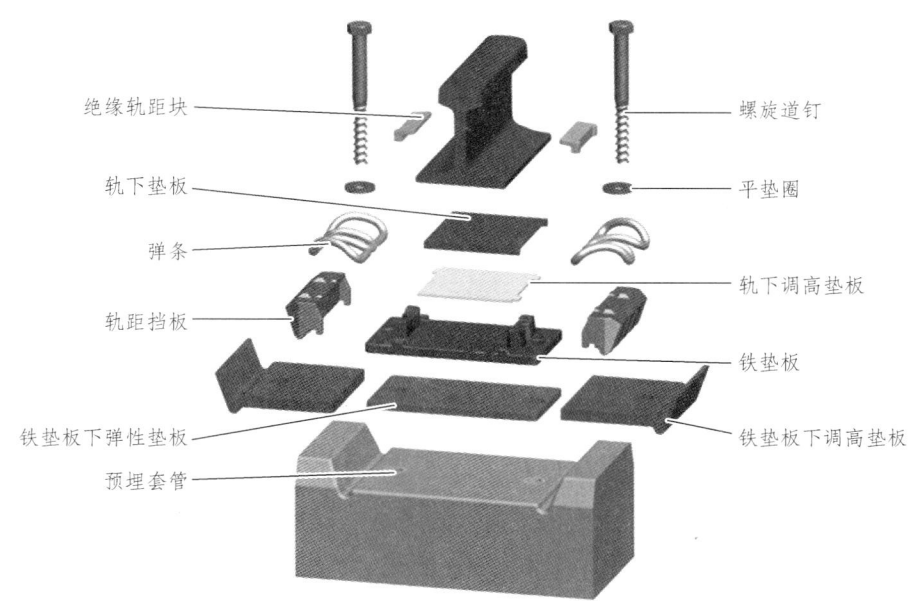

图 5-75　WJ-8 型扣件结构组成

扣件系统要求按《高速铁路扣件　第 5 部分：WJ-8 型扣件》(TB/T 3395.5—2015)、《WJ-8 型扣件暂行技术条件》(科技基〔2007〕207 号)执行，零部件技术要求按《WJ-8 型扣件零部件制造验收技术条件》执行，扣件铺设养护维修按《WJ-8 型扣件铺设和养护维修说明》执行。

知识点 2　钢轨精密测量与精调的基本原理

铁路轨道准确的几何形位是保证列车安全运行的基本条件。高速铁路无砟轨道的理论研究和实践分析表明，只有在高平顺性的轨道上才能实现高速行车，而轨道平顺性检测是确保轨道高平顺性的最后一环，具有十分重要的作用。

轨道平顺性检测的主要内容包括轨距、水平（超高）、轨向、高低、扭曲、中线偏差及高程偏差等，各项检测的基本原理如下所述。

1. 轨距测量

轨距是指两股钢轨头部内侧轨顶面下 16 mm 处两作用边之间的最小距离，如图 5-76 所示。轨距不合格将使车辆运行时产生剧烈的振动，我国标准轨距的标称值为 1 435 mm。

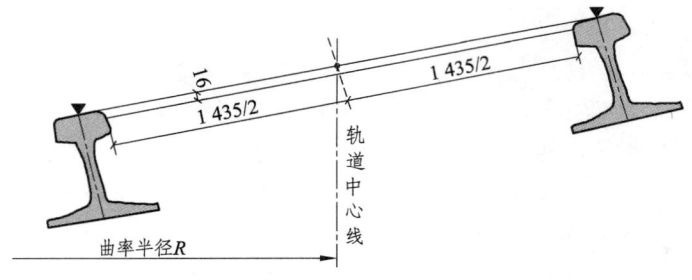

图 5-76 轨距测量（单位：mm）

2. 水平（超高）测量

水平是指同一轨道横断面上左右钢轨顶面在水平面上的高度差，曲线上称为超高，如图 5-77 所示。

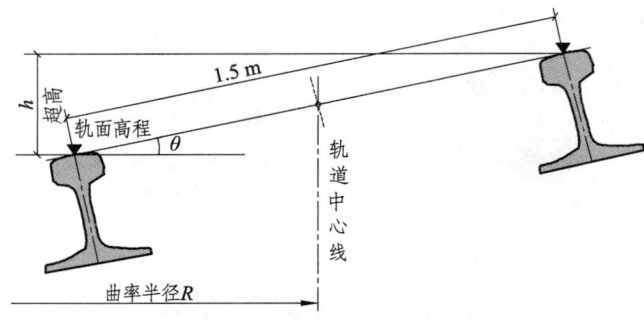

图 5-77 水平（超高）测量

3. 轨向测量

轨向是指轨道方向，是衡量轨道中线在平面上平顺性的指标。根据《高速铁路测量规范》（TB 10601—2009）的规定，轨向平顺性采用 10 m 弦和 30 m、300 m 基线的中、长波检验标准检测。

（1）10 m 弦检测（中国标准）。

实测得到中线平面坐标后，在 10 m 弦长的条件下，可计算出轨道点的实测正矢，再根据线路设计文件计算相应点的设计正矢值，设计正矢与实测正矢的偏差即为 10 m 弦的轨向值，如图 5-78 所示。

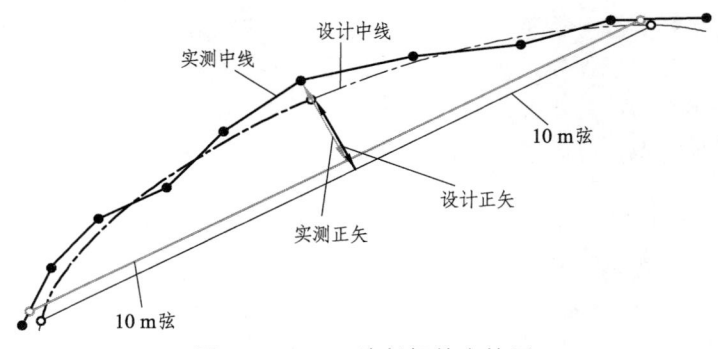

图 5-78 10 m 弦长钢轨向检测

（2）中波（30 m 基线）检测。

轨向的中波检测，是指在 30 m 基线条件下，根据实测坐标计算相隔 5 m 的轨道点与其对应点的实测正矢之差，两轨道点的设计正矢之差与实测正矢之差的差值即为该轨道点的轨向值。

假定钢轨支承点的间距，或者说轨枕间距为 0.625 m，采用 30 m 弦线，按间距 5 m 设置一对检测点，则每 9 个支承点的间距正好是两检测点的间距 5 m。如图 5-79 所示，图中的点是钢轨支承点的编号，以 G_1 到 G_{49} 表示。从支承点 G_1 到 G_{49} 的距离为 30 m，建立弦线 M，分别计算出检测点 G_1、G_9、G_{17}、G_{25}、G_{33}、G_{41}、G_{49} 的正矢值 d_1、d_9、d_{17}、d_{25}、d_{33}、d_{41}、d_{49}，则每相邻两检测点（以 G_9、G_{17} 为例）的轨向按式（5-3）计算：

$$\Delta d = \left|\left(d_{9\text{设计}} - d_{17\text{设计}}\right) - \left(d_{9\text{实测}} - d_{17\text{实测}}\right)\right| \leqslant 2 \text{ mm} \qquad (5-3)$$

式中：$d_{9\text{设计}}$、$d_{17\text{设计}}$ 为检测点与对应点的设计正矢（mm）；$d_{9\text{实测}}$、$d_{17\text{实测}}$ 为检测点与对应点的实测正矢（mm）。

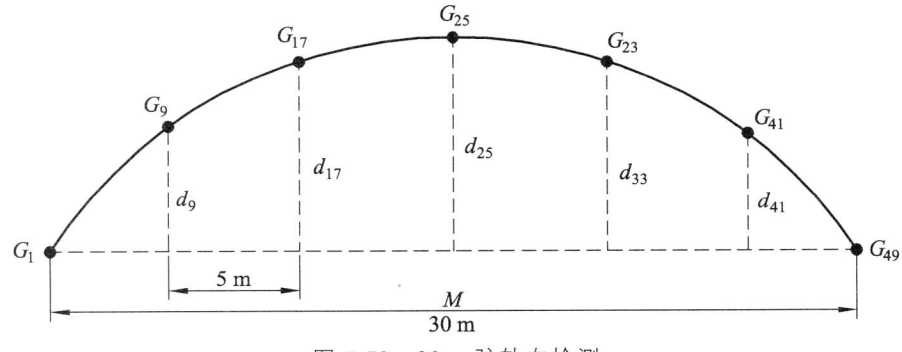

图 5-79　30 m 弦轨向检测

由于 G_1、G_{49} 的正矢为零，故可检测 G_2（对应检测点为 G_{10}）到 G_{40}（对应检测点为 G_{48}）的轨向。新的弦线则从已检测的最后一个点 G_{40} 开始。

（3）长波（300 m 基线）检测。

轨向的长波检测，是指在 300 m 基线条件下，根据实测坐标计算相隔 150 m 的轨道点与其对应点的实测正矢之差，两轨道点的设计正矢之差与实测正矢之差的差值为该轨道点的轨向值。

假定钢轨支承点的间距，或者说轨枕间距为 0.625 m，采用 300 m 弦线，按间距 150 m 设置一对检测点，则每 241 个支承点间的间距正好是两检测点的间距 150 m。如图 5-80 所示，从支撑点 G_1 到 G_{481} 的距离为 300 m，建立长弦，则每相邻两检测点（以 G_9、G_{249} 为例）的轨向按式（5-4）计算：

$$\Delta d = \left|\left(d_{9\text{设计}} - d_{249\text{设计}}\right) - \left(d_{9\text{实测}} - d_{249\text{实测}}\right)\right| \leqslant 10 \text{ mm} \qquad (5-4)$$

式中：$d_{9\text{设计}}$、$d_{249\text{设计}}$ 为检测点与对应点的设计正矢（mm）；$d_{9\text{实测}}$、$d_{249\text{实测}}$ 为检测

点与对应点的实测正矢（mm）。

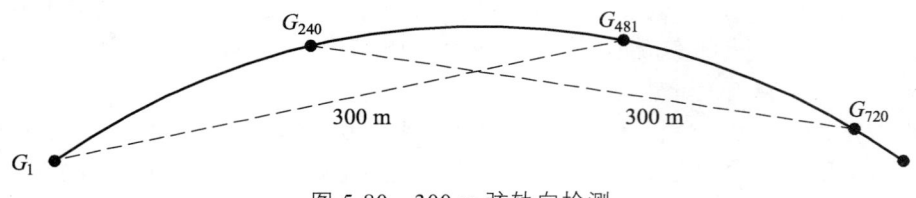

图 5-80　300 m 弦轨向检测

由于 G_1、G_{481} 的正矢为零，故可检测 G_2（对应检测点为 G_{242}）到 G_{240}（对应检测点为 G_{480}）的轨向。新的弦线则从已检测的最后一个点 G_{240} 开始。

4. 高低测量

高低是指同一股钢轨顶面的前后高低变化，表示钢轨顶面在竖向的平顺性指标。高低平顺性检测同轨向的测量原理相同，也分为 10 m 弦和 30 m、300 m 基线的中、长波检验。

（1）10 m 弦检测（中国标准）。

如图 5-81 所示，在给定 10 m 弦长的情况下，相邻两检测点的实测高差与设计高差的偏差即为 10 m 弦的高低值。

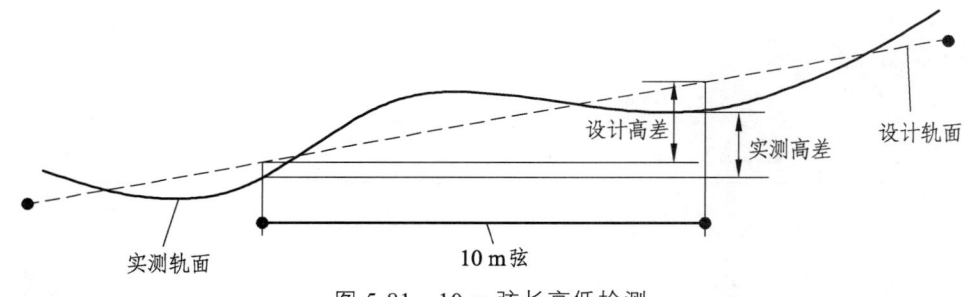

图 5-81　10 m 弦长高低检测

（2）中波（30 m 基线）检测。

根据实测线路中线的三维坐标，计算各轨道点相应里程。如图 5-82 所示，以里程为 Y 轴，高程为 X 轴，里程、高程均为 0 的点 O 作为原点建立坐标系。根据轨向 30 m 基线检测的原理可知，如检测点为 G_9，与之对应的检测点为 G_{17}，则每相邻两检测点的高低按式（5-5）计算：

$$\Delta d = \left|(d_{9\text{设计}} - d_{17\text{设计}}) - (d_{9\text{实测}} - d_{17\text{实测}})\right| \leqslant 2 \text{ mm} \tag{5-5}$$

式中：$d_{9\text{设计}}$、$d_{17\text{设计}}$ 为检测点与对应点的设计正矢（mm）；$d_{9\text{实测}}$、$d_{17\text{实测}}$ 为检测点与对应点的实测正矢（mm）。

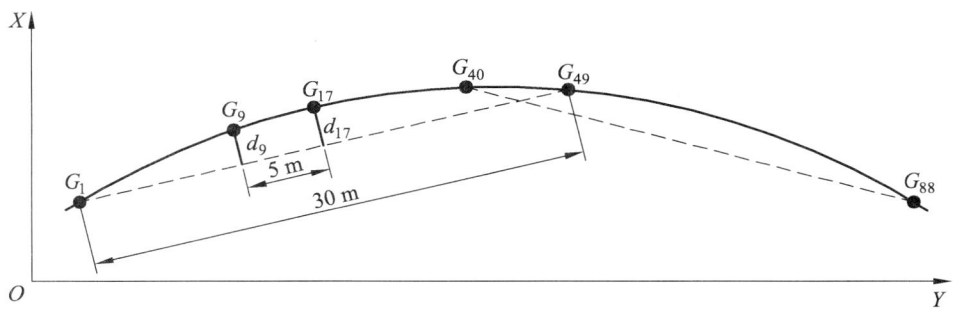

图 5-82　30 m 弦高低检测

由于 G_1、G_{49} 的正矢为零，故可检测 G_2（对应检测点为 G_{10}）到 G_{40}（对应检测点为 G_{48}）的高低。新的弦线则从已检测的最后一个点 G_{40} 开始。

（3）长波（300 m 基线）检测。

如图 5-83 所示，与高低 30 m 基线检测类似，高低 300 m 基线检测仍以里程为 Y 轴，高程为 X 轴，里程、高程均为 0 的点 O 作为原点建立坐标系。根据轨向 300 m 基线检测的原理可知，如检测点为 G_9，与之对应的检测点为 G_{249}，则每相邻两检测点的高低按式（5-6）计算：

$$\Delta d = \left| \left(d_{9\text{设计}} - d_{249\text{设计}} \right) - \left(d_{9\text{实测}} - d_{249\text{实测}} \right) \right| \leq 10 \text{ mm} \quad (5-6)$$

式中：$d_{9\text{设计}}$、$d_{249\text{设计}}$ 为检测点与对应点的设计正矢（mm）；$d_{9\text{实测}}$、$d_{249\text{实测}}$ 为检测点与对应点的实测正矢（mm）。

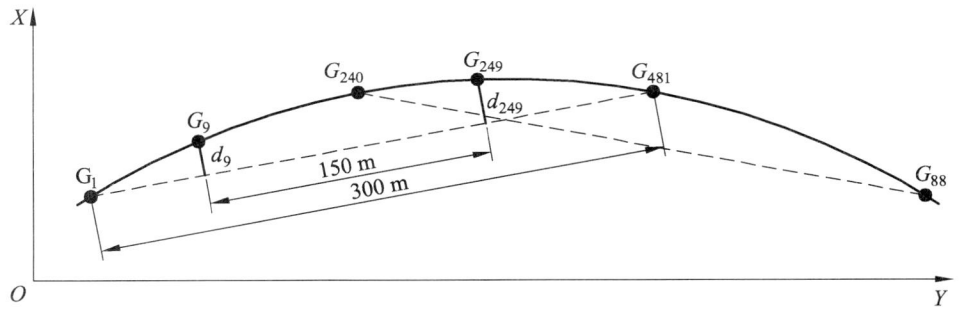

图 5-83　300 m 弦高低检测

由于 G_1、G_{481} 的正矢为零，故可检测 G_2（对应检测点为 G_{242}）到 G_{240}（对应检测点为 G_{480}）的轨向。新的弦线则从已检测的最后一个点 G_{240} 开始。

5. 扭曲测量

轨道平面扭曲（三角坑），即左右两轨顶面相对于轨道平面的扭曲，用相隔一定距离的两个横截面水平幅值的代数差度量。国际铁路联盟 UIC B55 专门委员会将所谓"一定距离"定义为"作用距离"，指轴距、心盘距，其实质是轨道水平（超高）值的代数差，它反映了钢轨顶面的平面特征。

如图 5-84 所示，假定左钢轨为线路的基准轨，选取基长为 6.25 m，即 11 个轨道支承点之间的距离，H_{L1}、H_{R1} 分别为第一个支承点的左右轨高程，H_{L11}、H_{R11} 分别为第 11 个支承点的左右轨高程，则该处的扭曲值按式（5-7）计算：

$$\Delta N = \left| (H_{R1} - H_{L1}) - (H_{R11} - H_{L11}) \right| \quad (5-7)$$

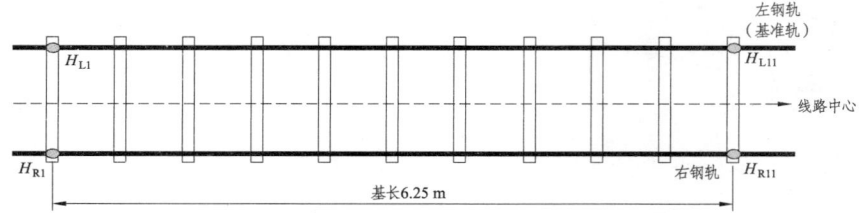

图 5-84　扭曲检测

6. 中线偏差

轨道实测中线与设计中线的偏差检测，是对线路轨道工程质量状况的最基本评价。通过检测轨道实测中线与线路设计中线之间的差值，可以全面直观地反映轨道工程质量。

检测轨道中线偏差时，利用高精度全站仪进行自由设站后，实时观测轨检小车上的棱镜，测出其中心位置坐标，再结合轨检小车事先严格标定的几何参数、定向参数、实测轨距、设计资料等信息，即可换算出对应里程处的中线位置，进而与该里程处的设计中线进行比较，得到实测的线路绝对位置与理论设计之间的差值，根据技术指标对轨道的绝对位置精度进行评价，如图 5-85 所示。

7. 高程偏差

轨道高程偏差检测也是对线路轨道工程质量状况的最基本评价，通过检测轨道实测高程与线路设计高程之间的差值，可以全面直观地反映轨道工程质量。

与轨道中线偏差检测类似，检测轨道高程偏差时，也需利用高精度全站仪进行自由设站，实时测出轨检小车上棱镜的中心坐标，并结合轨检小车的几何参数、定向参数、实测轨距、实测超高、设计资料等信息，换算出对应里程处的高程，进而与该里程处的设计高程进行比较，得到实测的线路高程与理论设计之间的差值，根据技术指标对轨道铺设的高程精度进行评价，如图 5-85 所示。

图 5-85　中线及高程偏差检测

知识点3 钢轨精调作业

轨道精调是以CPⅢ轨道控制网为基准，在全站仪辅助测量下，利用轨道几何状态测量仪逐一采集每个精调区段内轨道的空间状态，待数据采集完成后，使用专用软件对轨道平顺性进行分析，计算每个扣件处的调整量，以此制订调整方案，为轨道调整提供作业依据。

1. 钢轨精调测量作业

（1）前期准备。

① 轨道控制网复测。

CPⅢ轨道控制网是轨道几何状态测量的基准。为了保证轨道精调测量的准确性，在精调测量之前需对CPⅢ控制网进行复测。逐一检查CPⅢ标志是否可用，修补被破坏或者松动的CPⅢ标志，并及时补测更新其成果。在确保CPⅢ桩点完好及其成果正确之后，方可将其作为钢轨精调测量的基准。对于连续梁区段，因其存在徐变，CPⅢ点位的稳定性受环境影响较大，因此在精调测量之前，需要反复检校连续梁上的CPⅢ成果，务必在精调测量之前更新其成果，同时尽量缩短CPⅢ复测与精调之间的时间间隔。同时，核对设计文件，对铁路线路、桥隧线形等线位资料认真检验校核，重点对平曲线要素桩、竖曲线要素、曲线超高以及变坡点桩号和坐标加以校核。

② 轨枕编号。

精调测量位置与工务调整位置必须一一对应。为防止"错位"现象的发生，需对轨枕进行编号，确保每根轨枕都有唯一的编号。编号方法有两种：一种是利用CPⅢ点名和轨道板号进行编号；另一种是仅使用CPⅢ点名进行编号。经过工程实践验证，后者适用性更强，在此仅对第二种编号方法进行说明：使用10位字符标记轨枕位置，前7位为CPⅢ编号（不足7位用零补足），后3位为轨枕流水号（不足3位用零补足），相邻CPⅢ之间的轨枕号，从小里程向大里程编号。如图5-86所示，CPⅢ1980301与1980303之间存在98根轨枕，以上述方法编号，则该处相邻两个CPⅢ点之间的轨枕编号为：1980301001、1980301002、…、1980301098。

由于轨枕数量庞大，如果每根轨枕都喷写编号，不仅工作量繁重，而且意义不大，因此仅在起、讫轨枕以及整十倍的轨枕旁喷写轨枕编号。为了轨枕编号的统一性和美观性，通常采用白底红字样式将轨枕编号统一喷写在轨枕外侧的轨道板上，与对应的轨枕并排。

③ 轨道状态清查。

轨道状态确认是保证轨道测量真实性的基础，因此在精调测量之前需要对轨道状态进行清查、记录，及时整改清查过程中发现的问题，确保精调测量采集的数据能够真实地反映轨道几何状态，具体清查内容见表5-35。

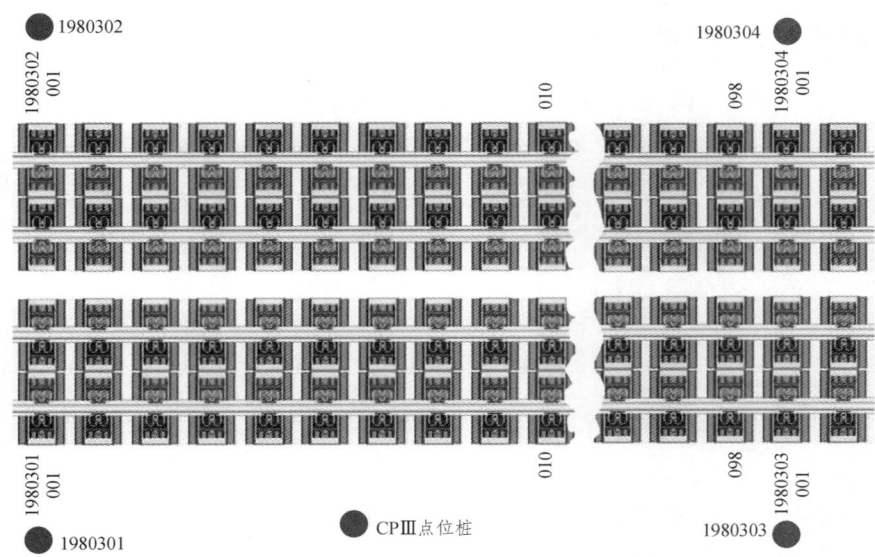

图 5-86　相邻 CPⅢ 之间的轨枕编号

表 5-35　轨道状态清查内容及要求

检查部位	检查内容及要求
钢轨	应无污染、无低塌、无掉块、无硬弯等缺陷
扣件系统	扣件应安装正确，无缺少、无损坏、无污染、扭力矩达到设计标准（±10%），弹条中部前段下颌与轨距挡块凸台间隙≤0.5 mm；钢轨底部外侧边缘与轨距挡块间隙≤0.3 mm；轨枕挡肩与轨距挡块间隙≤0.3 mm
垫板	垫板安装到位，无缺少、无损坏、无偏斜、无污染、无空吊
钢轨焊缝	钢轨焊缝应该满足规定的平整性，顶面 0～+0.2 mm，工作边 0～-0.2 mm，圆弧面 0～-0.2 mm

（2）数据采集。

轨道几何状态是无砟轨道调整的依据，其测量精度与可靠性直接关系到调整量的大小和调整后能否满足无砟轨道平顺性的要求。轨道几何状态测量通常采用轨道几何状态测量仪及其配套的高精度全站仪进行，如图 5-87 所示。

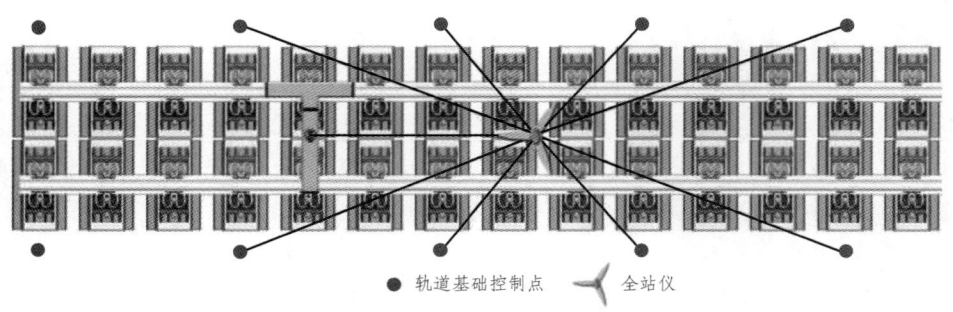

图 5-87　全站仪设站

将全站仪整平安置于线路上，使其与轨道几何状态测量仪目标棱镜的连线尽可能平行于线路走向,测站位置与离其最近的CPⅢ点之间的距离不应小于15 m。全站仪设站观测CPⅢ控制点不应少于4对,自由设站精度不符合要求时可调用前进方向某一对CPⅢ控制点进行重新计算,仪器设置位置以线路中线附近为最佳。自由设站点精度符合:X、Y、H均≤0.7 mm,定向精度≤2″;连续桥、特殊孔跨桥自由设站点精度可放宽至1.0 mm。

自由设站精度符合规范要求后,全站仪利用自动照准功能观测安装在轨道几何状态测量仪上的高精度光学棱镜,从而通过观测角度、边长,实时计算出棱镜中心的三维坐标,再通过轨道几何状态测量仪对线路轨道内外部几何状态进行精密测量,结合严密的数据模型,即可得出轨道的几何状态。

精调测量前,轨道几何状态测量仪必须经过严格标定,各项传感器的精度指标均应符合相关技术规范要求后,才能上道作业,且每一测站的有效观测范围为10~70 m,相邻测站间重叠观测CPⅢ点不应少于2对,搭接长度不少于10根轨枕,且搭接区段平面位置、高程不符值不应超过2 mm。

(3)模拟调整。

轨道模拟调整应以相对精度及平顺性为主,横向调整量应考虑0.5 mm左右余量(即轨距偏差宜按照-1~0.5 mm进行控制),调整的整体思路为分析波形图,采用"削峰填谷"的方式消除超限处、优化波形图,实现"直线顺直,曲线圆顺,过渡顺畅",如图5-88所示。

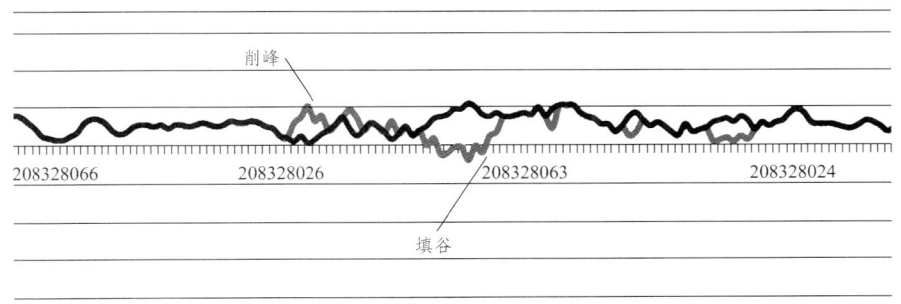

图5-88 削峰填谷

调整过程应严格控制周期性不平顺,特别是注重轨向、高低及水平10~20 m周期性不平顺的控制。模拟调整的步骤为:

① 明确基准轨。平面和轨向以外轨为基准,高程和高低以内轨为基准。

② 先整体,后局部。特别是在长波不佳的区段,可首先基于平面和高程偏差整体曲线图,大致标出期望的线路走向或起伏状态,先分析整体调整方案,再细化局部调整方案。

③ 先轨向,后轨距。轨向的优化通过调整外轨的平面位置来实现,内轨的平面位置利用轨距及轨距变化率来控制;单独轨距超限只横向调整内轨即可。

④ 先高低,后水平。高低的优化通过调整内轨的高程来实现,外轨的高程利用超高和超高变化率(扭曲)来控制;单独水平超限只竖向调整外轨即可。

⑤ 曲线调整。缓和曲线零缺陷调整,静态几何尺寸(特别是方向、水平、

超高）务必严格控制，实现平顺过渡。与缓和曲线衔接的直线段轨道精度务必达标，尽可能使与曲线上股（高股）同侧的钢轨比另股钢轨略高 1~2 mm，切忌使缓和曲线头出现反超高和反弯现象；圆曲线方向、超高应严格控制，曲线全长范围内钢轨外口扣件与轨底外侧必须密贴（特别是曲上股），扣件扭力矩必须达到设计要求。

经过模拟调整后，轨向的 30 m 短波 2 mm 合格率应达到 100%，1 mm 合格率应不低于 96%；轨向的 300 m 长波 10 mm 合格率应达到 100%；平面轨向线形平顺，无突变，无周期性小幅振荡。轨距±1 mm 合格率不应低于 96%，相邻轨枕间的轨距变化率控制在 0.3~0.5 mm。水平±1 mm 合格率不应低于 96%，相邻轨枕间的水平变化率不应超过 0.6 mm，间隔轨枕间的水平变化率不应大于 1 mm。

2. 轨道工务调整技术

轨道工务调整的宗旨是参考模拟调整方案对轨道进行调整，使其达到平顺状态。首先，根据验收方对轨道平顺性的要求，确定与验收标准相适应的精调限差标准；其次，以轨道模拟调整方案为指导，结合弦线、道尺等工具来确定实际调整量。轨道工务调整的方法遵循"先基准轨，后非基准轨，先轨向后高低"的思想。通常一个作业班组需配备 18~22 人，他们的具体分工见表 5-36。

表 5-36 轨道工务调整作业人员分工

序号	工种	人数	职责
1	技术负责人	1人	负责、协调本作业班组的所有事务
2	技术员	2人	（1）负责检核标记在轨道面上的模拟调整信息。（2）分别负责基准轨和非基准轨调整作业的监督及调整后的效果检核。（3）登记记录基准轨和非基准轨的现场实际调整量
3	电动扳手操作员	3人	操作电动扭力扳手，根据要求，松开、拧紧扣件螺母
4	调整量标记员	1人	负责在轨道面上标记轨道模拟调整信息
5	部件管理员	2人	负责根据轨道面上标记的模拟调整信息，将相应规格的调整部件摆在轨道两侧，同时检查调整部件是否符合调整要求
6	道尺操作员	3人	（1）在扣件更换前，使用道尺检核模拟调整信息是否恰当。（2）在扣件更换后，检核是否调整到位。（3）在平面基准轨平顺之后，使用道尺确定平面非基准轨的调整量。（4）最终检核确认调整是否到位
7	起道机操作员	2人	使用钢轨起道器等设备，按要求将钢轨顶起，以便更换轨下垫片
8	调整部件更换员	2人	按照钢轨两侧扣件摆放的调整部件更换相应轨枕的扣件部件
9	扣件安装检核员	2人	使用塞尺检查扣件安装是否符合规范要求
10	弦绳操作员	1人	使用弦绳对调整区段的钢轨轨向进行检核
11	安全防护员	2人	分别在作业区段两端负责安全防护工作

（1）方案复核。

首先，根据线路设计确定平面、高低基准轨，然后按照轨道模拟调整方案的顺序将模拟调整信息标记在相应轨枕的钢轨面上。

如图 5-89 所示，箭头标记区域为调整区域。平面基准轨的调整量标记在平面基准轨内侧的轨枕上，平面非基准轨的调整量使用零级道尺现场测量确定，模拟调整方案中给出的平面非基准轨调整量仅作参考使用。高低基准轨和非基准轨的调整量均参照模拟调整方案进行调整，将调整量标记在钢轨顶面。模拟调整信息标记完成后，技术员需要逐一检查标记信息及其对应的轨枕与模拟调整信息是否一致，以防止模拟调整信息标记错误。

其次，使用 30 m 弦绳对轨向模拟调整量（即平面基准轨的模拟调整量）进行复核，将每根轨枕的正矢量标记钢轨面上，检核内业给出的模拟调整量是否准确，如图 5-90 所示。如果存在不符的现象，则依据现场弦绳实测数据对平面基准轨进行调整。同时，还需注意使用 30 m 弦绳时，每次搭接长度不得小于 5 m。

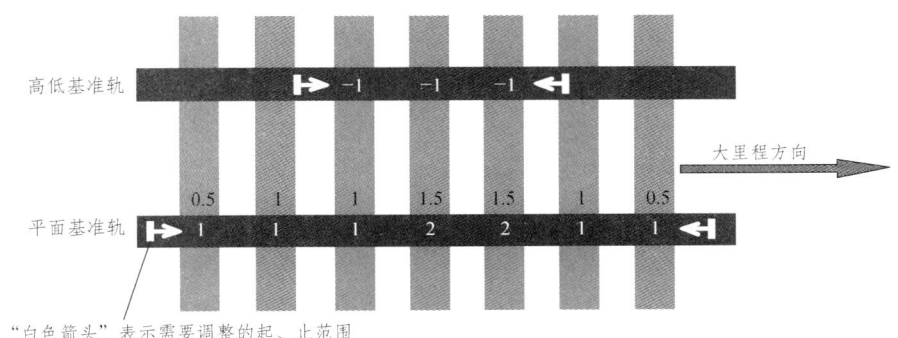

图 5-89 轨道调整模拟

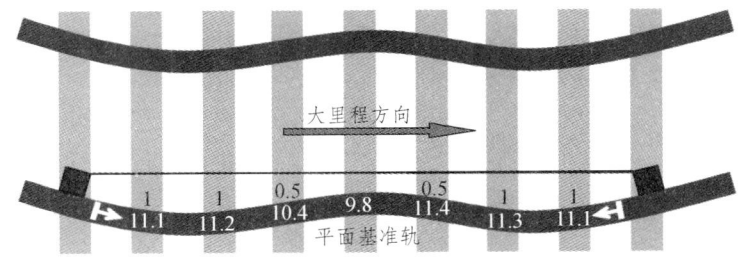

图 5-90 弦绳调整

（2）扣件摆放。

按照钢轨及轨枕台上标记的调整量，结合该轨枕已安装扣件调整部件的型号，将需要更换的扣件型号分别摆放在钢轨的两侧，再指派专人进行复核，确保摆放的扣件满足调整量的需求。

（3）工务调整。

现场调整按照"先轨向后轨距，先高低后水平"的顺序进行调整。轨向、轨距调整通过更换轨距挡块来实现，高低、水平调整通过更改调高垫板来实现。首先，松开基准轨一定数量的钢轨扣件，为防止"胀轨"现象的发生，一定要在轨温合适的范围内，一次性至多松开需要调整的轨枕及其前后的 5~10 根轨枕。通过更换相应规格的轨距挡块、调高垫板，调整基准轨的轨向、高低。若在更换的过程中发现扣件安装面有杂物，需使用钢刷清理干净后再更换安装。在扣件更换完成后，使用电动扭力扳手将钢轨锁紧，并利用塞尺检查扣件各个接触面是否达到密贴标准。其次，使用道尺检核每轨枕调整后的轨距、超高，并与调整前相应位置的轨距、超高值进行对比，以此检核基准轨是否调整到位，若个别轨枕处基准轨的轨距或高低未达到精调方案编制的预期效果，可以根据现场实测的轨距、超高对基准股进行修正，确保基准股调整达到预期效果。在基准轨未达到预期效果时，不可松动非基准股。轨道几何状态测量及测站搭接过程中的误差在轨道调整过程中暂不考虑，以非基准股为"参考基准"检测基准股的轨向、高低调整效果。一旦基准股调整过程中非基准股发生变动，就无法判定基准股的调整是否到位，因此不可同时调整两股钢轨。两股钢轨在调整过程中应始终互为"参考基准"，以非基准股为"参考基准"调整基准股的轨向、高低，待基准股调整达到预期效果后，再以基准股为"参考基准"调整非基准股的轨距、水平及三角坑等，使用道尺检核最终的调整效果，对调整未达标地方进行修正处理，直至调整效果达到预期要求为止。

在有条件的情况下，可以使用相对小车对轨道调整效果进行检核，通过修正非基准股解决局部调整效果不佳的问题，切忌通过修正基准股处理局部调整不佳的问题。当必须通过基准股调整才能解决轨道局部不平顺的问题时，需要使用绝对小车重新测量该区段的轨道几何状态，重新编制轨道精调方案，再依照前叙步骤对该区段轨道进行重新调整。因为现场扣件部件不再是"标准规格"，现场实际调整量应该是非标扣件规程量与模拟调整量的叠加。

知识点 4　处理钢轨精调数据

1. 轨道几何状态测量数据预处理

在外业测量中，每一测站有效测距通常仅为 60~80 m，测站间重复搭接 10~15 根轨枕，因此需要借助相关软件对观测数据进行预处理，将众多重复搭接测站数据通过数学方法进行搭接处理，以获取钢轨实际状态与设计状态之间的偏差量，以此作为钢轨模拟调整的依据。以中铁一院研制的 SGJ-T-TYY-1 型轨道几何状态测量系统为例，轨道几何状态测量数据的预处理流程如图 5-91 所示。

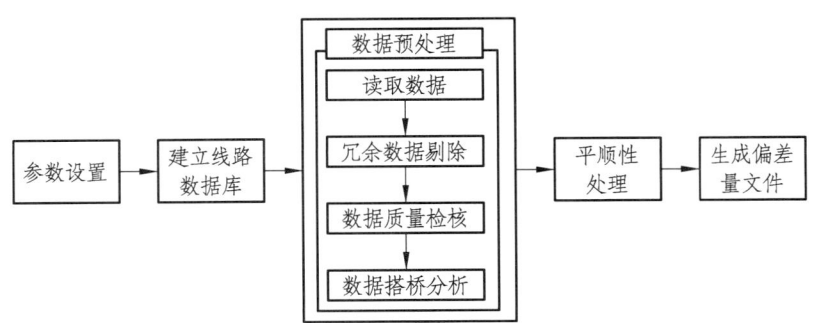

图 5-91　轨道几何状态测量数据预处理流程

（1）建立线形数据库。

通常线形数据库文件包括了起点、交点、终点、坡度、里程、超高、曲线半径等信息，线形数据库通常分为线路平曲线数据库和线路竖曲线数据库两部分。

以中铁一院研制的 SGJ-T-TYY-1 型轨道几何状态测量系统为例，线路平曲数据库的基本格式为：

① 线路曲线数据库包括了起点、交点及终点信息，具体格式如下：

起点（QD）：北坐标，东坐标，里程；

交点（JD）：北坐标，东坐标，左缓和半径，右缓和半径，超高；

终点（ZD）：北坐标，东坐标。

② 线路竖曲线数据库包含测量范围的所有变坡点里程、变坡点标高、竖曲线半径，格式如下：

变坡点里程，变坡点标高，竖曲线半径。

测量范围外的直线段上的任意点均可选为起（终）点，一般选择缓直点或直缓点作为起点。线形数据库中所有参数的单位都需统一，与坐标相关的参数需在同一投影坐标系中，变坡点标高为坡度交点在线路上的投影高程。另外，断链只影响竖曲线数据库的制作，若线路范围内存在断链，则需要对断链之后的变坡点里程进行断链处理。

（2）数据预处理。

数据预处理首先通过相关软件对外业观测质量进行分析，剔除错误或冗余数据信息，确保每根轨枕采样点上仅保留唯一一组合格观测数据；其次通过数学方法将各段存在重复搭接关系的测站数据拼接起来；然后通过 30 m、300 m 弦的基本定义以及钢轨设计状态计算出钢轨的平顺性偏差及位置偏差；如图 5-92 所示，最终以每根轨枕处钢轨垂向、横向几何位置偏差的形式体现。

外业检测数据（测量时间：yyyy-mm-dd）										轨道平顺状态分析							<输出调整量> 平面基准：左轨 高程基准：右轨			
			中心偏差/mm		超高/mm			轨距/mm			30 m 短波		300 m 长波				基准轨	左轨		右轨
序号	承轨台号	测点里程	平面	高程	设计	实测	差值	设计	实测	差值	轨向	高低	轨向	高低	轨距变化率	扭曲	平面	平面	高程	平面	高程
1	200316001	DK200+518.324	4.1	-2.7	-70.0	-69.5	-0.5	1435.0	1434.9	0.1	---	---	---	---	0.8	0.4	0.0	-1.0	0.0	1.0
2	200316002	DK200+518.966	4.4	-2.5	-70.0	-69.9	-0.1	1435.0	1434.1	0.9	0.1	-0.6	1.5	-3.2	0.5	0.3	0.0	-1.0	1.0	-1.0
3	200316003	DK200+519.633	4.2	-2.4	-70.0	-70.2	0.2	1435.0	1433.7	1.3	0.1	-0.5	1.2	-2.9	-0.1	0.5	0.0	-1.0	1.0	-1.0
4	200316004	DK200+520.293	3.9	-1.8	-70.0	-70.7	0.7	1435.0	1433.8	1.2	-0.4	0.1	0.2	-2.1	-0.1	0.5	0.0	-1.0	1.0	0.0
5	200316005	DK200+520.916	3.8	-1.8	-70.0	-70.9	0.9	1435.0	1433.9	1.1	-0.7	0.2	0.2	-2.3	-0.2	0.0	0.0	-1.0	1.0	0.0
6	200316006	DK200+521.568	4.1	-1.8	-70.0	-71.0	1.0	1435.0	1434.0	1.0	-0.5	0.2	0.2	-2.2	0.1	-0.2	0.0	-1.0	1.0	0.0
7	200316007	DK200+522.224	3.9	-1.7	-70.0	-70.8	0.8	1435.0	1433.9	1.1	-1.0	0.0	0.3	-2.4	-0.2	-0.2	0.0	-1.0	1.0	0.0
8	200316008	DK200+522.899	3.9	-2.1	-70.0	-70.6	0.6	1435.0	1434.2	0.8	-1.5	-1.0	0.2	-3.0	-0.1	0.0	0.0	-1.0	1.0	0.0
9	200316009	DK200+523.542	4.0	-1.8	-70.0	-70.7	0.7	1435.0	1434.4	0.6	-2.0	-1.1	0.2	-2.3	0.1	0.0	0.0	-1.0	1.0	0.0
10	200316010	DK200+524.168	4.2	-1.7	-70.0	-70.9	0.9	1435.0	1434.3	0.7	-1.9	-0.3	0.6	-2.7	0.1	0.0	0.0	-1.0	1.0	0.0
11	200316011	DK200+524.821	4.0	-1.6	-70.0	-70.9	0.9	1435.0	1434.4	0.8	-2.6	-0.7	-0.3	-2.5	0.0	0.1	0.0	-1.0	1.0	0.0
12	200316012	DK200+525.497	4.2	-1.6	-70.0	-71.0	1.0	1435.0	1434.2	0.8	-2.2	-0.8	0.3	-2.4	-0.1	0.0	0.0	-1.0	1.0	0.0
13	200316013	DK200+526.157	4.4	-1.6	-70.0	-70.9	0.9	1435.0	1434.2	0.8	-1.8	-1.0	0.4	-2.2	-0.4	0.0	0.0	-1.0	1.0	0.0
14	200316014	DK200+526.813	4.4	-1.7	-70.0	-70.5	0.5	1435.0	1434.1	0.9	-1.0	-1.1	0.2	-1.8	-0.2	0.0	0.0	-1.0	1.0	0.0
15	200316015	DK200+527.446	4.7	-1.5	-70.0	-70.5	0.5	1435.0	1434.4	0.7	-0.1	-0.9	-1.0	-1.0	0.5	0.0	0.0	-1.0	1.0	0.0
16	200316016	DK200+528.103	5.3	-0.8	-70.0	-71.0	1.0	1435.0	1434.9	0.1	0.6	-0.3	2.0	0.2	-0.1	0.2	1.0	0.0	1.0	1.0
17	200316017	DK200+528.738	5.8	-0.6	-70.0	-71.3	1.3	1435.0	1435.0	0.0	1.4	-0.3	2.0	0.3	-0.1	-0.4	2.0	0.0	2.0	1.0
18	200316018	DK200+529.393	5.9	-1.2	-70.0	-70.8	0.9	1435.0	1435.1	-0.1	2.0	-0.5	2.8	0.6	-0.1	0.1	2.0	0.0	2.0	0.0
19	200316019	DK200+530.029	6.4	-0.7	-69.9	-70.9	1.0	1435.0	1435.2	-0.2	2.8	0.2	3.1	0.5	-0.1	0.2	2.0	0.0	2.0	0.0
20	200316020	DK200+530.656	6.2	-0.6	-69.8	-70.8	0.9	1435.0	1435.3	-0.3	2.6	0.5	2.9	0.8	-0.2	-0.2	2.0	0.0	2.0	0.0
21	200316021	DK200+531.320	6.0	-0.4	-69.8	-70.6	0.8	1435.0	1435.1	-0.1	1.9	0.6	2.4	0.8	0.3	-0.2	2.0	0.0	2.0	0.0

图 5-92 钢轨平顺性模拟精调

在预处理过程中，利用轨道几何状态设计值可以计算出中线位置偏差量、水平（或超高）偏差量、轨距偏差量，根据 30 m、300 m 弦、扭曲及偏差变化率的定义计算出轨向、高低、扭曲及轨距、超高变化率等偏差量（表 2-31）。再通过钢轨平顺性模拟精调软件计算分析出每根轨枕处钢轨扣件的调整量，然后根据轨道精调技术方案的相关精度指标要求利用软件对钢轨进行模拟调整，调整计算的基本原则是"先轨向，后轨距；先高低，后水平"，使衡量钢轨几何状态及平顺性的各项指标均满足技术要求，最后利用输出模拟调整量作为钢轨工务调整的指导方案。

在轨向、高低调整时，应先确定输入参数确定的导向轨是否正确，确定一股钢轨作为基准股，对基准股钢轨轨向（或高低）进行精确调整。通常定义曲线段的高股为平面基准股，低股为高程基准股；直线段平面、高程基准轨的定义参照大里程方向曲线。轨向（或高低）调整的合格标准为：短波 2 mm 合格率 100%，1 mm 合格率不低于 96%；长波 10 mm 合格率 100%；30～70 m 弦正矢不超过 3 mm，70～150 m 弦正矢不超过 4 mm，线形平顺，无突变，无周期性小幅振荡。

完成基准股轨向调整后，通过调整非基准轨精确控制轨距、水平（或超高），使允许偏差量（±1 mm）合格率不低于 96%；轨距变化率≤1.5‰，相邻轨枕水平（或超高）变化率≤0.65 mm，间隔 5 根轨枕的水平（或超高）变化率≤2.0 mm。非平面基准股同样满足平顺，无突变，无周期性小幅振荡。

钢轨轨面高程和平面的绝对位置宜在满足高低、轨向平顺性指标的前提下，轨面高程应满足–6～+4 mm，紧靠站台须满足 0～+4 mm；平面位置可按±10 mm 控制，紧靠站台需满足–10～0 mm。

2. 钢轨精调实践方案

钢轨精调技术按工程实践可大致分为轨道几何状态测量、数据预处理及模拟调整、工务调整三个阶段，各工序及流程如图 5-93 所示。下面我们将以某新建无砟高速铁路长钢轨精调项目采用中铁一院研制的 SGJ-T-TYY-1 型轨道几何状态测量系统进行测量为例介绍钢轨精调技术的实际应用。

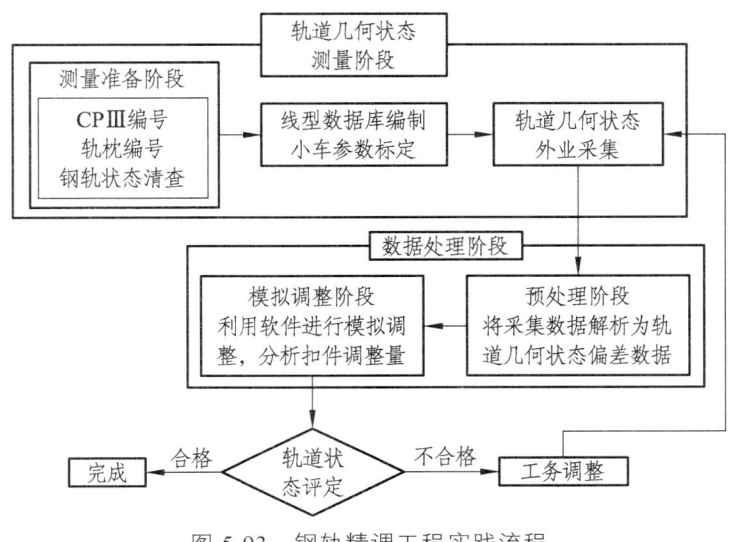

图 5-93　钢轨精调工程实践流程

（1）施工组织及准备。

在新建无砟高速铁路轨道精调之前，承接单位需要根据划定的里程范围、环境、施工等情况并综合线路设计要求、工期及联调联试工程验收标准等信息编制适用于该线路的轨道精调技术及施工组织方案,其后将方案提交业主及其他管理部门进行审核。待审核通过后,承接单位首先应以书面形式向业主方申请该铁路的线形设计资料,并对设计资料进行审核,确保资料的准确性;其次委派专人根据施工组织方案组建轨道精调项目部,组织项目人员进行安全、技术、施工等培训交底,确保项目生产、质量管理人员及现场技术人员熟练掌握项目技术标准及施工流程。同时,根据项目施工组织方案对仪器设备的需求,准备生产所需的仪器设备,检查仪器设备精度,标定轨检小车结构参数,确保仪器设备精度及质检要求满足生产需求。项目部进场后,应积极与业主单位及其他线路管理单位沟通协调,了解线路机车运行情况及轨道上作业的相关安全管理规定及流程。

(2)项目实施及质量控制。

在项目正式实施之前,可以在项目部管理范围内划定 1 km 左右的实验段,对技术方案的执行效果进行检核,同时通过实验段对生产、技术人员进行考核、培训,待实验段轨道精调达到理想效果后,结合实验段及现场实际情况统一、规范相关技术标准,再根据项目施工组织方案全面实施生产计划。

如图 5-93 所示,首先复测 CPⅢ轨道控制网、轨枕编号、钢轨状态检核;其次,根据线形设计资料编制线路平曲线数据库和线路竖曲线数据库;最后将线路数据库文件、小车结构标定文件、CPⅢ成果文件导入轨道几何状态测量系统,开始轨道几何状态数据采集工作。为了避免轨道精调工务调整区段的搭接,轨道精调的调整方案通常不少于 2 km,同时在工务调整之前需要对精调方案给出的调整量进行检核,确保万无一失。

轨道精调通常调整三遍:

第一遍调整为"粗调",即通过第一遍测量、调整使轨道整体效果达到技术要求,尤其需要重点对基准股轨向(或高低)进行调整,确保基准股轨向(或高低)短波 2 mm 合格率 100%,长波 10 mm 合格率 100%,中线偏差合格率 100%,其他指标基本满足技术要求。

第二遍调整为"细调",首先通过轨道几何状态测量检核"粗调"效果,其次提高调整精度标准,消除"粗调"过程中未调整到位的问题,着重精细调整扭曲、轨距、水平(超高)及其变化率,使轨道的平顺性进一步提升,基本达到验收标准。

第三遍调整为"补调",通过轨道几何状态的检核测量,确认"细调"后轨道精调质量,对轨道局部调整不到位的地方进行修补。为了使工程质量与经济成本达到最优化,即在保证钢轨平顺性的同时,尽量减少钢轨扣件部件的更换率,在实际作业中钢轨的绝对位置只要在限差范围内,可以适当放宽调整精度,最大限度地提高钢轨的相对平顺性,从而既可以保证钢轨平顺性,也能减少扣件部件的更换率。

(3)项目质量验收。

通过上述调整使轨道位置及平顺性达到技术方案规定的标准,出具轨道几何状态测量检测报告后,还需配合相关部门进行轨道的联调联试工作,直至达到动态检测技术标准。

铁路工程联调联试是指采用高速检测列车等测试设备,在铁路开通运营前对沿线轨道、接触网、通信、信号等各项设备逐步进行测试,并依据测试结果对发现的缺陷进行调整,直至各个系统以及整个系统满足符合高速运行及动态验收要求的过程。其中,轨道的联调联试是检查轨道状态,查找轨道病害,评定线路动态质量的关键工序,其作用是通过检查了解和掌握线路局部不平顺(峰值管理)和线路区段整体不平顺(均值管理)的动态质量,对线路进一步的平顺调整进行指导,实现轨道科学管理。

① 验收方法。

a. 峰值管理法。

峰值管理法是衡量轨道局部不平顺的方法,典型的是轨道Ⅰ、Ⅱ、Ⅲ、Ⅳ级超限的管理。峰值扣分法是从轨道的几何尺寸指标和舒适度指标的角度,以1 km为单位计算总扣分的方式来评定轨道质量的评定方法。

峰值管理法的数据采集原理:车辆每行进1ft(约254 mm,俗称1米4个点),计算机对各检测项目采集一次,当某项连续三次采集量都超过最低级病害界限值时,计算机统计为一处超限病害,并取病害最大采集量值为该处超限病害的幅值,最低级超限病害起终点为该处病害长度的起终点。如图5-94中1、2、3分别表示Ⅰ、Ⅱ、Ⅲ级病害界限值,A、B、C、D分别表示4个采集点,由采集原理得知,此处计算机将统计为一处病害,B点的幅值为该病害幅值,L表示超限病害长度,该病害为Ⅲ级超限。

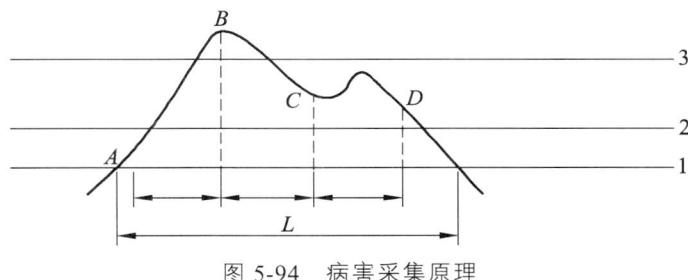

图 5-94　病害采集原理

b. 均值管理法。

均值管理法是衡量线路区段整体不平顺的方法。这种方法是测量并记录被测轨道区段中全部测点的幅值,所有幅值都作为轨道状态的一个元素参与运算,同时还选择若干单项几何参数的指数进行加权计算获得综合指数,即用统计特征值来评价轨道区段的质量状态。目前主要用的方法有:轨道不平顺质量指数(TQI)。

轨道不平顺质量指数,简称 TQI,是一种采用数学统计方法描述区段轨道整体质量状态的综合指标和评价方法。运用 TQI 评价和管理轨道状态,是对单一幅值扣分评判轨道质量方法的补充,可提高轨道检测数据综合应用水平,为科学制订线路精调计划、保证轨道状态的均衡发展提供科学依据。

TQI 值是左高低、右高低、左轨向、右轨向、轨距、水平和三角坑等 7 项几何不平顺在 200 m 区段的标准差之和。该值的大小与轨道状态平顺性密切相关，表明 200 m 区段轨道状态离散的程度，即数值越大表明轨道的平顺程度越差，波动性也越大。各单项轨道不平顺的统计值同样也反映出该项轨道状态的平顺程度。

c. 峰值管理法与均值管理法两者之间的比较。

峰值管理法能够找出轨道的局部病害及病害的类型、发展程度和所在位置，用于指导现场做轨道优化调整非常实用，但是仅用超限点峰值的大小、超限的数量及扣分多少，还不能全面、科学、合理地评价轨道区段的平均质量状态。

峰值管理法的缺点：轨道动态检查标准对检测结果的影响比较大；三、四级超限扣分占的权重比较大；检测系统误差的影响较大；不能反映超限长度的影响；不能反映轨道不平顺变化率和周期性连续不平顺所产生的谐波的影响。

均值管理法的优点：能真实全面反映轨道质量状态，准确反映轨道平顺程度，用数据明确表示各个区段好坏；可作为各级工务部门对轨道状态进行宏观管理和质量控制的依据；TQI 数值与轨道质量状态对应关系明确，易于被现场人员掌握和利用。

② 验收指标。

目前，轨道联调联试的验收指标还没有相应的规范作出明确要求，各条铁路的运营维护管理部门根据各条线路的设计标准、施工方式、轨道结构、运营速度等不同，各自制订相应的验收指标，如下所述。

某条高速铁路无砟轨道精测精调验收指标：消灭高速铁路验收标准 Ⅰ 级及以上偏差；区段质量评价参数为轨道不平顺质量指标 TQI≤2.0，全线 TQI 出现高速铁路验收标准 Ⅰ 级偏差个数不应大于 5%，同时每个单元 TQI 不应出现 Ⅱ 级；满足列车运行的稳定性和平稳性要求。

【能力训练】

一、填空题

1. 高速铁路的扣件系统是高速铁路工程不可或缺的重要组成之一，目前，我国高速铁路无砟轨道主要采用_____和_____型扣件。

2. 轨道平顺性检测是轨道精调最为重要的技术，其主要内容包括_____、_____、轨向、_____、扭曲、_____及高程偏差等。

3. 我国铁路使用的主要钢轨类型是_____、_____、_____等类型。

4. 无砟轨道精确调整的目的是满足高速行车的_____性、_____性和舒适性。

5. 轨道板铺设前，应在混凝土支承层或底座表面测出轨道_____点和圆锥_____。

6. 轨道板铺设应按布板图给定的_____、_____对号入座进行铺设。

二、选择题

1. 在进行钢轨精调时，小车的双轮部分靠近（　　）。
   A. 高轨　　　　　　　　B. 低轨　　　　　　　C. 任意轨
2. 下列不属于动态检测项目的是（　　）。
   A. 轨道几何参数　　　　B. 钢轨断面参数　　　C. 钢轨硬度
3. 轨距的测量部位是在轨顶下（　　）处。
   A. 10 mm　　　　　　　B. 15 mm
   C. 16 mm　　　　　　　D. 18 mm
4. 不属于影响轨道不平顺的主要因素的是（　　）。
   A. 轨向　　　　　　　　B. 高低　　　　　　　C. 温度
5. 在轨道静态检测中，轨距允许偏差为（　　）。
   A. ±2 mm　　　　　　　B. ±1.5 mm
   C. ±1 mm　　　　　　　D. ±0.5 mm
6. 轨道静态调试期间全站仪与精调小车之间最适合距离不应大于（　　）。
   A. 80 m　　　　　　　　B. 60 m
   C. 70 m　　　　　　　　D. 50 m
7. （多选）无砟轨道 Rheda 2000 300 型扣件安装包括（　　）。
   A. 预埋绝缘套管　　　　　B. 铺设弹性底垫板、底板、轨垫
   C. 安装轨距挡板　　　　　D. 安装弹跳、螺栓和绝缘垫片

三、判断题

1. 在钢轨侧边工作边涂油将减小钢轨磨耗而增大车辆脱轨安全性。（　　）
2. 钢轨头部的容许磨耗量是由钢轨的强度及构造条件确定。（　　）
3. 无缝线路结构设计中要求道床纵向阻力小于扣件阻力。（　　）
4. 计算钢轨的动挠度时仅考虑速度、偏载的影响。（　　）

四、绘图题

结合实际工程绘制钢轨精调的流程图。

五、论述题

乘坐高铁，感觉非常舒适稳定，速度也非常快，那么高速铁路保证其速度快、舒适性好、安全性高的主要措施有什么？

六、工程应用

中铁三局郑州至徐州客运专线七标起讫里程为 DK253+791.25 ~ DK302+270.94，正线长度为 47.994 km（图 5-95）。其中，无砟轨道 94 单线公里，主要工程数量：底座板 94 单线公里，自密实混凝土 22 909 m³，CRTSⅢ型板 17 510 块。先导段位于芒砀山特大桥 DK259+219 ~ DK261+084（167# ~ 225#墩），

长度为 3.73 铺轨公里，轨道板铺设 690 块，共分为 P4925、P4856 和 P5600 三种板型。直线段 2.66 铺轨公里，轨道板铺设 490 块；曲线段 1.07 铺轨公里，铺设轨道 200 块，线路最大曲线超高为 100 mm。根据案例中提供的相关信息，请结合所学知识回答以下问题。

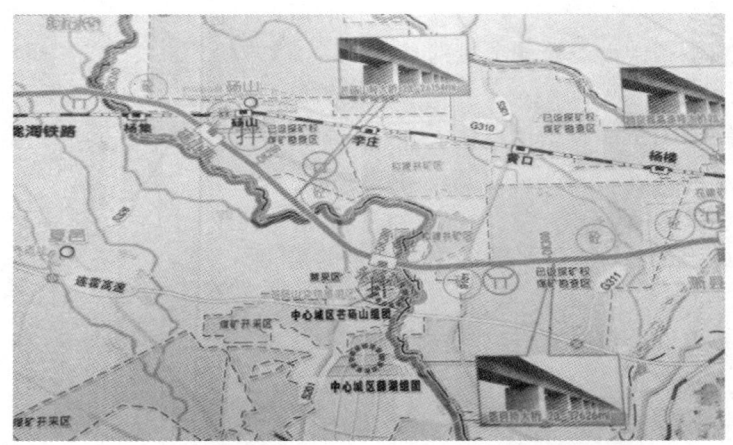

图 5-95　郑徐铁路客运专线先导段线位平面图

1. 轨道调整采用什么方法？
2. 影响无缝线路稳定性的因素有哪些？
3. 制定这一标段长钢轨铺设精调的施工方案。

项目 6 高速铁路工程竣工测量

学习目标

1. 知识目标

（1）掌握高速铁路工程竣工测量的一般规定。
（2）掌握控制网竣工复测的主要内容。
（3）掌握线下工程竣工测量的主要内容和方法。
（4）掌握线路轨道工程竣工测量的主要内容和方法。
（5）掌握车站、附属建筑物线路以及设备竣工测量的内容。

2. 能力目标

（1）能根据规范要求进行线路控制网竣工复测。
（2）能在实际工程中进行线下工程竣工测量。
（3）能进行线路轨道工程竣工测量。
（4）能指导测量技术人员进行车站等建筑竣工测量。

3. 素养目标

（1）培养学生服从整体要求的精神。
（2）培养学生的敬业奉献精神，树立其自强不息的民族气节。

知识链接

高速铁路工程竣工测量包括线下工程建筑及线路设备竣工测量、线路轨道竣工测量、竣工地形图及铁路用地界测量、全部工程移交前的控制网竣工测量。竣工测量采用的坐标系统、高程系统、图式等应与施工测量一致。

任务 6.1　控制网竣工复测

【任务描述】

沪昆铁路客运专线贵州段 CKGZTJ-11 标段位于贵州省关岭—普安县区间，起讫里程为 DK882+327～DK924+140，线路长度为 41.890 km。测量桩位情况为：1 个 CP0 点，17 个 CPⅠ点，3 个深埋水准点，14 个二等水准点，并对隧道建立独立控制网。请根据相关技术要求，编制一份线下工程控制网竣工测量技术交底。

【引入案例】

测量工作贯穿高速铁路设计、施工、运营全过程

【案例解读】

要保证高速列车的安全高速行驶，必须要求高速铁路轨道具有良好的平顺性。高速铁路轨道良好的平顺性是通过各级控制网的精密控制得到的，包括了基础平面控制网、线路平面控制网和轨道控制网的精密测量。在线路施工测量过程中，各级控制网的精密测量控制保障了工程质量，在竣工测量时进行控制网复测为后续运营阶段测量工作做好铺垫。

【知识储备】

高速铁路"三网合一"除了能保证按设计施工外，还能保证不论在施工过程中还是在将来的运行过程中，轨道的空间位置都可以通过控制网测设、监测即时恢复。因此，高速铁路竣工后，在交付之前，应对框架控制网 CP0、基础平面控制网 CPⅠ、线路平面控制网 CPⅡ、轨道控制网 CPⅢ、线路水准基点进行一次全面竣工测量，同时根据轨道维护需要，增设轨道维护基标。对施工过程中毁坏、丢失的桩点，在竣工测量时应按同精度扩展补设。

各级控制网的测量方法、技术要求、精度要求、成果处理及分析应按照线下工程施工测量及轨道施工测量的相关规定进行。对施工过程中毁坏、丢失的桩点，在竣工测量时按同精度内插要求补设。

轨道维护基标应根据高速铁路运营养护管理的需要，根据维修检测方式布设，并充分利用已设置的基标。增设维护基标应利用 CPⅢ控制点，采用全站仪自由设站方法进行测设；已设的基标作为维护基标时，应对其进行复测，其测量方法和技术要求应按照轨道施工测量的相关规定进行。维护基标应定期检测，不符合要求时，应按原测量进度进行恢复。

知识点 1　CRTSⅠ型板式无砟轨道维护基标测设精度

CRTSⅠ型板式无砟轨道维护基标测设精度应满足以下要求：
① 点位横向偏差≤1.0 mm。

② 相邻点距离偏差≤2.0 mm，相邻点竖向偏差≤1.0 mm。

知识点 2 CRTS Ⅱ 型板式无砟轨道维护基标测设精度

CRTS Ⅱ 型板式无砟轨道维护基标测设精度应满足以下要求：
① 各半测回测量的坐标值与其平均值间的较差≤0.4 mm。
② 重叠区平面位置允许偏差：横向≤0.3 mm，纵向≤0.4 mm。
③ 往返测高程值与其平均值间的较差≤0.3 mm；重叠区内高程较差≤0.3 mm。

知识点 3 CRTS Ⅱ 双块式无砟轨道维护基标测设精度

CRTS Ⅱ 双块式无砟轨道维护基标测设精度应满足以下要求：
① 顶部棱镜中心三维坐标（x, y, h）实测与设计值较差均≤0.5 mm。
② 更换测站后，检测允许偏差：平面≤2 mm，高程≤2 mm。

道床板上维护基桩可采用ϕ20 mm 圆钢或预埋钢板形式。当采用ϕ20 mm 圆钢时，在圆钢上刻十字线，用锚固剂锚入混凝土道床内，并高于道床面 3 mm。当采用预埋钢板时，埋设样式如图 6-1 所示，标志以 200 mm×100 mm×10 mm 钢板和钢筋焊接而成，与底板钢筋焊接后，浇筑在道床板混凝土中，点位经规划后应在点位上钻ϕ2 mm、深 5 mm 的小孔并镶以黄铜丝。

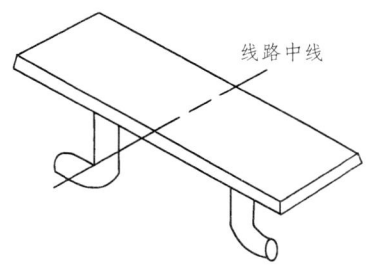

图 6-1 道床板上维护基桩埋设

【能力训练】

一、填空题

1. 高速铁路竣工后，在交付之前，应对框架控制网 CP0、基础平面控制网 CPⅠ、线路平面控制网 CPⅡ、轨道控制网 CPⅢ、线路水准基点进行一次_____，同时根据轨道维护需要，增设_____基标。

2. 竣工测量时，各级控制网的测量方法、技术要求、精度要求、成果处理及分析应按照线下工程_____及_____施工测量的相关规定进行。

3. 增设轨道维护基标应利用 CPⅢ 控制点，采用_____方法进行测设。

4. 已设的基标作为轨道维护基标时，应对其进行_____，其测量方法和技术要求应按照_____的相关规定进行。

5. 道床板上维护基桩可采用_____mm 圆钢或_____形式。

二、选择题

1. 高速铁路竣工测量时，对施工过程中毁坏、丢失的桩点，在竣工测量时应按（　　）精度扩展补设。
   A. 相同　　　　　　　　B. 更高　　　　　　　　C. 降低
2. CRTS I 型板式无砟轨道维护基标测设精度应满足点位横向偏差≤（　　）mm。
   A. 1　　　　　B. 2　　　　　C. 3　　　　　D. 4

三、简答题

简述 CRTS I 型板式无砟轨道维护基标测设精度应满足的要求。

任务 6.2　线下工程及线路设备竣工测量

【任务描述】

沪昆铁路客运专线贵州段 CKGZTJ-11 标段位于贵州省关岭—普安县区间，起讫里程为 DK882+327～DK924+140，线路长度为 41.890 km，其中隧道 40 736 m/6 座。隧道独立控制网复测过程及精度满足《高速铁路工程测量规范》(TB 10601—2009) 规定，约束平差后，所有基线边精度满足规范要求。请根据相关技术要求，编制一份路基竣工测量技术方案。

【引入案例】

一名普通的高铁测量员

【案例解读】

在工程进场阶段，测量人员先根据设计图纸进行放样，之后的施工流程才能正常进行。在正常施工阶段以及竣工阶段都离不开测量工作，有施工前的放样、施工中的监测以及施工后的复核，以保障工程质量。测量工作看似平淡无奇，但是在整个施工过程中起着至关重要的作用。测量工作既先人一步进场，又后人一步撤场，充当着工程施工人员的眼睛，保障着整个工程的施工。对于测量人员来说，测量仪器就是他们的得力助手，所有的成果都来自大家的辛苦付出。

【知识储备】

竣工测量目的：根据控制网点测定已有建筑物的实际位置（确定路线中线、检查建筑限界及标高是否满足设计要求），以检验施工质量，为以后的工作提供依据。

隧道、桥涵、路基工程，车站及其附属建筑物竣工测量，由负责线下工程施工的承包方实施。测量的内容应满足竣工图编制和竣工验收的要求，测量方法和精度与施工测量相同。

知识点1　桥涵竣工测量

桥梁工程竣工测量分两阶段进行。

第一阶段是在桥梁墩台施工完毕、梁部架设以前，对全线桥梁墩台纵横向中心线、支承垫石顶高程、跨度进行竣工测量，同时标出各墩台纵横向中心线、支座中心线、梁端线及锚栓孔十字线。其位置偏差应满足表6-1的要求。

表6-1　桥梁墩台允许偏差

项目	偏差/mm
墩台纵、横向中心距设计中心的距离	±20
梁一端两支承垫石顶面高程差	4
支承垫石顶面高程	0 −10

第二阶段是在完成架梁后，对全桥中线进行贯通测量并在梁面标出桥梁工作线位置。其位置偏差应满足表6-2的要求。

表6-2　桥梁允许偏差

项目	偏差	
	CRTS Ⅱ 无砟轨道结构	其他轨道结构
梁全长	±20 mm	±20 mm
梁面平整度	≤3 mm/4 m	≤3 mm/m
相邻梁端桥面高差	≤10 mm	≤10 mm

涵洞主体工程施工完毕，涵顶、涵侧填土前，应测量涵长、孔径、涵洞进出口板底板顶高程等，并据此推算板顶填土厚度，确定其是否满足设计要求。

知识点2　隧道竣工测量

隧道竣工测量包括隧道二等水准贯通测量与调整、隧道中线贯通测量以及隧道横断面测量。隧道长度大于800 m时，应按规范要求进行洞内CPⅡ控制网测量。

(1)隧道二等水准贯通测量与调整。洞内水准点每千米埋设 1 个,水准路线起闭于隧道进、出口两端的线路水准基点上,按二等水准测量要求施测。长度小于 1 km 的隧道至少应设 1 个。同时在边墙上埋设标志。

当洞内水准贯通高差闭合差不大于 $6\sqrt{L}$ 时,以隧道进、出口两端的二等水准点为固定点进行高程平差。当隧道洞内水准贯通高差闭合差大于 $6\sqrt{L}$ 时,应将水准路线向两头延伸,使之满足小于 $6\sqrt{L}$ 后,固定两端点的高程,对该段水准路线进行约束平差,并调整平差范围内的二等水准点,消除隧道高程断高。

(2)隧道内线路贯通测量。隧道线路中线贯通测量应利用 CPⅡ 控制点测设。中线桩测设要求如下:

① 中线桩的设置,应满足编制竣工文件的需要。

② 中线上应钉设公里桩,并宜钉设百米桩。

③ 在曲线起终点、变坡点、竖曲线起终点、隧道进出口、隧道内断面变化处均应设置加桩。

(3)隧道断面测量。隧道净空断面应以竣工测量的线路中线为准,采用测距精度不低于 5 mm+2 mm/km 的全站仪或断面仪进行测量,断面点测量中误差应 ≤10 mm。断面测设要求如下:

① 直线地段每 50 m、曲线地段每 20 m 以及其他需要的地方均应测量净空断面。

② 净空断面测量以线路中线为准,测量内拱顶高程、起拱线宽度以及轨顶以上 1.1 m、3 m、5.8 m 处的宽度。

(4)洞内 CPⅡ 控制网测量。隧道长度大于 800 m 的隧道竣工后,应进行洞内 CPⅡ 控制网测量。洞内 CPⅡ 导线测量的主要技术要求应符合表 6-3 的规定。

表 6-3　洞内 CPⅡ 导线网等级及主要技术要求

控制网级别	附合长度/km	边长/m	测距中误差/mm	测角中误差/(″)	相邻点位坐标中误差/mm	导线全长相对闭合差限差	方位角闭合差限差/(″)	对应导线等级	备注
CPⅡ	$L>7$	300~600	3	1.3	5	1/100 000	$±2.6\sqrt{n}$	隧道二等	导线网
	$2<L≤7$	300~600	3	1.8	7.5	1/55 000	$±3.6\sqrt{n}$	三等	导线网
	$L≤2$	300~600	3	1.8	7.5	1/55 000	$±3.6\sqrt{n}$	三等	导线网

注:导线网独立闭合环的边数以 4~6 条边为宜。

导线点宜充分利用洞内施工平面控制桩,单独布点时应布设在施工干扰小、安全稳固、方便设站、便于保存的地方,点间视线应距洞内设施 0.2 m 以上。

隧道洞内 CPⅡ 导线观测应采用标称精度不低于 1″、2 mm+2 mm/km 的全站仪施测。采用的导线等级与相应的技术要求见表 6-4。

表 6-4 洞内 CPⅡ 导线等级与技术要求

等级	测角中误差/(″)	测距相对中误差	测回数	
			0.5″级仪器	1″级仪器
隧道二等	1.3	1/250 000	6	9
三等	1.8	1/150 000	4	6

隧道洞内 CPⅡ 导线外业观测时,水平角及边长观测应分别满足表 6-5、表 6-6 的要求。

表 6-5 隧道洞内 CPⅡ 导线水平角观测技术要求

等级	仪器等级	半测回归零差/(″)	一测回内 2C 互差/(″)	同一方向值各测回互差/(″)
四等及以上	0.5″级仪器	4	8	4
	1″级仪器	6	9	6

注:当观测方向的垂直角超过±3°的范围时,该方向 2C 互差可按相邻测回同方向进行比较,其值应满足表中一测回内 2C 互差的限值。

表 6-6 隧道洞内 CPⅡ 导线水平角观测技术要求

等级	测距仪精度等级	每边测回数		一测回读数较差限值/mm	测回间较差限值/mm	往返观测平距较差限差
		往测	返测			
三等及以上	I	4	4	2	3	$2 m_D$

注:一测回是全站仪盘左、盘右各测量一次的过程。

知识点 3 路基竣工测量

路基工程竣工后,应根据线路设计资料,利用平面控制网和高程控制网进行线路中线测量,实测路基竣工断面。

知识点 4 线路中线贯通测量

线下工程竣工后、轨道施工前,应进行线路中线贯通测量,评估线下工程施工是否满足轨道铺设条件的要求。其测量内容包括线路水准基点贯通测量、线路中线贯通测量、线路里程贯通测量和线路横断面竣工测量。

(1)线路水准基点贯通测量。线路水准基点贯通测量应按二等水准测量要求沿线路进行。测量方法与技术要求及测量精度应按照线下工程施工测量的相关规定进行。

（2）线路中线贯通测量。线路中线贯通测量应以线路左线为基准进行，并符合下列要求：

① 线路中线贯通测量应满足轨道铺设条件评估的要求。中线上应钉设公里桩和百米桩。直线上中桩间距不宜大于 50 m，曲线上中桩间距宜为 20 m。在曲线起终点、变坡点、竖曲线起终点、立交道中心、涵洞中心、桥梁墩台中心、隧道进出口、隧道内断面变化处、道岔中心、支挡工程的起终点和中间变化点等处均应设置加桩。

② 线路中线桩应利用 CPⅡ控制点、施工加密控制点或 CPⅢ控制点测设，桩位限差应满足纵向 $S/20\,000+0.01$（S 为相邻中桩间的距离，以 m 计）、横向 ±10 mm 的要求。

③ 线路中线桩高程应利用线路水准基点测量，中桩高程限差为±10 mm。

（3）线路里程贯通测量。线路里程贯通测量应依据线路中线测量数据进行，消除断链。左右线并行地段应以左线贯通里程为准，绕行地段左右线应分别计算里程。

（4）线路横断面竣工测量。

① 利用线路中线贯通测量测设的中线桩，测量路基、桥梁和隧道横断面。横断面的位置和密度与线路中线桩相同。

② 路基横断面应采用全站仪或水准仪进行测量。路基横断面测点应包括路基面高程变化点、路肩等。路基面范围各测点平面、高程测量中误差为±10 mm。

③ 桥面横断面竣工测量方法和精度要求与路基横断面测量相同。桥面横断面测点应包括左右轨道中心线、桥梁中心线、挡砟墙脚和顶面。

④ 隧道竣工横断面应采用测距精度不低于 5 mm+2 mm/km 的全站仪或断面仪进行测量，断面点测量中误差应≤±10 mm。断面点应包括左右轨道中心线、隧道中心线、排水沟、电缆沟、内拱顶起拱线以及轨顶以上 1.1 m、3 m、5.8 m 处的断面点。

知识点 5　线路设备竣工测量

当沿线设备接触网、行车信号与线路标志施工完成后，应进行相关设备的竣工测量。相关设备的竣工测量按站后相关专业验收标准进行。

【能力训练】

一、填空题

1. 隧道、桥涵路基工程，车站及其附属建筑物竣工测量，由_____施工的承包方实施。

2. 桥梁竣工测量第二阶段是在完成架梁后，对全桥_____测量并在梁面标出桥梁工作线位置。

3. 涵洞主体工程施工完毕，涵顶、_____前，应测量涵长、孔径、涵洞进出口板底板顶高程等。

4. 隧道竣工测量包括隧道_____贯通测量与调整、隧道_____测量以及隧道_____测量。

5. 隧道贯通测量时，洞内水准点每千米埋设 1 个，水准路线起闭于隧道_____两端的线路水准基点，按_____水准测量要求施测。

6. 隧道净空断面应以竣工测量的_____为准。

7. 路基工程竣工后，应根据_____资料，利用_____和_____进行线路中线测量，实测路基竣工断面。

8. 线下工程竣工后、轨道施工前，应进行线路中线_____，评估线下工程施工是否满足轨道铺设条件的要求。

9. 线路中线贯通测量，内容包括_____贯通测量、_____贯通测量、线路里程贯通测量和_____竣工测量。

10. 当沿线_____、_____与_____施工完成后，应进行相关设备的竣工测量。

二、选择题

1. 桥梁工程竣工测量分（　　）阶段进行。
   A. 1　　　　　B. 2　　　　　C. 3　　　　　D. 4

2. 隧道竣工测量时，长度大于 800 m，应按规范要求进行洞内（　　）控制网测量。
   A. CP0　　　B. CPⅠ　　　C. CPⅡ　　　D. CPⅢ

3. 隧道线路中线贯通测量应利用（　　）控制点测设。
   A. CP0　　　B. CPⅠ　　　C. CPⅡ　　　D. CPⅢ

三、简答题

1. 请简述线下工程竣工测量的目的。
2. 请简述桥梁工程竣工测量的要求。
3. 请简述隧道工程竣工测量的要求。

任务 6.3　线路轨道工程竣工测量

【任务描述】

京沪高速铁路 DK981+513.22～DK992+720.14 地处江苏省南京市浦口区境内，铁路设计等级为双线高速铁路，线间距为 5 m，轨道结构形式为Ⅰ型板式轨道，设计速度为 350 km/h，初期运营速度为 300 km/h。该段内圆曲线半径为 9 000 m，变坡点有 6 处，均设置竖曲线，竖曲线半径为 35 000 m。请根据相关技术要求，编制一份轨道竣工测量技术交底。

【引入案例】

1. 高铁综合检测车

高铁综合检测车

2. 轨道检查仪高铁线路作业视频指导书

轨道检查仪高铁线路作业视频指导书

【案例解读】

高速铁路轨道的平顺性直接影响高速铁路的正常安全高速平稳运行，因此需对高速铁路线路轨道进行竣工测量。在测量过程中最重要的就是轨道的联调联试工作，此时需要用到高速铁路动检车。动检车可以快速检测出高速铁路轨道不平顺位置，为后续轨道调整提供依据。我们应向轨道检测人员致敬，同时应对我国强大的科技实力感到骄傲。

【知识储备】

知识点 1　轨道几何状态测量

轨道几何状态测量应利用竣工测量的 CPⅢ 控制点成果，采用全站仪自由设站配合轨道几何状态测量仪，测量线路中线位置、轨面高程、测点里程、轨距、水平、高低、扭曲。其测量技术要求应按照轨道施工测量的相关规定进行。

测量步长：无砟轨道宜为 1 个扣件间距；有砟轨道不宜大于 2 m。更换测站后，应重复测量上一测站测量的最后 6～10 根轨枕（承轨台）。

测量使用的水准仪精度不应低于 0.5 mm/km，全站仪精度不应低于 1″、1 mm+2 mm/km。

自由设站点每一测站最大测量距离不应大于 80 m，自由设站观测的 CPⅢ 控制点不应少于 4 对，全站仪宜设在线路中线附近，位于所观测的 CPⅢ 控制点的中间。更换测站后，相邻测站重叠观测的 CPⅢ 控制点不应少于 2 对。自由设站点精度应符合表 6-7 的要求。

表 6-7 自由设站点精度要求

项目	中误差
X	≤0.7 mm
Y	≤0.7 mm
H	≤0.7 mm
定向精度	≤2″

注：连续桥、特殊孔跨桥自由设站点精度可放宽至 1.0 mm。

知识点 2　线路里程贯通测量

里程贯通测量宜采用线路中心坐标进行里程贯通计算，左右线并行地段采用左线贯通里程，绕行地段左右线分别计算里程，消除全线里程断链。除需测设公里标和百米标外，还需测量曲线五大桩、变坡点、竖曲线起终点、立交道中心、涵洞中心、桥梁台前、台尾及桥梁中心、隧道进出口、隧道内断面变化处、车站中心、道岔中心支挡工程的起终点的里程。

知识点 3　线路平面和纵横断面竣工测量

轨道铺设后，应利用轨道几何状态测量仪测量的线路中线和轨面高程数据，计算线路平面曲线要素和纵断面坡度，形成竣工后的线路平面和纵断面数据。

线路横断面包括路基、桥梁和隧道横断面，横断面的位置和密度与线路中线桩相同，其竣工测量一般利用线路中线贯通测量测设的中线桩进行。路基和桥梁横断面测量采用全站仪或水准仪，路基横断面测点包括路基面高程变化点、路肩等。桥面横断面测点包括左右线、桥梁中线、挡砟墙角和顶面，各测点平面、高程测量中误差为±10 mm；隧道横断面测量采用测距精度不低于 5 mm+2 mm/km 的全站仪或断面仪，断面点应包括左右轨道中心线、隧道中心线、电缆沟、内拱顶、起拱线以及轨顶以上 1.1 m、3 m、5.8 m 处的断面点，断面点测量中误差应不大于 10 mm。

【能力训练】

一、填空题

1. 轨道几何状态测量应利用竣工测量的_____控制点成果，采用全站仪自由设站配合轨道几何状态测量仪。

2. 轨道几何状态测量技术要求应按照_____的相关规定进行。

3. 全站仪宜设在_____附近，位于所观测的 CPⅢ控制点的_____。

4. 里程贯通测量宜采用线路中心坐标进行_____计算，左右线并行地段采用左线贯通里程。

5. 轨道铺设后，应利用轨道几何状态测量仪测量的线路中线和轨面高程数据，计算线路平面＿＿＿＿和＿＿＿＿，形成竣工后的线路平面和纵断面数据。

6. 线路竣工测量一般利用＿＿＿＿测量测设的中线桩进行。

7. 路基横断面测点包括路基面＿＿＿＿、＿＿＿＿等。

二、选择题

1. 无砟轨道线路轨道几何状态测量步长宜为（　　）个扣件间距。

A. 1　　　　　B. 2　　　　　C. 3　　　　　D. 4

2. 有砟轨道线路轨道几何状态测量步长不宜大于（　　）m。

A. 1　　　　　B. 2　　　　　C. 3　　　　　D. 4

3. 全站仪自由设站点每一测站最大测量距离不应大于 80 m，自由设站观测的 CPⅢ控制点不应少于（　　）对。

A. 1　　　　　B. 2　　　　　C. 3　　　　　D. 4

三、简答题

请简述隧道横断面测量要求。

项目 7 高速铁路工程线路维护

学习目标

1. 知识目标

(1) 掌握波形图各个标题栏的含义。
(2) 掌握线路联调联试的目的和内容。

2. 能力目标

(1) 会使用软件对波形图进行分析。
(2) 会使用轨检小车采集线路数据。
(3) 能使用 TDES 软件对轨道采集数据进行处理。
(4) 能对工程项目案例进行分析。
(5) 能根据实际工程状况，编制精调作业方案。

3. 素养目标

(1) 培养学生追求卓越、精益求精的工匠意识。
(2) 培养学生的詹天佑精神，树立其自强不息的民族气节。
(3) 培养学生的安全质量意识。
(4) 培养学生安全、规范操作的意识。

知识链接

高速铁路代表着现代交通运输的先进水平，具有速度快、安全可靠、运输量大等特点。随着国际交流和合作的加深，高速铁路已经逐步成为全球公共交通的重要组成部分。在此背景下，高速铁路线路养护维修显得尤为重要，其直接关系到铁路列车的运行安全和效率。

目前，国外高速铁路线路养护维修主要有两种模式：以日本为代表的"预防修"和以法国为代表的"按需修"。日本注重预防性养护，通过加强日常巡查和定期检修，避免故障的发生；而法国则根据设备实际状况进行维修，针对不同设备采取不同的维修方式，可有效提高维修效率。

我国高速铁路线路养护维修的主要特点是按设备的状态进行必要的"状态修",做到既不失修也不过剩修,避免了养护维修中的盲目性,使设备始终处于可靠受控状态。具体做法是:用地理信息系统将轨检车和车载添乘仪自动生成的设备数据与线路平面图连接,做到实时监控线路状态,同时将生成的数据与历史数据对比;建立综合信息传输网,及时制定检修对策,用管理信息系统管理线路设备数据,指导养护维修。

高速铁路工程线路养护维修将朝着更加智能化、专业化和精细化的方向发展。结合大数据、人工智能等先进技术,实现设备故障的智能诊断和预警,提高养护维修的预防性;加强专业化团队建设,提高维修人员的专业素质和技术水平;推进精细化管理,实现每个设备和部件的可控、可修、可换。随着绿色、低碳、环保理念的深入人心,未来高速铁路线路养护维修也将注重绿色技术的研发和应用。在材料选择、工艺设计等方面,将更多地考虑环保和可持续发展的因素,为高速铁路的可持续发展提供有力保障。

任务 7.1　高速铁路线路检查

【任务描述】

高速铁路运营阶段,由于列车重复荷载、地质条件变化、外部环境等综合影响,轨道不平顺会不断恶化,给运营安全带来威胁。近年来,我国已开通高铁线路也发生了如轨道板上拱、路基下沉、桥梁变形等导致的轨道不平顺问题,导致列车运行舒适度降低,出现"晃车",而且对轨道结构的耐久性和稳定性产生负面影响。铁路工务部门要定期对线路进行检查。图 7-1 所示是某高铁 150 m 长波不平顺检测图,请查阅文献完成线路动态检查与分析。

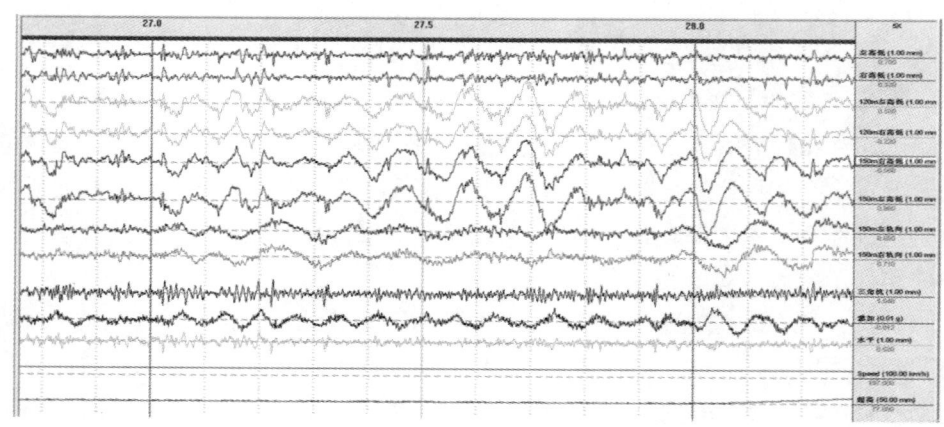

图 7-1　某高铁 150 m 长波不平顺检测图

【引入案例】

1. 高速铁路线路静态检查作业

高速铁路线路静态检查作业

2. 无砟轨道检查仪检查作业

无砟轨道检查仪检查作业

【案例解读】

高速铁路的不断发展，对高速铁路线路养护维修的要求越来越高。做好铁路线路检查是线路维修的基础。线路检查分为静态检查和动态检查，静态检查主要利用轨道检查仪检查，动态检查主要利用综合检测列车、车载式检查仪和便携式添乘仪检查。其中，综合检测列车作为轨道动态检测的主要工具，具有速度快、精度高、作业方便的特点，为保障高铁有砟轨道线路安全运营、提升工务设备状态，提供了技术保障。

【知识储备】

钢轨运输设备一直常年处于自然环境中，受到自然气候条件及重载列车运行的影响，使得轨道常常出现变形，钢轨路基和道床容易发生变化，钢轨上的零件以及钢轨线路出现摩擦损坏，对铁路运输产生了不良影响。这就需要通过工务检查，及时地发现铁路运输线路上的问题，运用科学合理的方法对线路进行养护和维修，确保线路的良好运行，保障运输的安全。

在工务检测过程中，最重要的检测手段就是轨道动静态检测，它能对每段路线进行详细的检查，重点检查钢轨的薄弱环节，保证路线检测的精确程度。

目前，轨道几何状态的检查方法分为两类：一类是静态检查，主要包括手工检查、轨道静态检查仪检查等；另一类是动态检查，主要包括轨道检查车检查、车载仪检查、便携式添乘仪检查等。无砟轨道线路检查应坚持"动态检查为主，动、静态检查相结合，结构检查与几何尺寸检查并重"的原则。有砟轨道线路检查应坚持"动态检查为主，动、静态检查相结合"的原则。

知识点 1　线路检查

1. 线路静态检查

铁路轨道静态检查主要通过手工和轨道静态检查仪按周期对设备进行全面检查，检查设备如图 7-2 所示。

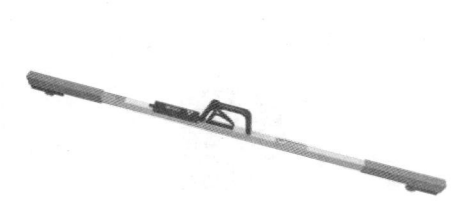 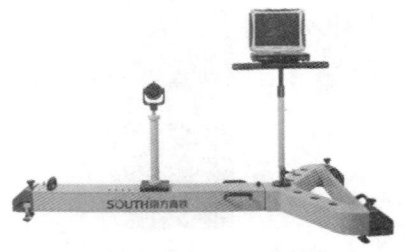

（a）数显轨距尺　　　　　　　　（b）轨道几何检测仪

图 7-2　线路静态检查设备

检查内容主要如下：

（1）轨道几何尺寸：轨距、水平、三角坑、曲线正矢、方向、高低、支距及框架尺寸。

（2）结构状态：钢轨侧磨、胶接接头轨端肥边及绝缘、钢轨伤损、轨枕、道床、零部件状态情况等。

静态检查要坚持全面看、全面量，检查数据要准确，同时，应注意结构状态与几何尺寸的综合影响。

轨道几何尺寸检查有砟轨道每半年不少于 1 遍，无砟轨道每年不少于 1 遍，重点地段应加强检查。对重点病害或轨道不平顺地段，应使用轨道测量仪、轨道检查仪进行检查。

2. 线路动态检查

线路动态检查是指采用综合检测列车、车载式线路检查仪等检测设备对线路进行周期性检查，按局部不平顺（峰值）和区段整体不平顺（均值）进行动态质量管理。

综合检测列车对线路局部不平顺采用偏差扣分办法进行评定，对整体不平顺采用 TQI 进行评定。综合检测列车检查结果应分线、分段汇入综合检测列车线路评分统计报告表中。

（1）轨道检查车。

轨道检查车是基于惯性基准测量原理开发的，主要用来检测轨道的几何状态和不平顺状况，检查项目全面、检测精度高、超限判断智能，是铁路重要的基础检测工具，如图 7-3 所示。

图 7-3　0 号高速综合检测车

中国铁路高速综合检测列车（Comprehensive Inspection Train，CIT），通常每月有2~3次挂在列车上进行动态检查线路，对轨道的检查项目比较全面且数据精确，检测的主要项目包含左右高低、左右轨向、轨距、水平、三角坑、曲率、曲线超高、车体横向和垂向振动加速度（即横加和垂加，或水加和垂加）等。每次轨检车检查完毕后，收集好轨检车波形图和轨检检查报告，交由检查监控车间动态分析。

CIT001（0号高速综合检测列车）是以CRH-5A型电力动车组为基础的速度为250 km/h综合检测列车，别名"黄医生"，是我国最早研制的综合检测车。0号高速综合检测车当时集成了世界上最先进的高速铁路检测系统，能够以最高250 km/h的速度对线路进行全方位检测并对数据进行实时处理。除0号车外，我国相继研发了10号、15号、CIT400A、CIT500高铁综合检测车，这既能提高铁路设备的检测效率，也能为铁路的维护保养和安全运营提供可靠的大数据支撑。

（2）车载仪。

在机车运行过程中，车载仪系统通过固定在机车车体上的加速度传感器采集车体垂向、横向振动加速度值。

经过模拟与数字混合滤波，量化反映轨道线路的平顺状态，同时，共享机车监控装置的线路坐标定位信息和运行速度信息，在无人工干预的情况下，综合生成可反映线路平顺状况的轨道数据，通过蓝牙模块可以将数据传送到便携式计算机，实现轨道状态的实时监控并具有实时图形描绘功能。当数据超过报警值时，实时语音报警，以保证行车安全；通过GPRS/GSM将Ⅰ、Ⅱ级超限病害信息发送到地面接收单元或相关人员手机上，也可以通过数据转储器把线路数据转储到地面计算机中，由基于专家系统的数据处理软件按照线路安全管理和维修保养业务要求对数据进行处理，生成各种报告及图表，科学、实时、准确地指导线路的维修养护，真正实现状态修。设备如图7-4所示。

图7-4 车载式轨道检查仪

车载仪系统按功能分为数据采集处理传输系统和线路动态检测地面处理系统两部分。该系统车体换算加速度值，是车载式线路检查仪对测量的机车车体加速度进行机车特性和运行速度修正后的车体加速度值，见表7-1。

表 7-1　晃车等级管理值

加速度类型	I级	II级	III级	IV级
车体换算垂向加速度/g	0.10	0.15	0.20	0.25
车体换算横向加速度/g	0.06	0.10	0.15	0.20

（3）便携式添乘仪。

便携式添乘仪是人工添乘检查时常用的辅助仪器，根据横向、垂向加速度来反映线路状况。每日添乘人员添乘完毕后将添乘仪送还线路检查监控车间，由车间导出添乘数据纳入添乘数据库，如图 7-5 所示。

图 7-5　便携式添乘仪

3. 检查周期

（1）综合检测列车每 10~15 d 检查 1 遍。

（2）动车组应安装车载式线路检查仪，每天至少对线路检查 1 遍。

（3）工务段应使用便携式线路检查仪添乘检查线路，每月至少 2 遍。

（4）数据库的建立。要实现线路设备质量的综合分析评价，就必须建立综合数据库。根据检查数据综合分析需要，建立了以下数据库：

① 基础数据库。基础数据库主要包括设备基础台账，如线路、道岔、曲线等台账。

② 轨道几何尺寸数据库。轨道几何尺寸数据库主要包括轨检车、车载仪、添乘仪等动态检查数据，以及轨检仪、手工综合检查、线路巡查等静态检查数据。

③ 维修验收、回检数据。线路在经过维修后进行回检、验收形成的回检、验收数据。

知识点 2　波形图定位方法

波形图是综合检测车检查报告中的重要组成部分，是线路维修的重要依据。波形图全面反映了线路整个状态，测量数据全面，病害位置标记明显。分析波形图是铁路局集团公司线路检测车间技术员和工班长重要的日常工作。由于综合检测车中软件设计和其他因素影响，波形图中的病害位置与现场实际病害位置不符，需要从下面四个方面来对波形图进行定位。

1. 直接复核法

根据轨道状态波形图和二级、三级偏差里程，直接在现场复核。

直接复核法适用于现场病害明显、超限项目单一的偏差。现在常用的就是这种方法，把一级、三级偏差传到车间，从车间再传送到工区，工区就直接按照里程消灭。动检车、轨检车偏差里程是有误差的，具体误差多少要根据波形图反算才可以准确定位。偏差原因复杂，现场病害不明显，或病害出现在道岔群或曲线上，无法直接判断时，直接复核法就很难及时找准、找对病因。

2. 特征点复核法

特征点复核法是波形图的定位中最重要、最实用的一种方法，其原理是根据特征点定位波形图。特征点有道岔、道口、桥梁（钢梁桥）、轨距拉杆、曲线（ZH、HY、YH、HZ）点等。

轨检车、动检车在检测中会扫描到两钢轨间导电的金属物，并且在波形图上会留下特征印记。

3. 参照复核法

在现场复核病害时，先找到明显的、较大的、比较容易确定的病害点，在波形图上根据病害点之间的相对位置，在地面上查找其他病害。

参照复核法应用的前提是现场有≥1处的明显病害可以很容易找到，才能根据此处病害推算到其他处病害准确里程。如果现场没有明显病害，那么这种方法就会失效。

4. 动态与静态波形图对比复核法

根据轨检车检测数据，利用轨道状态波形图提供的公里标、道岔、道口、桥梁、轨距拉杆、曲线头尾等特征，推算出与需复核超限病害的相对距离，技术检测组使用轨道检查仪对动态检查超限的线路、道岔进行检查，检查完毕用分析软件进行分析整理，制作比对图交给作业班组进行现场复核。

知识点3 波形图识别

1. 超限位置及其峰值长度的识别

当轨检车采集到的轨道病害超过Ⅰ级限界以后，又回到Ⅰ级限界以内，统计为一次超限。对于Ⅲ级超限而言，即当轨检车采集到的轨道病害超过Ⅲ级限界以后，又回到Ⅰ级限界以内，统计为一次Ⅲ级超限。超限位置的里程为此处超限的最大峰值里程。超限长度为超过Ⅰ级限界以后，又回到Ⅰ级限界的长度，如图7-6所示。注意：现场病害的长度一定要做长、做够。

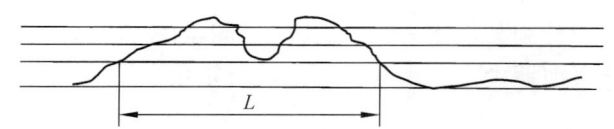

图 7-6　超限位置及其峰值长度的识别

2. 轨检车地面标记识别

轨道上的道口、道岔、桥梁、轨距拉杆等含有金属部件，安装于轨检梁上的原子层沉积（ALD）传感器可以探测到这些金属部件，其输出的信号可以和里程、轨道不平顺同步显示在轨道检测波形图上，如图 7-7 所示。

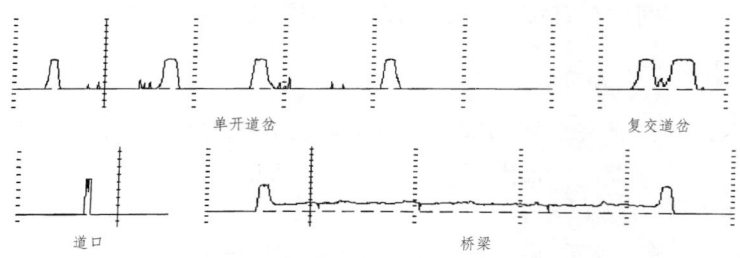

图 7-7　轨检车地面标记识别

3. 电容枕

当 ALD 传感器通过电容枕时产生感应，产生高电压信号，但持续时间较短，当 ALD 增益调节恰当时能检测到电容枕位置。电容枕一般等间距布置，根据电容枕位置也可以确定轨道病害确切位置，如图 7-8 所示。

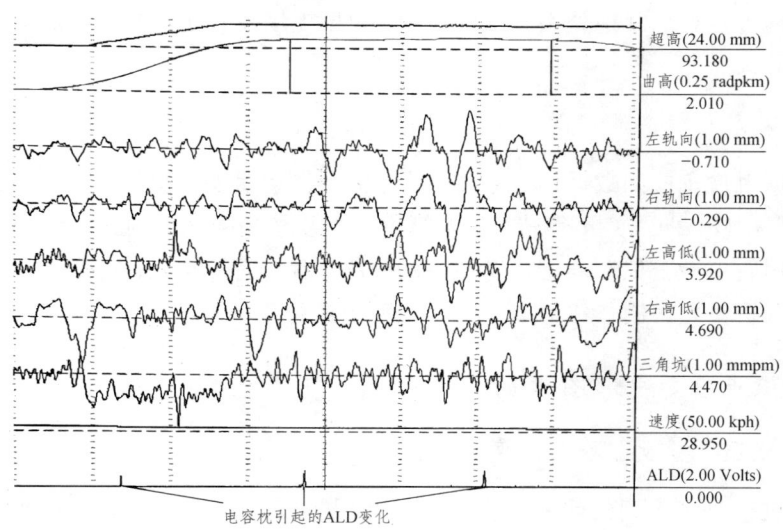

图 7-8　电容枕标记

4. 曲率超高特征曲线

根据病害相对于曲线的距离确定轨道病害位置。按列车行进方向曲线分左右曲线，右曲线超高曲率均为正，即左轨高，如图 7-9 所示。

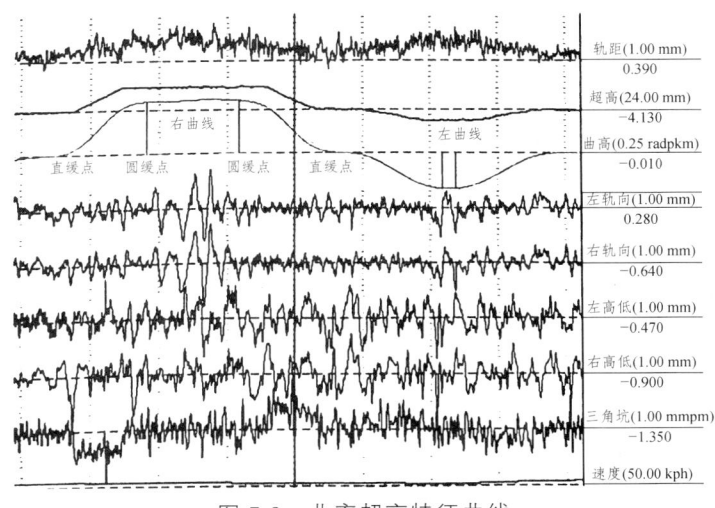

图 7-9　曲率超高特征曲线

知识点 4　波形图病害分析

1. 高低病害分析

高低是指钢轨顶面垂直于轨道方向偏离钢轨顶面平均位置的偏差，分左、右高低两种。高低波形的识别和分析，一定要结合水平、三角坑的波形进行，以确定最佳作业方式。常见的高低病害分析从波长在 2 m 以内的高低、波长在 10 m 左右的高低、波长在 20 m 左右的高低三个方面分析。

如图 7-10 所示是某工务段 6 月 10 日轨检车在下行 K893+108 处发现的一处右高低三级偏差（峰值 −11.84）。

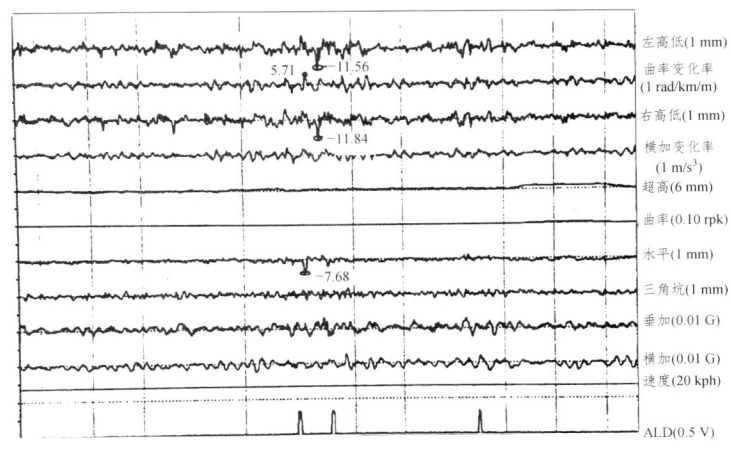

图 7-10　某工务段 6 月 10 日波形图

从下面的道岔标记可以直观地看到，病害肯定在两组道岔中间，即西寺坡 3# ~ 5#岔。经现场复核，高低为 4 mm，与轨检车检测峰值相差很大，同时可以确定该处大约有 7 mm 的暗吊。此处高低为对股高低，左高低也已经达到 -11.56（也是三级）。所以，在现场复核消灭时，要消对股高低。从垂向加速度波形也可以判断，几组道岔的轨面比较差，3#岔还有一处大水平（-7.68）。从曲率变化率波形知道：岔区内的小方向也不好。

实际中这样的三级超限是完全可以避免的，西寺坡 3#、5#、11#岔轨面不好不是 6 月 10 日当天形成的，对比 5 月 23 日的波形图就知道问题所在，如图 7-11 所示。

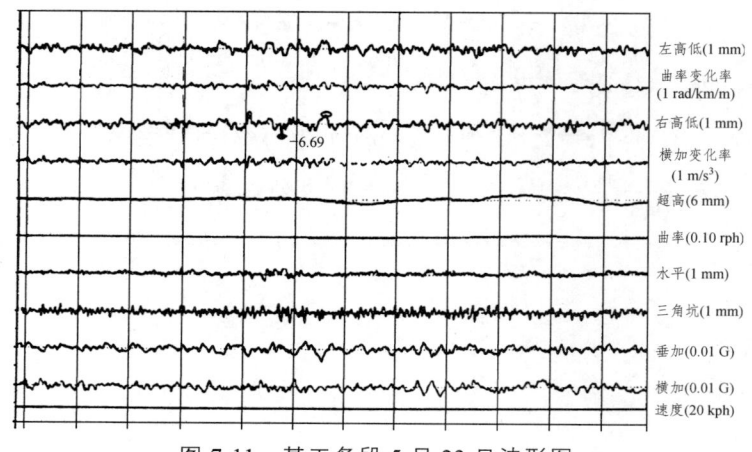

图 7-11　某工务段 5 月 23 日波形图

2. 轨向病害分析

轨向检测的目的是评价直线轨道的平直度和曲线轨道的圆顺度。轨向过大会使车轮受到横向冲击，引起车辆左右晃动和车体摇摆震动，对列车平稳度和舒适度产生较大的影响，加速轨道结构和道床变形。轨向波形的识别一定要和轨距与水平相结合，以确认拨或改以及是否为逆向复合不平顺，如图 7-12 所示。

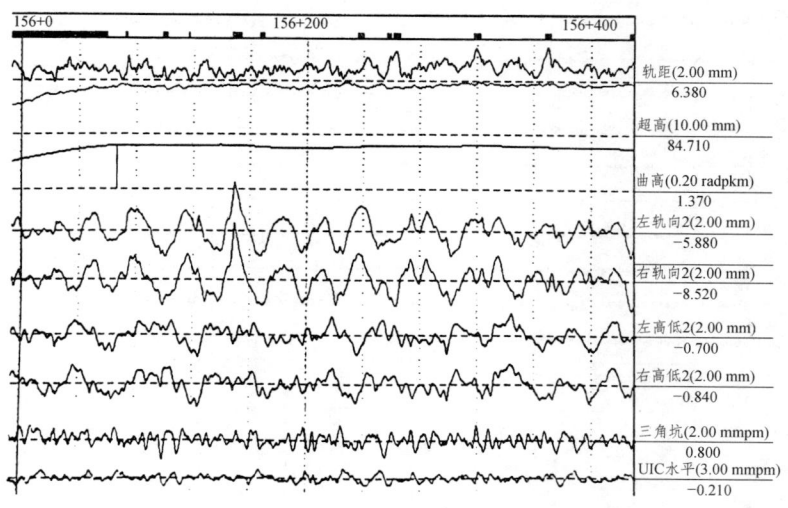

图 7-12　轨向病害

产生轨向病害的原因主要有以下几个方面：

（1）几何尺寸不良，如直线区段方向不良、曲线段不圆顺（正矢超限）、轨距变化率不好等。

（2）轨道结构不良，如钢轨硬弯、不均匀磨耗、木枕失效、道钉浮离等。

（3）框架刚度减弱，如扣件扣压力不足、轨道弹性不均匀挤开等。

3. 轨距病害分析

轨距偏差过大会导致车轮掉道或卡轨。我国和部分国家的传统认为：即使轨距还未扩大到会使车轮掉道的程度，如果车轮锥形踏面的大坡度段已进入轨顶内侧圆弧以内，仍应避免轨距偏差过大，这是因为斜度较大的车轮踏面将使轨道遭受额外增加的水平推力。短距离内轨距变化剧烈，表明存在严重的方向不平顺，也会影响行车安全。

轨距不平顺分为大轨距与小轨距两种情况。武广高铁管内现在出现的轨距不平顺主要以小轨距为主，如图 7-13 所示。轨距病害的识别，一定要与轨向波形相联系。

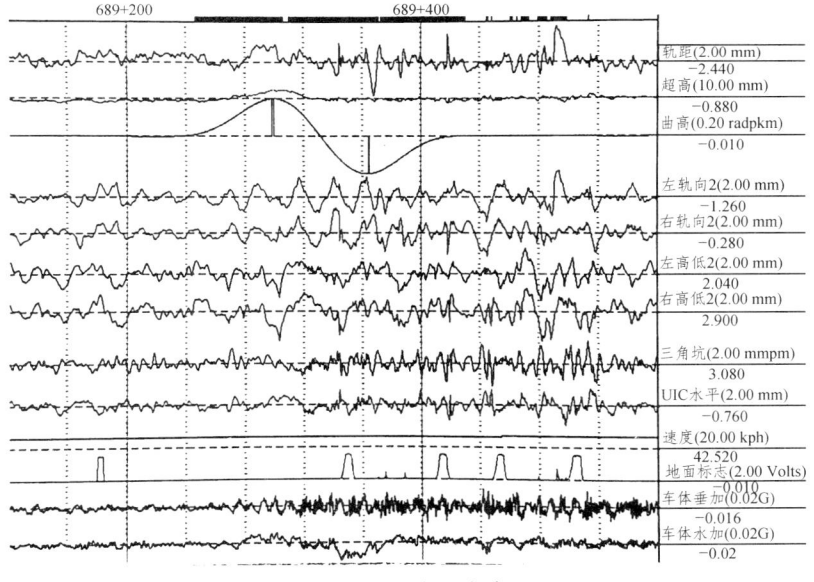

图 7-13 轨距病害

产生轨距病害的原因主要有以下几个方面：

（1）轨枕、扣件失效等结构性病害。

（2）扣件扣压力不足。

（3）小半径曲线的轨距磨耗。

（4）钢轨接头支嘴（焊接接头）。

4. 水平病害分析

水平病害分为长波病害和短波病害两种，如图 7-14 所示。水平病害可结合左右两股的高低进行识别,要与方向相结合,以防止逆向复合不平顺。

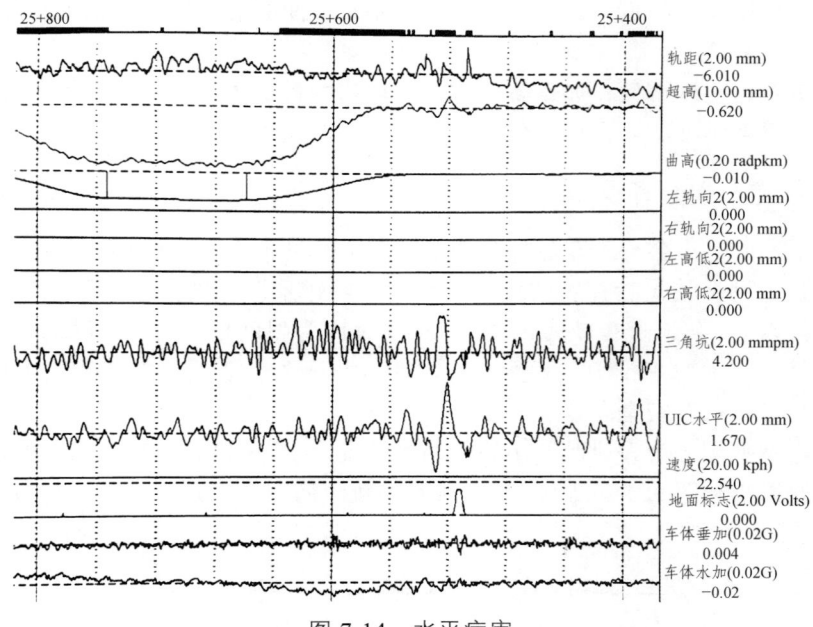

图 7-14 水平病害

水平病害产生的原因主要有以下几个方面:
(1) 两股钢轨下沉量不一致。
(2) 有空吊和暗坑。
(3) 缓和曲线超高顺坡不良。

5. 三角坑病害分析

三角坑病害可产生车轮的减载甚至悬浮。我国圆缓点的脱轨事故大多与三角坑病害有关,同样地,直线地段的严重三角坑病害也可产生脱轨事故。三角坑是引起轮轨作用力变化,影响行车平稳性的主要原因。三角坑将使转向架出现三点支承,高点会使车辆出现侧滚,产生垂向振动加速度,低点会使车轮减载。当车轮减载量与荷载量之比大于 0.8 时,还有脱轨的危险。欧洲和我国刚度较大的货车在曲线圆缓点区的脱轨事故大多与轨道的扭曲不平顺有关。所以,要高度重视三角坑病害的整治与预防。检查三角坑,就是检测一定距离内的水平相差程度;整治三角坑病害,实质上就是整治水平不良的延伸。

三角坑病害产生的原因主要有以下几个方面:
(1) 空吊。
(2) 暗坑。
(3) 曲线水平反超高。
(4) 超高顺坡不良(尤其在道岔内、缓和曲线上及直缓、缓圆、圆缓、缓直点附近)。

某工区 4 月 18 日轨检车在上行 K902+487 处发现的一处三角坑三级(峰值-

8.17），如图 7-15 所示。

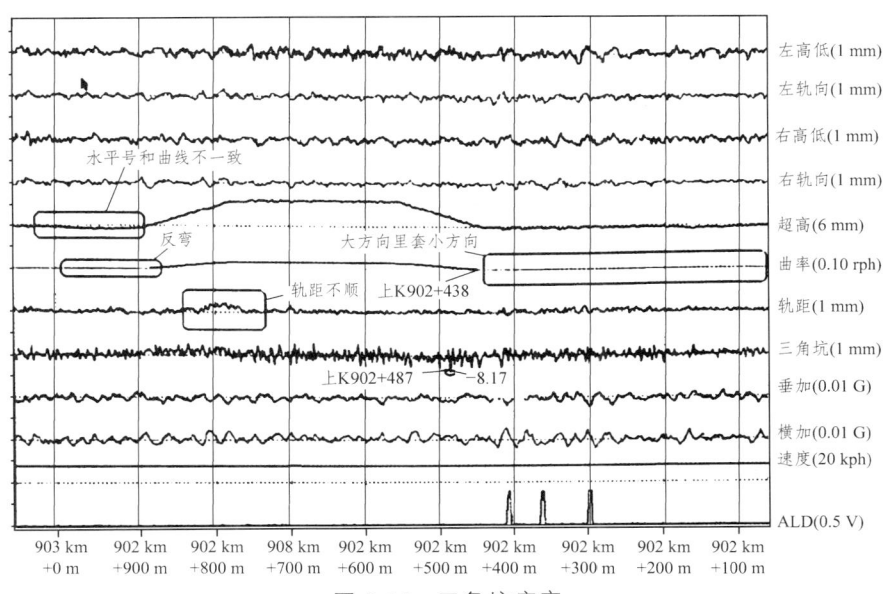

图 7-15　三角坑病害

如果没有波形图,这个三角坑三级是比较隐蔽的,找这个三角坑三级有困难。利用特征点复核法,根据三角坑里程（K902+487）和曲线头里程（K902+438）,可以确定三角坑位置在距离曲线头 49 m 左右。整条曲线的水平都不好,三角坑比较多。K902+800 前后轨距不顺,非常明显。曲线头尾都有方向,K902+900～K903+0 水平号与曲线相反,列车进曲线时会感觉水平变号,人体感觉就不舒服（这种情况添乘仪不一定会报警）。

6. 垂向加速度病害分析

垂向加速度病害的波形图,如图 7-16 所示。
产生垂向加速度病害的原因主要有以下几个方面：
（1）高低不平顺（短波）。
（2）空吊。
（3）波浪磨耗。
（4）接头错牙。
（5）低接头。
（6）大轨缝。
（7）钢轨掉块。
（8）道床板结。
（9）线桥、新老路基结合处。
（10）多种病害叠加。

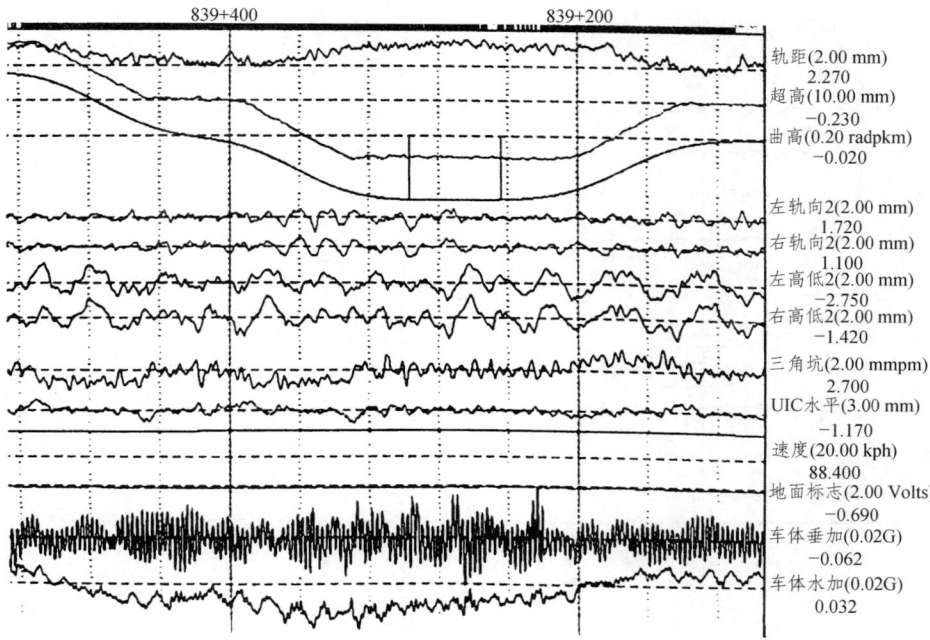

图 7-16　垂向加速度病害

7. 水平加速度病害分析

水平加速度病害的波形图，如图 7-17 所示。

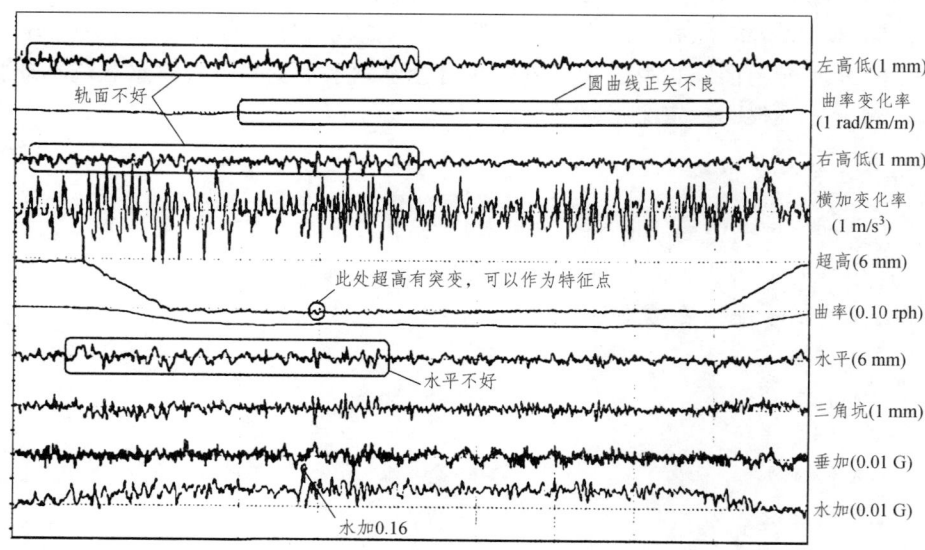

图 7-17　水平加速度病害

产生水平加速度病害的原因主要有以下几个方面：
（1）轨向不平顺。
（2）曲线正矢不良（连续差超限）
（3）岔区连续小方向。

（4）轨距变化率不好。

（5）钢轨交替不均匀磨耗。

（6）逆向复合不平顺（轨向和水平）。

（7）曲线欠（过）超高。

（8）多种病害叠加。

从波形图可以看出：此图是 5 月 23 日轨检车检查京沪上行 K1063+345 水平加速度三级偏差波形图（峰值 0.16）。

使用特征点法定位病害位置，图中的超高突变位置现场应该比较好找，根据此点可以知道三级偏差准确里程。曲线北半部左右高低都不好，水平不好。曲线正矢大大小小。曲线超高南北两部分的超高大小不同，北大南小。根据现场复核：现场有 2 mm 的不均匀侧磨，4 mm 高低两处，正矢连差 5 mm。这个水平加速度三级的形成原因比较复杂，从现场复核和波形图分析，应该是由高低、侧磨、正矢不良等综合原因造成的。

8. 利用波形图检查整治效果对比

（1）6 月 18 日曲线波形图（图 7-18）。

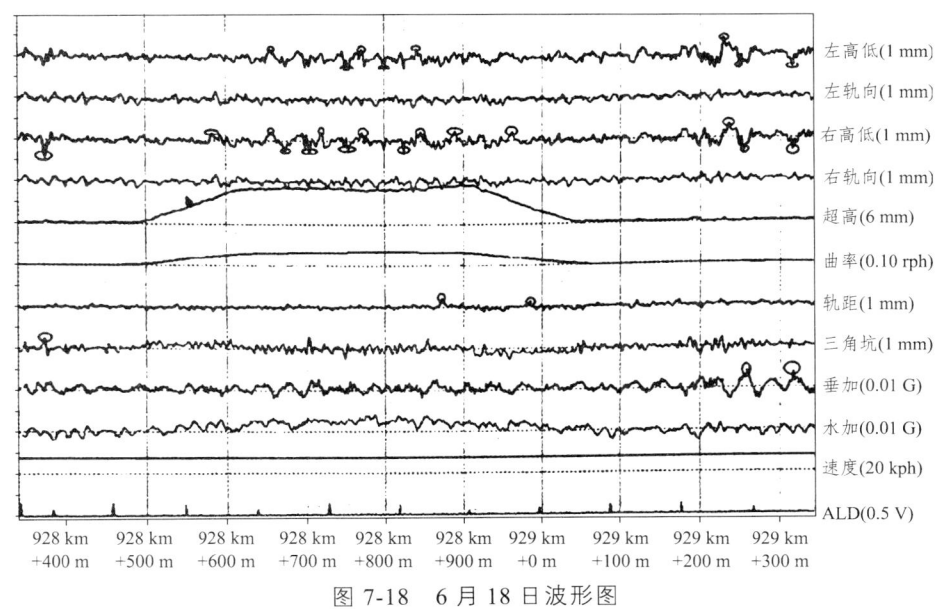

图 7-18　6 月 18 日波形图

从图中可以得知：最突出病害就是高低，尤其是在圆曲线内，轨面很差。该曲线水平不好，圆曲线部分最大最小超高差为 16 mm，而且水平号交替变化。K928+870 有一处大轨距。曲线正矢一般。

（2）8 月 17 日曲线波形图（图 7-19）。

从图中可以得知：轨面已经有了明显改观，但是小轨面仍然需要细线。曲线水平还是不太好，圆曲线部分最大最小超高差还有 14 mm，水平号交替变化。总体来说，K928 曲线有了比较明显的改观。

线路动态不平顺是指线路不平顺的动态质量反映，主要通过轨检车进行检测。目前，根据《高速铁路线路维修规则》（铁电工〔2023〕106号）的规定，轨道质量状态的评定方法有三种：一是对轨道局部不平顺的评定；二是对区段轨道不平顺的评定；三是轨道功率谱密度。

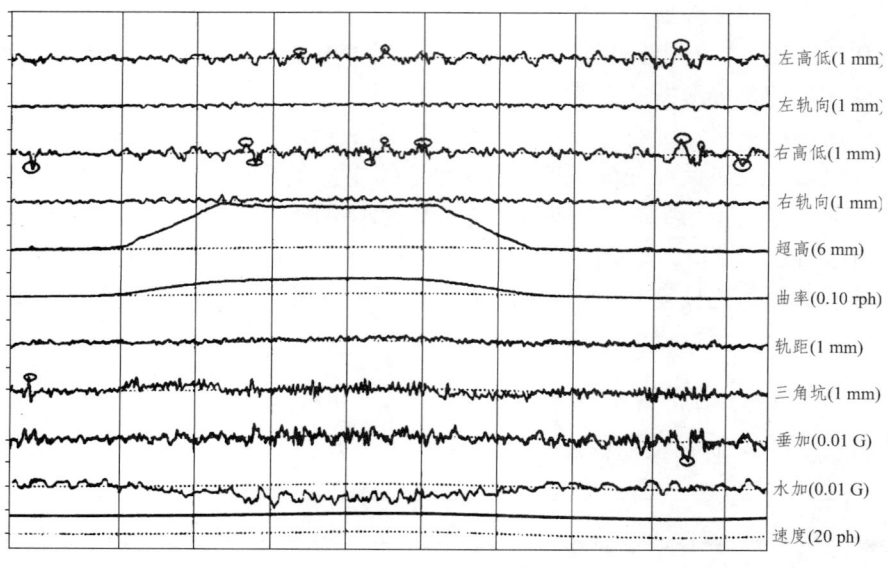

图 7-19　8月17日波形图

知识点 5　线路动态检查要求

（1）应采用综合检测列车、车载式线路检查仪等检测设备对线路进行周期性检查，按局部不平顺（峰值）和区段整体不平顺（均值）进行动态质量管理。

（2）工务段应设专人对动态检测结果进行全面分析，并进行必要的现场复核，编制月度动态检测分析报告，以指导线路维修作业。对Ⅲ级及以上偏差处所，应及时安排临时补修；对轨道质量指数（TQI）超过管理值的区段和超过经常保养容许偏差管理值的处所，应安排经常保养；对车辆动力学指标超限处所，应及时分析原因，安排整修。

（3）对综合检测列车发现的轨向水平逆向复合不平顺和连续三波及多波高低、轨向不平顺，以及车载式线路检查仪和添乘检查发现的不良处所，应及时进行分析和处理，具体办法由铁路局集团公司规定。

（4）综合检测列车对线路局部不平顺采用偏差扣分办法进行评定，对整体不平顺采用 TQI 进行评定。综合检测列车检查结果应分线、分段汇入综合检测列车线路评分统计报告表。

知识点 6　轨道局部动态不平顺管理值

目前，我国动检车普遍采用峰值管理法（峰值扣分法）。峰值扣分法是从轨道的几何尺寸指标、动力学指标的角度，以 1 km 为单位计算总扣分的方式来评定轨道的质量。

1. 各项目偏差等级划分及容许偏差管理值

线路(含道岔及调节器范围)各项偏差等级划分为四级[250(不含)~350 km/h 线路见表 7-2]：Ⅰ级为经常保养标准，Ⅱ级为舒适度标准，Ⅲ级为临时补修标准，Ⅳ级为限速标准。

表 7-2　250（不含）~350 km/h 线路轨道动态质量容许偏差管理值

项目		经常保养	舒适度	临时补修	限速（200 km/h）
偏差等级		Ⅰ级	Ⅱ级	Ⅲ级	Ⅳ级
轨距/mm		+4 −3	+6 −4	+7 −5	+8 −6
水平/mm		5	6	7	8
扭曲（基长 3 m）/mm		4	6	7	8
高低/mm	波长 1.5~42 m	5	6	8	10
轨向/mm		4	5	6	7
高低/mm	波长 1.5~120 m	7	9	12	15
轨向/mm		6	8	10	12
复合不平顺/mm		6	8	—	—
车体垂向加速度/（m/s^2）		1.0	1.5	2.0	2.5
车体横向加速度/（m/s^2）		0.6	0.9	1.5	2.0
轨距变化率（基长 3 m）/‰		1.0	1.2	—	—

注：① 表中管理值为轨道不平顺实际幅值的半峰值。
② 水平限值不包含曲线按规定设置的超高值及超高顺坡量。
③ 扭曲限值包含缓和曲线超高顺坡造成的扭曲量。
④ 车体垂向加速度采用 20 Hz 低通滤波，车体横向加速度Ⅰ、Ⅱ级标准采用 0.5~10 Hz 带通滤波处理的值进行评判，Ⅲ、Ⅳ级标准采用 10 Hz 低通滤波处理的值进行评判。
⑤ 复合不平顺指水平和轨向逆向复合不平顺，按水平和 1.5~42 m 轨向代数差计算。应避免出现连续多波不平顺。

2. 偏差扣分标准

各项目偏差扣分标准：Ⅰ级每处扣 1 分，Ⅱ级每处扣 5 分，Ⅲ级每处扣 100 分，Ⅳ级每处扣 301 分。某工区得分见表 7-3。

3. 线路动态评定标准

线路动态评定以千米为单位，每千米扣分总数为各级、各项偏差扣分总和。每千米线路动态评定标准：优良（总扣分 50 分及以内）、合格（总扣分为 51~300 分）、失格（总扣分在 300 分以上）。某工区得分见表 7-4。

表 7-3　某工区峰管理得分

km	检测长度/m	高低				轨向				轨距				水平				三角坑				垂向加速度				横向加速度				70m高低				70m轨向				曲率变化率		轨距变化率		横加变化率		千米扣分	通过速度/(km/h)
		1	2	3	4	1	2	3	4	1	2	3	4	1	2	3	4	1	2	3	4	1	2	3	4	1	2	3	4	1	2	3	4	1	2	3	4	1	2	1	2	1	2		
1172	1000	0	0	0	0	0	0	0	0	0	0	0	0	0	0	0	0	0	0	0	1	0	0	0	0	0	0	0	0	0	0	0	0	0	0	0	0	0	0	3	0	0	0	4	126
1173	1000	0	0	0	0	0	0	0	0	0	0	0	0	0	0	0	0	1	0	0	0	0	0	0	0	0	0	0	0	0	0	0	0	0	0	0	0	0	0	2	0	0	0	6	122
1174	1000	0	0	0	0	0	0	0	0	0	0	0	0	0	0	0	0	4	0	0	0	0	0	0	0	0	0	0	0	0	0	0	0	0	0	0	0	0	0	2	0	0	0	3	117
1175	1000	0	0	0	0	0	0	0	0	0	0	0	0	0	0	0	0	0	0	0	0	0	0	0	0	0	0	0	0	0	0	0	0	0	0	0	0	0	0	1	0	1	0	3	109
1176	1000	0	0	0	0	0	0	0	0	0	0	0	0	0	0	0	0	0	0	0	2	0	0	0	0	0	0	0	0	2	0	0	0	0	0	0	0	0	0	4	0	0	0	20	116
1177	1000	0	0	0	0	0	0	0	0	0	0	0	0	0	0	0	0	2	0	0	0	0	0	0	2	0	0	0	0	6	0	0	0	0	0	0	6	2	0	2	0	8	0	20	125
1178	1000	0	0	0	0	0	0	0	0	0	0	0	0	0	0	0	0	2	0	0	0	0	0	0	2	0	0	0	0	0	0	0	0	0	0	0	0	1	0	0	0	5	0	15	133
1179	1000	0	0	0	0	0	0	0	0	0	0	0	0	0	0	0	0	0	0	0	0	0	0	0	0	0	0	0	0	4	0	0	0	0	0	0	4	0	0	0	0	13	0	25	139
1180	1000	0	0	0	0	0	0	0	0	0	0	0	0	0	0	0	0	0	0	0	0	0	0	0	0	0	0	0	0	2	0	0	0	0	0	0	2	0	0	0	0	21	0	22	145
1181	1000	0	0	0	0	0	0	0	0	1	0	0	0	0	0	0	0	0	0	0	0	0	0	0	0	0	0	0	0	0	0	0	0	0	0	0	0	0	0	1	0	20	0	15	149

274

表 7-4 某工区线路得分

项目	四级	三级	二级	一级	个数			扣分			TQI								
					总计	个数/km	百分比	总计	扣分/km	百分比	平均指数			超标段数			超标百分比		
											左	总	右	左	总	右	左	总	右
高低	0	0	0	37	37	0.49	2.58	37	0.49	2.02	1.25	2.5	1.25	4	0	6	1.06	0	1.6
轨向	0	0	0	11	11	0.14	0.77	11	0.14	0.6	0.95	1.88	0.94	0	0	1	0	0	0.27
轨距	0	0	2	9	11	0.14	0.77	19	0.25	1.04	0	0.75	0	0	4	0	0	0.53	0
水平	0	0	0	0	0	0	0	0	0	0	0	0.86	0	0	0	0	0	0	0
三角坑	0	0	12	223	235	3.09	16.41	283	3.72	15.45	0	1.18	0	0	50	0	0	6.65	0
垂向加速度	0	0	0	2	2	0.03	0.14	2	0.03	0.11	0	0	0	0	0	0	0	0	0
横向加速度	0	0	0	15	15	0.2	1.05	15	0.2	0.82	0	0	0	0	0	0	0	0	0
高低 70m	0	0	3	124	127	1.67	8.87	139	1.83	7.59	0	0	0	0	0	0	0	0	0
轨向 70m	0	0	2	21	23	0.3	1.61	31	0.41	1.69	0	0	0	0	0	0	0	0	0
曲率变化率	0	0	66	16	82	1.08	5.73	346	4.55	18.89	0	0	0	0	0	0	0	0	0
轨距变化率	0	0	15	86	101	1.33	7.05	161	2.12	8.79	0	0	0	0	0	0	0	0	0
横加变化率	0	0	0	788	788	10.37	55.03	788	10.37	43.01	0	0	0	0	1	0	0	0.13	0
总和	0	0	100	1332	1432	18.84	100.01	1832	24.11	100.01		7.17							

每千米平均扣分： 24.11 分

优良千米： 72 km 优良率： 94.74%

合格千米： 4 km 合格率： 5.26%

失格千米： 0 km 失格率： 0%

每千米平均 T 值： 15.03

每千米平均 TQI： 7.18

均衡千米： 59 km 均衡率： 77.63%

计划千米： 14 km 计划率： 18.42%

优先千米： 3 km 优先率： 3.95%

知识点 7　均值管理（TQI）

1. TQI 定义

轨道不平顺质量指数（Track Quality Index，TQI），是采用数学统计方法描述区段轨道整体质量状态的综合指标和评价方法。运用 TQI 评价和管理轨道状态，是对单一幅值扣分评判轨道质量方法的补充，可提高轨道检测数据综合应用水平，为科学制订线路维修计划、保证轨道状态的均衡发展提供科学依据。

2. TQI 计算

TQI 是高低、轨向、轨距、水平和三角坑的动态检测数据的统计结果，该值的大小与轨道状态平顺性密切相关，表明 200 m 区段轨道状态离散的程度，即数值越大，轨道的平顺程度越差，波动性也越大。各单项轨道不平顺的统计值，同样也反映出该项轨道状态的平顺程度。

$$\text{TQI} = \sum_{i=1}^{7} \sigma \tag{7-1}$$

$$\sigma_i = \sqrt{\frac{1}{n}\sum_{j=1}^{n}(x_{ij}^2 - x_i^2)}, \quad x_i = \frac{1}{n}\sum_{j=1}^{n} x_{ij}$$

式中　σ_i——各项几何偏差的标准差，$i=1,2\cdots,7$，分别为左高低、右高低、左轨向、右轨向、轨距、水平和三角坑；

x_{ij}——在 200 m 单元区段中各项几何偏差的幅值，$j=1,2,\cdots,n$，$i=1,2\cdots,7$；

n——采样点的个数（200 m 单元区段中每隔 0.25 m 采集一个点，$n=800$）。

3. TQI 管理

TQI 能综合评价线路整体质量，合理编制区段线路的综合维修计划，指导整修和大机作业，提高轨道状态维修的科学性、经济性、合理性，使维修管理更加科学化。250（不含）~350 km/h 线路轨道质量指数（TQI）和单项标准差管理值见表 7-5。

表 7-5　250（不含）~350 km/h 线路轨道质量指数（TQI）管理值

项目		高低	轨向	轨距	水平	扭曲	TQI
波长范围	1.5~42 m	0.8×2	0.7×2	0.6	0.7	0.7	5.0

注：波长范围为 1.5~42 m 的单项标准差计算长度为 200 m。

4. T 值管理

为便于区段轨道不平顺质量指数 TQI 管理标准的推广与应用，依据《铁路线路修理规则》轨道不平顺幅值扣分管理办法，确定 TQI 的管理办法，以千米为维修长度的管理单位，对 TQI 值的评价引入 T 值的概念。

（1）T值的定义。

每千米 5 个单元区段的扣分数 T_{200} 值之和，称为 T 值。它的大小是由单元区段内 TQI 值超过对应管理值大小确定的。

用于 T_{200} 值计算的 200 m 区段轨道不平顺质量指数 TQI 管理值标准见表 7-6。

表 7-6 用于 T_{200} 的轨道不平顺质量指数 TQI 管理标准

项目	200 km/h≤V<250 km/h	300 km/h<V≤350 km/h
TQI 管理值	8	5
超过 10%	8.8	5.5
超过 20%	9.6	6

（2）T值的含义。

为了有效发挥区段轨道不平顺质量指数（TQI）指导线路养护维修和制订维修计划的作用，对于 T_{200} 值为未超过该速度等级管理值的情况，该 200 m 区段扣分 T_{200} 值为 0；该值大于管理值，但小于等于超过 10%管理值的，该 200 m 区段扣分 T_{200} 值为 40 分；该值大于超过 10%管理值，但小于等于超过 20%管理值的，该 200 m 区段扣分 T_{200} 值为 50 分；该值大于超过 20%管理值的，该 200 m 区段扣分 T_{200} 值为 61 分，具体见表 7-7。

表 7-7 200 m 单元区段 T_{200} 值

TQI 值	未超过管理值	超过管理值	超过 10%	超过 20%
T_{200}	0	40	50	61

（3）T值的计算。

以每千米作为管理长度，则每千米所包含的 5 个 200 m 单元区段 DTQI 扣分之和为 T，计算公式为：

$$T = \sum_{1}^{5} T_{200} \quad (7\text{-}2)$$

（4）T值的意义。

上述公式计算可实现以千米为管理长度的轨道状态质量的综合评价。某千米的 T 值越大，说明该千米超过 TQI 管理值的段数和超限程度越大，应优先安排维修。根据 T 值的大小评价每千米轨道状态质量，以均衡、计划、优先三种形式制订大型养路机械维修或轨道综合维修计划，其意义见表 7-8。

表 7-8 整千米 T 值评价定义

评价定义	均衡	计划	优先
每千米 T 值	T=0	0<T≤100	T>100

(5) T 值的应用。

基于 TQI 的 T 值轨道质量指数，是按照数理原理统计结合现场实际情况得出的，具有很强的科学性，在现场具有很强的指导作用。

对 $T>100$ 的线路，应优先列入维修计划，尽快安排成段维修；对于 $0<T\leqslant 100$ 的线路，应统筹兼顾，合理安排维修或保养修；对 $T=0$ 的线路，应避免成段扰动道床，只对超限峰值处进行处理。

线路大修、中修、综合修和大型养路机械作业验收 T 值为 0 时，不应当出现 TQI 超过管理值的单元区段。

【能力训练】

一、填空题

1. 高速铁路无砟轨道检查要坚持"＿＿＿＿＿＿＿＿＿＿＿＿＿＿＿＿＿＿＿＿＿＿＿＿＿＿＿＿＿＿＿＿＿＿＿＿＿"的原则。

2. 无缝线路相邻单元轨节之间锁定轨温之差不应大于＿＿＿＿℃。

3. 线路动态不平顺是指线路不平顺的动态反映，主要通过综合检测列车进行检测。动态不平顺管理分为＿＿＿＿＿管理和＿＿＿＿＿管理。

4. 高速铁路施工、维护及上道检查作业必须在＿＿＿＿＿内进行，并严格执行登销记制度。

5. 大型养路机械如捣固车、动力稳定车等都自备动力，自行速度最高为＿＿＿＿＿km/h。

6. 线路动态评定以＿＿＿＿＿为单位，每千米扣分总数为各级、各项偏差扣分总和。

7. 轨道动态不平顺的检查项目为＿＿＿＿＿、＿＿＿＿＿、＿＿＿＿＿、＿＿＿＿＿、＿＿＿＿＿、＿＿＿＿＿、＿＿＿＿＿、＿＿＿＿＿等。

8. 线路含道岔及调节器范围各项偏差等级划分为四级，Ⅰ级为＿＿＿＿＿标准，Ⅱ级为＿＿＿＿＿标准，Ⅲ级为＿＿＿＿＿标准，Ⅳ级为＿＿＿＿＿标准。

9. 轨道动态不平顺管理各项偏差扣分标准：Ⅰ级每处扣＿＿＿＿＿分，Ⅱ级每处扣＿＿＿＿＿分，Ⅲ级每处扣＿＿＿＿＿分，Ⅳ级每处扣＿＿＿＿＿分。

10. 每千米线路动态评定标准：优良总扣分在 50 分及以内；合格总扣分在＿＿＿＿＿分；失格总扣分在 300 分以上。

二、选择题

1. 高速铁路曲线超高应满足旅客舒适度要求，按线路（　　）进行计算并设置。
   A. 允许速度　　　　　　　　B. 最低速度
   C. 平均速度　　　　　　　　D. 临时限制速度

2. 线路检查应坚持"动态检查为主、动、静态检查相结合，（　　）与几何尺寸检查并重"的原则。

  A. 外观检查   B. 结构检查

  C. 周期检查   D. 标志检查

3. 无砟道床静态检查（ ）检查1遍。

  A. 每年   B. 每半年

  C. 每季度   D. 每月

4. 在防洪检查，需进入路肩范围内或高架桥面检查时，需向列车调度员申请本线封锁、邻线限速（ ）km/h 运行的调度命令。

  A. 80   B. 45

  C. 200   D. 160

5. 当灾害检测系统设备发生故障时，（ ）应按险情等级和影响程度及时启动应急预案进行处理，尽快恢复使用。

  A. 总公司   B. 铁路局

  C. 工务段   D. 线路车间

6. 道岔区板式无砟轨道桥梁地段道床结构由道岔板、（ ）、底座板、滑动层、高强度挤塑板、侧向挡块及弹性限位板等部分组成。

  A. 自密实混凝土   B. 水泥乳化沥青砂浆充填层

  C. 水硬性材料   D. 低塑性水泥混凝土

7. （ ）接到调度命令后，应与驻调度所（驻站）联络员核对调度命令内容，并确认与驻调度所（驻站）联络员之间相互通信良好后，方准安排上道作业。

  A. 工长   B. 班长

  C. 现场防护员   D. 安全员

8. 高速铁路 250（不含）~350 km/h 正线无砟轨道线路静态几何尺寸容许偏差管理值水平为（ ）mm 时需限速 200 km/h。

  A. 5   B. 6   C. 7   D. 8

9. 高速铁路线路大修及技术改造，需起道、拨道或整组更换道岔时，作业单位应先通知（ ）、电务等设备管理单位。

  A. 机务   B. 供电   C. 房建   D. 通信

10. 动态检查应以（ ）、车载式线路检查仪和添乘检查作为动态检查的辅助手段。

  A. 弦线   B. 轨距尺   C. 平直尺   D. 巡检设备

11. 施工维修防护的设置与撤除，由（ ）决定。

  A. 施工负责人   B. 点负责人   C. 现场防护员   D. 把关人员

12. 高速铁路 250（不含）~350 km/h 正线无砟轨道线路静态几何尺寸容许偏差管理值轨距经常保养值为（ ）mm。

  A. 4 -2   B. 2 -2   C. 1 -1   D. 2 -1

13. 动态检测的工作步骤针对具体线路情况、运营模式等，（ ）实施。

  A. 分阶段   B. 分区段   C. 按里程大小顺序   D. 集中统一

任务 7.2　高速铁路线路联调联试与维护作业

【任务描述】

合福高铁上饶站总规模为 2 台 6 线，其中：基本站台 1 座，站台长 450 m，宽 12 m；中间站台 1 座，站台长 450 m，宽 12 m；到发线 2 条，车站中心轨顶设计高程为 12.676 m（107.607 m）；站台面设计高程为 13.986 m（108.917 m）；站台雨棚面积为 10 800 m²；站台雨棚为钢结构，采用单柱两侧悬挑结构。

为了全面、细致地预防和遏制合福高铁联调联试施工中各类事故的发生，确保营业线联调联试施工和各类工程列车行车安全，加强施工安全的管理，请按相关规定编制联调联试施工方案。

【引入案例】

1. 铁路联调联试是咋回事？　　　2. 日常检修养护保障高速铁路运行安全

铁路联调联试是咋回事？　　　　　日常检修养护保障高速铁路运行安全

【案例解读】

联调联试及运行试验是高速铁路开通运营前必须完成的重要工作，其目的是检验已建成的设备是否安全可靠，各系统间能否有效衔接，为开通运营检验缺陷，因而需要验证一些复杂、极端、故障的行车条件。加之工程收尾、参与部门众多、边调边改等不确定因素，给联调联试及运行试验带来了巨大风险隐患，如不进行严格的安全管理，极易产生不可预估的后果。因此，确保高速铁路联调联试及运行试验安全，是高速铁路建设运营中必须高度重视的一项工作。

基于高速铁路的运营特点，为保证列车在复杂条件下高速、安全、平稳、正点地运行，为旅客出行带来更好的体验，要求高速铁路的维修作业更加高质、高效。因此，高速铁路综合维修作业就具备了以下特点：严检慎修，提倡状态修；夜间作业，时间高度集中；作业具有时空属性；具备快速响应能力。

【知识储备】

联调联试是以铁路开通运营时一次性达到设计速度为目标，在动车组高速运行状态下对全线各系统进行综合测试、调试，评价供变电、接触网系统设计参数和设备选型的合理性，验证通信、信号、客服、防灾等系统的功能、性能、安全性，验证路基、轨道、道岔、桥梁等结构工程的安全性和适用性，检验各系统接口关系，对全线的各系统进行调试，优化各系统的状态和性能，检查工程在规定速度范围内的工作状态,确定其功能是否达到设计要求和相关技术标准的过程,是对建设成果的综合检验,为铁路的顺利开通提供科学依据。

联调联试是高速铁路工程建设的重要组成部分,是运营准备的必要环节。

知识点1 联调联试的目的

1. 测试、评价各系统设计的合理性

测试、评价线路工程(包括路基、桥梁、无砟轨道、道岔)、牵引供电、通信、信号等系统是否达到设计要求及设计是否合理。

2. 测试、评价整体系统性能

测试、评价高速动车组在轨道上运行的安全性、平稳性和跨线动车组的适应性,弓网受流性能,通信信号系统的安全性、稳定性,噪声振动、电磁辐射的环境影响和总体系统功能是否满足运输需求;对全线的各系统和系统之间的匹配进行充分的测试、检验、调试、优化;同时,为动态验收提供技术支撑和科学依据。

3. 为高速铁路开通运营提供技术支持

联调联试系统地验证了动车组高速运行各方面的关键技术,优化了设备的配置和性能,使整体系统满足开通运营要求。

知识点2 工务系统线桥设备联调联试的主要内容

1. 联调联试的主要内容

联调联试主要是检验、调试线桥设备、通信信号、牵引供电、运营调度、客运服务等系统的性能或功能和动车组与各系统间接口关系是否满足设计和运营要求,重点是动车组与轨道、通信信号、牵引供电、运营调度、客运服务等系统间的匹配。

2. 竣工验收

竣工验收分为5个阶段,如图7-20所示。

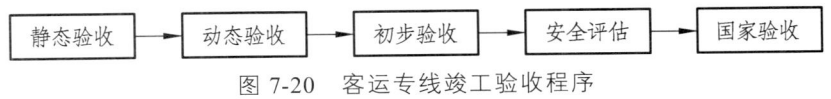

图7-20 客运专线竣工验收程序

(1)静态验收。

静态验收由运营使用单位(铁路局集团公司)组织实施,专家组进行检查,运营使用单位编写《静态验收报告》报中国国家铁路集团有限公司。

(2)动态验收。

动态验收由运营使用单位组织实施,中国铁道科学研究院负责动态检测,专家组审查《动态检测报告》后，运营使用单位编写《动态验收报告》报中国国家铁路集团有限公司。动态验收是在静态验收合格，并经中国国家铁路集团有限公司确认后，采用实车对工程质量和系统安全运行状态进行全面检查和验收，其工作内容包括动态检测和运行试验。动态检测是通过采用检测车和试验列车，在规定速度范围内对系统功能、动态性能和系统安全状态进行检测，并按照相关技术标准进行评定。动态检测结果是动态验收的主要依据。

（3）初步验收。

由中国国家铁路集团有限公司组织成立初步验收委员会召开会议，提出《初步验收报告》，明确验收结论。

（4）安全评估。

初步验收合格后，由中国国家铁路集团有限公司安全监察部门组织进行安全评估，对试运营提出安全评价意见。

（5）国家验收。

初步验收一年后，由国家主管部门或委托中国国家铁路集团有限公司组织进行整体验收和综合评价。

知识点3　联调联试工作流程

1. 大纲及计划编制、评审、报批

中国铁道科学研究院根据各客运专线的具体情况和联调联试的时间要求与铁路局集团公司和客专公司商定试验内容、地面测点位置，编写《联调联试大纲和初步计划》。经中国国家铁路集团有限公司运输局组织的专家评审，修改后报中国国家铁路集团有限公司批准下发执行。

2. 实施组织方案编制、报批

铁路局根据中国国家铁路集团有限公司批准的大纲和初步计划，编制具体的组织实施方案，内容包括：组织机构、人员及职责、运输组织方案、安全措施、应急预案、安全保卫及保密后勤保障等，报中国国家铁路集团有限公司批准后执行。

3. 联调联试实施

铁路局集团公司根据中国国家铁路集团有限公司批准的《组织实施方案》，组织联调联试。中国铁道科学研究院负责具体测试，客专公司负责根据测试数据进行整改。

4. 报告编写

中国铁道科学研究院独立编写《动态检测报告》供动态验收专家组审查。中国铁道科学研究院与铁路局集团公司、客专公司共同编写《联调联试报告》。

知识点 4 动态检测工作流程

（1）在动态检测前，由客专公司与中国铁道科学研究院签订动态检测委托合同，中国铁道科学研究院会同铁路局集团公司、客专公司共同编制《试验大纲》，经中国国家铁路集团有限公司组织专家审查后，批准实施。

（2）在动态检测中，列车速度由低到高，逐级提速，检测最高速度为设计速度的 110%；信号系统检测范围包括所有进路。动态检测完成后，由中国铁道科学研究院编制《动态检测报告》，报动态验收组织单位——铁路局集团公司。报告内容包含检测目的、检测内容和方法、检测结果与分析、评价结论和建议等。

中国国家铁路集团有限公司运输局和工程管理中心组织站前工程、通信、信号、牵引供电等专家组，审查铁路局集团公司的《动态验收报告》（包括《动态检测报告》）。

知识点 5 联调联试与动态检测的关系

（1）联调联试是采用实际运营列车或检测列车，对客运专线各个系统的状态、性能、功能和系统间匹配进行的综合测试、验证、调整、优化，使客运专线整体系统达到设计要求。强调的是调—试—调的过程，重点是动车组运行下各系统的状态、功能调试。

（2）联调联试的组织实施一般应由铁路局集团公司负责，测试由中国铁道科学研究院负责，各个系统状态或功能的整改由客专公司负责组织承包商或集成商完成。

（3）动态检测是采用检测车或实际运用列车（动车组或货物列车）检查工程在规定速度范围内的工作状态，确定其功能和性能是否达到设计要求及相关技术标准的规定，强调的是检测结果。动态检测是铁路局集团公司负责组织进行的动态验收工作中的重要组成部分，由铁路局集团公司委托中国铁道科学研究院进行检测、评价，但检测费用由客专公司承担，纳入工程建设费。

（4）联调联试除按计划进行逐级提速测试外，还必须根据测试结果，对各系统不符合标准的状态、性能等进行整改、调整；动态检测则是以联调联试的最后检测结果作为对工程质量评价、验收的依据。

由于两项工作的内容基本相同，中国国家铁路集团有限公司领导单位、组织单位、测试单位都相同，因此动态检测都是结合联调联试进行的。

知识点 6 联调联试工务试验

线桥设备间的联调联试主要是检验轮轨关系是否满足列车运行的稳定性（安全性）和平稳性要求，主要测试试验列车运行下轨道几何状态和路基状态、路基及过渡段、桥涵、隧道、轨道、道岔等线桥设备的动力性能及动力响应（包括脱轨系数、减载率、轮对横向力和竖、横向振动加速度等）；隧道空气动力学效应（列车交会、隧道气动力效应等和噪声振动及减振降噪措施效果等）调试的重点是轨道状态和道岔状态。

1. 路基及过渡段动力性能测试

路基及过渡段动力性能测试主要测试轨道结构路基与过渡段动应力、动变形与振动特性及挡墙侧向变形，掌握其动力特性，评价轨道路基的工程适应性和设计的合理性。测试设备如图 7-21 所示。

图 7-21　路基及过渡段动力性能测试

2. 轨道动力性能测试

轨道动力性能测试主要测试动车组高速运行条件下路桥过渡段、桥上直线和曲线、路基地段无砟轨道结构的动力性能，验证和评估列车运行的安全性、轨道稳定性、轨道部件承载强度的安全储备及线路的平顺性。测试设备如图 7-22 所示。

图 7-22　轨道动力性能测试

3. 道岔动力性能测试

道岔动力性能测试主要进行道岔的安全性、道岔的平顺性、道岔部件的变形、道岔部件强度、轨道刚度、轮轨垂直力的过渡、转换和监测设备性能等测试，调整道岔状态。测试设备如图 7-23 所示。

图 7-23 道岔动力性能测试

4. 桥梁动力性能测试

桥梁动力性能测试主要测试 350 km/h 动车组的空车、重车以各种速度通过桥梁工点时桥梁的自振特性和动力响应（竖横向自振频率、阻尼比、动力系数、挠跨比、梁端转角、支座竖横向动位移、竖横向振幅、强振频率、竖横向振动加速度、梁缝两侧钢轨支点横竖向位移）。测试设备如图 7-24 所示。

5. 隧道内列车空气动力学测试

隧道内列车空气动力学测试主要测试动车组通过隧道和在隧道内交会时列车表面及车厢内部空气压力变化，验证动车组在隧道内运行及交会时的空气动力效应是否满足相关标准要求，验证动车组高速通过隧道时运行的安全性、舒适性和隧道设计参数的合理性。测试设备如图 7-25 所示。

图 7-24 桥梁动力性能测试

图 7-25 隧道内列车空气动力学测试

6. 隧道内空气动效应测试

隧道内空气动效应测试主要测试隧道内瞬变压力、隧道洞口微气压波和列车风,为论证隧道断面参数的合理性和辅助坑道优化设计提供依据。隧道内空气传播如图 7-26 所示。

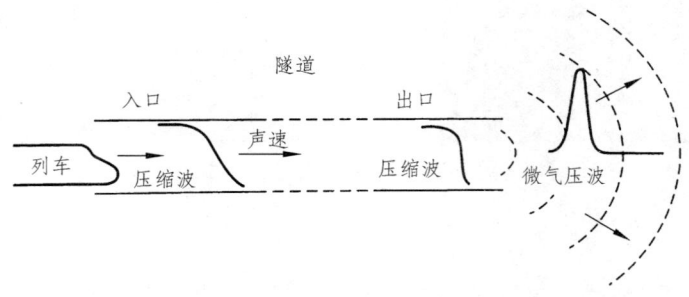

图 7-26　隧道内空气动力学效应

知识点 7　线路维修概述

高速铁路线路维修工作的基本任务是保持线路设备状态完好,保证列车以规定速度安全、平稳、舒适和不间断地运行,尽量延长设备使用寿命,并应积极采用新技术、新设备、新材料、新工艺和先进的施工作业方法,优化作业组织,提高线路检修质量。

现场作业必须按照下述程序办理:人工添乘(确定地点)→轨检车图谱分析(确定偏差处所)→测量仪器现场静态检查(复核、查找偏差地点)→专业技术人员综合分析(查找原因、确定整修方案)→作业方案审批→作业方案实施→作业质量回检→处理情况信息反馈。

轨道精调是根据轨道测量数据对轨道几何状态进行的精确调整,使轨道精度达到规范标准,满足列车平稳、舒适运行要求。轨道精调是为了实现轨道的高平顺性。轨道精调分为静态精调和动态精调。

(1)静态精调是指联调联试前的精调,是在轨道应力放散、线路锁定、焊缝打磨之后(道岔在直、侧股与正线、到发线焊联),在联调联试之前根据轨道静态测试数据对轨道进行全面、系统的调整,对轨道线形进行优化,将轨道几何尺寸调整到允许范围内,合理控制轨距、水平、轨向、高低等变化率,使轨道精度满足静态验收标准要求。

(2)动态精调是指联调联试、运行试验、运营期间的精调,根据轨道动态检测情况对轨道局部缺陷进行修复,对部分区段几何尺寸进行微调,对轨道线形进一步优化,使轮轨关系匹配良好,使轨道精度全面达到高速行车条件。

轨道精调贯穿轨道施工的全过程,无砟轨道从底座、有砟轨道从道砟摊铺施工开始,直至投入运营;施工精度决定着精调的工作量、精调费用及所需时间。

轨道精调质量对动车的运行品质具有重要的影响,甚至影响行车安全。

知识点8　技术标准

(1)线路精调作业严格执行《高速铁路线路维修规则》关于无缝线路作业轨温及锁定轨温的相关规定。

(2)线路水平、高低应通过更换不同规格调高垫板进行调整。调高垫板的规格和数量应符合要求,调整作业应做记录。

(3)线路作业应优先保证几何尺寸,高低应通过更换不同规格的微调垫片进行调整,调整作业应做记录。

(4)作业轨温条件严格按照《高速铁路线路维修规则》规定执行,见表7-9。

表7-9　无缝线路作业轨温条件

作业项目	线路平面条件	最多连续松开扣件个数(按实际锁定轨温计算)				
		-10℃及以下	-10~0℃	0~+10℃	+10~+20℃	+20℃以上
改道、垫板作业	$R<2\,000$ m	9	40	15	9	禁止
	$R\geqslant 2\,000$ m 或直线	15	40	20	9	禁止
更换扣件或涂油	—	隔一松一、流水作业				禁止

(5)线路轨道静态几何尺寸容许偏差管理值严格按照《高速铁路线路维修规则》的规定执行,见表7-10。精调后轨道几何尺寸需达到"作业验收"标准。

表7-10　250(不含)~350 km/h 线路轨道静态几何尺寸容许偏差管理值

项目	作业验收	经常保养	临时补修	限速(200 km/h)
轨距/mm	+1 -1	+4 -2	+5 -3	+6 -4
水平/mm	2	4	6	7
高低/mm	2	4	7	8
轨向(直线)/mm	2	4	5	6
扭曲(基长3 m)/mm	2	4	5	6
轨距变化率(基长3 m)/‰	1/1 500	1/1 000	—	—

(6)线路轨道动态质量容许偏差管理值严格按照《高速铁路线路维修规则》的规定执行。精调后综合检测列车检测数据不得出现"经常保养"偏差,见表7-2。

(7)线路轨道动态均值管理,线路轨道质量指数(TQI)和单项标准差按照

《高速铁路线路维修规则》规定执行。精调后综合检测列车检测 TQI 单元值小于 2.0，单项标准不得超标，见表 7-5。

知识点 9　轨道精调准备工作

1. 人员培训

参加轨道精调的有关人员应掌握相关技术标准、轨道测量技术、轨道调整方法等。

2. 轨道精调仪器、量具、工具、材料的准备

轨道精调仪器、量具、工具、材料包括测量仪器（测量小车、棱镜）、轨距尺、弦线、塞尺、电动扭矩扳手、内燃扳手、液压起道器、调整扣件等；每次测量前均应对测量仪器进行校核。我国客运专线扣件类型比较多，见表 7-11。在我国高铁建设初期 WJ-7 型扣件采用比较多，目前主要使用 WJ-8 型扣件，因此，精调之前要调查清楚扣件类型。

表 7-11　我国客运专线扣件类型

扣件类型	运营条件	线路条件	承轨槽结构	已应用线路
WJ-7（A）	250 km/h 客货	I 型板式或双块式	无挡肩	东南沿海（甬台温、温福、福厦）、宜万
WJ-7（B）	350 km/h 250 km/h 客运			武广、广珠、广深港、哈大、沪宁、海南环线
SFC（直列式）	250 km/h 客货 350 km/h 250 km/h 客运	双块式	无挡肩	合武
SFC（错列式）		I 型板式		石太
WJ-8（A）	250 km/h 客货	双块式	有挡肩	—
WJ-8（B）	350 km/h 250 km/h 客运			武广、郑西
WJ-8（C）	350 km/h 250 km/h 客运	II 型板式	有挡肩	津秦、京石、石武、沪杭、成灌
300-1a	350 km/h 250 km/h 客运	II 型板式	有挡肩	京津、京沪
300-1u		双块式		武广、郑西

3. 轨道结构状态的全面检查

重点检查扣件系统安装是否正确、完整，扭矩是否达到标准；钢轨焊接接头的平顺性是否满足要求；清除无砟轨道上的所有杂物，包括钢轨顶面污物，以确保测量数据真实可靠，防止错误调整或重复调整。

知识点 10　轨道精调方案

1. 采集数据

轨道精调数据采集采用轨检小车，具体操作详见任务 5.5 内容。

2. 制订精调方案

高铁精调的目的是优化线形，消灭几何尺寸超限。如精测数据反映线路线形平顺，各项偏差在标准范围内，则不做调整；否则应制订精调方案进行调整。根据精测数据结合测量区段现场扣件规格、轨向偏差图和 TDES 模拟图"削峰填谷"处理外业数据，调整轨道参数，编制精调方案。

调整原则："先轨向、后轨距，先高低、后水平"，优先保证基准轨的平顺性，另外一股钢轨通过轨距和水平向基准轨靠齐。一般轨距控制在±1 mm 以内，水平控制在 1 mm 以内，轨向和高低控制在 2 mm 以内，连续两根轨枕各指标的变化率控制在 0.5 mm 内。特殊情况下，对于调整量突然变化较大的地段，需现场核对或重新测量后再做调整。精调方案含方案说明（调整原因、调整范围、工作量、最大调整量、精调前波形图与精测数据线形图对比）、精调方案、扣件调整表等内容。

3. 精调作业程序

（1）全面检查几何尺寸。

在完成小车精测、制订调整方案后，开始作业前，首先对作业段轨距、水平进行逐个承轨台检查，并标记在一股钢轨轨底脚部位，曲线地段还要检查 20 m 弦、每 2.5 m 点正矢。

（2）标准股的确定。

曲线地段上股为标准股，直线地段标准股的选择应与相邻曲线上股一致。

（3）精调数据标注。

按照调整方案先将高程、平面调整数据标注在承轨台或钢轨上。

（4）精调方案复核确认。

作业负责人结合轨距、水平，选择小车分析方案中的"0"点拉弦线对高程、平面数据进行复核，若复核结果与小车分析方案总体调整趋势一致，则划定标准股作业范围，最终调整量以现场实测为准。如现场复核与精调方案有明显差别，则应安排轨检小车重新测量、重新制订方案。

（5）根据作业方案，分发调整材料至各承轨台。

（6）直线地段调整作业。

按先高程、后平面顺序调整好标准股，再根据轨距、水平对另外一股钢轨进行调整。

（7）曲线地段的调整作业。

平面调整：首先计算曲线每 2.5 m 点的理论正矢和超高，并标注在上股钢轨腰部内侧。测量各测点的正矢，用简易拨道法计算好各点拨量；若根据轨检小车分析资料，曲线无连续 20 m 及以上调整段，则直接用 2.5 m 曲线正矢各测点的拨量，调整标准股平面；若曲线段内有连续 20 m 及以上平面调整区段，则先根据小车资料调整一遍后，再利用曲线正矢调整一次。

高程调整：曲线段与直线段相同。

(8)复核、复测。

精调作业完成后,当日用弦线、电子道尺等核查几何尺寸,记录偏差值;复核扣件扭矩,记录调整区段的扣件、垫板型号,建立台账。

当一个单元精调作业完成后,应及时安排轨道测量仪进行复测。

知识点11　轨道现场调整方案

首先明确基本轨,现场调整时对照调整量表,按"先高低、后水平,先方向,后轨距"的原则进行精调施工。每个作业面分为两个调整小组:一组调高程;另一组调轨向。

1. 高程调整

根据调整方案和对应的轨枕号首先用石笔在基准轨表面或轨腰处标记调整量。根据现场的标示,把调整件准确无误地摆放在承轨台的两侧。调整件摆放要有专人复核,摆放要整齐,以便于更换。

高程调整时,不能同时松开两股钢轨的扣件,应先固定一根钢轨作为参照,松开另外一根。每次松开扣件数量不得连续超过 10 个。松开扣件之前,应先用电子道尺检查轨距、水平相对关系并记录读数确定调整后的数据,用以检查调整是否到位。

(1)钢轨高低位置正调整时,可采用轨下调高垫板或铁垫板下调高垫板,如图 7-27 所示。

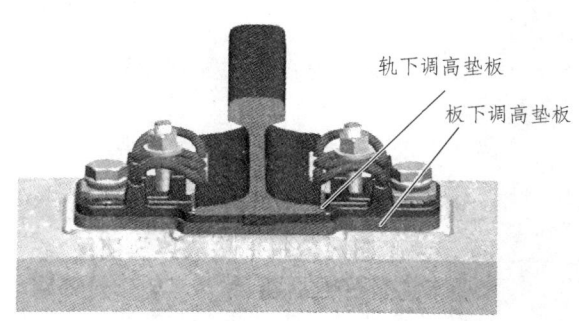

图 7-27　WJ-7 扣件系统

① 采用轨下调高垫板进行调整时,先松开弹条,取出绝缘块,提升钢轨,在轨下垫板和铁垫板间垫入所需厚度的轨下调高垫板(轨下调高垫板的型号分别为 0.5 mm、1 mm、2 mm、5 mm、8 mm),钢轨落下后扭紧螺母,使弹条安装到位。轨下垫板总厚度不得超过 10 mm,数量不得超过 2 块,并将最薄的垫板放在下面,以防止下调高垫板窜出。当调高量需 0.5 mm 级别时,可紧贴铁垫板承轨面加垫 0.5 mm 厚的轨下调高垫板,数量可为 3 块。

② 采用铁垫板下调高垫板进行调整时,先卸下锚固螺栓,提升钢轨,在铁垫板和绝缘缓冲垫板之间垫入需要厚度的铁垫板下调高垫板,钢轨复位后检查轨向和轨距,必要时进行调整,确认合适后用可控扭矩的扳手或机具以 300 ~

350N·m 的扭矩扭紧锚固螺栓,铁垫板下调高垫板总厚度不得超过 16 mm,数量不得超过 2 块。

（2）钢轨高低位置需负调整时,应先卸下锚固螺栓,提升钢轨,将铁垫板下 6 mm 厚的绝缘缓冲垫更换为 2 mm 的绝缘缓冲垫板,钢轨复位后检查轨向和轨距,必要时进行调整,确认合适后用可控扭矩的扳手或机具以 300～350 N·m 的扭矩扭紧锚固螺栓,然后根据调整量,在轨下垫板和铁垫板间垫入所需厚度的轨下调高垫板。

钢轨高低位置调整范围为–4～+26 mm,施工调整范围为–4～+6 mm,可按表 7-12 选用所需厚度的绝缘缓冲垫板和调高垫板进行调整。

表 7-12　绝缘缓冲垫板和调高垫板尺寸　　　　单位：mm

轨高低位置调整量	绝缘缓冲垫板厚度	轨下调高垫板厚度	铁垫板下调高垫板厚度
-4	2	0	0
-3	2	1	0
-2	2	2	0
-1	2	3	0
0	6	0	0
+1～+7	6	+1～+7	0
+8	6	0	8
+9～+15	6	+1～+7	8
+16	6	0	2×8
+17～+26	6	+1～+10	2×8

注：当调高量需 0.5 mm 级别时,可紧贴铁垫板承轨面加垫 0.5 mm 厚的轨下垫板。

2. 轨向调整

首先调基准轨：轨向调整,松开扣件之前应先用电子道尺检查轨距相对关系并记录读数,确定调整后的数据,用以检查调整是否到位,然后松开锚固螺栓,用改道器卡住钢轨,横向移动铁垫板予以调整,使轨向达到要求。当铁垫板横向移动受到平垫块卡阻时应将平垫块掉头使用。WJ-8 扣件系统如图 7-28 所示。

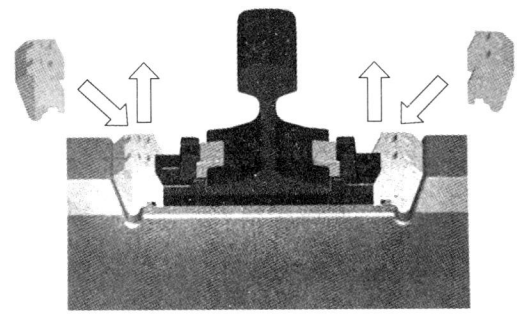

图 7-28　WJ-8 扣件系统

基准轨调整完成之后，根据电子道尺或轨检小车数据用相同的方法调整另外一根钢轨的水平及轨距。

3. 复测

（1）复测前准备。

把第一次调整记录整理备案，以便复测时复核。对调整区段的扣件、垫板进行全面检查，确认安装正确，扣压力达到设计标准。

（2）测量。

轨检小车采集数据与第一次一样，但是两次测量设站位置要尽量错开，对比第一次测量数据，对复测数据进行分析，不满足精度要求的地段重新调整。

知识点 12　现场核对检查

1. 局部短波（波长 1～10 m）不平顺的检查

（1）检查项目：轨道检测报告中Ⅰ级及以上偏差处所，波形图中的突变点、轨向和水平复合不平顺，动力学检测报告中的减载率、脱轨系数、轨道横向力超标处所。

（2）检查主要工具：轨道小车、轨距尺、弦线、1 m 直钢尺、塞尺等。

（3）检查范围：轨道缺陷里程前后各 50 m，必要时可适当扩大检查范围。首先必须对区段范围内的扣件、垫板进行全面检查，确认无异常再开始轨道几何尺寸检查。

（4）轨向：用 10 m、20 m 弦线检查钢轨，逐根轨枕连续测量。

（5）轨距：用轨距尺检查，逐根轨枕连续测量。

（6）水平：用轨距尺检查，逐根轨枕连续测量。

（7）三角坑（基长 2.5 m）：根据水平测量值，每隔 3 根轨枕计算水平变化率。

（8）高低：用 10 m 弦线检查，逐根轨枕连续测量。

（9）焊缝：用 1 m 直钢尺检查，塞尺测量钢轨顶面、工作边和圆弧面，检查所有焊接接头。

（10）减载率：重点检查焊缝平顺度、扣件、垫板状况。

（11）脱轨系数：重点检查扣件、垫板状况，多为扣件扣压力不足、吊板所致。

（12）轨道横向力：重点检查轨向、水平，多为轨向和水平的复合不平顺叠加所致，可以结合波形图一并检查分析，同样还应重点检查扣件、垫板密贴状况。

对静态检查数据应做好详细记录，并认真分析，如确认已经找到真实缺陷地点，则可以据此进行现场调整；否则，应继续扩大检查范围，继续检查，直至找到为止。

2. 长波不平顺的检查

根据轨道检测报告和波形图分析的轨向、高低长波（波长 70 m）不平顺，采用轨道小车在波峰或波谷里程前后各 300 m 范围内进行测量。

3. 连续短波不平顺的检查

根据轨道检测车波形图分析，轨向、高低存在的连续短波不平顺（波幅为 1.5～4 mm，波长为 6～9 m），可以采用轨道小车测量，也可以采用人工拉弦线的方法进行测量。

知识点 13　确定调整方案

1. 短波不平顺的调整

根据现场检查、测量情况可以当即确定调整方案，形成调整量表。

2. 长波不平顺的调整

根据轨检小车测量情况，对轨道超限指标进行调整，并对线形进行合理优化后形成调整量计算表，其程序及要求等同于轨道精调调整量。

知识点 14　施工方案的审批

所有需进行动道的作业（含钢轨打磨），均须报铁路局集团公司进行审批。具体程序如下：现场确定方案→车间提报施工方案（方案要重点说明现场病害情况、地点近期的轨检车动检车情况、处理方案、技术方案负责人、现场整治负责人等）→段线路科→主管副段长→段长→电传工务处调度→工务处线路科主管工程师→主管副处长→工务处处长→铁路局主管副局长→现场作业。

知识点 15　精调施工现场标示方法

1. 调整方案的标示

（1）方向和轨距。

现场标识统一采用记号笔进行标识，方向、轨距调整方案按照如图 7-29 所示的要求标识在道心位置。轨距标示时，将标示内容靠近调整的钢轨一侧标注。

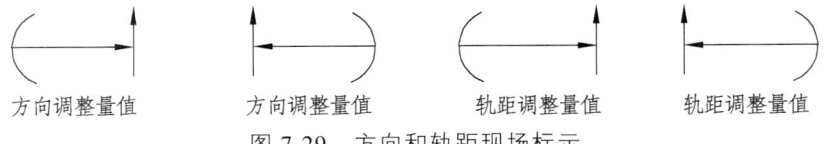

图 7-29　方向和轨距现场标示

（2）高低、水平。

现场不单独标示调整方案，与扣件调整型号一起，统一标注在钢轨外侧正对轨枕位置的右侧下轨底上，如图 7-30 所示。

图 7-30　郑西客专现场方向和轨距标示

2. WJ-8 扣件型号的标示

（1）高低。

高低数据，统一标识在钢轨外侧正对轨枕位置的右侧下轨底上，采用黑色记号笔进行标识。标识格式统一为"⊕4+X+X+X+Ap-x"，按照调整顺序进行标识，不需要用到的内容现场不标识，如图 7-31 所示。其中："⊕"表示对应枕木头处的调整方案，"+"表示抬道，"-"表示落道，"x"表示需要抬道或落道的量值；"4"表示此处钢轨下所需要用到的基本垫为 4 mm（个别地方可能需要用到 2 mm、3 mm 的基本垫）；"+X+X+X"表示现场此处钢轨下调整所需要用到的微调整板，此处"X"的数值为"0.5、1、2、5、8"几种类型，未使用 0.5 mm 的情况下，只能叠加两层，若此处使用有 0.5 mm 的调高垫，则可以叠加 3 层；"+Ap-x"表示此处钢轨下需要使用的铁垫板下 Ap 调高垫板，分 10 mm 和 20 mm 两种型号。对需要更换长形螺栓的轨枕头，需要在上面标识后用黑色记号笔标上"S3"字样。

图 7-31　高低标示

（2）方向。

在每个轨枕头上，面朝钢轨，在枕木头左侧用阿拉伯数字表示调整后此处位置需要用到的绝缘块型号，在轨枕头右侧用汉字数字表示调整后此处位置需要用到的轨距挡块型号，如图 7-32 所示。调整时优先调整绝缘块，当绝缘块能够满足调整要求时，轨距块型号现场可以不标识。

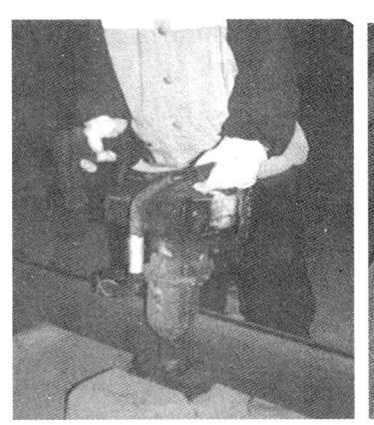

图 7-32 轨向标示

知识点 16　WJ-8 型扣件养护维修

1. 扣件组成

（1）WJ-8 型扣件。

WJ-8 型扣件由螺旋道钉、平垫圈、弹条、绝缘轨距块、轨距挡板、轨下垫板、铁垫板、铁垫板下弹性垫板和预埋套管等组成。为满足高低调整需要，还包括轨下微调垫板和铁垫板下调高垫板，如图 7-33 所示。

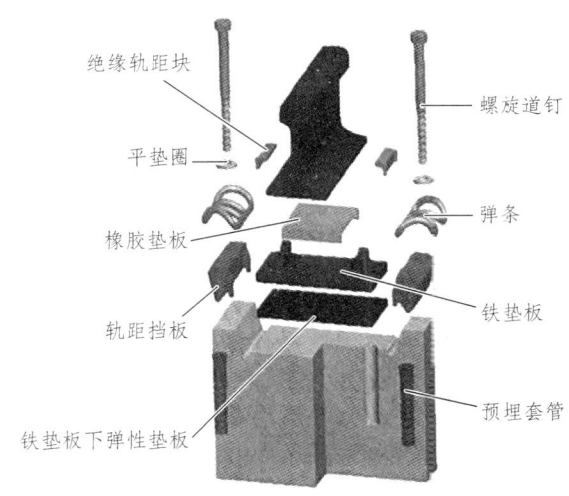

图 7-33　WJ-8 型扣件系统

（2）弹条。

弹条分两种，即一般地段使用的 W1 型和桥上可能使用的 X2 型。W1 型弹条的直径为 14 mm，X2 型弹条的直径为 13 mm。

（3）轨下垫板。

轨下垫板分为一般地段使用的橡胶垫板和桥上可能使用的复合垫板两种，如图 7-34、图 7-35 所示。桥上需要降低线路阻力时，可采用 X2 型弹条并配用复合垫板，此时每组扣件的钢轨纵向阻力为 4 kN。

图 7-34　W1 弹条和橡胶垫板　　　　图 7-35　X2 弹条和复合垫板

（4）轨距挡板。

轨距挡板分为一般地段用的 WJ8 轨距挡板和钢轨接头处用的 WJ8 接头轨距挡板两种，如图 7-36 所示。

一般地段用的 WJ8 轨距挡板分 2、3、4、5、6、7、8、9、10、11 和 12 号 11 种规格，标准轨距时使用 7 号轨距挡板，其中 10、11、12 号 3 种规格可用于钢轨接头处。

WJ8 接头轨距挡板分 2、3、4、5、6、7、8、9 号 8 种规格，标准轨距时使用 7 号。

图 7-36　轨距挡板

（5）绝缘块。

绝缘块分为 Ⅰ 型和 Ⅱ 型两种。一般地段采用 Ⅰ 型，钢轨接头处采用 Ⅱ 型绝缘块，如图 7-37 所示。

图 7-37　绝缘块

（6）铁垫板下弹性垫板。

铁垫板下弹性垫板分为 A、B 两类（厚度均为 12 mm）。A 类弹性垫板用于兼顾货运的高速铁路，B 类弹性垫板用于仅运行客车的高速铁路，如图 7-38 所示。

图 7-38　铁垫板下弹性垫板

（7）螺旋道钉。

螺旋道钉分为 S2 型和 S3 型两种。在扣件正常状态安装或钢轨调高量小于等于 15 mm 时用 S2 型螺旋道钉，调高量大于 15 mm 时用 S3 型螺旋道钉，如图 7-39 所示。

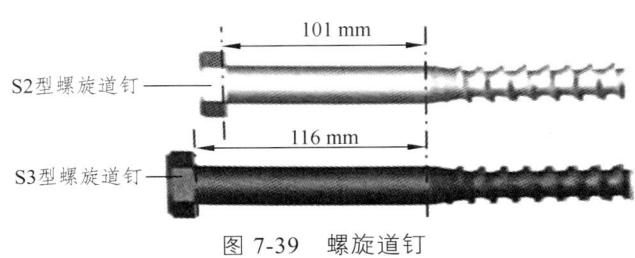

图 7-39　螺旋道钉

（8）预埋套管。

该部件预先埋设于轨枕或轨道板中，预埋套管顶面应与轨枕或轨道板承轨面齐平。预埋套管埋设后，应加盖塑料（或其他材料）盖以防雨水和泥污进入。

（9）调高垫板。

调高垫板分为轨下调高垫板和铁垫板下调高垫板两种，分别放置于轨下垫板与铁垫板之间和铁垫板下弹性垫板与轨枕或轨道板承轨面之间。轨下微调垫板按厚度分为 1 mm、2 mm、5 mm 和 8 mm 四种规格；铁垫板下调高垫板按厚度分为 10 mm 和 20 mm 两种规格，由两片组成，应成对使用。调高垫板如图 7-40 所示。

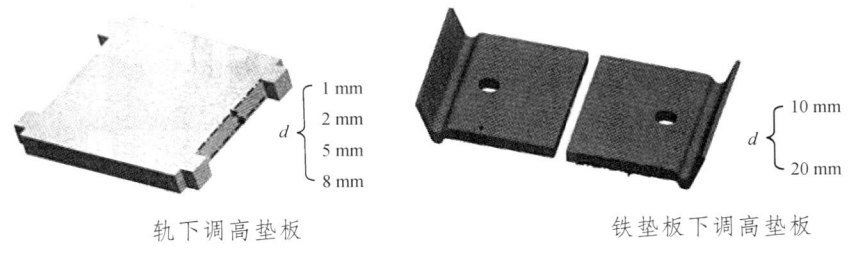

轨下调高垫板　　　　　　　　　铁垫板下调高垫板

图 7-40　调高垫板

2. 作业程序与要领

（1）安装前准备。

① 按以上要求选择并准备合适类型的弹条（W1 型或 X2 型）和合适类型的轨下垫板（橡胶垫板或复合垫板），同时适当准备厚度为 1 mm 和 2 mm 的轨下微调垫板。

② 准备Ⅰ型绝缘块，并适当准备Ⅱ型绝缘块以备用于钢轨接头处。

③ 选择并准备 7 号轨距挡板，并适当准备 6 号、8 号轨距挡板和相同型号的接头轨距挡板。

④ 根据前面要求选择并准备铁垫板下弹性垫板（A 类或 B 类）。

⑤ 选择并准备 S2 型螺旋道钉。

⑥ 清除轨枕或轨道板承轨面和轨底的泥污。

⑦ 摘除预埋套管上的塑料（或其他材料）盖。

（2）安装顺序。

① 在承轨台上铺设铁垫板下弹性垫板，使垫板孔与预埋套管孔对中，如图 7-41 所示。

图 7-41　安放铁垫板下弹性垫板

② 安放铁垫板，铁垫板的螺栓孔中心应与预埋套管中心对正，如图 7-42 所示。

③ 在铁垫板中间位置安放轨下垫板，轨下垫板的凸缘应扣住铁垫板，如图 7-43 所示。

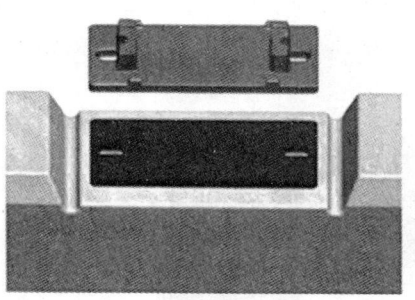
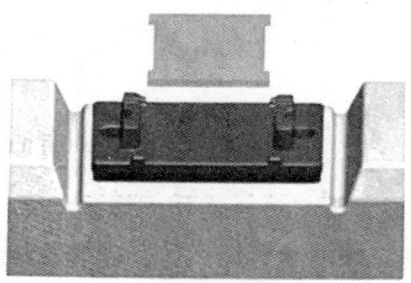

图 7-42　安放铁垫板　　　　图 7-43　安放轨下垫板

④ 安设合适规格的轨距挡板，轨距挡板的圆弧凸台应安放在轨枕或轨道板承轨槽底脚的凹槽内，如图 7-44 所示。

⑤ 轨距挡板斜面和前端两支撑面应与轨枕或轨道板的承轨槽挡肩、承轨面密贴。若因钢轨、轨枕和轨距挡板的制造偏差，安设规定号码的轨距挡板不能满足轨距要求或轨距挡板不能安装入位时，可根据实际情况予以调换，不得猛烈敲击使其入位。

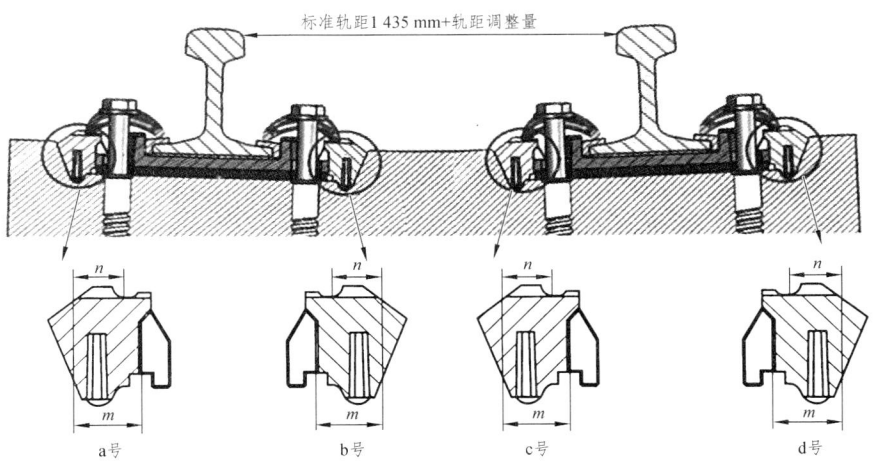

图 7-44 安放轨距挡板

⑥ 铺设钢轨。

⑦ 安放绝缘块,不得猛烈敲击使其入位,如图 7-45 所示。

⑧ 安放弹条,将螺旋道钉套上平垫圈且在螺纹部分涂满铁路专用防护油脂,然后拧入套管,紧固弹条,如图 7-46 所示。弹条的紧固以弹条中部前端下颚与绝缘块不宜接触,两者间隙不得大于 0.5 mm 为准,此时紧固扭矩。

钢轨接头处要用 WJ8 接头轨距挡板和 Ⅱ 型绝缘块。

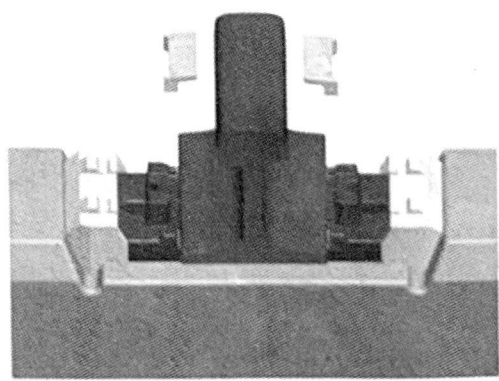

图 7-45 安放绝缘块

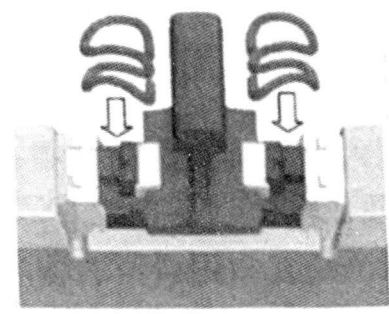  

图 7-46 安放弹条

⑨ 将螺旋道钉套上平垫圈且在螺纹部分涂满铁路专用防护油脂，然后拧入套管，紧固弹条。弹条的紧固以弹条中部前端下颚与绝缘块接触为准，如图7-47所示。

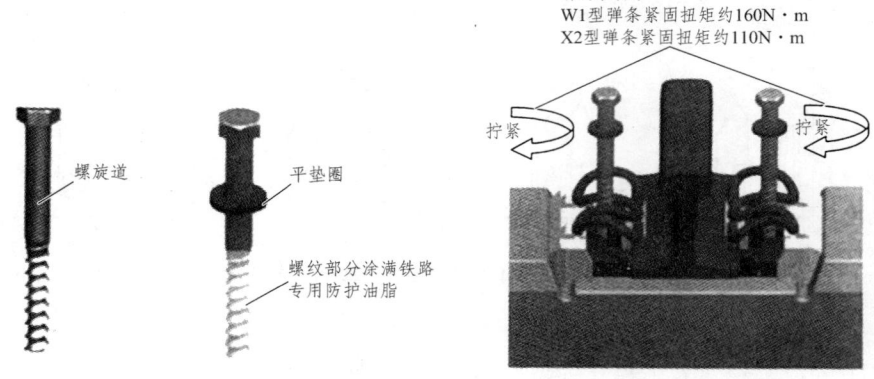

图 7-47　安装螺旋道钉

（3）安装要求。

① 检查轨距和轨向，如有不适，调换不同号码的轨距挡板。

② 检查钢轨空吊、高低和水平，如有不适，放入适当厚度的调高垫板。

③ 轨下调高垫板应放在轨下垫板下，放入垫板的总厚度不得大于 10 mm，总数不得超过两块，如图 7-48 所示。

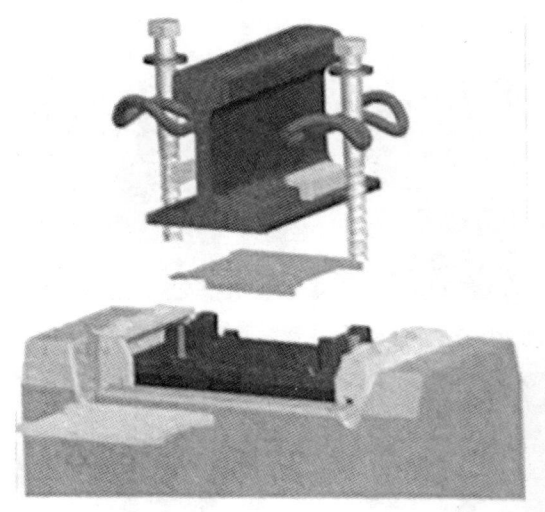

图 7-48　安装轨下调高垫板

（4）注意事项。

① 运营初期应注意观察扣件的使用情况，如因铁垫板下弹性垫板压缩残变引起扣件松弛，应及时复拧。当发现钢轨空吊和高低不平顺时，应及时垫入调高垫板。

② 铁垫板下调高垫板每对由两片组成，从侧面插入。铁垫板下调高垫板只能单对使用，不能摞叠使用。钢轨相对正常状态的调高量大于 15 mm 时，应采用 S3 型螺旋道钉。

③ 使用中如发现扣件部件损坏应及时更换。

④ 如遇需要卸下螺旋道钉的情况时，应避免泥污进入预埋套管。

知识点 17　施工作业

施工负责人在施工前、后应对材料机具、照明设备、作业人数进行清理、检查，并在作业前根据作业情况对人员进行分工，可分为数据分析小组、现场标注小组、作业小组等。

作业现场必须有一名技术负责人，技术负责人主要负责对现场病害数据、施工方案进行核对，确保方案正确无误，并将调整数据标注在轨枕或钢轨上。

现场作业需按照"标示→松卸→更换→锁紧→检查→记录"的程序和"先轨向，后轨距""先高低，后水平"的调整原则进行。分析测量数据，确定调整区间。

对照调整量适算表，由施工负责人指挥严格施工。调整完毕后，全面拧紧扣件螺栓，达到设计标准。回收更换下来的调整件，根据现场实际调整情况，形成调整件使用情况详表。

作业完毕后必须进行回检，首先对调整区段的扣件、垫板进行全面检查，确认安装正确，扣压力达到设计标准；其次对调整区段采用小车进行逐根轨枕连续测量，测量数据经施工负责人确认后存档备查，复测数据不足精度和 350 km/h 运行安全要求的地段还应重新调整；最后形成最终的轨道静态调整量表和调整件使用情况详表，经作业负责人确认后存档备查。

【能力训练】

一、填空题

1. 道岔和调节器尖轨或基本轨伤损时，宜同时更换＿＿＿＿＿＿和基本轨。

2. 道岔水平、高低应通过更换不同规格＿＿＿＿＿＿＿＿＿＿进行调整。

3. 尖轨相对于基本轨降低值偏差超过 1 mm 且影响行车平稳性时，可通过更换不同厚度基本轨轨下＿＿＿＿＿＿＿＿＿＿，调整尖轨相对于基本轨降低值。

4. 尖轨相对于基本轨降低值调整量大于＿＿＿＿mm 时，应更换尖轨与基本轨组件。

5. 调节器经常保养和维护作业，每半年对基本轨轨撑螺旋、尖轨轨撑螺栓涂油一次。＿＿＿＿＿＿对尖轨轨撑贴合面和台板顶面进行涂油或使油滴入。

6. 高速铁路正线应采用符合相应技术标准的_____ m 定尺轨。

7. 我国钢轨生产厂家主要有攀钢、包钢、鞍钢和_____四家。

8. 高速铁路钢轨实物质量达到高纯净、高平直、高精度、_____。

9. 曲线外轨超高最大值：无砟轨道不得超过 175 mm，有砟轨道不得超过_____ mm。

10. 钢轨焊接接头的外观质量包括表面质量和_____。

11. 钢轨打磨分预打磨、预防性打磨和_____。

12. 客运专线系列 18 号高速道岔侧向容许通过速度为_____ km/h。

13. 无缝线路作业必须掌握实际锁定轨温，测量_____，根据作业轨温条件进行作业。

14. 无缝道岔应在设计锁定轨温范围内铺设和锁定，不宜进行_____。

二、选择题

1. 高速铁路一般实行（　　）天窗修。
   A. V 形　　　B. 垂直　　　C. 同步　　　D. 平行

2. 钢轨永久处理，当采用插入短轨焊复时，短轨长度不得小于（　　）m。
   A. 12.5　　　B. 20　　　C. 25　　　D. 100

3. 客运专线道岔辊轮最大调高量可达（　　）。
   A. 7 mm　　　B. 6 mm　　　C. 5 mm　　　D. 4 mm

4. WJ-7 型扣件弹条分两种，即（　　）型弹条（直径为 14 mm）和 X2 型弹条（直径为 13 mm），其中桥上采用小阻力扣件时使用 X2 型弹条。
   A. SKL15　　　B. W1　　　C. W2　　　D. X3

5. 钢轨伸缩调节器尖轨工作边提供轨距线，其基本轨伸缩，尖轨（　　）。
   A. 位移　　　B. 锁定　　　C. 扳动　　　D. 斥离

6. 道岔（　　）测量使用塞尺合适厚度的尺片逐一反复滑塞测量。
   A. 间隙　　　B. 轮缘槽　　　C. 轨距　　　D. 最小距离

7. 客运专线道岔在尖轨闭合状态下，辊轮顶面应（　　）滑床台上表面 1～3 mm。
   A. 高于　　　B. 低于　　　C. 靠贴　　　D. 放置

8. 公里标、半公里标实际位置应在（　　）上做标识，标识位置应正确。
   A. 钢轨轨腰　　　　　　B. 接触网支柱
   C. 站台内侧　　　　　　D. 隧道边墙

9. 高速铁路实行天窗修，列车运行图天窗时间应固定，不应小于（　　）min。
   A. 90　　　B. 120　　　C. 180　　　D. 240

10. 应加强对调节器的经常保养工作，使其保持（　　）。
   A. 尖轨锁定、基本轨可伸缩状态
   B. 基本轨锁定、尖轨可伸缩状态
   C. 尖轨、基本轨均为锁定状态
   D. 尖轨、基本轨均为可伸缩状态

11. 高速铁路钢轨折断紧急处理后，应在断缝两侧非工作边做出标记，标记间距离为（　　）m。
   A. 8　　　　　B. 10　　　　　C. 16　　　　　D. 26

12. 高速铁路动态检测中的专项检测是下列哪一项？（　　）
   A. 轨道状态　　　　　　　　B. 供变电系统
   C. 轨道结构　　　　　　　　D. 通信系统

13. 无缝线路左右股单元轨节锁定焊接头相错量不宜超过（　　）。
   A. 10 mm　　　B. 20 mm　　　C. 50 mm　　　D. 100 mm

14. 高铁区段发现影响行车安全时，须及时通知（　　）限速运行或封锁线路。
   A. 局工务调度　　　　　　　B. 工务段调度
   C. 列车调度员　　　　　　　D. 车站值班员

三、判断题

1. 在电气化铁路线路上作业，起道高度单股不得超过 40 mm。（　　）

2. 高铁道岔高低、水平作业中，采用调高垫板在橡胶垫板与岔枕之间调整高度、水平，调整量为 –4～20 mm。（　　）

3. 高铁道岔整治作业质量标准中，T 形螺栓扭力矩为 120～150 N·m，大螺栓扭力矩为 350 N·m。（　　）

4. 高速铁路钢轨顶面上有长度大于 30 mm 且深度大于 5 mm 的掉块判定为钢轨折断。（　　）

5. 高速铁路正线可以有复曲线。（　　）

6. 平面控制网在框架平面控制网（CP0）的基础上分三级布设。（　　）

7. 高速铁路无砟轨道施工过程中，高温、大风、雨雪等恶劣气候条件下不得进行精调作业。（　　）

8. 作业过程中发现胀轨跑道时应立即封锁线路进行处理。（　　）

9. CRTS Ⅲ型板式无砟轨道在轨道板和底座之间灌注的材料是 CA 砂浆。（　　）

10. 异物侵限监控子系统监测侵入铁路限界的异物，触发列控系统使列车自动停车。（　　）

11. 对高铁道岔几何尺寸检查时，如道岔范围内无明显病害，必要时应对道

岔前后 20～50 m 线路进行检查。（　　）

12. 高速铁路钢轨焊接作业轨温应不低于 0℃。（　　）

13. 高速铁路正线相邻坡段的坡度差大于或等于 1‰时，应采用圆曲线型竖曲线连接。（　　）

14. 轨道控制网（CPⅢ）主要为轨道铺设和运营维护提供控制基准。（　　）

15. 钢轨折断处理分紧急、临时和永久处理。（　　）

16. 一切建筑物、设备，在任何情况下均不得侵入铁路的建筑限界。（　　）

17. 高速铁路正线、到发线均采用跨区间无缝线路。（　　）

参考文献

[1] 中铁二院工程集团有限责任公司. 高速铁路工程测量规范：TB 10601—2009[S]. 北京：中国铁道出版社，2009.

[2] 国家测绘局. 国家一、二等水准测量规范：GB/T 12897—2006[S]. 北京：中国标准出版社，2006.

[3] 铁道第三勘察设计院集团有限公司，中铁第四勘察设计院集团有限公司. 高速铁路设计规范：TB 10621—2014[S]. 北京：中国铁道出版社，2014.

[4] 李吉林. 高速铁路 CRTSⅢ型板式无砟轨道工程施工质量的管理与控制[D]. 成都：西南交通大学，2013.

[5] 任晓春. 高速铁路精密工程测量技术[M]. 成都：西南交通大学出版社，2018.

[6] 卢建康. 论我国高速铁路精密工程测量技术体系及特点[J]. 高速铁路技术，2010，1（1）：31-35.

[7] 岳祖润. 高速铁路施工技术与管理[M]. 北京：中国铁道出版社，2010.

[8] 张宪丽，王天成，郭亚琴，等. 高速铁路施工测量[M]. 北京：中国铁道出版社，2015.

[9] 卿三惠，等. 高速铁路施工技术（施工测量分册）[M]. 北京：中国铁道出版社，2013.

[10] 席浩，武斌忠，乔世雄，等. 高速铁路工程施工测量技术研究与应用[M]. 北京：中国水利水电出版社，2012.

[11] 中铁四局集团有限公司. 高速铁路路基工程施工技术规程：Q/CR 9602—2015[S]. 北京：中国铁道出版社，2015.

[12] 中铁三局集团有限公司. 高速铁路桥涵工程施工技术规程：Q/CR 9603—2015[S]. 北京：中国铁道出版社，2015.

[13] 中铁二局集团有限公司. 高速铁路隧道工程施工技术规程：Q/CR 9604—2015[S]. 北京：中国铁道出版社，2015.

[14] 中铁八局集团有限公司，中铁一局集团有限公司. 高速铁路轨道工程施工技术规程：Q/CR 9605—2017[S]. 北京：中国铁道出版社，2017.

[15] 中铁十二局集团有限公司，中铁城建集团有限公司. 高速铁路路基工程施工质量验收标准：TB 10751—2018[S]. 北京：中国铁道出版社，2018.

[16] 中铁三局集团有限公司，中铁大桥局集团有限公司. 高速铁路桥涵工程施工质量验收标准：TB 10752—2018[S]. 北京：中国铁道出版社，2018.

[17] 中铁隧道局集团有限公司，中铁十九局集团有限公司. 高速铁路隧道工程施工质量验收标准：TB 10753—2018[S]. 北京：中国铁道出版社，2018.

[18] 中铁八局集团有限公司，中铁一局集团有限公司. 高速铁路轨道工程施工质量验收标准：TB 10754—2018[S]. 北京：中国铁道出版社，2018.

[19] 许双安. CRTSⅢ板式无砟轨道布板设计与定位测量系统设计与实现[J]. 铁道勘察, 2017, 43（1）: 1-5.

[20] 周东卫. 高速铁路轨道控制网精密测量数据处理[J]. 测绘科学, 2013, 38（1）: 118-121.

[21] 赵军超. 浅谈高速铁路轨道精调[J]. 价值工程, 2017, 36（19）: 151-153.

[22] 中国铁道科学研究院有限公司标准计量研究所. 钢轨 第1部分: 43 kg/m～75 kg/m 钢轨: TB/T 2344.1—2020[S]. 北京: 中国铁道出版社, 2020.

[23] 中国铁道科学研究院有限公司标准计量研究所. 钢轨 第2部分: 道岔用非对称断面钢轨: TB/T 2344.2—2020[S]. 北京: 中国铁道出版社, 2020.

[24] 中国铁道科学研究院有限公司标准计量研究所. 钢轨 第3部分: 异型钢轨: TB/T 2344.3—2018[S]. 北京: 中国铁道出版社, 2018.

[25] 中国铁路经济规划研究院有限公司. 客货共线铁路钢轨伸缩调节器: TB/T 3518—2018[S]. 北京: 中国铁道出版社, 2018.

[26] 中国铁道科学研究院有限公司标准计量研究所. 33 kg/m 护轨用槽型钢: TB/T 3110—2018[S]. 北京: 中国铁道出版社, 2018.

[27] 中国铁路经济规划研究院. 客运专线钢轨伸缩调节器: TB/T 3401—2015[S]. 北京: 中国铁道出版社, 2015.

[28] 中国铁路经济规划研究院. 高速铁路扣件 第4部分: WJ-7型扣件: TB/T 3395.4—2015[S]. 北京: 中国铁道出版社, 2015.

[29] 中国铁路经济规划研究院. 高速铁路扣件 第5部分: WJ-8型扣件: TB/T 3395.5—2015[S]. 北京: 中国铁道出版社, 2015.

[30] 国家铁路局. 高速铁路扣件-WJ8铁垫板下弹性垫板: GTCC-072—2018[S]. 北京: 中国铁道出版社, 2018.

[31] 中国铁路经济规划研究院有限公司. 弹性支承块式无砟轨道部件 第2部分: 扣件: TB/T 3515.2—2018[S]. 北京: 中国铁道出版社, 2018.

[32] 中铁一局集团有限公司. 铁路轨道工程施工安全技术规程: TB 10305—2020[S]. 北京: 中国铁道出版社, 2020.

[33] 萧鑫. 高速铁路精密工程测量管理关键控制及对策[J]. 工程建设与设计, 2021, 5: 155-156; 159.

[34] 王晓凯. 高速铁路精密工程测量问题研究[J]. 铁道勘察, 2018, 44（5）: 29-31.

[35] 徐金锋. 高速铁路精测精调[M]. 北京: 北京理工大学出版社, 2023.

[36] 中国国家铁路集团有限公司. 高速铁路线路维修规则: TG/GW 115—2023[M]. 北京: 中国铁道出版社, 2023.